叢書・ウニベルシタス　961

社会構造とゼマンティク 1

ニクラス・ルーマン
徳安 彰 訳

法政大学出版局

Niklas Luhmann
GESELLSCHAFTSSTRUKUTUR UND SEMANTIK 1

This book is published in Japan
by arrangement through The Sakai Agency

序　言

以下の諸論考は、知識社会学の諸テーマに取り組んでいる。それも、近代社会への移行とともに起こり、その移行を告げる、思想世界や概念世界の変化に重点的に取り組んでいる。これらの論考は、古典的な知識社会学とは異なる理論的基盤を前提にしている。思想をその担い手である集団や階層に帰属させるやり方は、はるかにこみ入ったシステム論的、進化論的諸仮定におきかえられる。これに対応して、近代への発展は「市民階級の興隆」と関連しているという仮定は、階層的な社会分化から機能的な社会分化への移行が重要であるというテーゼにおきかえられる。これはとりわけ次のようなことを意味する。すなわち、しばしば描かれてきたような階層再編過程はたしかに起こったが、それと同時にその階層再編過程は階層化した全体社会システムの適応様式としての意義を失った。また、市民層はたしかに上流階層の諸属性を獲得してその一員になろうとしたが、それと同時に社会分化の形態が変化したために、市民層の興隆は最終的にもはや重要ではなくなった。かくして新しいゼマンティクが必要となり、また機能分化とその派生問題にふさわしい新しい普遍主義が必要となった。

こうした考えと結びつくのが、第二の論点である。本書でゼマンティクと呼ぶ文化史的素材は、きわめて複雑な様態で存在している。ゼマンティクは、内容的に広範に分化し、歴史的に重層化し、自己自身に継続的に反応し、微妙なニュアンスに対する鋭い感度をもち、主導的な思想と反復される伝承財をそなえ、個々に挿入される革新を受け入れる計り知れない潜在能力をもっている——革新のなかには、共鳴を呼ぶものもあれば、見捨てられたままになるものもある。その総体を、個々の関連のうちで重要なものについて、社会構造の変化の相関物として叙述するためには、それにふさわしい複雑性を提供するだけの感度をもつ社会学理論が前提となる。担い手集団や階層についての言明からシステム分化や進化についての言明へという理論改変は、この方向もめざしている。

最後に、あらかじめ断っておくが、本書では可能な因果作用の大枠しか定めない連関の確認で満足するつもりである。（いかに限定され相対化されていようと）「理念の因果作用」は主張しない。これが本書とマックス・ヴェーバーの違いである。その理由は、まず端的に証明が困難だからである。つぎに、歴史過程において因果的に作用しうるのは、理念の内容ではなく、たかだか理念の偶発性にすぎないのではないか、と考えるからである。つまり、文化から発した理念が頭のなかに伝わり、頭から手や口に伝わるような「下向きの因果作用（downward causation）」を仮定するのではなく、むしろ他のようでもありうるという可能性が活動を刺激し、そのなかから結果的に体系化できる内容が選び出される、というところから出発すべきではないか、と考えるからである。

社会学的な説明基盤の変更、文化史的な妥当性、特定された因果仮説にかかわる連関への志向、この三つの主導的観点は、歴史的な全体叙述に対してほとんど解決不能な諸問題を課す。そのような叙述の可能性について、ここで確定的な判断は下せないし、下すべきでもない。分析的な成果や、実際に考えられた思想財を分類して取り込む視野の奥行きの方が、筆者にはより重要である。だから私は、統一的な理論枠組みを必要に応じてそのつど選択的に要請する、個別研究の形式を選んだ。一つの文脈は理論的基盤にある。だが他方で、慎重さをもって同一の原典や引用文が何度も用いられ、同一の概念的成果がさまざまな文脈で取り上げられる。それは、線形的な過程としての歴史概念に戻ろうとすると、ディテールにいかに多くの暴力をふるわざるをえないか、こうした網の目のような叙述によって明示するためでもある。このような意図から、反復をなくすのではなく、交差的な結びつきが見えるようにするために、まさに反復を用いなければならないような叙述形式が生まれる。それと同時に、個別研究はそれ自体で理解できるようにしておかなければならない。読者は、よく知ったことやすでに述べられた事柄をまた目にしたら、ひと息ついたりテンポを速めたりしていただいてかまわない。

第二巻は、個々の機能システム（教育、法、科学）から出てくる諸テーマも取り入れることになるだろう。

一九八〇年二月　ビーレフェルトにて

ニクラス・ルーマン

目次

凡例

一　各章のタイトルは原著による。
二　原注は章ごとに（1）、（2）……で示し、巻末に一括して掲載した。
三　訳注は章ごとに［1］、［2］……で示し、巻末に一括して掲載した。また原注に付した訳注は全体を通して［1］、［2］……で示し、末尾（本文訳注の後）に掲載した。
四　「　」によって括られた語句は、原著において《　》等で括られている箇所を示す。
五　――および（　）は必ずしも原著に対応していない。
六　傍点が付された語句は、原著でイタリック体の部分である。
七　原著ではフランス語の引用・語句、ラテン語句などが原語のまま表記されているが、とくに区別せずに通常の表記とし、必要に応じて（　）で原語を付加した。
八　原注において指示されている文献について、〔　〕で括った邦訳書の書誌情報は、訳者が参照した版による。

第一章　社会構造とゼマンティクの伝統

I

十八世紀後半いらい、ゼマンティクの伝統は、いかに神聖なものであっても、社会発展とともに変化すると考えられるようになった。他方で人間は、自分がやがて死ぬ者であるからこそ、すべてが時間とともに訪れては去っていくという事実を受け入れるのが難しい。十八世紀後半いらい、社会は、自己自身についての知識とそれを超える意味連関を複線的に生み出している。一方では、あらゆる形態の歴史的可変性についての知識として。他方では、それにもかかわらず欲せられる基盤ないし出発点の知識として。つまりいまの自分の生を不確実なもののなかに宙づりにすることなく、最終的に確実に引き合いに出せる知識として。

歴史的考察と同時期に、機能的考察が現れてきた。機能的考察は、歴史的考察と同じように、意味と直結した真理を疑問視して、代替諸可能性を調節する諸関係の形式に転換しようと試みる。歴史主義と機能主義は同時期に成立し、相互に連関している。(1) 機能主義は歴史主義に、変異は任意に起こらないと保証する。それに必要な問題設定は、意味形式の固有のあり方を超えて、意味形式が真であるか否かに無関心な立場をとることによって、基礎づけ問題に陥る。機能主義的な考え方はもはやそれ自体も真偽が確定されないではないか、と異議が唱えられる。早い時期の例を選べば、ペーター・ヴィラウメ[1]は、重農主義者ジャック・ネッケル[2]の機能主義的な宗教観に対して、次のように主張している(2)。すなわち、宗教の機能をその真理性と無関係に主張すると、宗教そのものを破壊することになるから、そのような主張はできない。「真であれ偽であれ、妄想である」――このような宗教の叙述は、誤謬の啓蒙から独立した立場をとり、啓蒙に対する免疫を与える。だがこのような叙述が支持されるのは、免疫が欲せられると同時に、免疫を与えることが可能で誤謬の啓蒙が無害だと示される場合だけである。

この論争は、社会的影響という論拠を用いている。すなわち、機能分析が公然たる意識になろうと欲しても、みずからの対象を破壊することになるから、そうはいかない。対象はみずからの機能が潜在的である必要がある。しかし反対に啓蒙家は、無邪気な理性の真理を政治的目的のために要求し、それによって自分の理性の党派性についても他者に啓蒙する。啓蒙家は、対象を破壊しないが、自分が出発点にした真理を破壊する。

社会そのものは、このような矛盾によく耐えられる。問題は、理論もまた矛盾によく耐えられるか、である。

社会的に影響力のあるゼマンティクの歴史化と機能化を理論的に処理する問題は、二〇〇年このかた未解決である。だがその間に、誤った道筋や問題に逆戻りする道筋であるとそのつど証明された、問題の扱い方の一連の道筋がわかってきた。

啓蒙そのものは、この批判と真理要求の矛盾を抱えて、固有の限界につきあたる。啓蒙は、反対の立場を暴露し自己の立場を貫徹するために、歴史化と機能化の論証形態を利用できる。啓蒙は、旧ヨーロッパ〔3〕の身分的－教会的な階層の崩壊とともに現れ、崩壊を知らしめた。啓蒙は、批判の基準問題を社会階層そのもののなかに見ることによって、みずからの歴史的立場を超え、みずからの関心を一般化できる。啓蒙は、社会階層と関係づけて「イデオロギー批判」ができる。だが啓蒙は、反啓蒙を認めてはならず、自己自身を反省してはならないから、歴史的－機能的な相対化を自己自身に適用できない。啓蒙には、やましさのなさを表す用語が必要である。

　ヘーゲルやマルクスいらい、もはや無視できない可能性となっているが、歴史主義が反省に取り入れられるやいなや、啓蒙には自己自身を移行と捉える歴史的意志の事実性しか残らなくなる。それでもなお可能な意識状態は、革命的なものになる。意識状態の永続は、革命の永続でしかありえない。この立場は、ゼマンティクの道具化を必要としている。それは、革命意識にコミットできないので、行為するだけでなく生の意味を形成するためにも、目的、価値、事実の構造を必要とするすべての人を、ともに導くためである。この理論には、やましさを表す用語が必要である。

　これに対して、生の理性的な方向づけの要求としての啓蒙という歴史的立場に固執する者は、革命意識を理解できない。そのような者は、イデオロギー批判を肯定し実行するのに、文化財の全面的浸食を嘆く、という矛盾に陥る。それでもなお可能な状況把握に、ユルゲン・ハーバーマスは正統化の危機というキーワードを与えた(3)。そうすることによって、啓蒙の反省の限界は、反省を阻む社会理論へと転換され、客観化される。だがこの転換は、ヘーゲルが端緒を開き、マルクスにもまだ見られた、歴史意識の自己反省の深さを放棄するかたちで行われる。この考え方は、近代社会の非革命的理論はそもそも可能か、つまりそのような理論は自己を反省しうるか、ということが問われるところでは、しっくりこない。

この道筋とならんで、いまでは古典的になった「知識社会学的」アプローチがある。このアプローチでは、知識の帰属というやり方で考える。知識は、特定の集団、階層、階級の利害状況ないし発展史的状況の表れとみなされる。それも、どちらかといえば集合主義的な土台のうえに、つまり担い手集団の内部のコミュニケーション構造を分析せずに。(4) この研究関心は、ネオ・ポスト・ネオ・マルクス主義によって、帰属という方法の実り豊かさを省みることなく受け継がれる。しかしすでに一九二〇年代に、知識社会学においては帰属の帰属という問題が立てられた。啓蒙は、みずからが反啓蒙にさらされていると考えた。しばらくの間はまだ、興隆する階級あるいは保守的な個人が、他者の本質を見抜けるという理由で、歴史的に特権化された視点を有し正当性をもつか否かをめぐって、論争が成り立った。だが、万人が万人の本質を見抜けるとしたら、最終的に残るのは、肯定された相対主義だけである——あるいは純然たる知識の帰属の理論的な実り豊かさに対する批判だけである。

カール・マンハイムは、啓蒙の限界を脅かすとともに啓蒙の可能性を脅かすこの発展を、イデオロギー概念の全体化によって受けとめようと試みた。(5) それによれば、すべての知識は、真偽のいかんにかかわらず、社会的な存在連関のなかでのみ成立し、ある社会的立場と結びつき、その立場にとってのみ真ないし偽の知識となる。この社会的立場が、ものの見方、視点、問題設定を規定し、それとともに知識のなかに入り込む。他方、マンハイムはそれにもかかわらず、知識のテーマの客観性と事実に即した決定可能性という公準に固執する。それぞれの社会的立場と相関的に成立する知識は、換算や翻訳さえすれば、他の立場から接近可能になるか、立場との関係性をすべて中和するはずである。しかし、この公準を支持する立場そのものは、この理論のなかではもはや絶対化できない。絶対化すれば、理論の基本的仮定と矛盾するからである。[6] それでもこの立場から、すでに局所的に獲得された個別的な知識を取り込み普遍化するゼマンティクを可能にするような社会構造はどのようなものか、と問えるかもしれない。ただしそのような逃げ道をとると、真理の基準そのものがゼマンティク構造のより高度な通約可能性と換算可能性という基準に転換されるのを、見てとらねばならない。真理概念そのものを一定に保つならば、このアプローチから帰結する認識の客観的な（対象の）存在連関と主観的な（社会的な）存在連関の関係という問題をさらに熟考しても、説得力のある弁証法的な解決にはいきつかないだろう。いいかえれば、すべての知識形態の相関化を受けて、ほかならぬその事態についてのメタ理論を展開し、真理概念やゼマンティク領域や合理性連続体を理論の対象と共有しようとしても、成功しないだろう。[7]

このような認識論的問題や反省論理的問題にはかかわりあわなかったが、歴史家（哲学史家や科学史家を含む）もまた、一種の歴史的‐政治的ゼマンティクにかんする仕事を始めた。文学文化の高等な諸概念も、科学理論の高等な諸概念さえも、それぞれに特殊な歴史性があることは、以前にまして明らかである。その歴史性は、知識社会学のアポリアによって問題にされているわけではない。だがすべての歴史性について、全体社会システムとの関係が前提とされており、さもなければその歴史性はほとんど理解できないだろう。かくして、社会構造の変化と概念史ないし思想史の変化の相関関係についての問いは、現在的な問いでありつづける。しかしこの問いには、これまで方法的にも理論的にも満足のいく答えが見つかっていない。この問いは、知識社会学の後継者の地位についた歴史家たちによって、理論的なガイドラインのない高尚な事実研究というやり方で扱われる。そのさいゼマンティクの複合物は、歴史の流れのなかで変化する事実とみなされる。この研究は帰納的な一般化に到達する——問題解決の仕方が移り変わっていく歴史過程を方向づける問題連関についてであれ、歴史上の変異関係が偶然ではないという印象を残す深層のゼマンティク構造についてであれ。だが変異関係の記述は変異の理論的説明を要求しない。その代表が、「旧世界の解体と近代世界の成立」を表すゼマンティクの相関物を探究する『歴史的基本概念』辞典[8]の問題設定である。そのような転換は、民主化、時間化、イデオロギー化、政治化という観点のもとで捉えられ、たがいに関係づけられる。だが、伝承された思想財が根本的、相互連関的に変形する過程の、社会構造上の条件の連関は、推測されるにすぎない。それは露出不足の写真のようなものでしかない。社会学理論はまだそれほど研究が進んでおらず、歴史学は、かの転換期に事実に肉迫するために手に入れた、フランス革命、近代国家、市民社会といった概念でまにあわせざるをえない。

この変種の一つが、「近代的」な概念ないし先行理解はそもそも遠く離れた時代や社会の思考の解明に適しているのか、またそうした思考はそもそもわれわれにとって接近可能なのかという問いについての、意見が大きく分かれて内部調整がつかない議論に見られる[9]。この問いは、そうした新しい形式をとってもとうぜん決着がつかず、問題設定として理論が欠如していることを暗示している。一方では、そもそも遠く離れた文化を分析できるだけの概念装置の抽象性が欠如している。だが他方では、どのような点で、なぜ、思考の諸前提が変化したのかを、より正確に述べたければ必要になる、全体社会システムの進化論も欠如している。以下では、ゼマンティクの変化に対応して変化するのは、とりわけ全体社会システムの複雑性とその作動の偶発性である、という事実を示してみたい。人はそれを理解できるし、異なる思考との距離も理解できるが、近代的な諸前提にもとづいて具体的に「かくかくしかじかと考える」ことはできないのである。

歴史的－政治的ゼマンティクがより精細に奥深く思想財とその変化における相互依存について洞察する方向に進むのにともなって、社会学的な社会理論も新しい状況に直面する。知識社会学が、主要問題を主体－客体関係に擬して帰属問題として設定し、知識の担い手について問い、担い手集団を特定できればそれで満足していたのに対して、知識ストックと社会構造の相関関係ないし共変異についての問いの方が、理論的にずっと高度な要求をする。およそ社会構造との相関関係について考えるならば、理論は「それに見合った複雑性」を提供しなければならないだろう。つまり、全体社会システムについても抽象的かつ十分に分化したかたちで分析できなければならないだろう。その点で、われわれはこんにち、システム論、社会文化的進化論、コミュニケーション論が発展したおかげで、マンハイムの時代よりもましな出発点にいる。反省という最終問題に訴えたのは、おそらく性急な措置だった。最終問題はあらゆる理論にとっての最終問題である。最終問題を定式化するためには、理論的研究と経験的実証が、問題に耐えられる臨界量まで蓄積されることが前提となる。普遍的立場をとる知識社会学や歴史主義の相関主義をめぐる議論に見られるわずかな所見と性急な結論では、用意周到な判断を下すのに十分ではない。だからといって、知識社会学や歴史主義の現実解釈を前にしていかにして理論は成り立つのか、という問いについての反省が排除されるわけでもない。理論はよりよく準備されればそれでよい。

さしあたり、社会学がここで示せる提案は一つしかない。タルコット・パーソンズの行為システムの一般理論の分析的な関係枠組みにおける、文化システムと社会システムの分化がそれである[10]。

この理論は、文化財は独立して進化すると想定するから、システム間にいかなる相互依存があっても、文化的な革新は文化そのものによって引き起こされうるし、伝播や伝承はきわめて多様な社会構造（社会）を超えて起こりうる、と考えてよい。だが他方で、この理論は、文化システムの内部分化についても、文化システム全体と他のシステムの関係についても、統一的、網羅的な図式の形式を徹底的に強制する。それによって、ゼマンティクの伝統の内容を十分に奥深く適切には捉えられないような、分類の決定が強制される。さらに、文化は行為システムであるという見方が支持されるのは、せいぜい純粋に分析的で科学的なシステム概念を基礎においた場合だけである。以下では、文化ないしゼマンティクーシンボル複合体は分出しうる固有の行為システムであるというテーゼを放棄し、したがってまた、社会構造とゼマンティクの伝統の関係を把握するための相互浸透や相互交換（interchange）といった理論的に要求度の高い概念も放棄する。問題設定を定式化するには、両立性、両立性の限界、相関関係といった、もっと弱い、前提の少ない概念で十分である。それはさしあたり、思想財とそれを用いる社会の関係が任意に変異することはありえない、という意味にすぎない。こうして理論的問題は、何によって、どのようなやり方で、社会構造は任意性を制限するのか、という問いに移行する。それに答えるには、社会分化の形態と帰結についての理論が必要である。

II

社会構造の考察に入るまえに、いくつか概念的、理論的な事前説明をしておくのが適当である。そのような説明が必要なのは、とりわけ、本書のテーマが、学際的に見ると、知識社会学の研究領域だけでなく、哲学ないし科学史の問題史や概念史、社会史、テキスト言語学の研究領域にも入り込んでおり、しかもこれらすべての専門分野が異なるアプローチを追求しているからである。

本書の出発点は、人間の体験や行為はすべて意味の形式をとって起こり、それ自体が意味の形式によってのみ接近可能である、というものである。これは、そのつど志向対象や現時的遂行の実現の核となるものが、他の諸可能性を指示する形式でのみ与えられている、ということを意味する。それとともに、あらゆる意味は、次の体験や行為への一種の接続可能性の保証や、回帰の保証、つまり他の意味内容をひと巡りしたあとでそれ自体に戻ってくるということの保証を含んでいる。したがってすべての意味は、他の諸可能性を織り込みながら現実的なものを現前化し、それとともに行動を選択圧力のもとにおく。なぜなら、共現前化された可能性の過剰からは、どれか一つの偶発的可能性だけが現時的に実現され、テーマとして志向され、行為によって追体験されうるからである。

このように理解される意味は、現時的遂行のなかでのみリアリティをもつから、つねに現在的である。現在において体験・行為される意味との関係なしには、いかなる意味も存在しない。のちほど「保存されたゼマンティク」や「思想進化」について語る場合でさえ、筆者はつねにこの「人間の頭のなかで」個別化されたリアリティのことを考えている。だがそこで問題となるのは、個々の部分、すなわちかつての感覚主義心理学でいう「観念」ではなく、あらゆる要素が他の諸要素に影響を及ぼすかたちでのみ存在する自励的臨界量である。

付帯的に含意される世界の「全体」が、充溢としてではなく、選択、配列、あるいは集積をとおして、細部を放棄したかたちでのみ接近可能なのは、このような構造があるためである。この選択を社会的に予期可能で接続可能なものの枠内に保つために、意味は類型化される。つまり必要に応じて時間的、事物的、社会的に一般化される。類型と何の関係もなければ、意味は、姿を現したところで、さしあたり規定不足、理解不能、コミュニケーション不能であろう——たとえばつねにつきまとう自我経験のように。意味は、それでもなお現時的選択ではあろうが、「他にどんな可能性があるのか」に照らさないと輪郭が明確にならないだろう。このような相対的に類型から離れた意味体験や行為の可能性はかならずあるし、意味が一種の意外性を生み出すこともある。また、そのように開かれた状況は否定をとおしても獲得されうる。この点をしっかり押さえておくことは、進化論的な構成につなげるために重要である[11]。だが、このように特定されない意味が生じるとかならず、アノミーを取り除き[12]、正規の意味、規定どおりに用いることのできる意味、類型化された意味をつきとめる努力が始まる。問題状況を正常化して交際の常態にもどすために、解釈や分類の試みや排除の努力さえも行われる。進化論的に見ればそれは選択であり、選択は、すくなくともさしあたり、おおむね既存の類型のストックに従い、熟知され信頼された範型との関係によって安定化できるものに従う。

　本書では、ある社会においてこの機能のために利用できる形式の総体を（体験や行為のように意味を現時化する出来事の総体と区別して）その社会のゼマンティクと呼び、社会のゼマンティクの装備を準備された意味処理規則のストックと呼ぶことにしたい。したがって、ゼマンティク[13]という言葉で理解されるのは、高度に一般化され、相対的に状況から独立して利用できる意味のことである。ゼマンティクという言葉で念頭におかれているのは、さしあたりはまだ意味の日常的用法――シュッツにならって、たいへん人を誤らせる言い方で「生活世界的」用法ともいわれる――である。ある社会のゼマンティクは、この単純なレベルでは断片的に、その断片が重なりあうかたちで、誰にでも利用できる。このレベルには、ガレー船の漕ぎ手の悪態の一言一言が含まれる。だがこれに加えて非常に早い時期に、真面目で保存する価値のあるコミュニケーション[14]のために、テキスト化という特別な変種が発達する。この変種は、言語表現の限界と定式化のリスクを制御する機能も同時にひきうける。この領域においては「保存された」ゼマンティクについて語りうるだろうし[15]、それはまた次に特別な思想進化の離陸を可能にする[16]。

概念史研究は、もっぱら保存されたゼマンティクにかかわっている。そのような選択をする権利は否定しないにしても、それが意味処理の基礎からすでに二段階上にあること、それは現時的意味の処理形式の処理にかかわっており、それゆえ（意味的な概念連関のみならず）意味処理の方面でも理論的に制御されているはずだということを、つねにあわせて考慮しなければならない。だからといって、概念の方が意味の基礎的処理よりもリアリティを指示する度合いが小さいわけではない。われわれは、一種の土台／上部構造 - 図式のなかでものを考えるわけではない。むしろ、保存されたゼマンティクもまた、それを現時化する体験や行為のなかでのみリアリティをもつ。保存されたゼマンティクは、分離された「理想的な存在」の形態をとらない（ことによると、再現時化が可能という意味で、博物館的ないし図書館的な存在の形態はとるかもしれないが）。だから、保存されたゼマンティクに対応して、保存された行為ないし保存する行為が起こる機会の蓋然性が十分高くなるように、行為のために規定された状況、役割、部分システムの分出による特別な保証が必要である。儀礼的行為や神話の語りの機会は、その早い時期の例であり[17]、文字は、それ以後のすべてのことに不可欠な、十分に蓋然性の高い再生産が起こるための条件である。

かくして概念史研究では、日常的な意味処理の事実性やそれに利用される類型化については、保存されたゼマンティクに取り込まれないかぎり度外視できるだろうが、保存されたゼマンティクが現時化しうるために必要な分出の条件と形態については度外視できない。そのような分出は、社会生活の日常のなかに回帰していく可能性と結びついたままである。そのような分出は、移行と接続を用意しておかなければならず、ゼマンティクの高度な形式をあまりはっきり断絶させてはならず、そうなってしまった場合には、それ相応の飛躍や否定関係を制度化しなければならない[18]。社会のなかでの分出の条件と形態を媒介として、伝達の条件、説得性の要求、学習と理解の速度の必要性などもまた、保存されたゼマンティクのなかに組み込まれ、保存されたゼマンティクの隔離性、秘儀性、錯綜性に限度を設ける。

すべての概念史をより包括的な社会的条件の文脈に束ねているのは、最終的にはこの分出の必要性である。だからこそ、この束ね方の形態は社会が達成できる分出の形態とともに変化し、他方でまた社会の基本構造に依存している。以下の分析で示されるのは、ここではとりわけ、全体社会システムのシステム分化の形態と、それに依存して社会的な体験や行為の関係枠組みの複雑性が決定的に重要だということである。

III

以下では、複雑性とシステム分化のあいだの関係から出発する。「関係」という語を用いるのは、複雑性と分化の概念が同じ意味で用いられるのではない、と言いたいためである。システムが複雑であるのは、システムがあらゆる要素を他のあらゆる要素と結びつけることがもはやできない場合、つまりシステムが要素を関係づけるさいに選択的にふるまわざるをえない場合である。システムが分化しているのは、システムが自己のなかで下位システムを形成する場合、つまり自己のなかでシステム形成を反復し、自己のなかでもう一度システムと環境（今度は内部環境）の差異をつくりだす場合である。システムは、外部環境のなかでの下位システムと内部環境の差異として自己を自己のなかで反復するというかたちで、内部分化をとおして自己を多重化する。この意味で、システム分化は複雑性の促進要因であり、創発的秩序を形成する推進力である。

この分化の概念は、建物が石から成り立ち、身体が器官から成り立つように、全体が諸部分から成り立つというところから出発する、古典的なシステム・アプローチを吹き飛ばしてしまう。複雑性と分化の概念の区別もまた、両者を分析的にはっきり区別せずに、社会発展を分化の進展ないしより単純な状態からより複雑な状態への発展と捉えてきた、古典的な社会学者たちの基本仮定を乗り越えてしまう。この区別を導入するのは、より豊かな言明の可能性を獲得するためであり、ここでは知識社会学の問題設定をより正当に評価できるようにするためである。

複雑性とシステム分化の関係は、これまた従来の社会学の傾向からの逸脱になるのだが、連続的で単線的に増大する関係と解してはならない。本書の実質的な仮説はむしろ、全体社会システムが到達しうる複雑性のレベルはその分化の形態に依存する、というものである。全体社会システムの第一次的な分化、下位システムの最初の層の形成が、どのような主導的観点のもとでなされているかに応じて、全体社会システムの内部におけるさまざまな行為の機会は、多かったり少なかったりする。それに応じて、行為連関は行為者にとって、選択性や偶発性が大きく見えたり小さく見えたりする。またそれとともに、意識的な意味形成を促す刺激や、意味経験を貯蔵し、整序し、接近可能に保つゼマンティクの構築を促す刺激は、異なるものになる。

全体社会システムの複雑性水準の変化は後成的に起こる。複雑性の増大は、社会的行為の有意味な目標イメージでもなければ、社会進化がもたらす正常で持続的な結果でもない。複雑性の増大は、構造の移行とりわけ分化形態の変化の副次的結果である。しかし、社会の複雑性水準が変化すれば、体験や行為を導くゼマンティクはそれに適応せざるをえない。さもなければリアリティに迫る手だてを失うからである。したがって複雑性は、進化的に引き起こされた構造変化とゼマンティクの転換を媒介する——おそらく最も影響力の大きい——媒介変数である。複雑性が増大することによって、社会のなかでは変化の推進力が増幅されて、既存のゼマンティクないし構造のストックを、変化した社会内部の複雑性に適応させる二次進化が引き起こされうる。この複雑性による媒介のおかげで、社会構造とゼマンティクの変化は目標イメージに依存しない。たとえ発展の経験をもつ社会に、未来設計者が現れて影響力を発揮することがあるとしても、社会は、人びとが到達しようとする予想された状態に向かって発展するわけではない。いいかえれば社会は、発展に反応して、つまりすでに増大している複雑性に反応して発展する。このようなかたちではじめて、進化を行為能力と調整できる。

社会はつねに、最終要素としてのコミュニケーション的行為にもとづいている。そのかぎりにおいて、社会は、社会システム一般がそうであるように、もともと時間化されたシステムである。行為はある時点にしばられた出来事だから、社会は行為と行為を関係づけるために時間を利用しなければならない。そして、同時には起こりえない行為連関を構成するために、時点の差異というメリットを利用できる。社会の参加者が、行為の布置構造が状況ごとに変化することをイメージできないとしたら、また行為の意味を構成するためにそこから生じる要求を処理できないとしたら、社会は成立しないだろう[19]。

いかなる偶然が社会のなかで行為として体験され扱われる出来事を引き起こそうと、またいかなる有機的、心理的なシステム／環境‐過程がそこで活性化されようと、社会という社会システムのなかでは、出来事を行為として扱うことによって、つまり行為と行為を選択的に関係づけることによって、個々の行為にはまったく帰属されず、ぎゃくに行為の帰属可能性を前提とするような、創発的意味が生じる。その場合、創発は時間関係としてのみ起こりうる。つまり創発は、未来と過去を現在化する特別な形式をとってのみ[20]、これらの時間地平が現在の目的にとって非現時的であることを差別的に利用するかたちでのみ、起こりうる。これはまたこれで、いかなる時点でも自生的に一から始まることはありえない。そのため、前節で論じたように、特定の選択系列の蓋然性を他の系列よりも高くし、感度を特定の方向に鋭くして他の方向には鈍らせるような、ゼマンティク構造が発達する。いいかえれば、それは行為結合の複雑性、偶発性、選択性についての切実な経験であり、この経験がそのような包括的なシンボル複合体を生成するのである。シンボル複合体は、選択圧力によってみずからを形成するように強制される。意味構造における複雑性や選択圧力が変化すると、意味の活性化を組織するゼマンティクのレベルにおいて、システムは進化に敏感になる。そしてその事態は、本書のテーゼによれば、第一次的なシステム分化の形態が変化すると、大規模に、不連続に、ほとんど不可逆的に起こる。

このようにシステム構築の最終要素としての行為という出来事への理論的な分解は、もちろん（ここで用いられているシステム、複雑性、時間などの理解と同じように）社会意識の必然的観点ではない。行為の構成は、社会の共同生活のなかで、それ自身の要件を充足しなければならない（行為や他の出来事の）体験の過程をへて、進行する。体験も行為と同じように必然的に縮減を行い、予期や想起を方向づけ束ねるために、意外性や違背が浮かび上がるための下地のように、より粗い単位を――たとえば特定の属性をもった人格や役割を――形成する。社会の過程がゼマンティクとして背景におくものは、まずこの方向づけという要件に適合している。それは、システムの複雑性から生じる選択の強制を、原因ないし成果としてテーマ化することなく考慮する。したがって、社会の意識状態の発展が社会構造の発展に従うことは、主体が客体に従い、認識に事実が反映されることを意味するのではなく、精神的な縮減と束ね、縮約と単純化が、要素の関係づけにおける選択性の変化に適応することを意味する。また社会理論も、さしあたり分出した専門科学がまだ存在していないかぎりは、この精神的必要のみに奉仕する。社会理論は、諸概念を経験に応じて鋳造し、それらの概念を可能な経験の鋳型として利用できるようにする。

本書の考察の第二の道筋は、全体社会システムはさまざまな仕方で分化しうる、という論点から出発する。社会のシステム分化のすべての形態に共通の特徴は、分化形態が（たとえば人間の感覚器官の分化のように）環境の領域や環境の構造に接続しているのではなく、システムそのものと関係している点である。そのため、社会の分化形態の進化的変化は、同時に全体社会システムそのものの分出の進展につながり、ゼマンティクにとっては、人間世界と自生的自然の不一致の拡大につながることを意味する。分化形態の差異は、全体社会システムの内部でふたたびシステムと環境が——ここでは下位システムと社会内的環境が——区別されうるという観点にもとづいている。

最も自然で、人口学的成長からおのずと生じるように思われる原理は、同等の諸単位、とりわけ家族、氏族、居住共同体ないし集落を形成する原理である。この原理は環節分化にいきつく。それぞれの下位システムは、社会内的環境を同等ないし類似のシステムの集積にすぎないとみなす。全体システムはそのため、行為可能性のわずかな複雑性を超えることができない。

いくつかのケースでは、全体社会システムが環節分化から階層分化へと発展し、それとともに高度文化の諸前提が生み出された。第一次的な区分の原理は、まずは社会の同等でない諸階層にあるが、諸階層は内部でさらに環節的に家族を単位として分化している。それによって階層固有のコミュニケーションが容易になるという利点が得られる。そのようなコミュニケーションは、下位システムである特定の階層とは同等でない環境を前提にすることができるからである。それぞれの下位システムにとって環境が同等でないという前提があることによって、はるかに複雑な全体社会システムが構築されうる。役割や職業集団のレベルではかなりの分業が可能になるが、それと同時に諸資源、とりわけ土地所有は上流階層に集中し、上流階層は内部コミュニケーションの諸条件を緩和されて、その諸資源を自由に利用できるようになる。

環節分化とくらべると、階層分化は全体社会システムの内部の複雑性を増大させるだけでなく、それと同時に全体社会システムが接近可能な環境の複雑性をも増大させる。宗教や道徳は一般化され、上流諸階層は地域的に広範な接触を行い、文字は事実関係の理解を客観化し、社会生活の時間地平はより広くより深くなり、より多くの相前後する差異を許容する。このタイプの分化の複雑性の限界は、非同等性が必然的にヒエラルキーに組み込むことによって、自己を全体システムに関係づけることができる。下位システムは全体のなかの自己の位置を知っている。しかしそれと同時に、下位システムはそこで、社会内的環境を自己と同等でないものとして定義しなければならない。それも支配的な位階基準にもとづいてである[21]。その結果、そのつど問題となる下位システムとの関係から独立には、社会内的環境を理解できない。下位システムは自己と環境を同時に定義し、そうすることによって、またそうすることによってのみ、自己を社会のなかに組み入れる。

階層社会もまた、機能固有の状況、役割、問題、利害の分離の仕方をよく知っている。だが階層社会は、階層の差異にもとづいてその分離を規制する。たとえば、同等でない地位の人のあいだでの愛の告白は、上から下に向けられるか、下から上に向けられるかによって、異なる扱いを受ける[21a]。上から下に向けた好意の表明の場合、告白は公然と、躊躇なく、いわば即座になされなければならず、さもないと疑われてしまう。下から上に向けられる場合、告白はぎゃくにそれ自体としては思い上がりであり、細心の注意を払ってなされなければならず、心を射止めたと確信できるまでは、告白者は従属的地位にとどまらなければならない。親密性の達成と享受という機能問題は、排除されてはおらず、一定のやり方をすれば権利を認められる。だがそれには、他のシステム境界の秩序原理にみずからを合わせなければならない。

この制約は、機能分化の原理に移行する過程で打破される。この分化形態は、ヨーロッパから始まる近代社会において、ただ一度だけ実現している。この社会は、その分化形態のために、歴史上類を見ないユニークな特徴をもっている。この社会は、ただ一つの事例にもとづいて、単独で一つの類型をなしている。したがって、そのゼマンティクはおのずと他の諸社会の自己経験とはほとんど比較にならないだろう、とも推測される。機能分化は、状況、役割、(限られた範囲での)相互行為システムのレベルでは、すでにずっと前から存在していた。全体社会システムがこのタイプの全体秩序を決定する第一次的な分化に転換する過程は、まず中世後期に始まり、十八世紀末ごろに(最初はヨーロッパの少数の地域においてのみ)はじめてほとんど逆戻りできない状態に到達した。『歴史的基礎概念』辞典があとづけようとしている、あの政治的‐社会的ゼマンティクの革命化が、この転換と結びついているのは偶然ではない。とはいえ、両者の連関を十分に精密かつ詳細に理解するには、まだほど遠い。

さらなる研究のための第一の前提は、機能分化の場合に何が問題で、この分化形態が何を含意しているのか、より詳しく知ることである。

あらゆるシステム分化の場合と同様、機能分化の場合にも、システム内部でのシステム／環境‐差異の新たな形成が問題となる。下位システム形成の原理は、ここでは各下位システムに固有の基本問題であり、それにもとづいて各下位システムは固有の行為を方向づける――いくつかの例を挙げるなら、経済的生産、集合的拘束力のある決定の政治的実現、法的紛争調停、医学的治療、教育、科学的研究がある。この種の機能は、普遍的に妥当する位階秩序に組み込まれず、階層のようにヒエラルキー化されない。なぜなら、この種の機能は社会全体にとって必要であり、優位性や重要度は状況に応じて規制されるにすぎないからである。身分社会では、極端な場合、この制約は階層形成と機能志向の妥協に行きついた。機能分化の場合、この制約は、下位システムは一つの機能的優位性を獲得するが、その優位性が社会全体にわたって制度化され貫徹されることはありえない、というかたちで解消される。教育システムにとってのみ教育の機能が他のすべての機能より重要であり、法システムにとってのみ合法と不法が第一に問題であり、経済のみが他のすべての配慮を経済的に定式化される目標――生産の増大であれ、費用と便益の関係の合理性であれ、収益の最大化であれ――よりも後回しにする。いいかえれば、機能分化した全体社会システムは、作動がどのシステム言及に該当するかによって、位階秩序を認めると同時に認めないことがありうる。各システムは、みずからの機能を他のすべてのシステムとの関係のなかで具現化できるし、具現化しなければならない。だが社会全体として見ると、機能の位階関係は規制されないままである。「規制されない」とは、すべての機能が同じくらい重要とみなされなくてもよいことがありうる、いやその蓋然性が高いということ、またたとえば経済のような個々の機能領域がとくに重要とみなされる傾向がおおいにありうる、ということにほかならない。

(階層どうしの関係の社会全体にわたる規制とは異なる)機能システムどうしの関係の社会全体にわたる規制の放棄は、一つの機能的優位性に焦点をあわせた下位システム形成の原理とともに行われ、分化形態とともに確立しており、そのような社会秩序のなかでは解除できない。これには広範な帰結がともなう。なぜならそれとともに、各下位システムがその社会内的環境と、それぞれ固有にまったく特殊な関係をもつからである。システム／環境－関係の総体は、もはや上流／下流、高尚／低俗、浄／不浄といった単純な対立ないし段階の定式にもとづいて集積されることはない。どの下位システムにも、環境との関係において、全体を指示する構造や象徴表現が欠落している。この全体の指示を行うのは、もっぱら機能そのものであり、環境がけっしてわがものにできない原理である。下位システムと社会内的環境は、相互の関係の社会的意義について（もちろんその状況や様相についても）、いかなる合意も形成できない。いいかえれば、全体社会システムはシステムだけを分化させるのではなく、システム／環境－関係を分化させる。それぞれのシステム／環境－関係は異なるものになる。それによって、機能分化社会では、階層社会よりもはるかに高度な複雑性が成立する。システムと環境とシステム／環境－関係は、どこから見ても異なる意味をもっている。行為の意図や利害が分岐するだけでなく、さらに行為が投影されるそのつどの環境の地平も分岐する。教育者にとって政治との関係がもつ意味は、法律家にとっての意味とは異なるし、政治家にとって自分に向けられた視線の差異は、自分の環境の構造であり、その構造はまた教育者の環境や法律家の環境にある構造とは異なる。これに対応して、社会の内部における環境との関係は、階層化という条件下での干渉とは異なるかたちで、下位システムの構造と過程に干渉する。そのような環境との関係は、状況や結果の展望に応じて、より多くの変異の可能性を開く。

このような社会内のシステム／環境－関係の構成転換につづいて、ゼマンティク－欲求にとっての初期状態に影響をおよぼす、さらなる構造的変化をたどることができる。そのさい、社会システムのレベルでの帰結、社会と心理システムないし人格の関係にとっての帰結、そして最後に全体社会システムと実質的に把握可能な環境（ふたたび心理システムを含む）の関係にとっての帰結を、区別しなければならない。

社会システム間の関係においては、なかんずく、各機能システムは複数のシステム言及を区別しなければならない、という帰結が導き出される。とりわけ、機能にあたる下位システムと社会の関係と、作用——入力と出力に応じて分化し、時間差異を含意する——をとおして実現されなければならない、社会のなかでの下位システムと他の下位システムの関係を、区別しなければならなくなる。機能と作用の連関は、もはやヒエラルキーと直接的互酬性という社会全体の基本的象徴表現によっては保証されていない。この連関は、むしろ各システムにおいて、第三のシステム言及、つまり自己自身への言及にもとづく方向づけを必要とする。機能と作用による意味規定とならんで、下位システムに固有の一種の反省が起こり、それによって個々の下位システムは自己の同一性を規定し、機能と作用の関係を規制する。そしてこの過程もまた、下位システムのなかで自律的に、つまり社会全体での意味設定や合意保証が十分ないままに、生じざるをえない(22)。

これらすべてとともに、社会的文脈において人格として現れる心理システムは最終的に、社会のなかでの位置づけが変化する。環節分化も階層分化も、人格をただ一つの下位システムに割り当てることに依拠していた。これに対応して、環節社会では、何世代にもわたる族外婚という条件のもとで、単系原理が貫徹している。階層社会では、階層内部で婚姻が行われるため、（家族ではなく）階層がメンバーの補充にかんして自律的である。移動が起こる場合でも、人格は原理的にはただ一つの階層に属している。人格の同一性は、この意味で当人の「身分」に——したがって直接的に社会分化の原理に——もとづいている。ロワゾー[4]は「フランス語では、人間の最も安定した不可分の威厳や資質を表しているときに、それをとくに身分（Etat）と呼ぶ」と定式化している。[23]このような理由から、環節社会にとっても階層社会にとっても、混合的存在は問題をはらんでいる。なぜなら、階層指標がないとただの私的個人になってしまう人格に、あまりに多くの行動の予期が依存することになるからである。

機能分化の場合、人格的存在はまさしく私的個人へと還元される。機能分化の場合、人格がただ一つの下位システムに属する——ある人格はたとえば純粋に法的存在であったり、ある人格は教育されるだけであったりする——という意味で、もはや人格を下位システムに割り当てられない。ただ一つの下位システムに属すると考えられる最後の事例として、一八〇〇年ごろにまだありうるとみなされたのは、ブルジョア家族の主婦兼母親だった。これもまた、そのうちに幕を閉じた一章である。そのかわりに、公準として妥当し、しだいに現実にも妥当するようになったのは、すべての人格のすべての機能システムへの包摂という原理である。この原理に従えば、あらゆる人格は、必要、状況、機能に関連する能力、その他の関連する視点に応じて、すべての機能領域への参入経路を保持できなければならない。誰もが法的な権利能力をもち、家庭を築くことができ、政治権力を共同で行使したり制御したりできなければならない。誰もが学校で教育を受け、必要な場合には医学的治療を受け、経済取引に参加できなければならない。包摂原理は、人がただ一つの集団に属することにもとづくあの連帯にとってかわる。普遍的包摂は、自由や平等のような価値の公準とともに理想化される。普遍的包摂は、実際にはもちろん自由に享受されたり平等に分配されたりしているわけではないが、もはや社会の分化形態によってあらかじめ制限されることはない。

この転回は、人間の自然的平等の概念に、とくにはっきりと示されている。旧ヨーロッパの階層社会にも、人間の自然的平等の原理はちゃんと存在している。だが平等は、階層社会が増大させることのできる原理ではない。そのため、社会のなかでのあらゆる特別な業績、あらゆる完成は、たとえば身分秩序という意味での平等の特殊化を前提にしている。トマジウスは、[5]「特殊な平等は、はるかに強力な影響力をもち、その観点で愛の称号（トマジウスの言う完成の称号）に値する、はるかに強力な合一」を引き起こす、と述べている。(24) これに対して、機能分化社会では、平等の公準によってすべての機能領域への全メンバー（つまりあらゆる個人）の包摂を貫徹することが肝要である。そこでは平等は、機会を歪める既存の不平等に抗して、増大させることのできる原理として提示されなければならない。そこでは平等は、最も普遍的である程度自明な類的特徴に結びつけられるのではなく、これまた増大させることができると考えられる個性に結びつけられる。まさに独自性という点で、人間は個性を共通にもっているがゆえに平等とみなされる。平等は、いわば独自性を利用するための社会的規定になる。より蓋然性の低い社会構造が実現するためには、より不自然でさしあたり驚くほど納得のいかない諸前提をともなうゼマンティクが必要であることがわかる。

包摂、自由、平等、個人、プライバシー、自律、機能、反省、作用といった概念だけとっても、新たに組み込まれた機能分化が階層化や環節化に対して優位に立つための要件やその派生的問題が、どのような主導的路線にそって新しいゼマンティクのなかで処理されるかがわかる。これに新たな対立概念が加わる。それは、転回が固有の歴史意識を形成し、(24a) そこで概念を時間化し（たとえば古い／新しい）、事物概念まで時間概念のように設定する（たとえば自然、完成）ことから生まれる。さらに、秩序の象徴表現として疑う余地なく存立していたヒエラルキーの象徴表現が格下げにならざるをえないために、ゼマンティクが必要となる。ヒエラルキーの一部は政治的なものに（当初は宗教的なもののみに）特殊化され[25]、社会全体から一つの機能システムに移される。また一部は、機能分化社会においても存続し、機能分化の帰結をとおして再生産される階層として、評価を下げられる。こうしてヒエラルキー概念は、批判の対象になりうるようなアクセントを、階層という文脈のなかでは否定的でさえあるアクセントを、与えられる。

　この路線をさらに伸ばし、とくに個々の機能システムに固有のゼマンティクのなかに延長し、政治概念、経済概念、付随的なゼマンティク装置の転換を証明するといったこともできよう。しかし、本書のテーゼはそれをはるかに超えるものである。本書のテーゼは、新しい分化原理が古い概念の一定の変形を引き起こし、いわば概念を説得力のあるものにしなおし、それによって新しい秩序に適合させる、ということだけを主張しているのではない。また、新しい秩序のための理論的に規定可能なゼマンティク上の裏づけの必要だけが問題なのでもない。新しい秩序は、自己をよい秩序と考えられなければならないし、おそらく自己批判をさえぎって自己を実現できなければならないだろう。これらすべてを前提にすると、想定された分化形態と複雑性の連関から、文化のゼマンティク装置の全面転換というはるかに射程の大きなテーゼが出てくる。

　最後に確認すべきは、機能的な社会分化への移行は、歴史的にそれ以前の世界観をすべて用済みにしてしまうようなかたちで、社会の環境にかんする分解－再合成能力を増大させる、ということである。

世界は、このような社会にとって、縦横無尽に前進可能な地平となる。したがって境界は、いまや作動上の必要性を反映しているだけで、もはや実在世界の領域や原子や個体といった究極的存在を反映しているのではない。これとともに、何が存在し何が妥当するかについての、社会全体にわたって通用する合意が困難になり、本来的に不可能になる。合意として用いられるものは、承認された暫定措置というかたちで通用する。[26] これとならんで、個々の機能システムがそれぞれ独自に達成でき、もはや実体の集合(congregatio corporum)や事物の総体(universitas rerum)という意味での世界の全体像には合算されない複雑性の水準で、ほんとうに生産的な機能固有の実在の合成が行われる。

階層分化がすでにそうであったように、機能分化もまた全体社会システムとその環境の複雑性水準を相当に高め、行為の潜在的可能性を増大させ、存在するすべてのものにかんする分解能力を増大させる。あらゆる意味は、それによって偶発性が大きくなる。意味は、より多くの他の諸可能性(それも規定可能な他の諸可能性)にさらされる。あらゆる関係づけ、あらゆる過程は、それによって選択性が大きくなる。意味は、存在する何かを他の何かと関係づけ、さらに他の何かも他の何かと関係づけることができるだろう――では、意味の同一性の本質は、まったく偶然にどこかで始まる点にはないとしたら、いったいどこにあるのだろうか。

こうした全面転換という仮説への拡大は、本書の分析のシステム論上の基礎から必然的に生じる。つまり、システム分化をシステム内でのシステム/環境-差異の反復として捉え、複雑性を選択の強制として捉え、両者をたがいに関係づけることから生じる。社会構造とゼマンティクの伝統の連関について問うのであれば、この連関からふたたび出発しなければならない。次の略図がこのことを明らかにしてくれる。

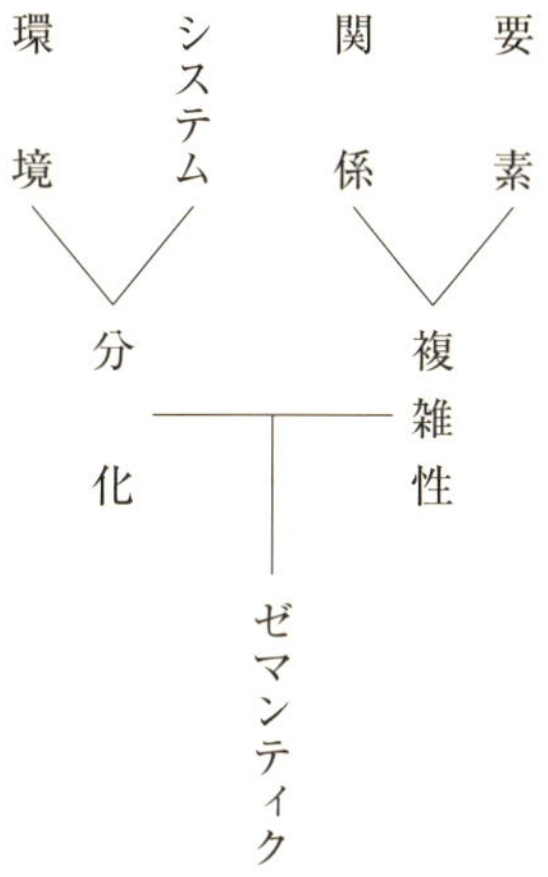

しかし、この図はまだあまりに単純化しすぎている。なぜなら、特殊なゼマンティク的相関物を隠しているからである。そのような相関物は、（複雑性水準だけでなく）社会構成の個別的特徴もゼマンティクに影響するところから生じる——たとえば要素がもはや人格ではなく行為として捉えられなければならない場合、あるいは分化形態そのものがテーマになる場合がそうである。社会構造とゼマンティクのあいだの個別的諸関係と全体的関係は、並行して進行し、たがいに影響しあう。だから、分化形態は、一部は直接的に、一部は間接的に全体社会システムの複雑性水準に媒介されて、ゼマンティク上の相関物を生み出す、というところから出発しなければならない。そうなると理論形成は、より精密な仮説を定式化するという点ですでに困難になり、いわんや経験的検証を行うという点で困難になる。なぜ

なら、分化形態と全体社会システムのゼマンティクにおけるいくつかの帰結について、実像をもっとももらしく描くことができたとしても、複雑性の変化にもとづいて意味がどのように形成されるかは予知できず、理論的にも予測できないからである。

IV

分化形態の変化と社会の複雑性の増大が人間の生きている意味世界を変容させる、という単純な推測を超える考察は、意味概念を分解してはじめて可能になる。意味の名のもとに理解されるべきは、先に述べたように[27]、すべての接続する体験や行為において選択的なふるまいを強制する、含意された他の諸可能性の指示の過剰である。意味は「暗示的なかたちで」世界全体を接近可能に保つが、まさにそのために、多少とも具体的に統覚された他の諸可能性の文脈のなかで、次の一歩のたえまない選択を必要とする。

すべてのより具体的な類型化に先立って、あらゆる意味について、他の諸可能性の指示にかんする三つの異なる次元が区別される。旧来の実在概念の意味における他の事物的な意味内容の指示、時間的に距離をおいた過去や未来のものごとの指示、他の人格が体験や行為においていかにして同じ意味を引き合いに出すかの指示、の三つである。これに対応して、われわれは世界の分節化に変化をつけるための一般形式として、また選択秩序の一般形式として、事物次元、時間次元、社会次元を区別できる。

これらの次元の区別は、意味そのものと同様、進化過程の結果である。このことは、ある社会がみずからの世界統覚の基礎的ゼマンティクを用いるさいのより限定されたすべての言明を見れば、もっとよくわかる。一定の分析的な次元の分離が実現していれば、社会はどの意味を事物性、時間性、社会性と結びつけるか、きちんと定式化できる。複雑性はシステムを選択圧力にさらすというのが正しければ、また意味は選択性を組織するというのが正しければ、進化過程で変化する複雑性は個々の意味次元においてゼマンティク上の相関物を生み出す、と推測せざるをえない。選択圧力は、いわば社会的に利用可能なあらゆる意味について、意味の諸次元に押しつけられる。選択は、これであってあれでない、いまはまだだめでもう少ししたらよい、誰それだけが合意する、といった形式を保つ。そしてこれらの形式は、次元どうしの一定の独立性を組織するから、たとえばどの時点で行為するかという選択からは、どのように行為するのか、誰の合意が重要なのかということは、ただちに導き出されない。

さしあたり本書では、社会の複雑性が増大すると、意味の基礎的ゼマンティクのなかで個々の意味次元の選択範囲がより明確に分離するだろう、という仮説を堅持する。それとともに、何が世界の事物内容〔実在〕として、時間として、社会性のための形式として、体験と行為を方向づけるのか、図像的に、隠喩的に、あるいは概念的に規定する余地が開ける。ギリシアの諸都市の発展とともに、たとえばより距離をおいて言語を介した実在との関係〔哲学〕、より柔軟で過去や未来にのびる時間の理解、とりわけ高度に選択的で都市の政治的統一をめざす社会性の理解が生まれる。(28) 次元のあいだの関係は緩やかになり、たとえば豊富な歴史上の出来事を見ると、人間が責任を負うべき行動〔たとえばノモテシア〔立法〕〕によって中間接続することなしに、時間そのものが社会関係を秩序づける、という事態を思い浮かべるのがより困難になる。時間と真理の乖離、あるいはピュシス〔自然〕とノモス〔法〕の乖離は、またそれで一つの世界構造となり、それにかんして諸理論が展開し、論争をつづけ、理論発展が進むようになる。すべての意味次元の相互依存は、分析上の分離にもとづいて再構成され、理論的知識の問題となるのだが、その理論的知識はもはや日常的体験を代表するものではありえない。

このようにして、構造的な社会発展のゼマンティク上の相関物を発見でき、そのかぎりにおいて相関関係にかんする理論的仮説を裏づけることができる。この仮説は、ここまでさしあたり、選択にとっての関連性の相対的独立性という意味で、諸次元の分離の進展だけを仮定してきた。だがそれだけでは、いまや可能になった次元固有の基礎的ゼマンティクがどのような形態できちんと定式化されるのか、まだ予測されていない。さしあたり、たとえばたんに人間の本性を記録する以上のことを提供する、社会性にかんするゼマンティクが発達しなければならないということが、いわれているにすぎない。いかにしてこの不足が補われるのか、またいかなる既存の社会状態の刺激がゼマンティクの伝統を強固にする反応を引き起こすのか、抽象的な図式からは予言できない。だが問題設定を手がかりに、いわば歴史過程を方向づけてきたはずの感度に対する感度は獲得できる。そして、階層化した全体社会システムにおいて、上流階層の階層分化と相互行為の諸条件をより厳密に調べるべきなのは、明白である。

増大する複雑性と増大する選択圧力は、個々の次元に対してそのつど何を意味するのか。いいかえれば、偶発的な選択性は事物的、時間的、社会的観点からどのように表現され、より複雑になっていく社会における日常生活にどのように示されうるのか。この問題をより厳密に規定できれば、経験的検証の可能性を考えた理論装置の精密化がさらに進むだろう。よく注意してみると、そこで問題となるのは、いかにして行動選択を容易にできるのか、さらには、いかにして高度な偶発性があるにもかかわらず意思決定を根拠づけられるのか、という問いではない。問題となるのは、いかにして選択性はそもそも経験され、構造化されうるのか、という予備的な問いである。

事物次元については、この発展をもたらす過程は、社会の分解－再合成能力の増大にもとづいているように思われる。原子への分解の傾向について語ることはできるが、その場合、そのつど分解不能な最終要素の位置に来るものは可変的であり、利用できる再合成の可能性に依存している、と考えなければならない。現象世界は、もはや見えるままに受けとられることはない。舞台裏を示す概念が形成され、それらはしだいに世界の再編可能性に奉仕すべく科学化されていく。そうなると、実在の構成については、科学が責任をもつようになる。科学は科学で、多様な他の諸要因、とりわけ宗教、技術、経済に依存しているにもかかわらず、そうなる。

時間次元においては、いかにして過去のことと未来のことのあいだに生じうる差異が拡大され、現在における処理範囲が時間的に短縮され、それに対応して変化が加速されるかに留意すれば、事物次元と同じような選択のための受容能力の増大を観察できる。時間は、大幅に拡大され、際限ない過去と際限ない未来に拡張された範囲のなかで、より速く流れ始める。時間は、より多い時間とより少ない時間を同時に提供するから、選択過程は拡大されると同時に濃縮される。それとともに、より狭く考えられていた救済史と行為史の連関にかえて、進化と行為を時間のなかに入れ込む可能性が生まれてくる。

社会次元における対応物は、相互の自由の承認にいたる発展のなかにあるといえよう。他の人間は他我（alter ego）と考えられ、それによって事物世界から分出させられ、誰もが自分自身について経験するのと同じ自己言及と選択の自由を付与される。これはとりわけ、誰もがみずから社会性を相互の偶発性という形式で経験し、その経験をも他者に投影する、ということを意味する。友人関係ならびに倫理にとって中心的な概念であるアロス〔他〕とアウトス〔自〕のなかに、この事態は準備されていた。それどころか、この概念によって本来的にはすでにすべてが言い表されていた。だが、集団の諸形態や二重の偶発性の選択的制御の諸形態は、社会秩序がどの程度の個性を可能にするのか、また社会秩序が社会的に影響の大きい決定に対してどの程度の私的要素を認めるのかによって、なお変化せざるをえなかった。政治倫理から社会学理論への移行（そしていまなお存在するこの変動に対する抵抗）は、この観点のもとでは、変化した複雑性状態の事後的記録と捉えられる。

（現実に即してはいないが）全体社会システムの複雑性が連続的に増大するというところから出発するとしたら、増大する選択性に対するゼマンティクの捕捉対策もまた、概略として述べたような方向へと連続的に変化する、と仮定すべきだろう。だがそれでは、野蛮人の襲来のたぐいや行き過ぎた構築の崩壊――大いなるものはみずから滅ぶ（in se magna ruunt）(29)〔6〕――による攪乱や中断を容認できたとしても、理論のなかに連続的増大というテロス〔目的〕を投影することになるだろう。しかしそれは、複雑性の増大が全体社会システムの第一次的な分化形態に依存する、という仮定に矛盾する。分化形態は、輪郭がきわめて不明確であるにもかかわらず、また歴史過程のなかで徐々に移行していくにもかかわらず、不可避的な区切りを設定する。したがって、事物性、時間性、社会性とみなされ、そのようなものとして実践されるべき事柄にかんする強化された基本ゼマンティクが成立するのは、典型的にはある分化形態が発展したあとであり、その発展に対応するためである。そのさい、既存の基礎にもとづいて言えることを敷衍するだけの、実質的変化をともなわない時期が、比較的長く続くことがありうる。旧ヨーロッパの伝統に備わっていたのは、完全で中心に集中する形態としての世界の観念、まったく創造性がないわけではないが、実質的には既存の変異可能性を実現するだけの未来の観念、自然だが堕落していて、整然とした自己言及も混乱した自己言及も認める慣習の法典である――これらは、もとの分化形態を放棄することなく、都市から帝国へ、政治から宗教へと拡大することのできた、貴族社会のゼマンティク的成果だった。これに対応して、実在とは物とその偶然的変異の実在であり、時間とは年代記の時間であり、社会性とは要求された行動をとる権能を与える資質の社会性だった。近代になってはじめて、このゼマンティクに亀裂が生じるが、はじめは旧来の思考手段が強調されるかたちでしかそうならなかった――たとえば階層的社会観［7］のなかでの教育のさらなる強調(30)、あるいは未来は完全に創造性がないとは考えられない、というル・ロワのささやかな脚注(31)――これらは文化的成果の体系的蓄積の理論へと移行していく。

より明確にゼマンティクの基本的決定に焦点を合わせた論述には、限定性の概念を用いることができよう。限定性とは、それ自体として思考可能なものに境界（地平）を設けなければならず、それによって作動は生産的になることができて、いつまでもその他の可能性を追求するという空しい結果にならずにすむ、という意味である。そのような限定が説得力をもちうる形態は、全体社会システムの分化形態と連関しており、その連関をとおして説得力を獲得する。中世の旧ヨーロッパ社会は、どこまでもつきまとう世界の時間的無限性という思考可能性に対しては、目的論によって時間次元を限定する。同じように表明された人間の自然的平等に対しては、社会的地位によって社会次元を限定する。それ自体として思考可能で、過ちを犯した場合に起こる堕落、混交、奇形に対しては、物の本質の完成形態を示す類、の想定によって事物次元を限定する。これらすべては、十六世紀後半いらい形態の確実性と説得力を失っていくが、それでもなお必要ならば説得力の喪失に抗して堅持される。しかし、三つの意味次元が先に概略を示した複雑性要求にさらされるようになるにつれて、限定性の伝統的立場を保つことはできなくなる。可能なものの意味境界は拡大される。意味境界は、新たに探究され、新たに基礎づけられなければならない。それも機能システム内部の自己言及にもとづいてである。それによって、全体として可能なコミュニケーションの自由度が高まる。

　他のかたちに形成された社会が、事物的、時間的、社会的な側面について、はるかに高度な複雑性を収容しなければならなくなったときに、ふりかえってみてはじめて、限定性の問題に対する限定の関係を機能的に認識できるようになる。そのような機能の徴候は、その時代の観点から解釈されるだけではなく、機能分化に向かう社会の転換が基礎的ゼマンティク全体に革命をもたらすことによって、歴史的意味を獲得する。それにふさわしい実在、時間、社会関係の考え方の定式化を、転換と同時代の理論には期待できない。そのような定式化は、転換によって生み出された複雑性とそれに対処する方法が経験的事実になり、転換によって可能になり必要になった選択の理解になお耐えられる限定条件を確証できるようになって、はじめて可能になる。

　一八〇〇年ごろには、フランス革命が近代社会の既成事実（fait accompli）であると早まってみなされ、それについて政治的－経済的な理論が提供されたのだろう。それが早まったものだったとしたら、また市民社会の理論自体が移行期のゼマンティクとみなされなければならないとしたら、三つの意味次元についてこんにちの状況に適合した理解が得られているとは、まだいえないだろう。

V

基本ゼマンティクの考え方は、何が社会構造上の変動と連関して変化するのかという問いのかたちで、なおしばらく継続した。だが、この問いが解明されるにつれて、発展の具体的経過や結果にかんする予知不能性を、同時に意識しなければならなくなる。その結果、いかにしてそのような発展が可能になるのかという問いのかたちで、進化論的な考え方を引き合いに出さなければならなくなる。なぜなら、進化論はまさにここで必要とされる諸特性をもっており、いかにして予見不能なものが生起するかを説明しようとする理論だからである。

社会文化的進化の理論には、現在のところ、引き合いに出せるような十分に保証され普遍的に受け入れられた基礎はない。そのかわりに前提にすべきことは、進化論が、これといえるような法則に従って段階から段階へと進む普遍史的過程を説明する野心をもはやもっておらず[32]、むしろ個人レベルでの学習理論と同じように（だがそれより狭く）構造変化の特定形態を扱う、ということである。この前提にもとづくと、構造変化が進化をとおして起こるのは、構造変化が変異、選択、安定化というメカニズムの分化によって可能になる場合である[33]。その場合に進化は、いかに厳格な選択と安定化といえども変異を完全には排除できないという点で、継続を保証される（また全体的結果として進化は過程であるという印象を与える）。有機体進化の場合、このことは安定化可能な再生産のエラー（突然変異）を可能にする、生化学的基体の複雑性によって条件づけられている。社会文化的進化の場合、その対応物は、あらゆる固定化が他の諸可能性の指示を含んでいることを含意する、体験や行為の有意味性に見られる。

このように進化概念が比較的明確で限定されているにもかかわらず、全体社会の進化の理論は語や概念の歴史、理論や様式の変化、教義の発展などの細目にいたるまで徹底できる、とは想定できない。すくなくとも一見したところでは、そのような期待は叶えられそうにない。そのような期待は、先に概略を示したシステム分化の考え方とも矛盾する。出発点となりうるのは、全体社会システムの進化が、長期的に見ると、システム構造の正常な構築と破壊の副産物として分化形態を変化させるとともに、より高度な複雑性をもった複数の環境とシステムを自己自身のなかで構築できるような全体社会システムを形成する、ということである。しかし、それらの下位システムが社会内的環境にどのように反応するかが、それによって確定されるわけではない。その反応の仕方もまたふたたび構造の構築と破壊という進化過程をとおして規制されるのだろうか、と問うしかない。

進化するシステムにおいてこのような進化をたどることは、分析と言語に高度な要求を課す。複数のシステム言及を、したがってまた複数のシステム／環境‐分化を、同時に視野に入れなければならない。全体社会システムのレベルでの変異、選択、安定化という進化メカニズムの分化を、社会内的進化の領域におけるこのメカニズムの分化から区別しなければならない。さらに、区別を扱うだけでなく、とりわけ次のような問いも追求しなければならない。すなわち、全体社会の進化は、内部進化を可能にし、条件づけ、強制するのか、またそれはいかにしてなのか。全体社会の進化は、たとえば内部進化の個々のメカニズムをあらかじめ固定し、たとえば安定化の条件を指定するのか、あるいは内部システムが形成されるさいに、その環境として無制限に働く進化を可能にする、内部の複雑性圧力を生み出すだけなのか。最後に、このような問いに対する答え自体も、進化から独立には与えられないこと、とりわけ社会全体の進化がいかなる分化形態に行きついているかに依存することを、考慮に入れなければならない。

だが、そもそも社会構造とゼマンティクの伝統の進化的変化を、同時的かつ相互連関的にあとづけるという目的を追求したければ、このような錯綜した理論構築をひきうけて処理できなければならない。さもなければ、一般的な理論枠組みのうちで受け入れられている他の部分についても、歴史的・経験的な細目についても、うまく扱えない。他方、分析的に考えられる変種をすべてシミュレートしたうえで、さまざまな可能性を理論的・経験的に完全に排除するのは、ほとんど不可能である。このような状況では、理論の全体枠組みをまず一つの可能な実在の解釈へと凝縮し、その考え方を徹底的に検証してみるのがよい。それが確証されないとしても、まだ「進化論」が反証されるわけではないが、進化論の分析資源をいったん清算して、他のかたちで組み込まなければならなくなる。

必要とされる縮減は、以下のテーゼとともに導入される。

1　一般的な社会進化において、安定化機能は全体社会システムの分化によって充足される。全体社会システムの分化は、分離された諸システムとそれらに固有の諸環境という枠組みのなかで、進化の成果を保持し再生産することを可能にする。

2　めったに起こらないことだし、進化においては偶然のことなのだが、この機能は第一次的なシステム分化の形態の変化によって「高め」られる。それとともに、全体社会システムの外部環境も内部環境も複雑性が増大し、それによって希有な進化の成果が形成され保持されるための諸前提が生み出される。

3　その進化の成果の一つは、社会の内部で、全体社会システムの外部環境のみならず内部環境にも依存する追加的な進化的変化が起こりうる、ということである。そのような内部進化は、社会的に条件づけられてはいるが、進化のかたちをとった構造変化として、社会的に計画されたり制御されたりしているわけではない。それは、影響範囲が狭い点でも、また変異、選択、安定化の機能が異なるメカニズムによって占められ、その分離が異なる問題を生み出す点でも、社会全体の進化とは区別される。

4　内部進化は、ゼマンティクの進化（思想進化）か下位システムの進化でありうる。前者の場合には、社会的ゼマンティクの機能を充足する思想財が変化する。後者の場合には、全体社会システムの下位システムの社会構造が、またそれに依存しているかぎりにおいて、下位システムの思想財が変化する。

5　第一次的な社会分化の形態と内部進化の可能性のあいだには関係がある。これについては、（完全に開かれた知識状況から生まれる以上のような留保つきで）以下の仮説を定式化することができる。

a　環節社会では、社会内部にたしかに人口学的進化の影響はあるが、差異をもたらす社会文化的進化は起こらない。つまり、個々の家族、氏族などについて異なる社会構造や文化が発展するための根拠がなく、たとえば「下位文化」もない。

b　階層社会では、上流階層と結びついて、より厳密にいえば文字を用いる階層と結びついて、独立した思想進化が始まる。その範囲や速度は、きわめて本質的なところで、文字体系とその（ゼマンティク的、階層的）射程に依存する。

c　機能分化社会では、まず個々の機能システムの内部進化が起こる[34]。それは、すでに階層社会において、特定の機能システム（たとえば法システム）がはっきりと分出するさいに始まるが、すべての機能システムにあてはまるわけではないと思われる（だがヨーロッパ社会の場合、歴史的原因もあるかもしれない）。機能システムのなかで形成されるゼマンティクの構造に依存しない独立の思想進化は、もうほとんど可能ではない。十分な下位システムの構造的基盤と機能的特化をともなわないゼマンティクは、たんなる形式の消費に頼らざるをえない[35]。

以上のように概略を示した理論的アプローチの枠組みのなかで、本書がテーマとしてここであらためて追求できるのは、部分的な問題にすぎない。特定のゼマンティク複合体に取り組むすべての個別研究のために、一つの基本的な問いがあらかじめ解明されなければならない。みずから進化する全体社会システムの内部において、独立した思想進化について語りうるのか、語りうるとしたらいかなる構造的条件のもとにおいてなのか、という問いがそれである。そこで、次章以下の事例研究において、特定のテーマの複合体がとりだされる前に、思想進化の可能性の条件について、なおいくつかの注釈が必要である。

VI

あらゆる進化と同様、思想進化もまた、進化する連関、つまり相互依存性と独立性が並存する経験的実体を前提としている。それはこの場合、保存されたゼマンティクの特殊な意味連関である――それはつねに、そのつど現時化されるとともに、現時化された意味の指示地平のなかにある意味として捉えられる[36]。この連関は、進化が自己自身についての反省に到達すると、変化するものとして、それとともに変化のなかで連続性を保証するものとしてテーマ化される（だが反省の場合のつねとして、このテーマ化も選択的に行われる。つまりこのテーマ化は、実際に起こることをすべて捉えるわけではなく、変化／非変化ないし不連続性／連続性という対を用いて図式化する）。

さらに、進化が可能なのは、この進化する実体において、変化した構造の変異、選択、安定化の機能が分離される場合のみ、つまり異なるメカニズムによって担われる場合のみである。それにくわえて、変異のための刺激が起こる蓋然性を十分高くする、非常に複雑な環境が必要である。さらに、より高度な進化形態の場合には、進化能力の内部条件の方が外部条件に比べてより重要になるものと考えられる。このことはすでに、有機体進化と社会文化的進化の対比について一般的に妥当し、社会進化のうえに構築される社会内的進化についてよりいっそう妥当する[37]。このような事態はとりわけ、進化するシステムの数が減少する場合に、進化がおよそ可能であり、また可能でありつづけるならば、環境よりもシステムにより依存したかたちで保証されなければならない、というところから出てくる。思想進化の場合には、全体社会システムによる有意な社会環境の抽出も、思想財そのものの一定の特質も、はじめは非常に蓋然性の低い構造変化の様式がその蓋然性を高める条件の一部であるように思われる。

支配的な見解（つまり科学の進化論[38]における見解）とは異なり、われわれは、選択メカニズムよりも変異メカニズムの方がより強く内生的条件に（もちろんもっぱら内生的条件にというわけではないが）

支えられているはずだ、というところから出発する。ゼマンティクは、みずからが変異を誘発できないとしたら、変異のための外部刺激をいつまでも待たなければならないだろう。[39] そして実際、すでに思考や文字によって固定された思想財という形態のなかに、変化を起こす刺激がある。語られる意味や語りのなかで再生産される意味の場合には、話に耳を傾けるだけでほぼ手一杯になってしまうが、それとは異なり文字財は、距離をおいたところから判断を下すよう要求しつつ対峙する。それにくわえて、要求水準のより高い進化状況においてはつねにそうであるように、変異を加速する補助メカニズム、つまり十分な頻度があると同時に構造適合的な変異の発生を保証する補助メカニズムが存在する。[40] この補助メカニズムは、継承された思想財のなかにある認知的非一貫性および問題、とくに解決不能の問題に見られる。さらに経験の示すところでは、実践的知識ないし理論的知識を安定化させ、体系化し、より抽象的に統合しようとする営みそのものが、問題設定を生み出す。安定化は、進化的な文脈で見ると、止揚や否定ではなく、変異の機会の構造化である。思想進化を決定的に保護する要因は、蓋然性や速度という点から見れば、知識がそもそも問題設定の助けをかりてはじめて体系化され、結合されるという事態にある。あるゼマンティクの構成要素が他の諸構成要素を支え担うという状態に到達できるのは、変異過程を方向づける媒介的作動をとおしてのみである。[41] 変異は語体の変化や新しい結合のなかで起こりうるが、誤解や計画的誤用、古い概念への新しい意味の充当にもとづいても起こりうる。およそ保存されたゼマンティクが存在するならば、変異はいわばその仕事の一部である。変異はつねに逸脱を生み出し、つねに新しいゼマンティクの伝統の変種を生み出すが、たいていは失敗に終わる――個人がコミュニケーションにおける思いつきをふたたび自分で抑えてしまうにせよ、コミュニケーション上の成果が専門家や関心のある人びとの社会的共同体のなかで出てこないにせよ。したがって、ゼマンティクの革新がはじめて登場するときと影響力を発揮する歴史の始まりのあいだに、相当な時間差があるのは驚くべきことではない(42)。選択は、このような状況のもとでは、変異の帰結としては説明できず、たんなる変異の発生をゼマンティクの変容過程に転換する、別種の追加要因に起因する。

湧き起こる多数の変異を前に選択はどのように働くのかという問いは、われわれを重要な論点に導く。この問いは、分出した機能システムが思想進化の担い手として機能するか否かによって、したがって思想進化が特定の機能システムの構造的進化の契機になるか、それとは無関係に推移するか、つまり重要な知識を保存し継承する状況や役割に結びついているだけかによって、答えが異なってくる。

システム論的前提からは、次のような帰結が導かれるだろう。すなわち、システム内部の分出の程度が小さいほど、社会のなかでの進化は社会内的環境とより強く結びつくのに対して、機能システムが機能的に分出すると、選択がより強く機能システム固有の基準に結びつく機会が、つまり固有の図式とそのために生み出されたプログラムに結びつく機会が生まれる。たとえば、真／偽の二項図式と理論に、合法／不法の二項図式と法律に、美／醜の二項図式と様式に(43)、結びつくわけである。これが正しければ、第一次的に機能分化した社会秩序への移行は、とりわけ選択様式の点で思想進化に影響を及ぼし、社会のなかでの普遍的な理解可能性の諸要件と、その要件の一部である英知、愛知、博学といった理解不能性の諸形態から、思想進化をそれまでより明確に切り離すだろう。

移行期間はたしかに非常に長い。移行期間は、たとえば法の運用や修道院では、近代が始まるよりずっと以前に始まり、一種の知的準備、「前適応的進歩[8]」として、のちに一般化や変形を容易にする機能固有の用語を生み出す。まさにこの二つの領域で、機能固有の純化の要求がきわめて早い時期に、すなわちすでに十六世紀に始まるのは、偶然ではない。他方、社会科学の諸領域では、専門固有の秘儀をもつ権利があるかどうか、こんにちでも議論されている。だが全体としては、機能システムにおける選択基準が特殊化し内生化する傾向があり、機能システムどうしはたがいに相手の環境になり、その結果たがいに同調せずに進化する。

社会内的環境が思想進化の選択様式に影響を及ぼす仕方は、説得性と明証性の概念を用いてきちんと捉えるべきである(44)。説得的であるとは、ゼマンティクが、それ以上の根拠づけなしに理解され、他者にもまた理解されるだろうと期待できる地点で、確定されることである。明証性とは、強化された説得性である。明証性が与えられるのは、代替選択肢が排除されていることまで明らかな場合である(45)。説得性と明証性を与える社会的文脈がさほど特化してない（つまり分出していない）かぎり、この経験内容は社会全体との関係を表している。この経験内容は、保存されたゼマンティクを支える基礎として機能するが、同時に転位に敏感でもある。この経験内容は、変異が提示される場合には選択的に働くが、社会環境が変化する場合にはみずからも変異を免れない。思想進化は、説得性と明証性に依存しているほど、その選択機能という点で主権をもたないかわりに、その結果の社会的意義という点でより強く守られている。しだいに分出してくる機能特化した下位システムも、全体社会のコミュニケーションの説得性圧力から完全には逃れられない。だが機能特化した下位システムは、システム固有の思想進化を時点や事物的内容の点でより環境から独立して方向づけることができ、内部状況が革新を選択するのに有利な場合には、いわば明証性と説得性にもとづいて環境を探索できる。

全体社会システムの内部でゼマンティク構造の独立した進化が起こるとしたら、変異や選択の機能とまったく同じように、安定化の機能も固有のかたちで担われなければならない。ゼマンティクの伝統の領域では、この機能は知識の体系化とドグマ化によって充足される。その結果として生じる形式や類型は、単純化されたかたちで学習し継承でき、より多くの事例を整理できる、より抽象的な規則に変換される。制度（institutio）[9]とはそれを表す古代ローマの概念である。この概念は、ゼマンティクの秩序と教説の連関を指し示している。その場合に安定性は、一般的なものから特殊的なものに進む過程で到達可能なすべてのことについて保証される。抽象的に制御された体系学は、最終的にある事物領域のすべての問題をできるかぎり完全に把握する（あるいはそのかわりに排除する）努力を可能にし、それと同時に制御できない攪乱の源泉の遮断を可能にする(46)。一つの好例は、ローマ法が一世紀いらいの体系化の努力によって、また新たに十六世紀いらいの体系化の努力によって獲得した継承能力である。この安定化の形態自体が、変異と選択の入り込む可能性をあらためて規定する。この安定化の形態は、ゼマンティクの素材を安定的であると同時に自己批判的なもの、たえず運動すると同時にあらゆる革新への接続を自己自身のなかに求めるもの、無効にはできず発展させるしかないものにする(47)。

この想定がおおむねあたっているとすれば、思想進化はとりわけその安定化様式によって、社会進化に対して一定の自律性を獲得する。偶然の変異は、たとえ既存の構造にもとづいてしか現れえないとしても、ゼマンティクによって方向づけられない発生契機、あらかじめシステムに適合してはいない発生契機に依存しつづける（ここでいう「偶然」とは、そういうことにほかならない）。選択は、一般的な社会的交際のなかで生まれてその交際を支える説得性に依存している。これに対して、われわれがゼマンティクの伝統と名づける進化的構築の成果は、自己自身の外部に何ら直接的相関物をもたない。そのような成果は、自己の安定性をみずから保証する。その自己経験の様式は、自明性ないしドグマティクの様式である。そのような成果は、ドグマ的であることによってすべての可変性の条件としての地位を保ち、まさに進化メカニズムの文脈のなかでの安定化機能の位置を、つまり継承可能性と可能な変異と選択の制約条件を同時に保証する能力を反映している。

したがって、ドグマティクは思想進化にとっての反省形式である。つまり、思想進化がみずから実現する自己の完成を理解し基礎づける形式であり、自己が独立であることを知る形式である。ここから出発すると、十八世紀におけるすべてのドグマ的なものの危機は、前兆としての意義をもつようになる。その危機は、思想進化の可能性の社会構造的条件における変化を示している。本書の社会理論的な出発点から見れば、機能分化への転換が決定的な引き金だったと考えるのが自然である。いまや安定化機能は、社会全体の進化と同調して、社会の分化形態すなわち機能分化に引き継がれ、社会内的進化においては、機能システムそのものに引き継がれる。それと同時に、時間構造や発展速度に対する要求が変化する。ドグマティクを媒介とする思想進化は、近代社会にとって十分な速度をもたない。だからといって、継承されたゼマンティクの社会文化的進化に対する貢献がすべて排除されるわけではない。だが、いまやその貢献を探すとすれば、進化がもはやたがいに同調していない機能システムのうちの、特定の機能システムの文脈のなかでなければならない。いまや機能システムは、クーンの科学革命の分析が示すように、選択様式にかんしてもより社会から独立するようになる。だがそれによって機能システムは、伝統社会において可能だった、あの進化の成果の保証様式を失う。

思想進化の素材が機能システム固有の科学進化に移し替えられる過程は、それ自体もその条件も複雑な過程である。純粋に分析的に見ると、以下の諸側面が区別される。

1 ゼマンティクの発展の基本問題は、認識機能により適合するように仕立てられ、客体と主体の区別と関係づけを用いて機能特化される。客体（＝人間の眼前にあるもの）の基礎にあるもの（subiectum）は、近代的な意味で「主体化」され、認識する意識として安定化される。そうなると認識は、意識（主体）と対象（客体）のあいだの関係「だけしか」扱わないことになる。

2 この機能特化のための前提の転換につづいて、システムの成果としてはじめて可能になった作用が発展する。すなわち、

a 主体の側では、経験処理の心理的文脈および社会的文脈の中立化が広範に起こる。この中立化は、たんなる防御や除去ではなく、他のさまざまな依存関係の置換によってはじめて可能になり、新しい科学システム固有の感度によって媒介される。主体は、それ相応のゼマンティク的、社会的な特殊条件をともなう科学研究の要件にしたがって、みずからを方向づける。そして主体には、とりわけこの条件を背景にして、個性を獲得する特別なチャンスがある。

b 客体の側では、システム形成が（システム形成だけが）、二項図式の置換による現象的真理の失効を可能にする。もはや存在物から出発することはできず、存在物の確実性は反対物がありえないことの確実性にとってかわられる。(48)

3 そのような作動条件を満たすシステムが分出しても、ゼマンティクの伝統全体は科学化できない。すでに解釈された世界はシステム分出にとって環境であり、人は科学というシステムのなかでその環

境に批判的、選択的に対処しなければならない。そのような環境なしに科学は成立しえない。だが科学は、すでにそこにあるものの領域においてのみ、真なるものと偽なるものを分類するわけではない。科学の選択原理は、システムと環境を結びつけるかぎりにおいて、むしろ認識である。科学は、システム内の規則のもとで、自己の機能を問題としてテーマ化する。この問題は、外部条件と内部条件のあいだの関係としてのみ解決できる。そしてこの意味においてのみ（意識のなかでの世界の純粋に内的な構成としてではなく）、科学は新しいシステムの自己組織化である。つまり、最終的につねにシステムと環境をたがいに関係づける諸関係の関係化である。

この三つの契機をたがいに結びつけると、思想進化から科学進化への移行が、歴史的に見て縮減的かつ増幅的に働いたことがわかる。この移行は、思想進化の継続を排除するわけではないが、保存されたゼマンティクの独占的利用権を思想進化から剝奪し、豊かな意味内容をもつ保存されたゼマンティクにとってかわることはできないが、その説得性の根拠を変化させる。科学による縮減は宿命的に、知識の増幅を可能にするように選択されている。

VII

高度文化における保存されたゼマンティクは、最も古い時代には「知恵」[49]として捉えられていたし、文字使用が拡大し、その量が増大したあとも、依然として知識として捉えられていた。文字使用の成果は、コミュニケーションの遂行ないし共同遂行の切り離し、知る対象に対して検証し認証するための距離をとることの実現、語る対象の客体化にあった。この枠組みのなかに、権限付与の相違や役割・機関の特別な権能を、さらには知識の質の相違——たとえば確実な知識と憶説としての知識の相違や知識（scientia）と信条（fides）の相違——を組み込めた。しかしその場合、基本構造は知識と対象の単純な関係構造のままだった。この構造は、儀礼や神話叙述にくらべると進歩だったから、放棄することはできず、徹底的に分節化するしかなかった。それに対応して、世界はこの世界知にとって事物の総体、実体の集まり（congregatio corporum）のままだった。その境界と内部の秘密は、また同様に知識の不十分さと誤謬の根拠は、宗教的に同定された。

この事物の総体としての世界の統一は、依存によって媒介されているとみなされていた——これはまったく社会生活からの投影である。依存はまたそれで、単一の原因、すなわち創造主に関係づけられたが、たとえばすべての安定性は相互調整する反対物に依存しているというように、他のかたちでも定式化できた[50]。依存という統一形態のなかでは、最終的にすべてのものを偶発的とみなせるのだが、それによって統一の必然性が問題にされることはなかった。反対に、偶発的なものから必然的なものへ、複雑なものから統一へと推論はさかのぼった。

この形態は、機能的な社会分化への移行にともなって、自明性と最終妥当性を失う。行為の動機につづいて、知識の動機が疑わしくなる。変異としてならば、疑念はずっと以前からあったかもしれないが、宗教と政治の分化の進展にともなって、またとりわけすでにドグマ化されている宗教システムの信仰上の内部分化にともなって、ついに知識の再確認の審級がなくなってしまう。階層化された社会構造において、その審級は最上流階層のなかだけに配置できた。しかし最上流階層のコミュニケーション・

システムは、相互行為に依存しているために、もはや提起された再統合の問題を解くことができない。この相互行為の基礎は、十七世紀の宗教的－道徳的－政治的な文献のなかで、それ自体が問題になる。[51]十分な確実性を最終的に提供できるのは特別な機能システムだけであり、それはたとえば既成教会の幹部宗教、法運用自体のなかでの法運用の諸前提の保護、認識と対象の関係について知識を獲得することによって科学を基礎づけようとする認識論に固有の反省などである。

真剣に考えられた重要なゼマンティクが、機能システムとその方向づけ（機能、反省、作用）のなかに移されると、伝承されたゼマンティク的素材における意味の転位をまったく度外視しても、多方面で派生作用が引き起こされる。とりわけ、保存されたゼマンティクは世界に関係づけられた知識であるという観念が破壊される。規範的、価値的、審美的判断が、（間主観的同意の要求をともなう）知識としてなお認められているものに対して独立する。カントが理性への基礎的、批判的関心をなお要請しようと試みたまさにその範囲について、両者の分離が読みとれる。それと関連して、価値概念がゼマンティク上の遍歴を開始し、十九世紀には経済の領域から道徳、美学、文学、宗教、そして認識にまで拡大する。[52]機能が優越する意味内容の再構成は価値形態へと向かい、純然たる評価の視点のなかに消えてしまう。自然宗教や市民宗教のあとをついで、結果に縛られない開かれたコミュニケーションのための出発点となり支持点となる概念として、基本価値という考え方が出てくる。そしてまさにその緩やかさが、機能システムどうしがたがいにとって社会であるような見方を最もよく表している。

より形式的な抽象化に向かう第二の道は、知識ないし意見と対象の関係が問題になる、というところから出発する。この問題化は、過激なために成果の出ないやり方でなら以前から可能だったし、たとえば懐疑論が実際にやってみせた。いまや、否認的思考の原理的可能性よりも重要なのは、保存されたゼマンティクの基礎をこの関係についての言明へと戻すことである。

アプリオリ化とイデオロギー化は、ここでは並行して進行し、それぞれ異なる問いを立てながら同じものを得ようと努力する。アプリオリについての問いは、認識者の同一性と対象の同一性において同一なもの、つまり知識が二つの独立した連続性の一時的接触という出来事以上のものであることを保証するものに照準をあわせる。これに対して、知識ないし意見をイデオロギーとして捉えようと試みられるのは、知識や意見が「第二の実在」に、つまり主体の社会的状況に依存しているかぎりにおいてである。理論構築の技法として見ると、他者が知っていることをアプリオリ化する戦略は、知識が知識として基礎づけられる点、つまり知識の可能性の条件への、複雑性の縮減である。他者が知っていることをイデオロギー化する戦略は、実在に関係する者の背後に第二の実在関係を導入することによって、この第二の関係が規定するものに応じて対象性とゼマンティク装置が可変的になるような、複雑性の拡大である。アプリオリ化の場合には認識関係の同定について、イデオロギー化の場合には認識関係の関係化について、探究が行われる。

アプリオリ化とイデオロギー化による旧来型の知識の解体と再構築は、もはや「媒介する」ことのできない二つの対立的戦略をとおして進行する。(53) 問題の「弁証法的」解決は見えない(弁証法そのものが、ヘーゲルいらいアプリオリ化の方法として、この制作の前提の無前提的な制作として理解されるにつれて、なおさら見えなくなる)。それでも可能でありつづけるのは、まさにこうした知識の状況の知識社会学的分析である。

知識社会学は多くの知識の社会的条件の解体とともに成立することができる、というのは知識社会学の自己分析の有名なテーゼである。[54] さらにシステム論的な社会分析によって、知識社会学が機能分化した全体社会システムにおいてはじめて可能になるのは偶然ではない、ということが認識される。機能分化をとおして、社会に関連する意味内容の形成の基本線は、すべて個々の機能システムに関係づけられるようになる。したがって、保存されたゼマンティクの枠内で、あらゆる意味は、全体社会システムのレベルの下部のシステム言及を明示する必要がある。だから、まさに意義の増大も、形式と意識に対する特別な要求も、この条件を免れない。それは、もはや全体の完成においてではなく、部分の特別な作用において、頂点に達する。[55] それとともに、真面目で守るに値する知識の質も、科学的知識の方向に変化する。だからこそ、この知識は自己自身について反省させられる。それも、もはや単純に客体に固定できない形式である。いまや知識は、客体のかわりに自己自身の反対物を参照しなければならなくなり、自己が偽でない条件を反省させられる。[56]

科学的知識の機能の明確化と二項図式化は、それを可能にする文脈についての問いを、あらためて「純然たる」科学的な問いとして生み出す。この問いを認識論的に立てると、あまりに速く出発点に戻ってしまう、あまりに小さく設定された循環になる。この場合に問題となるのは、認識の条件の認識の条件の認識の……ということだけになってしまう。この問いを社会理論的に立てると、自己言及的構造は残るが、循環は視野に収まるにはあまりに大きくなるので、その一部分があたかも全行程であるかのように扱われることがありうる。機能分化の定理を用いて、科学の反省は、機能の具象化、二項図式化、機能と作用の分離などが同じように起こる社会の他の機能システムと、自己自身を比較する。それによって科学研究は、ただ「自己のために（pro domo）」理屈を並べるのではなく、自己を確証できる。さらにこのような科学の構想は、自己を歴史的に相対的なものとして基礎づけ、理論に導かれた経験的研究のための巨大なプログラムをとおして、その基礎づけをも守る。論理的には循環であり禁止された論証とみなすべきかもしれないものの素材の基盤は、さしあたりかなり拡大することができる。自己の基礎づけを対象分析から借用するような社会理論の統一性は、論理的誤謬にもとづいているかもしれない。だがそうなると、システムの統一性を基礎づけるのは、まさに誤謬の統一性である。

VIII

最後にもう一度、知識社会学の根本問題、つまり知識社会学と真理の固有の関係にたちもどる。この問題は未解決のままだといってもいいだろう。しかし解決の試みを分析すると、問題の扱いについて共通類型が残っている。その共通類型は、部分理論が認識の可能性全般を保全しなければならない、という定式によって捉えられる。そもそも客観的真理に到達できるということは――それを疑わないかぎり[57]――、真理でありうる対象のほんの一部分にしか関係しない諸理論によって保証される。そしてまさに、それが対象集合の部分集合にすぎず、その部分集合を選び出さなければならないという理由から、決着のつかない理論論争が起こる。

そのような保全の補助理論が必要になるのは、すべての知識を社会的に関係づけたいにもかかわらず、客観的真理の可能性を放棄したくはなく、「客観的」であることが間主観的に説得的に確実であることと解される場合である。[58] ジェルジ・ルカーチは、マルクス主義的な基盤に立って、興隆する階級は地位を守るために知識を動員する必要がないので、客観的真理に到達する特権をもっている、という説を提案した。[59] 興隆する階級もまた社会的に関係づけられた歪んだ視点をもっていることは、そのような理論のなかでは無視せざるをえない。おそらくこのような反論にあったために、正しい側に関与することによってのみ真理について決定を下せる全面的なイデオロギー概念への転換が、すぐに起こったのだろう。だが次のように反撃することもできよう。すなわち、攻撃する側の方が偶発性を見るのに――たとえば機能的に分析するのに――つねによりよい位置を占めるので、真理に到達するチャンスが大きい。あるいは攻撃する側の方が、ゼマンティクの素材の変異をとおした思想進化の過程を進行させうる（攻撃する側自身にとっての成果や帰結がいかなるものであっても）。

同じように原型となる別の逃げ道をとったのが、カール・マンハイムである。マンハイムは知識人を、知識が社会的に関係づけられるにもかかわらず、客観的な真理に到達するチャンスのある集団と見る。知識人は、距離をおくことに関与できる集団である。[60] この知識人論を社会学的に検証可能なかたちで彫琢する試みは失敗している。[61] この場合にも、知識人こそがたがいに典型的な論争的態度をとるのであるから、知識人でない者よりも真理を代表する可能性が低い、という反論がある。だがこの場合にも、補助理論は進化論の方向に定式化しなおせるだろう。すなわち、距離によって、抽象能力によって、そしてまたおそらくは論争を好む性向によって、知識人は社会の他の集団よりも偶発性をよく定式化し、ゼマンティクの素材に変異をもたらし、進化的な変化を引き起こすことができる。

誰かがやってきて、社会学そのものが問題の解決である、あるいは社会学が確固とした科学の地位に到達するやいなや問題の解決になりうる、と主張する場合にも、まったく同じように対応できるだろう。この場合にも、補助理論としての社会学の社会学が、かつてアプリオリが占めていた機能的位置で働く、といえるだろう。社会学の社会学は、通常の科学的手続きのなかで彫琢できる。この場合、ただちに次のような反論が起こるだろう。すなわち、いかにして社会の一下位システムの一部分の専門領域が、真理の全体性を有すること、あるいは真理の全体性を代表することを要求できるのか。そしてこの場合にも、問題は進化論的仮定をとおして緩和できるだろう。進化論的仮定によれば、問題となるのはもはや真理を有することではなく、より高度な偶発性をテーマ化する能力、代替選択肢のなかで考える能力、分解－再合成能力、そしてこの能力向上の長期的に起こりうる帰結（利点？）だけである。

このような進化論的構想のなかに組み入れられると、真理要求をともなう代替的アプリオリとして競合せざるをえなかったさまざまな補助理論は、もはやたがいに排除しあわない。全体社会システムのなかには、偶発性を高める出発点がいくつもあるだろう。それらの意味の視角は衝突し、たがいを刺激し動かすことがありうるが、たがいを支持し確証することもありうる。これは進化論的構想にとって、さしあたり事実問題である。理論問題は次のような一般問題に帰着する。すなわち、社会文化的進化においては、変異、選択、保持のあいだにどの程度の連関があるか、また（興隆する階級、知識人、科学、おそらくはより広範な構造における）ゼマンティクの素材の変異をもたらすさまざまな端緒は、選択や保持のメカニズムとどの程度結びついているのか、つまりこれらのメカニズムにどの程度異なる影響を及ぼしているのか。

このように知識社会学の問題設定を進化論のなかで捉えるやり方は、最終的にシステム論的考察と結びつけられる。(62)もう一度手短に要約すると、知識社会学は、すべての知識を導出し検証するための、新しいアプリオリズムや仮説的－演繹的体系を探究するのではなく、まったく異なる意味でのメタ理論を探究する。それは、対象にかんして弁別を行う（その意味でみずからが真であると主張する）知識が、その知識にかんして弁別を行う（すべての可能な知識を可能にはできないし、無知や誤謬も知識としては扱えない）社会的文脈のなかで、どのように成立し保存されるのかを説明する、後づけの理論である。そのような補助理論は、まったく経験的に操作化できる。そのような理論とそれが扱う知識の関係は、論理的包含の関係ではなく、選択的処理の関係である。そのような理論は、社会における選択過程の選択についての理論であり、理論であるからにはふたたび、およそ理論たるものの選択的実証という規範的基準に従う（理論自体がそのような基準の生成や社会的制約をテーマ化する場合であっても）。

このようなことが現実に存在する社会において可能か、それもコミュニケーション上の成果をともなって可能か、またいかにして可能かは、論理的問題ではなくシステム論的問題である。この問題はわれわれを、システム分化とシステム内の選択性強化の問題につれ戻す。あらゆる知識社会学は多段階のシステム分化と内部の立脚点を必要としており、人はその内部の立脚点から、自分が属する全体システムが環境に対してどのようにふるまうかを観察しテーマ化できる。知識社会学のために分出した社会の下位システム（科学）の下位システム（社会学）の下位システムの内部では、いわば他のシステム／環境の視点と交差する特殊なゼマンティクを発展させ保存できる。その場合に問題となるのは、純粋な対象との適合性という意味で、視点の選択性を徐々に消し去ることではなく、視点をその選択性を考慮に入れて選択的に扱い、それによってシステムのなかで（視点そのもののなかではない！）反省することでである。

このように考えると、ゼマンティクの内容と社会構造の相関関係の問題は、次のような一般理論に属している。その一般理論の主張によれば、あらゆる秩序の構築は選択的に扱うことのできる諸秩序につづいて起こる。つまり、一部は相互依存的に、一部は相互独立的に変異する諸事態をすでに含んでいる諸秩序につづいて起こる。(63) そのような与件は、あらゆる理論が対象と共有しなければならず、認識もまた自己の作動の可能性の条件として受け入れなければならない。そのかぎりにおいて、認識は自然の模倣でありつづけ、諸秩序のうえに構築される諸秩序のうえに構築される諸秩序……という縮減的な秩序構築を反復し強化する。まさにこのことも、ふたたび縮減モデルの選択原理として捉えられ、理論はみずからが対象と共有するものの認識にもとづいて、つまり選択的な関係づけにもとづいて根拠づけられる。それ以上の形式規定は、すべて歴史的性格をもつ。

いかなる認識も、システムに可能な範囲を超えられない。だが認識は、システムの分出と内部分化をとおして、より前提の多い秩序を構築でき、社会分化の形態が設定する枠組みのなかで、機能固有の分出をとおして特殊な性能を向上させうる。全体社会システムの階層分化から機能分化への転換はそのための諸前提を生み出したが、社会理論はまだその諸前提を取り入れていないし、いわんやそれを充足していない。知識社会学の問題設定や、より広い意味では高度な形態のゼマンティクと社会構造の相関関係についての研究は、おそらくそれ自体が進化的変異のための出発点であろう。それらは新しい認識論を準備するから、その認識論をすでに受け入れられている科学論の命令に服従させるのは、ためらわれるだろう。

IX

社会学の対象を有意味的−自己言及的なものと理解しなければならない（つまりそれ以外には事実に合致するように理解できない）ならば、これまでの考察が概要を示しているように、真理のゼマンティクと科学論を社会学の固有の対象の一部として理解する以外の可能性はまったくない。そうなると、「主体」にかんしてあった諸問題が、「客体」のなかに現れてくる。だが、主体／客体の用語法を保持し、そのなかだけで自己言及の問題の立脚点や視点を移動させるのは、あまり賢明ではないように思われる。対象も同じように自己言及的であるとか、本来客体だけが自己言及的であって、主体は自己を客体化するかぎりにおいてのみ自己言及的であるというならば、それと同時に、この認識関係にかんする用語法は内容を失う。したがってこの用語法は放棄せざるをえないだろう。自己言及的な有意味性のテーゼは、固有の概念を必要とする問題領域に通じるだけに、なおさらそうである。そのような概念開発の過程ではじめて、用語法の歴史における連関が明らかにされ、既存の概念形成の経験は、評価と接続可能性にかんする変更された観点から見直されなければならなくなるだろう。

この諸問題の一つは、知識社会学研究の継続のために特別な意義をもっている。知識社会学は、十八世紀に始まっていらい、知識と社会構造の関係、あるいは知識と社会的な担い手集団や利害関心との関係は、それ自体として社会的知識になりうるのか、あるいは「潜在的」なものにとどまらなければならないのか、という問いにかかわってきた(64)。旧来の伝統をひきつぎ、フロイトを援用して、社会学も当初は意識を排除することによって潜在性を定義して満足していた。(65) しかし、必然的な潜在性を理解することが問題になるやいなや、この定義ではうまくいかなくなる。なぜなら最終的に、意識されないことの必然性の十分な根拠を意識からひきだすことは、ほとんどできないからである。意識がみずから境界をもうけて、到達不可能性を際だたせることなどあるはずがない。かくして、潜在性概念は社会学においても啓蒙的特徴を保持した。

統一的で差異がなく否定することのできない「意味」という事態を想定すると、同じ問いを抱えて他の出発点に立つことになる。その場合にも次のように問われる。すなわち、あらゆる意味は世界の地平のなかで構想され、回帰的体験に対して開かれたままであり、世界と自己自身を指示しているにもかかわらず、この意味世界のなかに到達不可能な意味は存在しうるのか、またいかにして存在しうるのか。この場合にも、問題は認識されない事態を指示することによっては解決されない。いいかえれば、既知／未知、意識的／無意識的、到達可能／到達不可能といった単純な二項図式では把握できない。(66) なぜなら、否定も意味をもつからには、およそ意味にとって到達不可能性は到達可能性を排除しないからである。(67) 排除ではなく指示の余剰ないし可能性の冗長性が第一義的な所与であり、排除はそれに関与することによってのみ意味をもつ。

およそ意味から読みとれるのは、選択の必然性、また他の可能性の無視の必然性だけであって、あわせて告知されている諸可能性が潜在的なものにとどまることの必然性ではない。あらゆる指示、あらゆる可能性の告知、あらゆる選択は、たしかに十分に形式が規定されていることを前提にしている。このことは、潜在性の概念を適用する前提としても妥当するはずである。だが、潜在性について語る場合に考慮されるのは、規定されないものの全体——それに対してすべての規定の輪郭が示される——ではないだろう。(68)むしろ潜在的可能性は、規定された可能性ないし状況的に規定可能な可能性であり、それにもかかわらず現時化されえないものである。

システム形成によってはじめて、特殊な性質を示す複雑性の諸領域が境界づけられる。(69)システムは、(1)ある環境に対して境界を設定し、その境界は意味境界としてシステムと環境を媒介し、内部のものと外部のものをともに指示し、両者をたがいにとって到達可能に保つ。(70)システムはそれによって、(2)ある出来事（行為）の領域を境界づけ、出来事の現時化を自己自身に帰属させる。この行為の相互依存によって、(3)ある複雑性が発生し、その複雑性はシステムのなかで象徴化され、（システムの）統一態として反省されうる。そのかぎりにおいて、複雑性はシステムにとって意味という形式のなかで到達可能でありつづけるが、もはや作動によってあとづけることはできない。(71)これに対応することは、(4)システムの環境についても妥当し、環境はそのつどあるシステムにとってのみ、またあるシステムによってのみ統一態である。

このようなシステム形成が行われる過程ではじめて、象徴的一般化はものごとを明るみに出すと同時に闇に隠さなければならない、という問題が生じる。構造形成の作用、つまり諸選択からの選択の作用が増大するにつれて、選択性の効果もより先鋭化された影響の大きいかたちで現れる。単純な選択のレベルでは、無視された諸可能性は「費用」（機会費用）とみなせるのに対して、構造選択のレベルでは、無視された諸可能性の復活は現行の構造とその機能の放棄を意味することになるだろう。ここでは、システムとその環境によってシステム自体に到達可能になっている秩序の利得が守られ、潜在性による庇護が与えられる。意味という形式のなかでは、たしかに意味は他の諸可能性について完全に無効にされることはありえないし、そのことは潜在性そのものに微妙な偶発的地位を与える。だがそれだからといって、禁断の果実を摘むことはまだ許されない。禁断の果実を摘めば、神によって創造された世界が最終的には楽園ではない、というパラドックスを扱わなければならなくなる。

システム形成を前提にすると、意味によって強制される選択の一般問題は、三つの段階に分かれる。まず、つねに変わらず存在するのが、手にしない方がいい可能性、いわば分離された可能性という単純な事態である。たとえば階層社会では、接触範囲を階層ごとに分離しておくのが当を得たことである。これに反する可能性は見ることも考えることもできるが、不適切だと思われ、それを実現することは不利な結果をともなう誤った行動だと思われる。その不適切さはそれ自体として構造に依存し、したがって構造の変化とともに変異する。(72) だが違反は処理されなければならない。違反は決定的な効果をもたらすことがありうるが、かならず構造変化をもたらすわけではない。

第二に本書では、構造選択が意味の組み合わせをより強力に提供し、それと同時に他の組み合わせを排除する、という事態を扱っている。特定のシステム構造を前にしてはじめて、あってはならないこと、あるいは許されないことが関心を引くようになる。全体社会システムが、道徳的評価を態度や動機に結びつけるような道徳を適用するやいなや、たとえば道徳が尊敬の配分や喪失を規制し、それによってサンクションを与えるという事態が問題となる(そこに道徳の機能がある)。動機の道徳については、尊敬を望むのであれ軽蔑を恐れるのであれ、尊敬の獲得や喪失が道徳的行動の固有の動機であると、どうしても考えてしまう。この動機は実際に利用されなければならない。実際に利用されてはじめて、道徳は相互行為を方向づけできるからである。[73] だが、この動機的・機能的基礎は、道徳の意味要求、つまり道徳が行動の根拠として要請するものと矛盾する。道徳は、いわば内容を経由して迂回させられなければならない。尊敬は稀少財ではなく、ただそれ自体のために分配されてはならないからである。いいかえれば、道徳は潜在的な動機構造を経由してその機能を充足するのだが、その動機構造は短絡的に道徳そのもののなかに持ちこまれてはならない。

最後に考慮すべきは、潜在性はたんに欠如した意識ではないし、無知の無知という姿によっても十分に記述されていない、ということである。むしろ、潜在的なものとして扱われるべきものは、システムの構造のなかで有意味に利用可能でありつづけるだろう。だから、まさしくその潜在的なものに関係する、つまり到達可能なものを到達不可能なものとして扱う、特殊な象徴構造が（またそのレベルのなかで特殊な行動技法が）[74] 発達する。たとえば道徳論のなかでは、いま議論した問題が発見されずにいたわけではない。道徳は潜在性の問題を立ててきた。だがそれは、道徳の意味についての言明を身にまとい、そこから潜在的な機能や構造の価値を低めるような形式をとってのことである。[75] 潜在的なものは、本来消え去るのではなく、端的に浮かび上がってくるものであるから、いかなる状況のなかで、何を知るべきか知らざるべきか、何を気づくべきか見過ごすべきか、何を言うべきか沈黙すべきかを規制することに特化した構造が成立する。

これらの考察は、潜在性の問題をシステムに関係づけることによって、次のような結論に行きつく。すなわち、知識社会学的分析は独特の啓蒙形式を獲得しようと努めるが、その啓蒙形式はたんに意識されない事態を意識された事態に移すものとしては捉えられない。科学システムのなかに位置することによって、社会学は、みずからが属する社会を科学研究のシステムの環境としても扱える、という可能性を利用する。科学が分出し、そのなかで社会学が分出し、そのなかで知識社会学が分出することによって、社会は、システムの保護なしに直接問題を捉えようとしてもほとんど不可能な、潜在性の問題化を可能にする。それにもかかわらず社会学は、社会学に限定されているはずの秘密の知識をなんら定式化しない。社会学理論にとって、潜在的構造は理解可能に思われ、その理解は伝達可能に思われる。社会そのものが高度に分化したシステムで、その内部で多数の異なるシステム／環境－言及を示している場合、この伝達はもちろん、石を水のなかに投げこんだときにできる輪の広がりのようなものとは考えられない。むしろ伝達は、社会内的環境のさまざまなシステム／環境－言及につきあたると、たちまち屈折する。それらのシステム／環境－言及は、自己の構造の偶発性と選択性を明らかにしなければならない場合に、それぞれ異なる問題を抱えるからである。一つだけ例を挙げると、知識社会学的分析のなかで、構造発展と教育のゼマンティクの相関関係を明らかにするために、教育の「エスタブリッシュメント」という概念が適用される場合、教育システムがその関係を固有の自己反省のなかに取り込むか、知識社会学的分析から別のかたちで学習するかは、未決の問いのままであろう[76]。そのようなかたちで、分化したシステムのテーゼは、軽率で表面的な結論に行きつくことを防ぐ。このテーゼは、潜在性の必要の多重化をシステム言及の多重化によって説明する。啓蒙の可能性を、それに特化したシステムの分出によって説明する。それと同時に、全体社会システムが内部のすべてのシステムに対してつねに分化した環境でもあることによって、啓蒙の作用に一様性が欠けていることを説明する。

以上のことから、ここで努力を注いでいる研究、つまり社会構造とゼマンティクの伝統の相関関係についての研究にとって、どのような帰結が得られるだろうか。この研究は、社会のために一種の潜在性の防護を引き受けなければならないのだろうか、あるいは、すくなくとも啓蒙に対して注意深くふるまわなければならないのだろうか。あるいは、社会は多数の下位システムを備えて、どのみち十分な防護力をもっているので、社会学は語りたいことを語れるのだろうか。

おそらくこのような問いはあまりに単純に立てられ、またなんら技術的に道具化されていない実践的責任を考慮しすぎているだろう。特定の社会構成のもとで社会構造と思想世界がどのように連関しているかを見いだしたとしても、またその研究を詳細にわたって進めることができたとしても、そこからはまだ変化についての知識は生まれないだろう。さしあたり期待できるのは、いずれにしてもこのような研究の基礎になるものの構築、つまりすべての社会構造およびゼマンティクの構成の有意味性についての洞察にすぎない。それは、相関関係の一方の側を一定に保ち、たとえば機能分化社会から出発したり近代科学の分解能力を前提にしたりする場合に、なお残されている変化の余地を検知するための基礎である。この種の知識社会学的研究はさしあたり、組み合わせは偶発的だが恣意的ではないという意識を高めるだろう――おそらく社会全体はそれを受けとめず、すくなくともそれ相応の変化に備えるかたちでは受けとめず、むしろ強力な日常性の圧力によってそれに応えるかたちをとる。「意味」を社会構造とまっとうなゼマンティクの公分母とするならば、さしあたりそこにあるのは、みずからが現れた社会に存在しているのは偶然ではないことを、ふたたび自己自身について言えるような、理論推進の動機だけである。知識社会学にとって、そこから次の問いが生まれる。すなわち、知識社会学は、意味と相関関係、社会構造とゼマンティク、自己自身と社会環境についての自己の言明を、一度目はそれらすべてを指示するためだけに用いるのだが、二度目に、これらの言明が一度目に指示されたもののなかに再参入する場合に、社会的現実のなかに再参入する場合に、なおもそれを理解できるのだろうか。また知識社会学は、そのような理解のために、たんなる指示を超えることなく、なおも理論モデルを展開できるのだろうか(77)。

このような構想を表現する枠組みとして、自己言及的な理論実践の理論は論外であろう。なぜなら、そのような理論は、自己自身の作用を自由に用いる可能性を前提にすることができなければならないからである。それよりは、進化論的アプローチの方が要求度が低いだろう。進化論的アプローチは、知識社会学的分析が可能な進化の諸条件をみずから整理するように要求するだけだろう。社会構造とゼマンティクを「意味」という公分母のうえにおいて、相関関係を探究する試みは、みずからを(1)現実の妥当な（真の）叙述とみなすことができるだろう、(2)そして、その言明がみずから指示している事態のなかに再参入する場合には、進化のチャンスをふたたび開くものとみなせるだろう。進化のチャンスをふたたび開くとは、（通用しているゼマンティクの伝統の基準ではいかに「欠陥がある」ものであろうと）進化上の変異が可能なところで、存在するものとの相関関係を指示することだといえよう。その場合、どのような偶像が社会学的啓蒙において失墜するのか、またどのような潜在的構造なら看破される可能性がある場合でも存続するのか、ということの検証も、社会文化的進化に委ねておくしかないだろう(78)。

第二章　上流諸階層における相互行為
——十七世紀と十八世紀におけるそのゼマンティクの転換について

I

　高度に発達した前近代社会は、すべて階層化にもとづいている。それらの社会は、階層を第一次的な区分原理として用いている。それらの社会はまず、あらゆる階層が他の（より高い、より低い）諸階層を環境として扱える社会の下位システムとなるという意味で、より高い諸階層とより低い諸階層に分かれる。すべての人格は、自分が所属する家族をとおして、ただ一つの階層に属する。人格は、家族をとおして社会の第一次的な下位システムに配属されている。人格は一つのカーストや身分に属する——そして他のカーストや身分には属さない。人格は、家族や身分によって規定されることによってのみ、人格たりうる。なぜなら——「私的」個人としてではなく——そのように規定されてはじめて、人格は秩序に即したコミュニケーションができるからである。個性を要求することは、秩序から落ちこぼれることを意味するだろう。私的（privatus）とは無秩序的（inordinatus）ということである。

　このタイプの発達した全体社会システムには、分化したものの一体性を説明するか、もっともらしく思わせる、ゼマンティクによる全体秩序の叙述が見られる。そのような全体叙述を社会理論として知識社会学的に分析することは、それ自体が一つの課題だろう。そう考えると、中世後期の三身分説は、聖職者と貴族の区別によって上流階層の一体性を隠蔽しているように見える。(1) それによって、ヒエラルキーの最上位の地位をめぐる問題性が軽減されたのかもしれない。他方、第三身分の概念のなかには、あらゆる異質なものがまとめられる。ロラン・ムスニエ[1]はそこに「むしろ租税を徴収するのに好都合な政治的虚構」を見ている。(2) いずれにしても問題となるのは、現実とは多少とも異なる抽象化、ゼマンティク上の差を調べなければならない抽象化である。

しかし、それは本書のテーマではない。本書は、階層社会がみずからのために発展させた社会理論から出発するのではなく、こんにち社会学的に意味のある社会分化理論から出発する。その理論によって、なぜ相互行為のために（全体社会のためではない！）発展したゼマンティクが変化するのかを、理解できるようになる。

階層どうしの関係は、序列関係として配列され、それと同時に距離がおかれる。それにもかかわらず、階層化はたんに序列、富、影響力、威信を人に配分するひな型(3)ではなく、ここで扱われているタイプの諸社会にとっては、第一にシステム分化によるコミュニケーションの秩序である。序列にそって区別された下位システムが形成されると（階層、層）、その内部ではコミュニケーションが平等な者どうしで行われるので容易になり、あらゆる者どうしのコミュニケーションには不向きな形態をとるようになる。(3a) 階層内に制限された平等は他の階層との不平等と対比して、下位システムの内部コミュニケーションは当該システムの社会的環境と対比して、それぞれ意識される。そのような平等は、一方ではより独立に設定されているが、他方ではより強力に規制されている。アシュビーの言うサイバネティック・

システムの場合と同様、より高度の複雑性はより大きな独立性と相互依存性を同時に必要とする。要求度が高く多くの前提と結果をともなうすべてのコミュニケーションは、階層に特化したかたちで発達するにちがいないが、アウトサイダーとしての経歴、個人的な階層移動、自己のマージナル化（カエサル！）を排除するわけではない。階層に見合った行動の規則は、行動の結果が規則を無視することに起因する場合でさえ、成功の条件である。(4) また、自分たちを成り立たせている規則をときおり無視できるということも、上流階層の卓越性の特徴の一つである。

したがって階層にそったシステム分化は、社会の内部で特殊な予期とコミュニケーション遂行を増大させるメカニズムである。下位システムにおける特殊なコミュニケーションの条件が分出することによって、階層社会は環節社会よりもはるかに複雑になりうるし、文字を発達させ、すでにかなりの程度の機能的な役割分化をもたらしうる。それと同時に、階層システムの安定性の基礎として、この利点も階層ごとに分化する。この利点は、下流階層よりも上流階層でより効力を発揮し、最上流階層で頂点に達するので、最上流階層の接触網は全体社会システムの根本的な構造問題を解決しなければならない――さもなければその問題で挫折することになる。

ここでまず重要なのは、階層化そのものから生じる諸問題、とりわけ資源の不平等配分、集中、処理能力の維持である。だがのちにはしだいに、機能分化の進展の問題、とりわけ宗教と政治、聖職者と軍人、宗教の戒律と支配の計略の分化もまた重要になってくる。上流諸階層はおしなべて、地域的にはより広域の接触を、内容的にはより多様な接触を実現する。上流諸階層の方が合意の度合いが高いわけではまったくない。だが協力か紛争か、同盟か破壊か、協調か断交かについての決定は、この下位システムにおいてより重要であり、より長期的な影響を残す。この下位システムにおいては、影響の大きな決定、より多くの決定ができる。それは、上流諸階層には業績と成功をもたらす能力がすべて備わっている、という意味ではない。だが、発展段階の維持とさらなる発展にかかわる進化上のリスクは上流階層の接触網に集中する。上流階層では、進化の諸条件はまだ相互行為能力にある。そしてまさにそのことが認められるのは、社会が自己をヒエラルキーとしてうけとめる場合である。この秩序の象徴化はヒエラルキー・モデルをとおして進み、このモデルは上と下を区別し、それに合わせてすべての具体化された地位と行為目的を配列する。[5] だがこのタイプの秩序の機能は、不平等をとおしてではなく、それと対照的な平等とそれに対応する接触の容易化をとおして充足される。[6] その機能は、かなり蓋然性の低いコミュニケーションが成り立つように、平等な人びとごとに分離することにある。

近代の著作家たちは、階層化された秩序をふりかえって、財や機会の分配の平等と不平等の観点から理解して批判する。しかし、それはきわめて単純化された見方であって、そのような秩序を歴史的なものとして退けはするが、十分に解読するわけではない。本書ではすでに、第一の修正を導入した。すなわち平等と不平等は、分配モデルが示唆するように一つの次元にあるのではなく、たがいに差引勘定できるものではない。むしろ、平等は下位システム内の秩序原理であり、不平等は下位システム外の秩序原理である。「すべての人間は平等である」という論点を考えることはできるが、この論点は社会秩序の外にある基準点を必要とする。そのような基準点は、ギリシア的・ヘブライ的思考を起源とする旧ヨーロッパの伝統にとっては、動物との比較であり神との関係である（つまり形式的には、ヒエラルキーの下方ないし上方への拡大である）。

第二に、システム分化のヒエラルキー化は、下位システムの形成によって下位システムと社会内的環境の関係があらかじめ決まることを意味する。下位システムがある序列的秩序に組み込まれると同時に、システムの環境が不平等の観点から固定され、それとともにシステムと環境のあいだの関係構造が確定される。その結果、配置の自由度が制限され、社会全体として見ると、到達可能な複雑性が制限される。(7) この制限によって、存在的‐存在論的に固定されたゼマンティクが説得力をもつようになる。無視すると秩序そのものが問題視されるような自然の必然性を、より広い範囲にわたって想定できるようになる。

しかし、とりわけ近代において階層化を分配構造として再構成するさいに見過ごされたのは、近代社会には対応物のない、ヒエラルキーの頂点という特殊問題である。あらゆるヒエラルキーには、秩序の論理からして、超えることのできない頂点――最上位の地位、最上位の階層――がある。頂点は、上下の関係構造がそれより先に進められないから、秩序原理が問題になって否定されうる点である。その点に立つのはリスキーである。そこでの動きは下へ向かうしかない。そこには注意、観察、羨望が集中する。(8) 他方で、頂点のないヒエラルキーは考えられない。そのような頂点が存在すること、誰かがその頂点を占めていることは、無視できない秩序原理である。(9) このジレンマのなかで、階層化された社会は、権力と華やかさを集中させることによって、頂点におけるリスクを補償するから、敵対者による危険は隠蔽される。とくに宮廷は、こうして栄光と危険の一体性の象徴となる。(9a) さらにヒエラルキーは、すでに述べたように、象徴的に頂点を超えてより高い世界へと拡大される。それを表現する手段は宗教が用意している。

階層社会の最上位階層は、自分の地位を尊大さによって主張し貫徹する必要があり、その基礎となるのは階層内部での相互行為である。「美しさは見られ、豊かさは触れられる。だが高貴さは想像され想定される」と、ゲ・ド・バルザック〔2〕は古典的正確さで確認している(10)。この階層では、ヒエラルキー的構成が頂点に達して完結するので、他の階層よりも階層内コミュニケーションとそれにふさわしい象徴化が不可欠である。「高貴さは人の考えのなかにしかない。人は他人の誠実さを信じ、それに頼らなければならない」(11)。そのため、マスメディアのないすべての社会にとっては、そこにいる者どうしの相互行為が必要となる。相互行為はその場合、空想や仮定、想像や想定にすぎないものではなく、全体社会システムにとって何かを意味し、影響を及ぼし、成果をもたらさなければならない——たとえば争いの決着というかたちで、あるいは広範な資源の利用というかたちで。

この最上位階層に属する人びとは、自分たちに適用されるシステム内コミュニケーションの規則によって特別なかたちで要求を受けているだけでなく、ほとんど逃げ場のないかたちで規則にしばられている。なぜなら、彼らは自分たちの階層の外には居場所がないし、自分たちの階層は非常に小規模だからである。彼らは、他者の規定によってではなく、逃げ場のなさによって律せられている。このメカニズムは、地方の最上位階層を宮廷に集めるという試みに耐えて生き延びる。このメカニズムは、むしろそれによって先鋭化され、すでに始まっている機能分化にさしあたりは耐えて生き残り、機能分化を相互行為道徳の変化に転換するような、強制の枠組みを形成する。

階層内コミュニケーションが機能している階層社会では（この議論そのものが上位の諸階層に偏っていることに注意すべきだが）、実在的・象徴的に媒介されたリスク補償の仕組みはきわめて恒常的なものになりうる。これには多くの証拠がある。不平等が受け入れられ、まさに頂点において最大の説得力をもって示される。階層社会の理論が十七、十八世紀という後期段階になってもなお示しているように、不平等が社会秩序を成り立たせているのであって[12]、頂点はもともとの現実を反復し象徴化しているにすぎない。エリアスがじつに見事に示したように[13]、頂点そのものが、下に対する距離をとるために貴族的な上流階層を必要とする。しかしもう一つの問題がある。すなわち、このように記述された社会構成の内部で、階層内コミュニケーション、とくに最上位の社会階層における平等な人びとのあいだのコミュニケーションの容易化は機能するのか、またどの程度機能するのか、そしてそれは社会構造から導出される諸機能――たとえば資源を集積すること、問題状況を機に実在的・象徴的手段をとおして迅速かつ広範な処理を可能にすること――をどの程度充足できるのか、である。

この分析に従えば、階層社会においては二つの異なる危険点を区別しなければならない。第一の点は平等と不平等のゼマンティクにかかわり、第二の点は社会構造の発展に直面した上流諸階層のコミュニケーション能力にかかわる。本書では、第二の点の方がより重要であると考える。

まずは、対抗的象徴化によって、システム分化に必要な不平等を問題にできる。それが宗教的象徴化によってなされるのは珍しくない[14]。神との関係あるいは動物との関係において、すべての人間は似たり寄ったりであるという仮定については、すでに言及した。人間の「自然の」平等というストア派的理念も、中世を越えて伝承された。宗教はさらに、存在する不平等について、その基礎にある（「実質的な」）平等を強調したり、また平等と不平等を他の原理によって、たとえば救済と劫罰の観点のもとで、分離したりすることができた[15]。他方で、そのような対抗的象徴化は補償機能ももっており、再対称化を約束した。補償と批判の出発点は分かちがたく結びついていたから、両者は階層化の象徴表現によって統合できた。両者はたがいに関係づけられて、対照的なかたちであっても支えあえた――たとえば現世の民（civitas terrena）と神の民（civitas Dei）という意味で、世襲貴族と有徳貴族の区別という意味で、あるいはより近代に近づくと、形式的な地位承認と功績にもとづく内的な（隠された）評価の分離と宗教的な再結合によって。[16] そもそも平等と不平等はたがいを前提にしているから、相互の関係を用いて非常にうまく統合できるのである。[17]

もう一つの危険点は、階層特有の下位システムの機能、つまり平等な人びとのあいだでより容易に効果的にコミュニケーションを行う可能性にかかわる。ある階層のコミュニケーション過程のなかには、その階層の分出様式と同時に社会的意義が見られる。ある階層は、次のような場合には、特徴の集積あるいは名目としてならともかく、社会の下位システムとしては働かないだろう。それは、階層内部でのコミュニケーションがあまりに困難になったり、どうにもうまくいかなくなったりする場合、階層固有のコミュニケーションの要求量が減少する場合、たんなる会話や固有の意味のある記号のたんなる交換に退行する場合、重大な問題について合意よりも紛争の蓋然性が高いので、コミュニケーションをする気が失せる場合である。そのような危険は、たんなる対抗的象徴化よりも根源的である。なぜならそのような危険は、社会システムとして過程的に存在する階層を問題にし、内部の作動様式や自己保証能力を弱め、たんなる称号や特権の集積として最終的に正当化する必要があるのに正当化できずに残すからである。

このような発展は、階層再編を引き起こすことがありうる（そして普通はそうなる）――より限定的で統一的な超上流階層が選択されるのであれ、他のかたちで（たとえばたんに経済的な、あるいはたんに政治官僚的な）基盤をもつ階層がエリートの序列や支配的な地位に成り上がるのであれ。その場合に構造再編は、他の社会モデルを利用できないから、所与の階層化の類型の内部で起こる。そのような再編のなかで、この社会編成の柔軟性が立証される。したがってこの再編は、全体社会システムの徹底した構造変化としては捉えられない[18]。しかし、そもそも上流階層のコミュニケーションが機能を喪失するほどの構造的理由がある場合には、社会の分化形態は侵害しないで新たな配置を行うだけの、この階層移動という逃げ道はふさがれてしまう。これが現実となるのは、中心的な個別機能、とりわけ政治、宗教、経済がより独立性を強める方向に発展し、社会階層の規則に抗して機能を優先するように――あるいは十七世紀には多くの人にそう思われたが、自己自身を優先するように[19]――、行為者に強制する場合である。

一六四〇／四一年のイギリス革命にいたる政治的展開[3]は、まだ完全に上流階層の内部で進行していた[20]。この展開過程では、宮廷に対抗する前線を形成するさいに、個人の邸宅、家族のあいだの姻戚関係、個人的な友情や徒党が利用された。とくに宮廷と商売上の関係をもっていた金融ブルジョアジーは、そこから完全に排除されていた。危機の兆しのなかで、紛争形態をとって出てきた問題を解決するためには、政治権力と金融資本の協力が十分でなければ、宮廷はしかるべき接触網を利用できなかった。だがそれと同時に政治権力の分出があまりに大きく進展したので、上流階層の側は、古い秩序への回帰という意味での「革命」によって問題を解決できなかった。そこでこの展開過程は最終的に、政治に固有の解決、つまり「立憲的」解決をむかえた。

この劇的な移行から読みとれるのは、他の条件下ではあまり目立たずに進行した事態である。すなわち、上流階層のコミュニケーションは制御機能を失い、さしあたりまだ負の効果をもちつづけるが、政治的対立によって先鋭化する問題をもはや捉えられなかった。イギリスでは早い時期に、政治システム内部で制度化された対立によって政治固有の解決が模索されたのに対して、大陸では十七、十八世紀の移行期に、貴族はますます自己を国家の装置であると考えた。このことは、垂直移動による階層システムの自然な緊張補償が、いまや政治－行政システムにおける決定という形態をとること、つまり叙任についての決定、あるいは叙任の規則と手続きについての決定という形態をとることを意味したはずである[21]。かつてない規模と速度の階層再編問題が懸案になってきただけに、緊張補償のメカニズムはこの形態にもちこまれると、階層社会の安全弁メカニズムとして機能しなくなったにちがいない[22]。機能分化社会では、機能システムの一つである政治のためのシステムを手段としたのでは、他のタイプの社会の構造問題を解けないことがわかった。

II

ふりかえってみると、十七、十八世紀のヨーロッパ社会は、階層による区分ではなく機能システムによる区分が社会の第一次的分化を規定する（それは階層化と環節化を排除するものではないが）、新しい秩序に巻き込まれ始めていたことが、今日ではわかる。十七、十八世紀の上流諸階層には、この発展そのものが認識できなかった。たしかに、すでに十七世紀のあいだに、階層と政治社会（sociéte civile）[4]

の関係についての理解が変化している。階層はもはや自然の秩序とは認められず、たかだか任務分担や慣習としか見られなくなる。まさにそれとともに、君主制の国家形態の優越性が正当化され、君主制は階層に内在する諸傾向に抗して功績の意義を貫徹させることができ(23)、十七世紀末までには階層そのものが君主の意志に帰せられ、偶発的なものとして説明されるようになる（そうなると、階層は君主制を排除することによってみずからも排除される可能性がある(24)）。しかし、このような解釈変更は根拠づけにかかわるだけで、さしあたり上流諸階層の状況把握や生活原則に中心的にかかわるわけではないし、いわんや浸透する構造変化の適切な理解にかかわるわけではない。上流階層のゼマンティクは相互行為に結びついたままだが、その枠組みのなかで適切に理解しないままに変化を記録する。キリスト教ヨーロッパの一回起性が徹底して認識され記述され、十八世になるとより世俗化された概念によっても認識され記述される(25)。だが近代への移行は、歴史的に比類のない全体社会システムの構造変化として捉えられることはない。十八世紀末の数十年になってはじめて、歴史化された時代意識によってそのような考え方が可能になった。

　このように現実に視野が制限されている事例のおかげで、まだすべてを知っているわけではないことがその機能の条件となるような、移行のゼマンティクの研究を行えるようになる。移行のゼマンティクは、伝統との接続を探究し、それを可能にする。伝統との接続はしばらくの間もちこたえるものの、やがて不要であることが明らかになる。それによって、革新を一歩ずつ進めて伝統との関係を変化させることができるようになり、ついには上流諸階層の意識状態の根本的な変化が起こる。ゼマンティクの秩序のおかげで、相続財の変化は恣意的でないかたちで可能であり、自己自身に反応することによって方向性のある発展という性格を獲得し、その発展がまた思想進化として社会進化に反作用を及ぼす。

上流階層の相互行為は階層社会の統合様式であるということが正しければ、まさにその相互行為とゼマンティクが社会構造変化の震度計として働く、と予想すべきだろう。十七世紀には、すべての旧来の社会と同様、上流階層の相互行為がその固有のゼマンティクのための「選択の体系[26]」をまだすべて支配している。そのゼマンティクは文学に反映し、文学のなかで記述、状況モデル、理想化、処方、原型を生み出し、それによって自己自身の意識を高める。批判は道徳の適用にとどまっている。十八世紀には、事態が変化する。利益についての問いが生まれ、それに対応して相互行為のゼマンティクは社会性という自己価値に転換される。すでに人間／市民（homme/citoyen）の線にそった社会批判は成立しうるが、社会の構造再編の明確な意識は、ましてやその理論は、ここでもまだ成立しえない。

相互行為にかんするゼマンティクからは、何が起こっているか読みとれないだろう。とはいえ、上流階層の相互行為から従来の機能を奪うような変化が始まっている。転換過程はゆうに百年を要する。それは十七世紀半ばごろに始まる――当時は、宗教戦争の危険がまだ現実のものである一方、政治的統合がすでに顕著になってきたために、上流階層はそれに関連してみずからの相互行為の条件が変化したのを知ることができる、そのような時代である。十八世紀中葉には、美徳と幸福の社会化という新しい相互行為道徳が完成する――もっとも、この相互行為道徳は、世界貿易と窮乏化の問題、政治の舵とりと労働の動機づけの問題を解決できる用語法を開発していないことがただちに明らかになり、問題は十九世紀にもちこされる。

以下の分析は、社会における相互行為に対する考え方が変化すること、またその変化の仕方を明らかにする、一連の基本的特徴を際だたせるものでなければならない。個々の側面は、いずれも完全にテーマに内在した連関、たとえば古代の著作家たちや連綿とつづく思想財にたちもどる可能性をもっている。しかしこれらの変化の連関は、たんに概念史的でない別種の説明を必要としている。この点にかんして本書のテーゼが立てられる。すなわち、すべての場合に問題となるのは、上流階層の相互行為の機能喪失のゼマンティク上の相関物であり、それとともに階層分化から機能分化への再編過程のゼマンティク上の相関物である。

粗い見通しとして、以下のいくつかの観点が区別される。

1　上流階層は社会全体にとっての騒乱と危険の発生源とみなされる。[27] 最もよく教育された社会のメンバーが、最も強く馴致される必要があるのは明らかである。[27a] 他者による規定には簡単に従わない地位の高い社会のメンバーが問題となるので、馴致のために、自己愛、よく理解された利己心、自制といった自己言及的規定の理論が考案される。[28] この階層の人間だけが自分がよく見えており、この階層の人間だけが悲劇的でありうる。

2　何世紀にもわたってほとんど変化のない礼儀作法は、とくにテーブルマナーに関係していたが、[29] 上流階層の相互行為のコミュニケーション的側面が問題になるにつれて衰退する。エリアスが強調するような、個人の感情規制の増大だけが問題なのではない。感情規制の増大は、伝統のなかでずっと前から起こっている。それよりも、コミュニケーションとして作用することによってより大きな事物的、時間的、社会的な遠隔作用を及ぼす行動の側面が問題である。

3　そのために発展させられるべき道徳は、上流社会の相互行為においては宗教的・政治的な連関が直接の（自然の）行為の基礎である、というところから出発した道徳観念と衝突する。これに対応して上流階層には、ヒエラルキーを道徳化し、階層の差異を道徳的資質の差異と解釈する可能性が示唆される[30]。それでも宗教的評価を適切にこの状況に妥当させようと試みる努力（パスカル、ニコル）は、宗教のメディアのインフレーションをもたらし、上流社会の相互行為にとっての宗教の指導的価値を帳消しにする。最終的に宗教の話題は、上流社会の会話にとって不適切とみなされるようになる。

4　だが依然として、相互行為はすべての社会理論の独占的な準拠点でありつづける。相互行為理論は、書き継ぐことを余儀なくされている。だがいまや相互行為は、重要な社会的諸機能から分化せざるをえず、その諸機能に政治的・宗教的責任を負っている地方の「大貴族」から分化せざるをえない。そこで、経済的・政治的な支配力をもつ「ジェントリ」や「法服貴族」[31][5]が確立するのと並行して、文献に二段階の上流階層が現れ、きたるべき相互行為理論は下級の上流階層に限定されることになる。

5　この分化と負担免除の過程に結びついているのが、相互行為の諸要求の高尚化である。上流社会の交際は、複雑で洗練されたものとして描かれる。洗練の可能性は、まず相互行為の外にある観点――たとえば罪の赦しや君主の慈悲――との関係から生まれる。だが十八世紀への変わり目までには、洗練は完全に相互行為そのものに集中させされ、その成功の条件として捉えられるようになる。

6　相互行為にかんしていえば、否定する行動はショッキングなものとして排除され、できるかぎり評判を落とされる。推奨されるのは、たとえ宗教や真理や法のためであっても、他人に反論しないことである。反論は平穏や相互の満足を攪乱する。他方、この相互行為のゼマンティクの背後で、真理、愛、所有／貨幣、権力／法のためのコミュニケーション・メディアの分出の進行とともに、全体社会システムが否定とコンフリクトの潜在的可能性を作りだし強化している、と推測してもまちがいないだろう。だが相互行為概念は、そうした事態を表現するのに失敗している。

7　社会性はそれとともに自己目的となり、さらには幸福の最大化の主たる様式となる。「交際」（commerce）が相互行為の普遍的な合理性モデルとなり、このモデルを用いて、まだ階層化されている社会においても、もはや階層化されていない社会のための訓練をあらかじめ行えるようになる。まだ承認されている階層構成がもうマージナルにされてしまう——それが可能なのは、求められる幸福の社会化が、自然と柔軟な道徳にもとづいており、宗教、政治、資本形成といった社会的機能には手をつけないからである。

総じて、進化（Evolution）の問題はさしあたり内向発展（Involution）[32]によって対処された、という印象をうける。既存の形式や手段が再利用され、変形され、多様化され、洗練され、実存的に可能なもの（ここでは心理学的に可能なもの）の限界までおしすすめられる。適応は知覚可能な諸問題の枠内で行われ、諸問題は既知の構造の上に、またその構造によって統御される感度のなかに浮かびあがる。社会の構造再編は、相互行為システムのなかで扱えるスケールを超えている。保存されたゼマンティクのレベルでも、社会全体と相互行為を識別できる理論として利用できるものはない。社会が基礎づけを必要としていると思われるところでは、契約論が立てられる。進化的変化に対する内向発展的反動は、ここでも他の場合と同様、最初に起こりそうなことである。進化そのものの場合にも、革新の再排除やシステムの破壊はありがちな結末である。十七、十八世紀の相互行為のゼマンティクの発展が、一方で内向発展に向かいつつも、新しい社会の可能性を開拓するために依拠できるあの「合理化の離れ小島[33]」の一つを同時に生み出したのは、通例というよりは例外である。だがまさにそれこそ、およそ進化というものの特徴である。進化は、通常の過程の例外を経由して、より複雑な形態に向かって発展していく方向性を獲得する。

III

感情論および人間の堕罪と有限性についての神学的反省という旧来の基礎のうえに十七世紀に発展した人間学は、人間の本性論として一般的に定式化される。人間学は、(より上位の存在やより下位の存在と区別される)人間とその現世生活をテーマにする。だが人間学は、一般性という点で特殊化への分岐点としても役立つ。まず機能特化した下位人間学、たとえば好奇心(curiositas)や勤勉の人間学がそうである。これについては次章の研究でたちもどる[34]。それと同時に、この人間学は、上流階層の特殊な状態が問題のあるものとして際だつ背景の役目も果たす。一方では、神の意志による(のちには有益といわれる)身分的-ヒエラルキー的分化という古い教説が存続する。他方では、その教説に組みこまれ、その教説と融合したものとして、新しい人間学によって新しい現実の意味を注ぎこまれる(同様に伝統を負った)議論が見られる。

上流階層批判の一種の「弁証法」は、すでに旧来の文献にも見られる。たとえば、上流階層のためにすでに分出している諸機能は暇(役務からの解放)を必要とする、ということがその出発点である。その一方で、暇であることはすべての悪徳の始まりである。そこで上流階層に仕事をさせることが問題となる――それがダンスであっても。[35]（筆者が見るかぎりでは、それよりあとの）議論は、すでに人間学的形式をとっている。上流階層は、より多くの行為の可能性をもち、その意図についてより少ない抵抗にしかあわない人びとの集団であると理解される。[36] そしてそこから、上流階層では人間の典型的な特徴が特殊に強化されたかたちで現れている、という結論がでてくる。人間学は一般的に妥当するが、上流階層では特殊に集約されて実現される。

この論証形式は、階層分化に依拠している。この論証形式は、下から上に向かって生活の集約度が上がり重要度が増す、という論法を用いる。それは不可欠の前提でありつづける。だが、強調される特徴が否定的なものになるやいなや、まさにこの論証形式が上流階層の問題化に導くことになる。これもまた、宗教的な現世批判の枠組みのなかでは、かねてからあったことである。[37] 富裕者が天国に入ることの難しさを想起すればよい。だが新しい人間学のゼマンティクを経ることによって、この問題は、いまや宗教との関係からとりだされて一般化される。その当時に社会学があったとしたら、この問題をひきうけなければならなかっただろう。

さらに留意すべきは、上流階層の特徴づけが、他の階層と対照したり基準を決めたりすることをとおしてなされるのではなく、人間の特徴づけからいわば無理なく自然に導き出される、ということである。エリート論や支配者が定式化されるのではない。いわばついでにほとんど気づかれないまま、人間学の基本前提から諸帰結が引き出されるにすぎない。これに対応して、上流階層に対する、仰々しく、自信に満ちて、救いようのない批判も存在しない――二十世紀では（もはや何の問題もないから）それで満足することができるが。だが、人間学の全体が上流階層から読みとられ、上流階層に向けられている、と想定してよい。批判は非常に洗練されたかたちで作られているので、あらためて定式化される必要がまったくない。そして批判は、所与の社会構成の秩序を前にして、他の社会をめざすのではなく(トマス・モアの「ユートピア」の宗教的な意味での社会や、ピューリタン的な意味での社会は別だが)、上流階層そのもののなかでの自己言及的な問題管理をめざす。

新しい人間学のテーマについて、この事態を示し、証明するのは簡単である。感情論、情念論、自己利益論は、明らかに上流階層の行動に照準をあわせたものである――あまりに自明なので、それはあからさまに語られるのではなく、含意や例示から読みとられるべきものである。自己言及と激しい落ち着きのなさ、欲望と影響の大きな不安は、この社会領域についてのみ有意味な仮定である。たとえばホッブズが、人間は「いちばん安寧なときが、いちばん面倒である」(38)という場合、上流階層だけが「安寧に」生きているのだから、これは明らかに特定の階層についての判断である(39)。一七〇〇年頃から、上流階層のメンバーの不安と危険な情念の議論は、変化する文脈のなかで、むしろ階層を意識した弁解の傾向をもつようになる。いまや、社会的地位や財産は人をより幸福にするものではないこと、また幸福のチャンスは、階層が存在するにもかかわらず、社会のなかで平等に配分されていることが、証明されなければならない(40)。だが、この種の議論のさいに問題となるのが上流階層における相互行為の条件だということは、十八世紀後半になるまで疑問視することができないため、起こってきた諸問題はその相互行為の行動原則のなかに組みこまれて定式化される。

いまや、次のような事態が見られ、語られる。すなわち、上流階層は不安から不安を生み出す。上流階層は自己の情念に奉仕し、気晴らしをし、使い古された娯楽を新しいものにとりかえる。上流階層のメンバーは自分と相手を破滅させる。彼らは「霊魂の引力の法則」(41)にもとづくかのように地獄に堕ちるか、そうでなくても動物的なものに退化する傾向がある。これらすべてを新しい人間学が教えるとして、では上流階層に対して何を助言することができるのだろうか。とりわけ彼らに何を期待することができるのだろうか。

十七世紀において、この問いに対する答えは、自制（maîtrise de soi）という考え方と、礼儀（politesse）や儀礼（civilité）といったその社会的相関物のなかに見いだされる。さまざまな思想が、一つの非常によく似た基本思想に通じている。とりわけ世紀の初頭には、ストア派の思想財を蘇らせることができるようになる。政治のために考案された教義にならって、行為者を自己自身のよくわかった利害に縛りつけようと試みることができる。行為者に対して、すべての行為について「名誉（gloire）」[6]という付加的定式をすることができる。つねに自己の手腕が一役買い、場合によってはレ枢機卿が高い評価を与えた個人的勇気も一役買う。個人への帰責の可能性は保証されたままである。だがそれと同時に、客観化する契機も用意されている。道徳とはいわないまでもせめて名誉を、公益とはいわないまでもせめて安全確実さを獲得することができるように、自己言及が行為の基礎として認められているかのようである。補償の契機――もはや社会的にも相互性にもとづいても理解されない国家君主への従属に対する補償の契機――も、ともに一役買っているかもしれない。情念の一つが選びだされて自己言及的に解釈されるが、それはたいてい自己愛（amour propre）である。そうなると、この一つの情念は絶対君主のように他のすべての情念を支配し服従させる、と考えることができる。この情念は、たしかに神学的に見れば、すべての罪の頂点であり、人間がたよる恩寵の大きさを表す尺度である。だがそれと同時に、社会的に見れば、行動の計算可能性とさらなる作動の社会的な接続可能性の条件でもある。そしてこの情念は、盛大に飾りつけられているので、上流階層の野心を損なうものではなく、彼らの地位を問題にすることなくその野心に提供することができる。

このように見てくると、上流階層の相互行為のために安定性と接続可能性を保つべく、自己言及が神学的な疑念をすりぬけて容認された、という印象をうける。このゼマンティク上の戦略の大胆さはおおいに感嘆すべきであり、おそらくここにすでに、起こった問題に対する内向発展的な反応が、のちにふたたび進化に向けて方向づけられる根拠があるのだろう。だがさしあたり、理論的に扱いづらい状況が生まれた。新しい相互行為の考え方や、ましてや新しい道徳が準備されないままに、宗教的、政治的（「市民的」）な行動の基礎の要求の直接性が、放棄されたのである。したがって、この地点にしばしとどまって、いかにしてここで十分に説得力のある理論的成果が可能であったのかをより詳細に把握するのは、する価値がある。

IV

相互行為のゼマンティクが内向発展的に構築され、新しい観念にひきつがれる過程を特徴づけるために、非常に一般的な観点を見いだしたいならば、「外面から内面へ」および「資質から業績へ」（ascription/achievement）という定式が考えられる。相互行為のゼマンティクは、一六〇〇年ごろにはまだ明らかに上流階層の既存の「属性的な」特徴と結びついており、それをますます妥当なものにしようとしている(42)。業績ではなく外見が前面にでている。広範な上昇移動によって、まず序列や評判の問題についての感度と識別能力が鋭くなり、紋章学や系譜学が集中的に研究されるようになる(43)――だが諸価値がブルジョア化されるようにはならない。華美さと目に見える浪費が極限まで大きくなる。印象的にふるまうことが、とくに宮廷では重要になる。

宮廷は、すくなくとも十七世紀前半は、小型の身分システムにとどまっている。一方には貴族の序列（官職をともなわない、あるいはともなう）とその他の廷臣があるが、他方には君主の愛顧にもとづく恩寵の階梯がある(44)。これに対応して、注意をひき愛顧を得るチャンスが異なっている。属性的資質という意味では、家柄と富がほとんど不可欠のデビューの条件としてものをいう。それが道を開き、他者の注目を保証し、接触の開始を容易にする。高貴な生まれは生来の利点の一つである。高貴な生まれによって与えられた資質は、獲得された資質よりも価値がある。このことは、継続性そのものの価値評価と関連しており、また時間構造とも関連している(45)。貴族の資質は、いずれにしてもそれ相応に価値を認定されなければならないのであって、それ自体としては十分でない。ルネ・バリ[7]の『優雅な対話集』の一つでは、これについて「貴族身分が真に良いものであるならば、それは身分をもつ者をつねにより良いものにするだろう。だが貴族身分は、しばしば彼らの愚かさをよりきわだたせるためにしか役立たない」といわれている(46)。

ともあれ、すべての成り上がり者にとって、高貴な生まれの等価物を見いだすのは難しい。だからこそ、とくにフランス文学は、宮廷で成功したいと思ってはいるが扉がおのずと開かれているわけではない、この（もちろん「ブルジョア的」ではない）成り上がり者に焦点を合わせる。[47] 成り上がり者は、助言、指示、警告、紹介、友人、手腕を利用する。成り上がり者はそのかぎりで、王侯貴族と対比させて文学的に彫琢するのにより面白い人物像である。そしてこの視点とともに、不道徳の契機を内在させる新しい道徳の文脈のなかで、資質に対して業績がしだいに貫徹していく。なぜなら成り上がり者の経歴は、完全に本人の権益であり、本人の功績だからである。

「高貴な生まれの精神」はそれ自体が「普遍的でいくつもの形態をとることができ」[48]、可塑性があるので相互行為への参加に適しているが、それは軽さや弱さに由来するものではなく、理性に由来するものである。この意味においても、生まれはまだ相互行為能力の前提として通用している。[49] これに対して成り上がり者は、紹介してもらい順応する努力をしなければならない。接触についても、一種の挙証責任の逆転が成り立つ。つまり、下賤な生まれの人物は自分の「礼儀正しさ（honnêteté）」を説得的に披露しなければならないのに対して、高貴な生まれの人物を拒絶するには「ある程度の礼儀正しい釈明」が必要である。[50] したがって成り上がり者は、相互行為においても同等の権利をもってふるまうことができない。「成り上がり者は、自分に与えられるのが慣例となっている、いかなる尊敬も逃すことのないように、著しい利点を利用する術をよく知らなければならない」[51]。したがってファレ[8]のようなブルジョア的著作家が書く場合でさえ、彼は成り上がり階級の視点を代表しているわけではない。彼は、例外的な経歴を得るために要求される行動と、そのリスクを叙述しているにすぎない。[52] そして「ブルジョア的」な貴族批判もまた、「血統（race）」を「功績（mérite）」におきかえようとする場合でさえ、まさしくそれゆえになお、貴族世界の諸価値を引き合いに出す。[53] 十八世紀半ば以降になってはじめて、ブルジョアに固有の価値づけが、貴族についても「功績」として通用し、たとえば貴族への叙任を正当化できる条件を満たし始める。

政治からすでに距離をとった、あの新しい相互行為道徳の成立を理解することができるように、手短に回想してみなければならない。まず思い浮かぶイタリアの宮廷文学は、宮廷人の理想化、完全な行動形式と不完全な（堕落した）行動形式の対置の域を出なかった(53a)。これに対応して、宮廷文学は十七世紀最初の一〇年は、上流階層の生活様式についてまだその資質を重視している。宮廷文学は、何が印象を与えるかを純粋に記述的に扱い、いかにして特定の効果をあげることができるかをほとんど扱わない。これに対応して、社交相手は影が薄く特徴がないままである。社交相手は、標準的に評価された上流階層として前提にされる。分析的な収穫は（同世紀後半の文学にくらべて）乏しい。目に見える華やかさをめざす努力と並行して、話し方もますます外面的で気取ったもの、回りくどくねじ曲がったものになる。それも時と場合や相手によって違いがないかたちで。「それは、単調で、気取っていて、技巧に走った、つまらなさの勝利である(54)」とマジャンディ[9]は、内向発展の概念を他の言葉で書き換えようとするかのように論評している。

イタリアの前例をうけて、反対の考え方がしだいに価値を認められ、よい行動がもつ自然さ、単純さ、抑制された美学が相互行為の基準として受け入れられたあとでも、内向的発展に向かうのか進化的発展に向かうのかという問いは、さしあたり未決のままである。この問いは、個々の行動だけにもとづいては決められないように思われる。ペダントリーとみなされ、拒否されるものが、一種の調音上の突出を起こしているのは明らかである(54a)。とくにフランスのモデルがドイツで受容される場合に顕著だが、紋切り型の賛辞、型どおりの詭弁、大げさで機知に富んだふうの態度に向かう傾向、冗漫さと博識な二番煎じ、みかけの細かな規制、技巧性、エチケットの硬直的な慣習性に向かう傾向がくり返し現れる。(55)明らかに、詳細な成功の処方箋も、よい趣味という定式化不能の「得体の知れないもの（je ne sais quoi）」への退却も、社会的相互行為を確実に新しい基礎の上におくためには不十分である。

さらにこれに関連して、とくに十七世紀前半に決闘が異常に増えた。(56)決闘が機能していたのは、名誉を主張し守る必要があるからだった。名誉はこれまた、上流階層における象徴的に一般化された相互行為能力だった。名誉の一般化は、決闘という極限状況の分出に対応していた。そのさい重要だったのは、相互行為のなかで解かれるべき問題以上のこと、つまり相互行為能力そのものだった。しかし、この秩序は踏み越えられる。手段が目的となり、決闘そのものが求められ、挑発され、過度にきっかけが作られる場合には、この秩序は内向発展的なものに変質する。上流階層の相互行為は、すでに社会構造上の意義を失っているからこそ、相互行為能力を自己目的として遂行することが第一の逃げ道としてうってつけなのである。相互行為の問題を相互行為そのもののなかに投げ返す、あるいは相互行為に対して参加と排除についてより高尚な要求を課す、社会的に再帰的な相互行為という考え方はまだ現れていない。

以上のような上流階層の相互行為の内向発展形態のうち、とくにフランスの宮廷で最も長く維持されるのがエチケットである(57)——それは、エチケットが最も直接かつ不可分に階層化と絡みあっているからである。エチケットは、相互行為において位階の違いを表現するのに役立ったが、高位の貴族の位階がしだいに他の根拠や他の確実性を失うにつれて、より不可欠になった。だがこの機能と結びついていたからこそ、エチケットは時代に合った新しい相互行為が発展するための出発点になることができなかった。エチケットは内向発展的にのみ形成され、自己自身のなかで洗練され、名人芸的に目的にぴったり合うように扱われるが、最終的に十八世紀に人と人との相互行為について別種の理解が広まってしまうと、重荷として引きずられるようになる。

旧式の手段が流布していることは、社会次元が十分な深みをもって反省されていないことと明らかに連関している。内面化された相互性と二重の偶発性の問題は顧慮されていない。他者もまた同じ手段を用いることから生じる増幅圧力が、すぐにかかってくる。人間について確かめられるプラスとマイナスのことが、この人間にとっての他の人間、つまり他我にもつねにあてはまるということは、理論のなかでは考慮されないままであり、ふりかえってみればその点で社会理論の出発点がまちがっている。

したがって理論を導きの糸にすれば、この発展は内向発展のなかで頓挫し、きらびやかに飾り立てた上流階層は華美とその費用の重圧のもとで崩壊する、と予想することができるだろう。個人の運命はたびたびそうなったにもかかわらず、何がそのような発展を全体としては防いだのだろうか。この問いをとくにフランスについて立ててみよう(57a)。

とくに宮廷や上流社会での生活にかんする同時代の文献からは、上流階層における行動がますますコミュニケーションとしてのみ考察され、分析され、洗練されるさまが、明らかに読みとれる(58)。お世辞を言うこと、欠点や弱点を隠すこと、秘密にすることと秘密を漏らすこと、誹謗中傷すること、およそ話をするときの注意深さや慎重さ、注目を集め保つための条件、非難を避け賛辞の含意や逆読みに気をつけること、冗談を言うときの慎重さ、といったテーマが前面に出てくる。コミュニケーション過程の社会的な複雑性があらわになる。この複雑性の本質は、まず何よりも全体社会システムを相互行為的に統合するという論理にある。それと同時に、内向発展的な傾向が凝縮され、束ねられ、強化され、完成されていく。内向発展が反復を意味し、あるメカニズムによって引き起こされた派生問題に同じメカニズムを適用することを意味するならば、コミュニケーションの場合には特別な意味をもつことになる。なぜなら、コミュニケーションは自己自身に適用され、再帰的になりうるからである。コミュニケーションは、メタ・コミュニケーション、コミュニケーションについてのコミュニケーション、他の人びとのコミュニケーションについての自分たちのなかでのコミュニケーション、といった可能性をもともともっており、そうした可能性を用いることによってはじめて、コミュニケーションの可能性を汲み尽くすことができる。(59) 十七世紀末において、「自分の思考を伝えるべき人が誰もいなかったとしたら」人間は思考するにいたらず、「……思考は内面的な語りであるが、この内面的な語りは外面的な語りを前提にしている」という考え方は、まったく近代的である。(60)

このコミュニケーションへの転換によって、心理的、道徳的な関心が「外面から内面へ」、「資質から業績へ」移行することが、説得力をもつようになる。この主導的定式が正しければ、コミュニケーションの条件と社会的な状況を考慮しつつ、良い印象の形成、成功の条件へと注意を転換させる諸要因について問わなければならないだろう。いいかえれば、何が「他者の役割を取得する」ように人を教育するのか、ということである。ここでの答えは暫定的だが、女性と出世である。

比較的大規模で国家的に統合された社会においても、上流階層の相互行為のネットワークは十分小さいので、これらの要因が決定的な意義をもちうる。フランスの上流階層では、宮廷でも首都の王家以外の邸宅でも、女性が主役として社交に組み込まれる。女性がある人を交際の輪に入れるかどうかを決め、その輪が今度はさらなる接触を媒介する。さらに、結婚の扱いが比較的緩やかなので、結婚後もひきつづき恋愛をすることができ、恋愛は可能性として人を惹きつける。したがって社交界の婦人は、相互行為のなかで自分の趣味にあう方向へと人を教育し、それによって行為と直結した反省をひき起こす。さらに社交界の婦人は文通相手として求められ、手紙は出版できるように書かれることがまれではない。そこから理性と節度と情念を結びつけたゼマンティクが生まれるわけだが、このゼマンティクはじつに多様な心理洞察や計算を取りこむことができるので、それにふさわしい「オネットム（honnêt homme）」[10]の称賛（ド・メレ）[11]に対しても、経験豊かな懐疑主義（ラ・ロシュフーコー）[12]に対しても開かれている。

これと並行して、大国フランスの宮廷は出世のシステムに転換する。宮廷での生活や行動にかんする文学は、旧来のイタリアやスペインの著作（とりわけカスティリオーネ[13]、グァッツォ[14]、デッラ・カーサ）[15][61]から素材をとっているが、観察の視座にはずれがある。ルネサンス文学の場合には、君主に対する助言の政治的機能が顧問にとっての個人的リスクとともに前面に出ていたが[62]、フランスでは宮廷における出世のチャンスが強調され、政治はライバルに対する勝利の様相を呈するようになる。

中世にさかのぼる旧来の見方では、良い君主と良い顧問の性格づけが問題だった。その場合、君主の政治路線に対する事実的、道徳的な共同責任が前面に出ていた。自分の利益を追求することは禁じられていた[63]。そのため、顧問を選び出し能力を見抜く君主の賢明さが、とくに問題となった[64]。君主は、お追従を言う者が出ないように、自分の意見を注意深く隠さなければならない[65]。複数の顧問の話を聞くべきだ、といった具合である。反対に顧問は、君主の気まぐれや偏見に注意を促され、策略を用いるように勧められる[66]。完璧な廷臣の叙述も、さしあたりこの文脈のなかに埋め込まれたままである。完璧な廷臣は、とくにカスティリオーネの場合、君主の良き顧問とみなされている。これに対応して、利己的な顧問や廷臣の叙述は、対立する考え方である僭主政治説に属する[67]。

これらの文献の背景には、古代の文献から得られた、明らかに都市政治的な高貴さの概念がある[67a]。フランスの状況に移されると、この政治的な構成要素はしだいに抜きとられて、サロンにおける成功と出世の野心にとってかわられる[68]。ファレの説では、フランスにあるような大宮廷では、人はむしろ友人の助力に頼っている[69]。まさにそのことによって、この出世の側面は、宮廷を上流社会のその他の邸宅や集会場から分かつ。宮廷（la cour）と上流社会（le grand monde）は区別され、矛盾することもありうる[70]。上流社会の邸宅は、政治的に失敗した人びとにも場を提供し、彼らをふたたび組み入れる[71]。こうしてはじめて、あの洗練された「気に入られたいという欲望（desir de plaire）」が発達するのだが、その欲望はもはや政治的に君主に向けられているだけでなく、上流社会において、また宮廷（だけではないが）において、社会的な人生の成功を得ようとする。これに対応して、オネットム、上品な言葉遣い、洗練された形式といった理想が、貧乏貴族や成り上がりのブルジョア層から出てくる文学や社交の才能をもった参加者に開かれる[72]。それとともに、社会関係における思慮深い節度が、（すぐに識別できる）階層的属性の完成にとってかわる。もはや、カスティリオーネのように、最上流階層のすばらしさだけが象徴化され、完成されるのではない。むしろ、参加の条件を身につけ習熟することが求められる。オネットムという理想は、自己の血統を知るとともに与えられた制約を知るという意味で、自己を知ることを含んでいる。(73) この理想は、最上位の社会階層における十分に価値ある相互行為を排除するのではなく、その遂行のされ方を規制する。そのように自己を制約すれば、君主と親交を結ぶことさえ可能である。(74)

この転換とともに、善政と悪政という、伝統に規定されてきた単純な図式が崩壊する。この図式は、上流社会の視点からみた宮廷生活の分析にとってかわられる。この分析は、イギリスでは同じところから出発して、宮廷の政治的批判を急進化させる道をとるので、政治的解決を見いださなければならなくなる。(75) フランスでは、宮廷の資金調達政策の基盤が異なり、寵臣の政治的な存在の大きさ（バッキンガム[16]とリシュリュー[17]を比べてみよ）も違う。フランスでは、批判は賛美によって緩和され、上流社会はむしろ政治的対抗手段として相互行為モデルを提供する――上流社会はこの相互行為モデルを用いて、挫折者の参加の関心と受け入れのための地位を統合しようと試みる。「会話」と「仕事」、つまり社交と職務関係が体系的に区別されるのだが、(76) イギリスにおける「田園」と「宮廷」のように対立形式はとらない。そこでとくにフランスでは、「会話」という社会類型をゼマンティク的に充塡し彫琢する必要が生じる。テーブルマナーその他について、上品な作法しか教えないという制約が打ち破られる。

ここで通用する規則を集大成するのに、多くの理論はいらない。小説、書簡、実用的な知恵、逸話、模範からの抜粋で十分である。(77) 内向発展的な趨勢に従うのか抗うのかは決まらない。規則は重要ではない――即座の自発的な行動を強調するさいに反復できる定式化――という同時代の了解には、感情や行動のこまやかな規制が見てとれる。「オネットム」という類型の特徴をなす、構造的に非常に興味深い移行期の妥協が、十七世紀中葉にシュヴァリエ・ド・メレの（後世ようやく出版された）教説のなかに見られる。行動の中心的価値になるのは、極端を避けること、中庸、「精神の正しさ（justesse de l'esprit)」である。そこにあるのは、中庸を保つこと自体が社会関係を開拓し規制する、という主導的理念である。「育ちがよい（être de bonne compagnie）」とはバランスを保つことである——上流社会の本当に高貴な人とは隔たりがあっても。それと同時に、中庸を保つなかで、たがいを気に入り懇意になることができるようになる。[78]だがこのような処方箋ではまだ、個人ごとに焦点を合わせたり、他者の個別性に詳しく触れたりすることがまったくない。差異やニュアンスがつけられるとしても、それは自分の知覚や態度を形作るなかでのことであり、他者のさまざまな欲求に詳しく触れるなかでのことではない。微妙さがどれほど求められようと、また感覚や能力の「得体の知れなさ（je ne sais quoi）」がどれほど流行しようと、オネットムのモデルが依然として社交形式の表面にある。このモデルは——別のかたちでは「名誉（gloire）」もそうだが——ちょうど自己概念の代替物として働くために、社会的なものを深く解明することができない。このモデルは状況を反映しているが、他者の個性にかかわりあうという問題を反映していない。したがって、このモデルだけではまだ転換にはいたらない。[79]外面から内面への移行がただちに完全に起こりえないのと同様、資質から業績への移行もただちに完全に起こるわけではない。典型的なスローガンはこうである。たしかに社交的成功を収めるためには大いに努力すべきだが、その苦労は不興を買ったり誤った期待を招いたりするので、努力していることが見えてはならない。[80]そうなれば、コミュニケーションは複線的に、つまり業績と資質の両方にもとづいて行われるから、業績をあげるための苦労は、業績を隠して本来の資質のように見せなければならない点にある。またこの規則は、資質があって、[81]それ以上何の努力もいらない、ほんとうの大貴族にはあてはまらない。この規則は、その下の階層に属し、みかけで生きていかなければならない者にのみあてはまる。[82]高貴な資質がないことを埋め合わせるようにみせる努力を隠す努力という、この手の込んだやり方も、まだはっきりと内向発展的な傾向をもっている。このやり方は、上流階層の相互行為に対する古い要求を捨てるのではなく、相互行為にまだ実体のともなわない現実を押しつけるのである。

一六七〇年頃にはどこまで来ているだろうか。相互行為のゼマンティクはどのような形式をとるようになっているだろうか。一方で、すでに成り上がりや出世の観点から出てくることだが、上流階層内部の社会的距離が強調されつづけ、地位が同じ者のあいだのコミュニケーションにとっても、違う者のあいだのコミュニケーションにとっても、決定的な要因でありつづけている。同じ地位を要求することは、ほのめかしてはいけないし、にじませることすらいけない。この点についてはベッセル[18]の説(83)が注目に値する。争いは、争う者の地位が同じことを含意する。だから（!）、自分より地位の高い者と争いを始めてはならないし、自分より低い者とも争いを始めてはならない。[19]他方で、差異があるにもかかわらず平等であることに対する関心が現れてくる。そこでド・カイエールは、二つの理由から成り上がり者に賭事に参加するよう勧める。一つは、成り上がり者は貧しいので、金持ちよりも失うものが少なく得るものが多いからであり、もう一つは、「それ（賭事）には、やっているあいだ不平等な身分の者たちを一緒にさせるという特殊な点がある」(84)からである。賭事では偶然が人を平等にするから、地位が上の者を優れた手並みでぞんざいに扱う危険がない。だが、とりわけ平等に向かう潜在的傾向が見てとれるのは、まだ明確なかたちをとっていない社会性の理解である。初期の古典的な試みのうちで典型的なものは、理想、主導理念、基本方策の投影である。この原理は、明確なかたちをとった社会理論を基礎にしているわけではないが、相互行為に対する要求の増大、とりわけ自制に対する要求の増大をうけて作られている。相互行為のゼマンティクは相互行為の能力としてコード化され、その原理へと還元される。たとえばアントワーヌ・ド・クルタン[20]にとって、この原理は節度（modéstie）を意味している(85)。謙虚さと抑制が処世訓として勧められる。だが、この規則の表明されていない意味、潜在的機能は、他者に自分の行動をみずから決定することのできる余地を与えることである。さらに謙虚さは、とりわけ地位が上の者との相互行為において示されるべき美徳である。だが謙虚さは、地位の差の表現であるばかりか、地位が同じ者どうしの接触にもあてはまる原理である。謙虚さは、社会的な再帰性を定式化こそしていないが前提にしている理念のもとに(86)、つまり相互行為において他者に自己決定の余地を提供するという理念のもとに、訪問と食事、旅行、散歩と会話などのにおけるふるまいの詳細な決まりをすべて包括する原理である。

一般的美徳（ほとんど区別できない変種がある）につづいて、誤ったふるまいの類型にかんする病理学が発達する——健康は一つだが、病気は多数あるのと同じである。避けるべきは、喋りすぎや喋らなさすぎ、しつこい自己演出、攻撃的な反論、過度の嘲笑や冗談や称賛など、基準からのあらゆる逸脱である。この説の要諦は、完成された理想的人物像との対照で、みずからを際だたせることができる点にある。だがこの説は、「他者の役割を取得する」という新たな原理にかんがみて、立てられたものと思われる。

このように道徳が社会的‐適応的な一般的美徳のかたちで新たにコード化されるとともに、宮廷という政治の中心的制度はそのような相互行為の道徳にとって頂点と内的破綻を意味している、という経験が生まれる。政治と相互行為は、社会的事象としてまだ分離してはいないが、両者の統一はもはや不可能になってしまっている。分離線は個人を貫通して走っており、個人はその分離線を克服しなければならないから、まだ完全に個人化することができない。問題は礼節（bienséance）の規則とともに始まる。宮廷で人の不興を買うことは、たとえばサン－テヴルモン[86a][21]においては次のようなことを意味する。「私が思うに、不興はわれわれにつらい様子の礼節を要求し、その見せかけの苦行は上位者の意向によるものであるが、彼らはわれわれを辛い目にあわせようとする気もなしに、われわれを罰しようと考えることはめったにない。だが悲しげな外見と辛そうな態度の下で、私には自分自身について見いだすことのできたすべての満足と友人との交際のなかで得ることのできたすべての喜びがある程度つづいていることを、わかっていただきたい」。中身と外見を分けることがこの場合の戦略になり、この戦略の要素としてはじめて個人という装備が用いられる。宮廷における生き方そのものが、ますますそうなっていく。「率直さはより多く、誠実さはより少なく」[87]、統制されたコミュニケーション、不信感のある友人関係、二重のゲーム――こうしたことが行われ、相互行為のなかに持ちこまれなければならない。したがって相互行為において、人格の開陳はまだ問題になりえない。

そのかわり、この問題状況のなかで支えとなるように、内面と外面を媒介し、同時に資質と業績を媒介するような、よく考えられたゼマンティク上の人物像が発展させられる。この人物像は、業績としての資質を発見し宣伝する。たとえばベッセルは、「誠実な人間である以上にこの世で巧妙なことはない（Il n'y a plus grande finesse au monde, que d'estre homme de bien）」というフランス語の言いまわしを、「正直で率直な人間であることが、この世でいちばん巧妙なことである。それ以上に礼儀正しく誠実なものなど何があるだろう」と翻訳して紹介している[88]。見え透いた偽装は、見透かされることを恐れなければならない場合には、ただちに資質に逆戻りする。期待されたものであるふりをするのではなく、期待されたものであることの方が、いまやより簡単でより成功するのである。そしてこの偽装の見透かしとしての、相互行為における社会性をともなう経験の弁証法が、最終的には宮廷人と社会的に成功した市井人をゼマンティク的に統合することを可能にする。(89)

V

外面から内面へ、資質から業績へという一般的趨勢は、より徹底的、理論的に構想された分析が登場するための基盤を用意する。そのような分析は、道徳的にも神学的にも扱うことはできるものの、一方で宮廷における生き方から、他方で弱まりつつある信仰の教えから、大きな距離をとるような立場にいきつく。

この状況に対応する理論的問題は、上流社会における社交生活への助言よりも、神学的な着想で書かれた論文の方にはっきりと現れてくる。さらなる分析の出発点としてピエール・ニコルの『道徳論(Essais de Morale)』(一六七一―一六七四年)(90)を選ぶことにしよう。その理由は、一つにはこの本では、宗教と政治の機能がまだ明らかに相互行為問題のように見えること、一つにはこの本では、のちの数世紀にわたって文脈が変化してもくり返し扱われることになる多数のテーマが浮かんできていること、最後にとりわけこの本では、宗教が相互行為のレベルで社会の構成に果たす機能が、過度に拡張されると同時に余計なものになっていくように、宗教が扱われていることである。

本書の分析の社会理論的な準拠枠から見て興味をひくのは、まず宗教と政治の分化についての見解である。中世いらい確定している分離線を前に、この分化は一方で前提にされ、他方で妨げられる。宗教と政治は、ボシュエ[22]でさえ同一視はしないだろうが、明らかに別物である。だが両者の同一でない領域は、平和の保証の問題が中心的な関心事になるかぎりにおいて、機能的に重なりあう(91)。したがって宗教に対する配慮は、純粋に政治的な配慮でもある。なぜなら宗教は政治社会の基盤を保証するからである。宗教が一つしかなくコンフリクトを生み出さないかぎり、そのような保証は宗教だけがなしうることである。宗教と政治は、原罪あるいは人間の堕落の問題についてもたがいに支えあう。なぜなら、この宗教的に定式化された問題は、君主と臣下という政治的秩序が必要であり、神が望んだものであると、宗教に思わせるからである(92)。こうした宗教と政治の連関が、社会理論のレベルでのさらなる問いを遮ってしまう。相互行為のレベルにおいてはじめて――念頭におかれているのはつねに社会的に重要な上流階層における相互行為であるが――、理論に対しても理論のなかでも、矛盾がふたたび姿を現す。そして平和こそ、相互行為がパラドキシカルな要求に出あう点である。

それと同時に、平和を守り秩序を保証するように働くべき宗教の立場は、極端で実現できそうにない方向に追いやられ(93)、それとともに聖の行動領域と俗の行動領域の境界を打ちこわし、近代の敬虔の教説と同じように、もはや一貫して実践することはできない観点を体現するようになる。宗教の立場は、その意味で生活世界において分出する。

詳細には、この動向は次のように見える。人間は原罪によって堕落している。あらゆる自己関係、あらゆる自己認識や自己愛は、人間にそのことを確証するだけである。あらゆる啓蒙は、自己卑下に、すなわち自己愛という「自然の錯覚」の破壊にいきつく[94]。己を知るとは、己を悪しきものと知ることである。己を知らないとは、己を善きものとみなすことである。したがって、あらゆる自己認識の端緒は、自己愛との矛盾に陥り、自己愛によって妨げられ、わきへそらされ、弱められる。人は、環境、とりわけ他の人間を利用することによって、自己認識を避け、自己愛という方向感覚をもって、自己認識を虚栄と高慢の方向に向ける。このような危険により多くさらされたのは、小貴族よりも大貴族である。なぜなら、大貴族の活動意欲と自己評価は、社会的現実のなかで抵抗をうけないからである[95]。

堕落した私（Moy）にあてはまることは、もちろん他の人間にもあてはまり、したがってあらゆる私にとって相互行為の原則にならなければならない[96]。あらゆる私は、自己認識と自己卑下という唯一救われる道を行かなければならず、その意味で自己自身について欠点を経験するために社会的接触を利用しなければならない[97]。だが私は、自尊、高慢、虚栄のなかで自己を確認するために、接触を求める。個々人の観点から見れば、これは自己抑制力の問題、あるいは生活戦略の問題、神に与するか反するかの選択の問題である。だが社会的相互行為にとっては、まさにこのことが問題となる。なぜなら、人は他者がどのように選択するかを知ることができないし、さらに自己自身のなかで二つの異なる欲求（自己認識と自己愛）を他者に対して示さなければならない。人は自分がそうであるように、他者もまた自己に対して二重の姿で、つまり自己愛によって自己認識を避けようとする人間として現れる[98]。宗教は、個々人に自己愛の誘惑に対する備えをさせるために、すべてを貫くこの堕落の力をより強く示すほど[99]、他者について自己認識ではなく自己愛を前提とするように、よりいっそう個々人に強いることになる。では、人はどのようにふるまうべきだろうか。宗教の助言が、自己の生活戦略にかんして、従いにくいものではあるがまだ明確だとしても、この問題が先鋭化することによって、この助言を他者の扱いにまで広げることは困難になる。人は、自己愛を傷つけつつ卑下的な啓蒙によって、他者まで自己認識に駆り立てるべきだろうか。さしあたり、ニコルはきわめて大胆にも、「原因となった状況を取り除くために、その腫れ物を刺してみる必要がある[100]」と勧めている。だがそうなると、宗教が同じくらい配慮すべき平和を危うくすることになるだろう。

論文「人との友好を保つ方法について」と「軽率な判断について」では、この平和の問題が前面に出ている。それによれば、原則はこうである。注意せよ。人を驚かすなかれ。軽はずみな判断、つまり起こりうる結果について思慮の足りない判断は、慎まなければならない。自己愛にかんする真実は、他者がそれに耐えられるかどうか確信がもてないならば（どうして確信がもてようか）、口外してはならない。中立的な真実だけが留保条件なしのコミュニケーションに適している。社交的接触においては、つねに他者の自己愛の多層性・多岐性——たとえば自己愛が本当の考えや「正直な言い訳（pretextes honestes）」の背後にも潜んでいること——に気をつけなければならない。そして他者の考えが間違っていると指摘することがすでに危険ならば、他者の情念に抗することはなおのこと争いをもたらす。道徳に熱中する者や知ったかぶりをする者は、損害をひき起こすだけである。最良の規則は、沈黙することである。

だがこの規則に従うと、私自身が自分の悪い点をとおして必要な情報にいきつくことが、ふたたび困難になる。したがって誰もが、他者の沈黙から学ぶこと、コミュニケーションを反直観的、いや反意図的に解釈することを、学ばなければならない[101]。「われわれは、彼らの言葉に欠けていることを、自分で補う必要がある」[102]。したがって、本来のコミュニケーションは自己自身との評価の対話に転化し、社交的コミュニケーションにおいてはそれが目的になりうる。だがとくにこのような条件のもとでは、他者に自己認識を促すことはほとんど不可能である。それと同時に、自己認識の道は天国につづき、自己愛の道は地獄につづくということを考えてみると[103]、このジレンマの及ぶ範囲が明らかになる。それでもなお他者は友人であろうか、伝統的な意味で他の自我であろうか。あるいは、社会性によってすでにそれ以上のことが要求され、それと同時にありそうにないことだと宣言されるのだろうか。宗教的コミュニケーションの共同体（communio, universitas）という原初的意味での教会は、これによって実際には排除されてしまう――あるいはたかだか社会衛生と思いやりの問題に限定される。

また第二に、そのように理解される宗教は、みずからの社会との関係と抵触する。さきに素描したコミュニケーション問題は、地位の高い人物との接触において先鋭化する。地位の高い人物は、自分自身の価値を信じる誘因が他の人びとよりはるかに多くあり、ご機嫌取りをされる機会が他の人びとよりはるかに多いからである。まさに上流社会の主人たちが、最も危険にさらされ、最も真実から隔てられている。一方では、神が彼らをその地位につけ、堕落した世界に秩序を与えるために、彼らに高い地位と華やかさを授けた。だが他方では、同じ宗教が、他ならぬ上流階層において自己認識が行われる可能性が最も低く、したがって明らかに政治的に重要でないと言い、また社交界の有力者は真っ先に地獄行きになる傾向があると言うのである[104]。

さらに地位の高い者の自己認識もまた、地位を危険にさらす（＝秩序を危険にさらす）ことなしには、コミュニケーションに取り入れられなかった。パスカルは地位の高い者に「あなたは外面的には、あなたの地位に従って人びとに接するにしても、より隠された、しかしより真実な考えによって、生来彼らにまさるものを何一つもっていない」という二重の考え方を認め、かつ求めた。[105]

ここで見てとれるのは、原罪以降の人間に普遍の地位としての堕落が、たとえばインドのカースト制における浄／不浄の二項に比べると、階層のヒエラルキー原理に対してはるかに緩い関係、ほとんど機能的な関係にある、ということである。このことは、きわめて普遍的な社会構築の形式問題、すなわち上／下に見合った二項のヒエラルキーのようなものと関係しているかもしれない。浄と不浄は逆転できないかたちでヒエラルキーと対応しており、最終的にはヒエラルキー概念そのものであり、だからこそ階層間の権力関係や権威関係を二次的なものにみせてしまう。これに対して堕落（corruptio）は、まさに秩序と命令権の統一としてのヒエラルキーを必要とする。社会状況が変動する場合、このヒエラルキーの観念は、むしろ個々の地位関係としてのみ、つまり機能的に必要なものとしてのみ解釈すべきである。そしてそれを支える原理は、浄／不浄の場合と異なり、ヒエラルキー的な価値の方向の宗教的逆転を可能にする。

いくつもの点で、堕落という宗教的な極限の評価は、宗教がみずから肯定する宗教の秩序関係を掘りくずす。そのような失敗は、理論がみずからの前提に忠実でありつづけたいと思うなら、もちろん避けるべきである。そのような理論は、本書で「内向発展」と呼ぶ、相互行為に対する要求の昇華に活路を求める。その名称は当時すでに広く知られていた。キリスト教の礼節（civilité chrétienne）がそれである。その基礎となっているのは伝統的な隣人愛（caritas）であり、それは自己を無にして神のためだけに愛し、他者との交際における社交戦略上の困難を、神に敬意を表する一種の贖罪と労働としてみずからに課すことである。自己愛から生じる愛は、いまや「人間の礼節の基礎となるが、それは自己愛による交際の一種にすぎず、そのなかで人は、他者の感情の証拠として他者の愛をひきつけようとする」[106]。だがこの世俗的な交際のレベルは、キリスト教の礼節にとって、より高位の働きのための基礎、不可欠の手段にすぎない。「悪しき自己満足を得るためではなく、人びとの感情がわれわれを彼らの役に立たせるように、人びとの感情をひきつける必要がある」[107]。人は十分な手腕があれば、思いやりがあるという評判（reputation de delicatesse）を手に入れる[108]。それは一定の限度内で不可能を可能にする。つまり、自己認識のさいにたがいに助けあうことを可能にする。

考察の第二の層である、隣人愛と自己愛のより詳細な比較は[109]、最終的にこの決定的な差異そのものをほとんど消してしまう。なぜならどちらの愛の形態も、相互行為における表現形態としては収斂するからである。宗教的な動機は、似ても似つかないものに後退する。宗教的な動機の誇示は、たちまち怪しいものになる（ラ・ブリュイエール[23]）。

その結果として、「礼儀正しさ（honnesteté）」が現れる——これは十七世紀に、道徳的資質を社会的な方向（だけ）に水路づけする傾向のあった概念である。「礼儀正しさ」の意味のなかに、自己愛を隣人愛に大きくひきつけて様式化する契機があるために、誰も両者の相違を確かめることができず、自分の意図さえ不明確になる[110]。したがって、社会を秩序づけるためには、十分に文明化された自己愛で足りる。「啓蒙された自己愛は、世の中の外面的な欠点をすべて改めることができ、たいへん規律正しい社会を作ることができる」[111]。自己愛の「意地悪な巧妙さ（méchantes finesses）」[112]は、さほど悪いものではない。むしろ状況を改善する。自己愛が社会的相互行為のなかで表現され、コミュニケーションをとおして嫌悪をひき起こし増幅することさえ妨げられればよい。徹底して否定的に評価されるものが、すでに社会的な価値の引き上げ過程に関与しているのである。分析は、すべての点について自己愛に従い、まさにそれによって底辺の価値転換を用意する――「自己愛の綾をたいへん見事に解きほぐすので、ついには自己愛を『感嘆すべき』ものにする――そして十分なものにする」(113)。ここではすでに、隣人愛は「ただ宗教的な」意味しかもたない――新たに宗教の分出を示す指標である。

同じ姿はジャン・ドマ[24]にも見られる。ドマは宗教を法理論に転換する(114)。宗教は、良き王君(souverain bien)と相互愛(amour mutuel)という二つの基本法(premières lois)の第一に名指しされる基礎、とりわけその妥当性の基礎でありつづける。しかし原罪とともに、「あまねく広がるペスト、社会に満ちるすべての災厄の源泉のように」自己愛が存在している(115)。だが最終的には、神の助けによってすべてが好転することがわかる。原罪は欲望を解放し、増幅し、そこから相互の依存や束縛が生まれるが、そのなかで自己愛は良い作用をし、人間は自己愛のなかですべてを――正直さや誠実ささえ――引きうける。自己愛は洗練され、ほとんど見分けがつかなくなり、「各人は他者のなかに、また自分を観察すれば自分のなかに、自己愛がみずからの正体を隠し、みずからと正反対の美徳そのものの仮象の下に身を潜めるために用いる術を知っている、非常に洗練された作法を見る。つまり、人は自己愛のなかに、このすべての災厄の原理が、社会の現状においては、社会が無限の良い働きを引きだす源泉であることを見いだすのである」(116)。したがって、原罪は向上の原理であることが明らかになり、その結果、最終的にすべてはより良いものになり、人間は「あの堕落以前の人よりも幸福な状態に」高められる(117)。原罪は、動機づけの短絡さえ遮断されれば、つまり潜在性の原理さえ用いれば、幸福を高める原理である、と簡潔に定式化することができる[118]。

きわめて驚くべきことに、これによって、高い地位にある人びとの危機の問題が片づく。彼らを啓蒙された自己愛へと教え導けば十分なのである。彼らは、悪人として善人を真似しようとすることによって、すでにある程度は天国に近づいており、最終的に彼らを救済するためには、ちょっとした内的な意図の転換さえあればよい[119]。この問題解決をマキァヴェリのものとくらべると、進歩がわかる。君主とその顧問は、必要とあれば国家を維持するために道徳に違反せざるをえないから、地獄に行くよう定められている。道徳的行動と非道徳的行動の差異は変えようがなく、それに見合うように来世には独自のプログラムが適用される。だがマキァヴェリの地獄は、現世のジレンマを考慮している。それは、政治的な問題状況を議論するための、まったく排他的な有能な人びとのクラブである。ここでの修正は、道徳的評価の差異を維持すること、それとともに道徳的評価（実践ではない）における宗教と政治の統一も保持することを、可能にしている。十七世紀になってはじめて、道徳的差異を不安定にし、最終的に人間に応じて相対化する、人間学的な急進主義が発展する。

徹底して否定的な人間学が、否定性をもったまま社会秩序に転移されたのでないことは、明らかである。この人間学は、社会秩序を前提にするか（ニコル）、社会秩序を新たに基礎づけなければならない（ホッブズ）[120]。十七世紀における思考経験でありつづけることだが、この人間学は社会秩序に肯定性を与え、そのためにまた人間関係の肯定的な見方を押し出すことができる。だが、もはや自然的な人倫や宗教的－政治的な行為の目的論といった古い形式では、そうすることができない。むしろそれらにかわる解決は、それまで考えられた以上に、人間を反省されたものとして、社会性を社会的に構成されたものとして、考慮にいれなければならなくなる。なおも宗教によって立てられる問いは、もはや宗教によっては答えられない。

最後に、同じ問題をあらためて反対側から宮廷人の目で見てみることは、やってみる価値がある。ジャック・ド・カイエールの論文（一六五八年）に依拠することにしよう。(121) ここでの出発点は、すべての幸運のチャンスが君主に集中しているが、君主は一人しかいないのでチャンスが危険にさらされている、という事態である。君主の寵愛が、運命も幸運も決定する。この寵愛は、君主の気晴らしに貢献することによって得られる。(122) しかし、この寵愛はほんの少ししか示されないし、確実な所有物にはならず（君主は人間である）、つねに他者によって危険にさらされている――それもコミュニケーションによって。だから、宮廷は公然たる競争と隠然たる競争からなるシステムである。(123) このような状況のもとで、人は友人にすべてを打ち明けることができる。不安も、財産も、自分の人生でさえ――だが秘密は別である。(124) 人には公然たる敵と隠然たる敵がおり、闘いははっきりと違法な形式で（のみ）行われるのではなく、コミュニケーション、コミュニケーション的身振り、コミュニケーション的相互行為の形式で行われる。(125) このように問題が犯罪になりえないコミュニケーションに転移されることによって、隣人愛は不可能になり、敬虔さ（piété）は、よりいっそうの誠実さ、思慮深さ、一貫した自己の利害の追求に転移される。またとりわけ、ここで隣人愛は身の破滅と同じことである。「われわれは自分の隣人を愛さなければならないが、その愛はわが身を破滅させるために命じられているのではない」(126)。ニコルの場合と同じように、相互行為のレベルをコミュニケーションの問題におろしていくと、純粋な隣人愛は消滅してしまう。隣人愛は、神学者の場合には社会生活の要件と区別することができなくなって、俗人の場合には社会生活の要件と両立することができなくなって、消滅してしまう。

ここで、宗教も現世も手詰まり状態になってしまう――それぞれの要求を放棄するのではなく、むしろそれぞれが全体化する結果として。だが、まさにその状態が宗教の結果だとすれば、もはや宗教の思考手段を向上させ、より良いものにすることはできない。これと並行して、十七世紀末ごろの理論的でない文献においても、宗教的な世界設定は後退する（そのために宗教が否定される必要はなかったが）。社会的行動は、もはや第一に宗教とその道徳的戒律とくらべられるのではなく、相互行為に関係づけられる。社会そのものが、接触のシステムとして捉えられて、行動の批判的な共鳴板になる。社交的相互行為は一種の自律性要求を貫徹し、そのさい階層と道徳はかならず成功をもたらす要因でありつづけるが、機能との関係は手つかずのままである。社会性はそれ自体として意識され、自己矯正法とともに分出する。社会性は、自己の成功のための有用性から切り離されて、社交という形式をとって自己目的化する。[127] 評価要因は、この事態にもとづいて新たに整序されなければならない。

VI

宗教と同様に、政治もまた上流階層の相互行為との結びつきから後退する。そしてここでも、社会的機能が切り離されると、社会的相互行為は昇華と洗練が可能な状態で残される。したがって、まずは全体社会の機能と距離をおくと、上流階層に固有の相互行為の可能性を完全に展開する可能性がもたらされる、という印象をうける。

フロンドの乱の挫折（一六五三年）〔25〕とともに、フランスでは政治的に自立した上流階層を否定する決定が下された。それいらい、社会的ヒエラルキーはもはや官職ヒエラルキーや政治的影響力と同じではなくなった（もちろん関係は存続するが）[128]。身分のヒエラルキーは保持されたままだが、政治をどこにつなぎ止めるかという問題は、階層を超越することによっておおむね解決される。ヒエラルキーのゼマンティクは保持されたままだが、それ自体が階層ではないものの頂点の原理を体現する、より高次の審級の分出によって——つまり最上流階層が宮廷で奉仕する集権的君主という役割の制度化によって——上方に延長される。

宗教的な宇宙論は、このように社会階層を超えた延長をかねてから知っており、中世の皇帝の観念や主権の概念は、この種の可能性をあらかじめ定式化していた。だが、集権的君主の階層構造に対する関係は、いま新たに規定される。最上流階層は、ヒエラルキーの頂点であるというリスクを、政治的にも儀礼的にも放棄し、自分たちの相互行為を、集権的君主との関係で、頂点に属さない外部要因として分類する。それと同時に、このようなリスクの外部化は、最上流階層に対して、すべてのリスクを吸収し再分配する者との交際について、まったく新しい可能性、戦略、技巧を開示する。他方で、上流階層のコミュニケーションそのものは空転し始める。集権的君主が政治的意思決定をほかのところで行うからである。

しかし、この新秩序の決定的と思われる要素は、十七世紀の精神史的状況のなかで、階層の上位（したがって社会性の上位）にある原理への従属が宗教的に定義される必然性はもはやなくなった、ということである。宗派形成による宗教システムの環節化、宗教戦争、また日常的宗教性の要求のインフレーション（新しい意味での信仰）や教義の体系化によって、宗教は、超社会的秩序の全領域をまだ当然のようにわがものとして要求することのできた時代にくらべて、おおいに問題化されるようになった。君主とその宮廷は、かつてならほとんど不可避的に宗教的評価をうけたであろう位置に居場所を定める。たとえば、敬虔運動の政治的推進や、宮廷で働く聖職者を差別することの困難といった、さまざまな兆候からは、分離線がまだ自明で信頼できるものとして引かれていなかったことが読み取れる。

相互行為のレベルは、そう言ってよければ脱道徳化することによって、さしあたりこの事態で得をしている。一部では、宗教そのものが相互行為のレベルを前節で描いたような戦略的技巧へと押しやる。また一部では、宗教的差異の政治的重要性が日和見主義を盛んにする。上流階層に属する者には、受け入れられた道徳という公分母に乗せることのできない動機や経歴を観察する機会が十分にある。自己言及的な動機概念が出てくる。そうしてはじめて不興は、社会的影響をともないながら、正常な行動原則——善いことをただ善いことのために行うという規則——の遊び半分の逆転が実践される地点にいきつく。「不興そのものよりも不興のさいに著しく感じられる不愉快、これに対する唯一の治療薬は、善いことをただ善いことのために行わないことである」——これは、そのような不道徳の聖霊に反する罪悪をけっして予想させない、レ枢機卿の『回想録』の終わりにある驚くべき結論である。[129]

そのような経験にもとづき、そのような先行文献につづいて、新たに肯定的にみずからを強化しようとする相互行為論は、政治から距離をとるが、[130] 法システム、経済、科学からも距離をとる。「数人の人びとが集まって話をするたびに、われわれが会話と呼ぶものが成立するわけではない。会話が成立するためには、難解な学問や大きな商売が、礼節や気晴らしほど話題にならないことが必要であろう」。[131] 会話はそのような領域のテーマを自粛しなければならない。それが会話の自律性であり、適切か不適切かによってテーマを選択する、会話に固有の成功要件の構造である。参加者は、そのことを確認し、考慮しなければならない。

相互行為の原型として、会話は、上流社会の「大貴族」の威厳や重荷と完全に縁を切らなければならない。大貴族は、自分たちの世界としてのサロンにおける負担の軽減された会話の軽さを好み、政治も宗教も周辺に追いやるようになる。こうして、二階層のゼマンティクが生まれるが、[132]これはたいてい興隆する市民層の精神世界の表現として解釈される。[133]より重要なのは、相互行為論において、一方では機能的役割が、他方では社会の統率レベルが、いまや変則か例外的地位のように見えることである。かくして、相互性の規則や他者の身になるという古い規則は、経済においては通用しない。なぜなら、ある財の代価として、自分がその財の所有者として保持したいものを支払いたいとは、誰も思わないからである。また、それを道徳的に要請するとしたら、経済に反することになるだろう。なぜなら、そんなことをすれば経済が停滞してしまうからである。[134]人間どうしの深められた相互性の了解はもはや機能的要件と両立せず、相互行為論が社交の領域に退却することを余儀なくさせることがわかる。機能の担い手も、独特のかたちで、合理的な社会的相互行為のために開発されるモデルの外にいる。[135]機能の担い手は、機能的に必要な非対称性のうえで相互行為を進めなければならないが、そのさい自然的・道徳的相互行為の規則はたいていうまく適合しない。この例外的地位は「大きな商売や大事な交渉」によりいっそうあてはまる。そうした相互行為に対しては、正直さ、透明さ、誠実さ、公明さといった性質を期待することができないが、そのような性質の側もまた社会の幸福に貢献することができない。[136]

モンクリフ[26]にとっても、社会の最上位の人間は規則の外にいる、つまり他人の好意を呼びさます必要の外にいる(137)。彼らは、社交ゲームに参加して、たがいに好意をもつというレベルの相互性をとおして成功を求める必要がない。彼らは、自分の職務の重荷を他のやり方で補償される。「人びとは彼らに、完璧だからこその賛辞を浴びせる(138)」。したがって、彼らは自分の職務のために社交的資質をほとんど必要としない――上流階層の教育における古い美徳である雄弁は別だが(139)。

フランス革命より少し前になると、相互行為社会は、道徳的完成にもとづく「相互の救済と恩恵の交換」として構想され、旧体制の政治から区別される(140)。人類の発展は、道徳的に文明化された相互行為の任務であって、政治の任務ではないとみなされる(141)。この道徳は、革命によって政治的に実演されることになるが、それに対して理論的な準備ができていなかったことはなんら不思議ではない。

原理的には、知識という機能領域に対する区別も、同じような経過をたどる。だが、知識の場合には階層的・歴史的な先行条件が異なるので、経過はまったく異なる形態をとるように見える。十七世紀前半までは、貴族は、自分の主たる任務が軍事的領域にあると考えており、そのため長期間の勉学を軟弱化とはいわないまでも重荷に感じていた。しかし十七世紀も後半になると、とくにフランスでは相互行為と会話に準拠した人間形成の理想が広まり、この理想は貴族を取り込むことができるようになる(142)。相互行為能力は、人が何をいかにして知り表現すべきかを規制する規範となる(143)。それとともに、ただの博識、学識、知識のための知識は拒絶される。多くのこまごまとした論争、些事へのこだわり、学校で教えられ学ばれる社交界と関係のない知識も同様である。これらはみな、社交の会話にとって、攪乱ではないにしてもお荷物である。なぜなら、これらは参加者全員の共通の関心事になりえないし、度を過ごす傾向があるからである。(144) 学校での知識獲得を志向する教育は、社交界では、教育を受けていないことを示すために役立つにすぎない。社交界では、相互行為能力は同時に、上流階層が話しかけてもらい、教養ある会話に入れてもらうことのできる免許である。上流階層は、相互行為そのもののなかで自分を教育する。そのためには、まだ学校に行っていなければよい。

この相互行為による知識の規律化の後裔として、新しい著作家の専門家意識が生まれ、それとともに出版のために書くこと（市場のために生産することに似ている）が相互行為に加わり、会話の射程を広げる。(145) 対話の形式が出版においても保持されることがしばしばある。この動向が次に、たとえばディドロの『百科全書』において、科学との新たな統合を模索する。[27] しかし、まさにこの企図とともに、この動向は限界に突きあたる。その限界は、ヴォルテールの批判に見てとれる。[28] ヴォルテールによれば、有用性、洗練性、円滑な表現、直接的なわかりやすさといった規範は貫徹されず、専門知識の発表や出版という目的そのものや、知識に固有の可能な進歩のための出発点を固定する必要性と衝突する。ここでも最終的には、相互行為が全体社会の機能的要求の担い手としてうまく働かなくなる。

最後に、社交的会話の古い規則では、自分の世帯が興味を引かないようにしなければならないし、自分の夫、子どもの教育問題、召使いの扱いにくさについては、あまり語らないか、自制心をもって語らなければならない。(146) この境界は新しいものではなく、上流階層における家庭生活と公共生活（政治生活）という古い差異を存続させている。だがいまや、この境界はさらに、社交的相互行為を公共的な側からも分離することに貢献する。参加者が会話の外部で異なるしがらみをもっているために、同じ立場をとることのできないテーマは、明らかに避けられる。これに肯定的に対応しているのが、おたがいを気に入るという規則である。この感情状態はそれ自体が家族関係の外部にあり、血縁関係によっては到達することができない[146a]。

システム論的社会学を用いれば、相互行為の「社交性」が増大するさいに全体社会の機能との境界づけも進むという二重の傾向は、全体社会と相互行為というシステム形成レベルの分化の進展に対する反作用と解釈することができよう[147]。差異そのものは、十八世紀に、一方では家族に限定された経済から分離し始め、他方では政治からも分化し始めた、経済学の著作のなかで取り上げられ、定式化された。この二重の距離化のよりどころは、さしあたり、交換による利益追求に基礎をおいている「国民経済」としての経済を、それにもかかわらず交換による利益追求から際だたせる、経済の必然的な法則のなかに求められる。この差異の統一は、機能特化したシステムの分出にもとづいている。この差異の統一は、階層をよりどころにしていないし、序列化の機能を所与の階層から引きだしていない。階層は、国民経済や国際経済よりも、下位システムにおける相互行為に、はるかに大きく、すくなくともまったく異なる意味で、依拠していた。

経済から見ると、身分的‐政治的構成は自明性を失うが、その必然性を富の分化として保持する。「市民的、政治的序列は、それゆえ、その本性からして卓越しているわけではない」とネッケルは述べている[148]。そうなると道徳は、もはや個別利害と全体利害の関係によって基礎づけることはできない[149]。変則的な個々の動きは、必然的に著しい無秩序（desordre frappant）にいきつくわけではない[150]。明らかに、この思考のアプローチにおいて、相互行為は何かが決定されるレベルとしてはまったく後退している。まもなく著しい無秩序になったとき、この著作家は政治家として相互行為の用意ができていなかった

し、同様に相互行為も政治の用意ができていなかった。(151)

経済との関係をよく表しているのが、自己言及にもとづく相互行為の不安定性を示すべく、プリュケ[29]がラ・ロシュフーコーからひきついだ（一見隔たりがある）議論である。「与える者の傲慢と受けとる者の傲慢は、恩恵に値しない。彼らは、恩恵をほどこした相手のなかに忘恩を、助力を与えてくれた相手のなかに不正を見いだすだけだろう」(152)。この議論は、相互行為そのもののなかにはない安定化の要因が必要なことを示している。二重の自己言及は、それ自体ですでに社会システムなのではない。(153) むしろ二重の自己言及は、一方的な自社の利益追求を双方について仮定する現代の複占理論[30]も同じ結果に到達しているが、さしあたり不安定である。(154) プリュケやアダム・スミスでさえ、人間的自然によって基礎づけられた社会性というテーゼに答えを求めている。なぜなら、そのようなテーゼだけが、あらゆる相互行為について成り立つことを要求することができるからである。(155) より成功したのは、スミスが次善の解決として提案した、機能特化した経済のメカニズムという考え方であり、動機が自己言及的に形成されるにもかかわらず、このメカニズムが仕事や価格の再特定を行うと考える。(156) この考え方は、あまりに大胆に人間の本性の道徳的資質を想定することを不要にし、（富からではないにせよ）階層からは独立しているが、人間の相互行為の全領域にあてはまるわけではない。社会的に意義のある問題解決は、もはや相互行為分析にもとづいて展開することはできず、より高次の機能特化したメカニズムを前提とする。

別の考察をすると、相互行為の分出と機能からの分離をさらに他の側面から明らかにすることができる。古代や中世の伝統は、機能の分出を独特のかたちで、直接的な生活の備えからの解放として、余暇として象徴化していた。より高度な生活実践は、明らかに余暇においてのみ可能であったし、そのことは政治にも理論にも、芸術にも徹底した信仰生活にもあてはまった。この余暇のプログラムは、同時に相互行為についても成立し、そのかぎりにおいて、人間の社会性を、全体社会システムの中心的機能に抗して遂行することなく、プログラムの内部に配置することができた。

近代への移行過程において、中心的な社会的機能を遂行するための備えをなおも余暇として捉えることは、しだいに困難になっていく。このことは、組織的な装置の拡大とも関連しているかもしれない。いずれにしても、余暇的な相互行為は、おそくとも十七世紀以降、特殊な現象として捉えられ、機能の特化に対置されるようになる。相互行為は一種の余暇的社交となり、そこで大事なのは機能ではなく、楽しみ（plaisir）や気晴らし（divertissement）である。そして恒久的な機能遂行の特化が、そのような分離の基礎である。この対比は、マドレーヌ・ド・スキュデリー[31]によってたいへん鮮明に定式化されている。「……人間はただ一つの仕事で満足することができる、ということがわかる。軍人は自分の職業に満足し、司法官は自分の職業に満足し、文学者も同様である。……異なる条件に応じて貴賤さまざまな、人生における他のすべての仕事もそうである。しかし、いかなる人間も、いつまでも楽しみを一つしかもたないわけではない(157)」。人は機能的な仕事に長期的に特化することができるし、また特化しなければならないが、刺激やテーマの入れ替わりから養分を得ている楽しみ（plaisir）の領域においては、まさにそれが不可能である。だがそれとともに、余暇も独自のかたちで問題となり、行動要求となる。人は退屈を逃れなければならず、みずから気晴らしや気分転換をしたり、他者に気晴らしや気分転換をさせたりしなければならない。ここでは気分転換の継続性が必要であり、したがって特化は排除される。[158] そしてこの問題状況から、社会性に対する新しい要求が確立する。

要約すると、宗教も、政治も、経済も、非相互的な関係に、その意味で非社会的な関係にもとづいていることが、確認される——宗教は教会による仲介の拒絶にもとづき、政治は最上位の統治の非人格的優位にもとづき、経済は非社会的な収入源である利潤にもとづいている。これに対して、社会性は洗練された相互行為に後退し、そこで自己言及的な深い視点を備えるようになる。だが全体社会は社会的実体だから、全体社会が何であるべきかは、相互行為の観点から再定式化される。相互行為が全体社会に逆投影される。相互行為に期待されている、相互行為において可能な社会的合理性が基準となり、その基準で見ると、社会関係は欠陥があるように見えざるをえない。

VII

宗教、政治、専門科学、経済、家族生活が除外されることによって、相互行為という社会関係に真空状態が残され、そこに道徳が流れこむ。この道徳は、もはや上流階層の卓越性を象徴する責務を負っていない。道徳は、普遍的-人間的なものに拡張され、それと同時に機能にかかわる能力から取り除かれている。

これに対応して、十八世紀には宗教と道徳の新たなバランスが追求され、宗教が道徳的なものに還元される傾向があり（たとえばフリーメーソンにおいて）、最終的には道徳が宗教に優先するようになる、という状況を観察することができる。宗教は、道徳を保持する機能があるために尊重され、必要とみなされる。さらに人は、正統信仰による拘束や紛争から距離をとりたがる。それらは、聖職者階級の特殊な欲求には合致しているかもしれないが、道徳のように社会的に普遍的な欲求には合致していないからである。

このよく知られ、たびたび記述されてきた発展を、ここで逐一裏づける必要はない。[159]だが、何が発展の構造的基礎なのだろうか。なぜ上流階層のコミュニケーションはそのような道をたどるのだろうか。そして、なぜ後世になると存続しなくなるのだろうか。

ここでも、まずは新手の相互行為のゼマンティクが、鍵となるヒントを与えてくれる。道徳的資質は（ここでは真の「自然の」道徳的資質というべきだろう）、社会次元と時間次元が相互に関係づけられるところで、ふたたび威力を発揮する。議論は、社会的交際における欺瞞や偽態に反対する。「意地悪な巧妙さ（mechants finesses）」は、また有利な自己の特徴のみの強調も、比較的長くつづく社会関係（友人、夫婦）においてはたちまち関係を支える力を失い、仮面をかぶりつづけることは、長いあいだにあまりに骨の折れることになる。だから、偽態を身につけるよりも、はじめから長持ちする資質を身につける方が賢明である。より長期的に見ると、人は道徳をもってのみ、たがいに気に入る用意をすることができよう。[160]したがって、思考過程は社会的相互行為の独自性ということを言いだし、そこから道徳の必要性を再構成する。

この事態はさしあたり完全に、階層化された社会の枠内で、階層化された社会を前提にして起こる。「人は、みずからの身分の限度内でふるまうことによってのみ、分別のある人物に気に入られことができる」[161]。だが、時間次元と社会次元がいま素描したようなかたちでたがいを問題化するときには、階層とともに存在する秩序の保証はすでに後退している。階層はいぜんとして、礼節（bienséance）の厳密な意味における適切な行動にとっての、事実上の限定条件である。しかし道徳は、もはや階層のあいだを厳格に隔てるゼマンティクの断層に組みこまれなくなるほど、自由に利用することができるようになる。

このことを明確にするためには、もう一度、ヒエラルキー的で階層化された全体社会システムの構造的特性にたちもどらなければならない。ヒエラルキーは、道徳に対して両義的な関係をもつ。ヒエラルキーは、身分の差異があるにもかかわらず、社会の全成員の共同生活を規制することを要求する、十分に一般化された道徳を前提にしている。だがそれだからこそ、ヒエラルキーは、ヒエラルキー上の地位の差異をちょうどそれに対応する道徳的差異に転写することができない。そのようなことができるとしたら、道徳的資質は階層によって決定され、行動から独立していることになるだろうし、人は階層でより上位に立てば、道徳的により優れた人間であり、ぎゃくにより下位に生まれれば、それだけより劣った人間であることになるだろう。そこで一役買うのは、知識、自由、強さ、貫徹能力は美徳概念の中核的要素であり、排除することができず、上流階層においてのみ「自然なかたちで」与えられているという考え方である。(162) いいかえれば、美徳概念は、貴族の出自であることの目に見える自然な利点を含みこむのに、何の困難もないものとして捉えられている。だがそれとともに、階層の差異を自然と道徳の一致として解釈する試みが優勢なままであり、nobilis から bonus への用語の移行[32]や vilain や gemein のゼマンティク上の曖昧さ[33]が、まさに西洋の伝統のなかに幾重にも折り重なっている。(163) 十七世紀には、たとえば紳士（honnêttes gens）と庶民（peuple）が対比される。(164) それでもなお、このように地位の差異を道徳的に解釈する傾向は衰えることがない。道徳は、階層間、つまり全体社会システムの下位システム間の相互行為能力をあわせて保証しなければならず、階層固有のコミュニケーションの内部でも、良い召使いと悪い召使い、良い主人と悪い主人を区別する能力が用意されなければならない。このことは、評価される階層には完全に共有されることのない、階層固有の判断基準にもとづいて起こるだろう。分化構造と道徳を対応させ、同じかたちで分解することをやめるならば、全体社会のなかである程度分岐した下位道徳が発展することができ、ある階層はその下位道徳を用いて自己の仕事や他の階層についての判断を行うようになる。そうなると道徳的な処方箋は、薬が身体によって効き方がちがうように、身分によって効き方がちがうようになる。(164a)

以上の考察を要約すると、環節社会とは異なり、階層化した全体社会システムの内部の境界線は、道徳によっては設けることができず、道徳的に根拠づけることができないことになる。だから、社会とその分化形態の根拠づけは道徳に委ねられるのではなく、宗教的な基礎づけを必要とする。宗教がここで助けに入るのは、一方では、階層のない秩序はまったく考えられず、したがって階層は社会にとって必然的なものだからであり、他方では、まさにそのことが個々人に偶発性の経験を押しつけるからである。なぜほかならぬ私はこの（有利な、あるいは不利な）位置にいるのだろうか、というわけである。(165) 宗教には必然的な偶発性を扱う資格がある。宗教そのものは、たしかに道徳に適合させられる――とくに、宗教的権力がもはや気まぐれに、好き勝手に、思いのままにふるまうのではなく、善きものという道徳的観点と結びつくかぎりにおいて。もっとも、そのことは宗教のなかでの道徳の基礎づけを象徴しているにすぎないのだが。宗教は、道徳を宗教から解放する以上の働きをする。宗教は、神の御心にもとづいて秩序の維持を保証するとともに、階層システムのなかで行為する可能性の配置を保証する。地位を分かつ差異そのものが、宗教的な意味をもつ。なぜなら、その差異は行為の範囲と義務の範囲を具体化し、その範囲内で個々人は神を畏敬する生活を送ることができるからである。

十八世紀になって、たいへん重要な（また重要とみなされる）問いについて他の構成をするようになったり、すくなくとも他の構成を認めたりするようになると、それが深甚な構造転換の合図となる。知識社会学的に見ると、宗教と道徳の優位関係の逆転が、階層分化から機能分化への転換の合図となる。社会分化の形態としての階層が放棄される事態に対する備えができるまえに、継承されてきた秩序のゼマンティク的相関物はすでにたがが外れている。宗教はみずからの機能に抽象化されるとともに、階層そのものと同じように、そのゼマンティク的、儀礼的な装備は過去の歴史となる。道徳は、人と人の間の透明性と相互の満足[34]いう観点のもとで、相互行為道徳として洗練され、社会はそれ自体が相互行為とみなされる。ベールいらいの推測によれば、道徳は社会的理性をとおして宗教から独立する。ただし、それは下流階層には期待できない。上流階層のコミュニケーションの視点から見ると、宗教は下流階層に欠けている教育と相互行為の洗練のかわりをする機能を獲得する。だが、宗教はもはや階層そのものを救済しない。(166)

第二の構成の変化は、これと密接に関連している。十七世紀においてもなお、道徳の問題を人格のなかに位置づけるのは、自明のことだった——たとえば宗教的には原罪の影響の抑制として、人間学的には情念の抑制として。(167) これは、道徳と美徳ないし有能さの伝統的関係に対応していた。十八世紀には、道徳問題は社会次元に移行し、それが情念概念の格上げを可能にする。道徳は、自己の幸福追求の社会的迂回路、つまり自己の幸せと喜びを追求する過程に他我を組みこむことになる。いまや根本規則は、「あなたがたが話す相手の前では[168]」注意しなさい、そして相手の気に入るように心がけなさい、ということになる。相手の気に入るという目的の自己中心性は、自己を目的のための手段へと後退させなければならないことによって埋めあわされる。そうしてはじめて、社会的相互行為は、(他の美徳と異なる!) 固有の社会的美徳の実践の機会以上のものに、つまり道徳性一般の場になる。

社会的なものの尊重の高まりには、自己言及が肯定的なものに評価しなおされたことも、有利に働いている。ニコルの見解[169]をふりかえってみると、この転換を明らかにすることができる。ニコルにとって、他者の自己愛にかかわりあうことは、問題のある必要性にとどまっていた。ハンブルクの週刊新聞である『愛国者』では、これとは反対に、「他者に気に入られたければ、あなたの賢さを見せる努力をしてはならず、むしろ他者が自分を見せる機会を与えなさい。人間は他者を尊敬する気持ちがなく、自己自身を気に入りたいのだ[170]」といわれている。人に気に入られること (plaire) は、社会的に再帰的なものとして設定され、それによって相互行為の原理になる。人は、他者に対して人に気に入られる可能性を与えることによって、みずからが最もよく他者に気に入られるのである。こうして、個人的であると同時に社会的な肯定された自己言及が組みこまれたかたちで、たがいに自己と相手に気に入られる状態を増大させることができ、その結果を有用性、幸福、道徳と同時に呼ぶことができるようになる。

これと並行して、上流階層の相互行為においては、上流階層内での地位の差異の強調が後退する[171]。法服貴族 (noblesse de robe) と帯剣貴族 (noblesse d'épée) は、ルイ十四世の死後、たがいに対する先入観をなくし、相互行為の接触を強めるが、それと同時に職業による生活様式の特殊性が後退する[172]。十八世紀のサロンは、相互行為をすべての参加者の平等性に見合ったものにし、出入りの許可という点でのみ選別をする。サロンはそれとともに、社会の指導的サークルに出入りするための資質として、個人の人格により大きな比重をおく。[173]サロンはそれと同時に、集まりのあり方を多様化させる。[174]サロンはそれとともに、(まだ上流階層の内部においてではあるが)新しい社会の合理的モデルを提供する。サロンは、平等性にもとづき、尊敬と軽蔑をとおして、道徳観念にそぐわないものを決定し、評価し、批判し、拒否する。その基礎にある平等性道徳は自然/本性(Natur)と呼ばれる。[175]

道徳の「論争的」傾向をよく考えると、このような構成の変化の射程が明らかになる。[176]尊敬と自尊を含む道徳的な是認ないし否認へと先鋭化することは、その結果にかんして危険がないわけではない。そのように先鋭化すると、攪乱に対して、軽蔑の表明、論争、コミュニケーションの中断という反応が起こるだろう。それまで社会は序列的な位階秩序によって、そのような影響から守られていた。近代になってはじめて、社会そのものを「問題にする」[177][35]道徳主義や道徳化されたイデオロギーが関係してくる。インドのカースト制と比較して、デュモンはこの違いを明らかにしている。「われわれが西洋で是認や否認をもってくるところに、彼らは地位をおく」。

位階秩序が序列化機能を失うにつれて、相互行為レベルそのものにおいて、それを埋めあわせるものが発展しなければならない。とりわけ道徳的な問いを扱うさいの礼儀のメタ道徳、さらにコンフリクトの回避や相手側の自己言及的な動機形成に対する寛大さの一般規則がそれである。(宗教的なテーマが争いのもとだったという経験から)たんに道徳と宗教を分離するだけでは十分ではない。相互行為レベルにおける平和維持の議論は、前兆としては宗教と政治が始めたものだが、変化する文脈のなかで継続される。それについては次節でたちもどる。この方策は、政治的・宗教的なことがらに対する責任を担う最上位階層から距離をとることができるが、他方で上流階層の行動可能性と結びついたままである。この方策は、相互行為の合理的構造として定式化することができるが、相互行為だけを代表するわけではない条件を設ける。この方策はそれとともに、全体社会システムの問題が相互行為レベルで解決できるという幻想を担わされ、階層への依存性は合理性条件のなかに姿を隠す。

VIII

多くの兆候が示すところによれば、人間の基本的描写は、十七世紀には否定的なものに転じ、十八世紀には「もともと未決定である」といった形式上は同じように否定的な理解にしばられるのだが、この理解は肯定的に評価することができる。それは、人間が自己の否定性の否定をとおして形成され、育成されなければならないことを意味している[178]。それだけに、そのために必要な否定の実践が、相互行為の領域において禁じられたりはっきりと拒絶されたりするのは、一見すると驚くべきことかもしれない。

これは、ここで考察している時代におけるすべての文脈の変化をとおして通用する、一貫した所見である。仲たがいや上流階層で起こる諍いに対する怖れが、最初にあったかもしれない。快い交際（doux commerce）やたがいの好意の危機が、最後にある。どちらも厳しい否定には耐えられないし、すくなくとも、相互行為のなかで面目を失ったりコンフリクトを招いたりする否定のコミュニケーションには耐えられない。これに対応して、「強制された選択」の状況は避けなければならない。他者に「あれかこれか」を押しつけてはならない[178a]。相互行為は、二項的図式化によって成果をあげるのには向かない（それは機能領域にとっておかれる）。相互行為は反対に、テーマ変更の容易化と接触の継続に特化する。そのため、立場の対立や異論を引き起こすかもしれないテーマは除外される――さまざまな経験から、たとえば宗教のテーマは除外される[179]。相互行為は、平和と幸福の離れ小島として確立されなければならない。だがそれではなぜ、否定的なもの、安らぎのなさ、貪欲さ、気分転換の試み、たんなる自己主張の衝動、そしてそれらを他者について措定することから帰結するすべてのことが、あのようにテーマ化されるのだろうか。

一部では、相互行為のゼマンティクは、自己自身をこの人間学に対する答えとみなしている――友人関係を安らぎの場として描く場合がそうである[180]。一部では、相互行為のゼマンティクは、自然で肯定的な感情、他者への配慮を第一の人間学的事実とする、反人間学を生み出す。「未決定性」という妥協の定式は、そのアリバイを用意する唯物論をよりどころとし、また同様に文化比較をよりどころとして、十八世紀の半ばに普及する――この定式がまた否定が必要な否定性を定着させる。明らかに、相互行為のゼマンティクは「みずからの」人間学を貫徹することができなかった。

この論争はどのように理解すべきだろうか。どのように解決すべきだろうか。

この論争は、とくに機能分化した複雑な社会において急速に増大する、拒絶の可能性、争いの可能性、リスキーで影響力の大きい拒否（たとえば資本の集積、科学的仮説の主張と反駁、政治的支配の法形式の表現における）の必要を、人間学的な性格づけのレベルで許容し正統化する試みであり、それと同時に、拒否が大規模なメディアのコードによって隠されていないかぎり、そうした必要を日常の相互行為から排除する試みである、と読むのが適当である。全体社会との連関は、このように否定性の否定をとおして基礎づけられ、プログラム（法律、投資、理論）をとおして条件づけられる。それと同時に、全体社会との連関は、反省された配慮や好意的な敏感さを表出することによって、相互行為のレベルで埋めあわされる。高度に分化したシステムに不可欠な拒否の可能性の増大は、こうして対抗的な構造をもつ相互行為のゼマンティクによって相殺される。拒否は、もはや相互行為そのものから生じてはならず、もはや人格によって基礎づけられてはならない――親密性という機能領域では話が別だが。拒否は機能とそのコードをよりどころにしなければならない。相互行為のなかで生まれた拒否は気勢をそがれる。なぜなら、相互行為からだけでは、拒否がある機能に貢献し、メディアの二項図式のなかで場合によっては逆転されうることが、確実になりえないからである。

だから、とくに相互行為のレベルのために、礼儀を重んじ、作法に従い、気持ちを推しはからせ、逸脱を黙って受け入れ、見のがし、はては継続して相手の相談に乗ることにいたるまで、特別な形式が発達する。他者が規則を破るときに、礼儀正しい者こそとくに無防備だから、その者の配慮や忍耐を利用することは、社交界の優しさ（douceur de la société）に対する最も重い罪の一つである。[181] そこからのちに、あの「真に受けて利用してはならない」という非公式性の強制形式が生まれ、それを破ると陰で厳しいサンクションをうけることになる。

相互行為のレベルで社会的に許容された拒否を緩和するためには、自我と他我が交換可能な役割についたかたちで相対する、対称的な相互行為の構造が堅持されることが前提になる。予期の交錯、相互のチャンスと危険が、コミュニケーションを律する。したがって対称性は特殊な合理性の条件になる。対称性はまた、階層の差異を徐々に解体することを可能にし、すくなくともそのために理論的構想を提供する。こうして最終的に、自己言及の否定的評価から肯定的評価への移行が可能になる。なぜなら、相互行為の対称性は二つの前提のもとで同じくらい規律的に働くからである。

しかし、社会の大規模な機能システムは、まさに非対称的な相互行為のシステムにもとづいて分出する、という事実がこれに対峙する。つまり機能システムの分出は、上に立つ者と下に従う者、生産者と消費者ないし販売者と購買者、教師と生徒、裁判官と当事者、研究者と知識の受け手の差異にもとづくのである。だから、機能分化への移行にともなって、非対称的な相互行為が対称的な相互行為に優先し始める。それも、階層の差異から同じくらい独立した非対称性を用いて。対称的な相互行為には、機能を定められた下位システムの外にある場所が用意されなければならない。だからこそ、ここでまず、社会をそれ自体として提示せよという要求が高まる――最終的に、この対称的な相互行為の実践的意義がいかに少ないか、また個人間の社交というこの合理性の離れ小島において、将来に影響するような決定を行う可能性がいかに少ないか、悟らざるをえなくなるまで。

IX

いま述べたように、全体社会システムのマクロな諸機能とその諸機能が主張できる持続的な拒否を除外すると、同時に対称的な相互行為のためのゼマンティク上の余地も限定される。本書ではそれを、一六八〇年ころから始まり、たちまち明らかにそれと分かるテーゼ、概念、選好の骨組みをもつようになる、相互行為論そのものの発展の先行条件と考える。社会性そのものをたがいに育み磨くために用意される相互行為は、社会というマクロシステムのなかで寄生的に発展し、そのことを知っているにもかかわらず、社会の諸機能の負担から解放される。相互行為は会話として様式化される(182)。それは、相互行為の社会的環境との関係のもち方が、テーマをとおしてであり、作用をとおしてではない、ということを意味する。相互行為は、あまりに衝撃の大きなテーマを避けて、作用の統制を放棄できる（それは、相互行為が観念の普及過程で何の作用も及ぼさない、ということではない）。

転換のゼマンティク上の中心点は（それ自体としてではなく、新しい理論の触媒としての機能という点でのみ理解できるのだが）、自己言及とつながった思考の濃縮あるいは向上にある。神への愛と自己愛の単純な対比は、ニコルに見られるように、社会性に対する事実に即した分析的なアプローチを妨げてきた。そこまで徹底した単純化とは無関係に継承されてきた、神との関係、他の人間との関係、自己自身との関係という三項図式は(183)、たんなる類型論としては、もはやあらたに起こってきた要求に沿うものではない。なぜなら、より繊細な感覚とより大きな洞察力をそなえた考え方が求められているからである。自己言及、とくに自己愛は、社会理論そのものの基本概念に昇格し、その目的のために人間の本性であると説明される。ラ・プラセット[36]は、「したがって、自己愛のもっとも本質的な部分はきわめて純真である。それだけではない。自己愛の感情は自然なものであって、人間の本性の堕落から生まれるのではなく、本性そのものから生まれる」と述べている(184)。

この考え方は、社会の機能の負担から解放されたあとで、はじめて可能になる。なぜなら、社会的な再帰性は、相互行為が機能と関係したり確実に作用したりすることを妨げ、相互行為がそれ自体のなかで行われるようにするからである。これにもとづいて、自己言及は幸福と結びつき、最終的に心地よい感覚と結びつく。幸福と喜び（plaisir）は、いわば自己言及の人間学的普遍性の一つとなり、それととも に階層システムから抽象される。自己言及にもとづいて、幸福はいまや階層状態から独立なもの、あるいは社会の全階層において達成可能なもの、「万人の手が届き、万人に同じもの」[185]とみなされる。幸福は、近代社会の第一の包摂の定式になり、社会性によって増大したライフチャンスに全国民を取り込む第一の公準になる。だがこの定式は、相互行為のレベルで、全体社会のマクロ構造に対して、一部では尊敬の念をともなって、一部では防御的に距離をとることによって、はじめて実現される。

ニコルの場合にはまだ平和に対する宗教的、政治的な配慮が占めている場に、幸福が社会性の機能として現れるやいなや、ニコルのテーマはあらたに検討され、価値転換されなければならない。礼儀正しさ（honnêteté）は、いまや他の人間のまえで、あるいは自己自身のまえで自己愛を隠すのではなく、自己愛を抑制することとして捉えられる。[186]隣人愛（charité）は、分有不能な財の問題をまえに疑念につきあたる。船が難破した二人の人間に一枚の板しかないとしたら、二人とも諦めて沈まなければならないのだろうか、というわけである。[187]他の人間に対する畏敬はまだ重要だが、誇張すると注意される。[188]慎重さを求める規則のもとであっても、兄弟の忠告（correction fraternelle）がふたたび奨励される。[189]このような定式化のもとでは他にどう考えようもないが、軽率な判断（jugement temeraires）だけが危険なものとして残る。[190]自己愛と他者の自尊心を大事にする、他者を憤慨させない、他者に異論を唱えないといった推奨事項の複合は、全体として十八世紀のかなり遅くまで保持され、たがいに好ましい関係の信頼できる構築（たとえば客観的真実だけをお世辞に使う！）を肯定的に推奨されつつ貫徹される。相互行為を磨くという問題が前面に出てくる。愛想よく好感のもてる態度をとるべし、嘲笑すべからず、あまり多くを語るべからず、自己自身について語るべからず、聞く人の興味を気にせずに語るべからず、といった具合である。[191] 一言で言えば、社会的な幸福の最大化にとって本質的と思われるものは、相互行為における平和と争いを規制しようとする動機がなくなったあとも、継承されるのである。

自己愛が原理的に純真なものならば、他者の自己愛もまたそうである。ここでひきうけるべき障害が、ル・サージュ[37]（初出一六九九年）によってあらためて定式化され、相互行為の現実主義的な評価の方向に転換される。「したがってわれわれは、自己愛が人間のすべての行動の源泉であることをよく納得するならば、われわれに対する他人のふるまいをあまり喜ばないようになるだろう」[192]。いいかえれば、発言や動機を、自己表現として示されたようにうけとってはならない。動機への疑念は、このような相互行為の理解に内在的につきまとっており、友情論にまで浸透している。[193] 自己愛を動機として認めるのを妨げてきた疑問は、宗教から分離したあと、いまやこう定式化される。他人に自己愛にもとづく行為を認めるとしたら、何を他人のふるまいとして覚悟しなければならないのだろうか。また、そのような理解にもとづいて、上流階層の相互行為が社会を統合する、と期待できるのだろうか。そのようなことがもはやすでになくなったあとで、旧来の相互行為のゼマンティクが白日のもとにさらされ、より新しい理論発展がそれを変更できるようになる。

すでに述べたように、いまや自己言及は純真なものとされる。自己言及は社会性の前提として要求される。そのかぎりにおいて、自己言及は人間の自然を意味する。またさらに、自己言及は幸福という成果の増大可能性の条件ともみなされる。そのかぎりにおいて、自己言及は道徳を意味する。「自分を愛さない人を愛する人はいない」[194]と新しい洞察は言い、まもなくそれには誰も反論しなくなる。それとともに、社会的状況のなかで確認され、実証され、実践され、誇示され、場合によっては茶化されるだけの英雄的な美徳は後退する。社会性は自己目的となり、気に入られたい願望や気に入られる技法は、自己愛と他者愛について、たがいの条件を一致させる。

自分を愛する人だけが愛することができるというテーゼは、さしあたり、あらたに発見された自然法則のように定式化された。しかし、ゼマンティクの機能やこの法則が登場する理論の歴史は、この法則に特別な運命を用意する。この法則は、自己利害と他者利害、自己愛と他者愛を鮮明に弁別する対照化を解消する、という課題をひきうける。この対照化は、きわめて当然のことだが、貧しくて財の量が一定しかない世界から出発した――前近代的な文化の典型的な前提である。[195]同じような総量一定の前提は、さしあたり幸福についてのあらたな考え方の基礎にもなっている。とくに、階層構造が明示的に分析に取りいれられる場合がそうである。したがって新しい社会理論は、社会性を欲求充足の可能性を増大させる手段と捉えてはじめて、自己の利害と他者の利害のやむをえない対置を放棄できる。そして実際にそうなる――社会関係によって私のリアリティ（！）を増大させられる、という考え方にいきつくまで。この社会関係は、霊魂の破壊不能と不滅がかかっているために、いぜんとして霊魂の単一性という決まり文句を堅持している理論のなかでは、じつに奇妙なことに除外されている。[196]人生の楽しみを無限に増大させられる、という展望が開ける。そのための条件といえば、社会関係がつながったままであること、この条件を満たしうるために社会的な共鳴を得るような人間として、個々人がみずから楽しむことを学ぶことだけである。またそれと同時におしなべて、それぞれの他者は根本的に接近不能なままであり、それぞれの自己は根本的に伝達不能なままである、と考えられる。まさにその点で、社会的に他人とうまくつきあうための新しい敏感さと巧みさには際限がない。他の人間は、自己のための無限の努力の無限の対象でありつづける。[197]

相互行為のゼマンティクには、つねに反対概念も含まれる。相互行為における個人間の相互浸透の進展、相互の接近可能性、透明性、浸透性の増大が問題となるところでは、反対概念がこの要請を免れるすべてのことを捉えなければならない。人は、個人主義的に考えると同時に、相互行為のための相互行為に完全に埋没するのを拒絶するだろうから、人間が相互行為を免れるための反対概念は、たんに無価値な概念ではありえない。反対概念は、それ自体として洗練され、注意深く扱われ、一部はもとの概念とともに好まれる。[198] 隠し事をするにも役立つ巧妙さ（finesse）という巧みさの概念は、いまや両義的に判断される。[199] 循環につながるものは有用である。循環を免れるものは、動機のあり方に応じて、軽薄（frivol）あるいは狂信的（fanatisch）[200] であり、文の定式化のレベルではパラドキシカル（paradox）[201] である。個人の側では、とくに倦怠（ennui）が、人間に与えられた社会関係における人生の意味の増大――それによってはじめて可能になる維持――の可能性が利用されないときに起こる事態を指し示している。[202] こうして、思想、感情、その他の幸福財の循環にかんして、参加と不参加を定式化できる。共通の前提は、人間から人間への相互行為においては人生の意味が充実される、ということである。

この理論は、完成概念を求めるようになると、もはや社会的、宇宙的な完成の尺度にそって単純に上の方に目を向けることができなくなる。その点においても、この考え方は階層社会のゼマンティクを離脱する。心地よく幸福を増大させる社会性の完璧さは、濃密な個人間の関係すなわち友人関係のなかに見られる。

十七世紀の宮廷文学や世界文学は、まだ友人関係の公共的性格から出発していた。それらの文学は、友人が他者との関係において（たとえば宮廷において）、いかにして人の役に立ったり、人を傷つけたりすることがありうるかを強調していた[203]。友人の意味が変化すると、秘密、個人的な弱さ、私的な意見が公になったり、まちがった相手に伝えられたりすることがありうるから、よく注意するよう助言がなされた。この自己演出や偽態に依存する公共的な社交への準拠は十八世紀になると後退し[204]、それに対応して、道具的な社会性から理想化された社会性への移行が起こった。

まず、サロン文学の外部で法律家ジャン・ドマに見られる、注目に値する移行の理解を見ることにしよう[205]。この著作家の一般社会理論から見れば、相愛（amour mutuel）が社会秩序の基本原理である。だが、原罪が純真さを奪い、欲望を増幅したあとでは、もはやすべての社会的結合がこの愛によって支えられるわけではない。「至上の結合の精神によってたがいに愛し合う人びと」は、稀になってしまった。そのかわり、必要になった社会性をきっかけに、友人関係が成立しうる。しかし友人関係は強要されるわけではない。なぜなら、当時の社会で支配的な条件のもとでは、相互性は万人の万人に対する関係について問題になるわけではなく、たがいの選択を前提にしているからである。そのため、友人関係は特別なものであり、社会そのものにとって構成的なものではない[206]。相互性は、自由に選択されたものとして捉えられなければならず、したがって法の外部にある補助装備となる。相互性は、システムの基本構成に属するのではなく、社会の存立が第一次的な「絆と契り（liens et engagement）」によって保証されている場合に展開される可能性に属する。社会は、返礼とは独立な社会的結合のうえに（ドマはそれを神の秩序要求にかんがみて愛［amour］と名づける）、構築されなければならない。「なぜなら、この愛の義務は、人がたがいに愛する義務を負っている相愛とは独立だからである」。

友人関係は、機能の負担免除から理想化への途上、私的なものへの分出への途上にあることがわかる。この私的なものは、いぜんとして社会性の理想モデルを生み出しうるが、それと同時に、全体社会システムが他の社会形式にもとづいていることを意識するようになる。そのために必要な友人関係の概念は、それまで完璧な社会理論を提供してきた、利害の友人関係、喜びの友人関係、美徳の友人関係というアリストテレスの類型論にはもはや従わない。このことは、注目に値する一連の帰結とともに、十八世紀初めに現れた一つの研究であるルイ＝シルヴェストゥル・ド・サシの〔38〕『友情論』から読みとれる[207]。古い三類型論は、喜び（plaisir）／豊かさ（rischesses）／名誉（gloire）という形式をとって、なおも個人的な動機の領域に自己愛（amour propre）の基準点として現れる[208]〔39〕。この類型論は、社会理論としては存続しない[209]。友人関係にかんする論述は、たしかに最も古くはキケロまでさかのぼるが、彼の思想は異なる全体構成のなかに持ちこまれる。友人関係は、非常に前提が多く、範囲が狭く、そのつど少数の人のあいだでのみ実現可能な事態であり、各参加者の全人格を取り込むことによって、通常の交際（commerce ordinaire）や見透かされた／見透かす礼儀正しさ（politesse）から区別される。友人関係は、きわめて個人的なものだから、社会的なものの完成形態であり、「すべての結合のうちで最も純粋なものである」[210]。だが友人関係は、個人間の相互浸透の完成形態として、社会的なものの全体を代表できない。神、母国、家族に対する古典的な義務の定めは、友人関係によっておきかえられないし、友人関係のなかにも取り込めない。そのような定めの必要性は、友人関係に対して優位を占め、優位を保つ[211]。

したがって、社会性の最も完成した形式は他の諸形式に対してつねに劣位にくる。その形式は、友人どうしがたがいに友情から他の義務の優位を容認することによって、いわば自己自身を撤退させる。その形式は、友人関係が問題になるいかなる場合でも、他者のすべてに、つまりすべての関係にある他者に配慮しなければならない。だから完成は補完性のなかに現れ、そのため特別な反省の性能を備えている。社会的なものの完成は私事化される、ともいえるだろう。だが同じくらい重要なのが、社会との関係はいまやこの完成の外部に位置するようになる、ということである。またそれだからこそ、この理論によれば、友人関係は美徳と理性の統一態でなければならない。なぜなら友人関係は、そのようなものであることによってはじめて、自己の補完性を相互行為のなかに取り入れ、社会とその要件に配慮してみずからのふるまいを決められるからである。理性と道徳は、友人がたがいに認め、たがいに期待できることを規制することによって、間接的にのみ社会を取り込むのである[212]。

第二の観点、つまり義務ではなく利点についても、友人関係は一種の幸福の保証として補完的に用いられる。「完璧な友人関係は富と力を補うものであり、生まれが与えてくれないもの、財産が拒絶するもの、そうしたすべてのものの等価物である[213]」。友人関係をとおして、自然は、「すべての人間について、またすべての身分について」、階層から独立した幸福の均等化を可能にする[214]——もちろん、各人が自分で他者のために美徳を実現することと結びついて。ここからはいくつもの事柄が読みとれる。とくに理性と道徳は、しばしばそうであるように、ある理論問題に対する防衛線である。理性と道徳は、それがないと理論が困難に陥るところで、関係者に要求される。そのような防衛線は、急速に疲弊するのが通例である。なぜなら理性と道徳は、当然のことながら、理論が前提としているような様式や範囲では現れないからである。そのため、十八世紀の最初の一〇年で、友人関係の概念は、急速に感情や感受性の方向にずれていき、美徳を規則や限界というよりもむしろ動機として捉えるようになる。こうして友人関係と愛の相違がぼやける傾向が生まれる。(215) 両者は、「社会」から除外されることによって、たがいに似てくる。それは、二人きりになるということであり、各人にとって自分の感情と感受性を高めるチャンスを意味する。

愛と友人関係の特殊な問題がその問題性を失うほど、両者は融合できるようになる。愛にとっては、不安定な情念の問題があり、友人関係にとっては、偽って装われる誠実さの問題があった。(216) 両者は、相互行為にもとづく社会にとっての問題だった。両者はいまや感情の自己確証へと解消され、(217) 感情は美徳を志向するとともに、感情としての連続性を保証しようとする。それにもかかわらず、友人関係は、まさに個人的で私的なものとなって分出することによって社会的なものの反省形態になり、その構造は維持される。

X

ここで、さらなる理論的解釈につなげていけるように、これまでの論究の成果をもう一度要約しよう。

全体社会システムの階層分化から機能分化への移行は、上流階層の相互行為の負担を軽減し、相互行為システムのよりいっそうの分出を可能にする——さしあたりはいぜんとして（あるいはふたたび）上流階層にもとづいて。この社会構造についてひき起こされた変動は、相互行為レベルで起こりうることも変化させる。この変化は、相互行為に組みこまれたゼマンティクのなかで定式化される。このゼマンティクが現実と関係していると考えてよければ、この変化は経験的にこのゼマンティクから読みとることができる。十七世紀には、資質に業績がしだいにとってかわり、最終的に一七〇〇年ごろには、業績に相互性がとってかわる。ここでいう相互性とは、相互反射的な二重の偶発性、相互補完的な行動の予期、社会的な自己の関係づけという意味である。資質、業績、相互性という三つの形態はみな、上流階層の相互行為にかんして過剰に要求され、規範化され、道徳化される。これらの形態は、純粋な事実性を記述するのではなく、困難なこと、要求度の高いこと、自明でないことをめざしている。

資質から業績へ、そして相互性へというこの歴史的連鎖は、同時に、行動の予期と帰責の基礎となる、より複雑になっていく因果モデルの連鎖である。ハロルド・ケリー[40]は、ちょうどこれに対応するかたちで、現実（reality）、精通（mastery）、相互性（reciprocity）を区別している(218)。第一の因果関係のモデル化は、主要な原因からそれに属する結果も予期される、という事例にかかわるものである——高貴な生まれと誇示される豊かさは、相互行為においてそれ相応の注目を集めると予期される。精通のモデルは、複数の原因を前提にする。複数の原因はたがいの代わりになることができるから、たとえば成り上がり者にとっては、高貴な生まれをそれにとってかわる行動基準によって埋め合わせる可能性がある。最後に相互性は、たがいに関係する両方の側での原因の選択を可変的なものにし、外部からはもはや計算可能でない、自律的な因果状態へと導く。

因果モデルをとおして、相互行為システムにおける情報の評価のされ方を規制することができ、そのことはたしかにコミュニケーションというテーマに影響を及ぼす。より複雑な因果モデルはより不安定になり、原因の強調も接続行為の選択もより自由に行うことができるようになるだろう、と考えるのは自然である。これに対する反作用として、資質 - 業績 - 相互性という連鎖のなかで複雑性が構築されると同時に、帰属そのものを相互行為においてテーマ化する可能性、あるいはすくなくとも、どこに功績や罪があるか、誰が、あるいは何が、どの行為によって因果性を負わされるのか、について暗示的にコミュニケートする可能性が生まれる。

だから、十七世紀から十八世紀への移行期には、人格にかかわる道徳概念の説得性の条件[219]も変化する。十七世紀には、名誉（gloire）、高貴（générosité）、自制（maîtrise de soi）といった概念が、まだ自己の価値の保持や向上を評価し、情緒的というよりむしろ制御されるべき情念としての精神生活を前提としていたのに対して[220]、十八世紀には、道徳的な資質の認定方法が、いかにして個人は自分の体験を処理するのかという問いに移った。こうしてはじめて、内面の充実あるいは人格の発達として個性を捉える考え方が生まれ、十八世紀末ごろになってはじめて、この考え方にもとづいて、個人主体の世界における一回起性というドイツ特有の考え方が生まれる[221]。

基礎となる因果モデルに応じて、帰属にもとづく道徳が区別される[222]。帰属状況がより複雑になると、道徳も変化せざるをえない。道徳は、事実評価から調整の実現の評価へ、最終的には相互行為連関のなかでの自律的な自己評価へと移行していく。これに対応して、典型的には、道徳的に失敗して尊敬を失う要因と形態が変化する。因果モデルと評価はいっしょになって、不十分な情報にもとづいて相互行為のなかで終結ないし接続行為にいたる様式を、そのつど規制する[223]。ここで述べた発展が進むにつれて、構造的な吸収力が減少し、情報の必要性が増大し、情報に対する感度も増大する。それは、行動選択にかんする情報状態がよくなる（確実性が増す）、という意味ではない。むしろ、情報状態が具体的な相互行為システムとその進行中の履歴により大きく依存するようになる、という意味である。判断能力と意思決定能力は参加にいっそう依存するようになり、それを社会全体に「理性的に」一般化するのはいっそう困難になる。

XI

しかしながら、ほかならぬこの困難はさしあたり無視され、全体社会システムと相互行為システムの差異の拡大はまだ表に出てこない。十八世紀に確立された相互行為のゼマンティクは、人と人との関係にかかわっている。それにもかかわらず、このゼマンティクはみずからを全体社会モデルと解釈している。人のあいだの透明性と相互浸透というレベルで社会的なものをテーマ化し、利害、理念、感情にもとづく交際に焦点をあわせることによって、全体社会システムを素通りして社会的なものを理解し、扱い、それから全体的なものへと組み上げることが可能になる。相互行為の快い交際（doux commerce）から、政治や国際経済をふくむ人間関係の完成可能性が、じつにすんなりと導かれるのである。

上流階層は、自分たちが「合理性の離れ小島」にいることを知る。そこで彼らは、支配的にふるまうのではなく、社会に適応的にふるまうことを学ばなければならない。彼らは、すでに新しい態度を実践しており、それにふさわしい道徳を定式化する。だが、自己評価の文脈はいぜんとして全体としての社会であり、彼らは上流階層としてその社会を特別なかたちで代表している。だから彼らには、上流社会における社交が社会的に必要な事柄のモデルとみなされるし、自分たちが実践している濃縮され洗練された社会的合理性が、浸透や教育をとおして人類の共有財産になることが、進歩として期待される。

まだフランス革命の時期には、社会的なものをこのように構想するのが主流であり、革命の推進者も反対者も証拠として引用できる。ミラボー[41]は「国立リセの設立にかんする第三講話(224)」のなかで、人間は人間の最も重要な客体である、と定式化している。「生まれたときからこの世の舞台を去るまで、人間がたえずつきあうのは人間である。他の人間たちのなかで、他の人間たちのおかげで生きられる。いわば種の全体と合一し、社会的紐帯の主要な力となる、この独特の性質は、人間が孤立した生活をおくるのを防いでくれる。人間が完全になりうるとしたら、それは思考のコミュニケーションによるものであり、幸福であるとしたら、それは感情のコミュニケーションによるものである」。エルンスト・ブランデス[42]の場合には(225)、気に入られたいという欲求の事後的弁明の枠内ではあるが、「……それにもかかわらず、しかるべき範囲に保たれた、気に入られたいという欲求は、人間をより大きな社会でたがいに結びつける絆である」と書かれている。そこにいる者どうしの相互行為という主導的モデルにもとづく人と人の交際から、全体としての社会が推論されるわけだが、社会がいぜんとして人の集まり、類概念、たがいに支えあう人びとの一種の絆として考えられているほど、その推論はよりすんなりといく。フランス革命のあいだの立法提案では、国家の祝祭について、こう言われている。「共和国の祝祭では、何も支配をほのめかしてはならず、反対にすべてが友愛に関係していなければならない。だから、円形が最高のかたちのように思われる。なぜなら円形では、あらゆる市民が自分も一員である国民の前に立ち、いたるところに必然的に同胞が見えるからである。市民の心を温め、市民の魂に感動的な友愛の感覚を味わわせる用意をするためには、この光景だけで十分である[226]」。

ちょうど十八世紀の最後の一〇年に、さまざまな出発点から、社会のすべてのマクロ構造——宗教から、身分秩序や政治体制をへて、著述とその世論への影響にいたるまで——を捉える批判の構えが生まれるが、この批判の構えは相互行為に対して最初は躊躇しているように思われる。一方で社会が変化しているのに、相互行為においては、不安は人間学的な事態と捉えられて解消される。相互行為においては、利害は、たがいに充足されることによって、総量一定の法則を超える。相互行為には、人間的なもののために、マクロ機能が備わるのを批判し、ものごとを偶発的なものとして経験し、偶発的なものとして実践するのを可能にする基盤がある。相互行為においては、地位上昇の可能性が見られ、もはや地位上昇の可能性がなくても、すくなくとも退却先が見られる。理性の未来大国や拡大された相互行為エートスとしての人間愛の未来王国を退廃した文明に対置して、未来に賭けようと考えられる。一七九〇年代[227]におけるそのようなユートピアの粉砕が、はじめて相互行為に対する基本的信頼を無効にする社会史や時代史の経験として記録される。

そのころまでは、相互行為は、全社会生活の共生的基礎として要請されているように思われる。ここで理解したような社会性は、全体社会が変化しても存続する。全体社会の大規模なコミュニケーション・メディアである法や貨幣が、どれほど、どこまで組織形成をとおして拡大・強化されうるか、またそうなると、全体社会の日常生活の広大な領域において、相互行為がみずから約束することをどれほど守れなくなるか、ということはまだわかっていない。まだしばらくのあいだ、相互行為のレベルでは、最終的に階層社会に由来し、「万人にあてはまる」ものではない、一種の社会的合理性を保持できる。この出自が否定され、相互行為の理念が要求や関心の多い個人の人格間の相互浸透という方向に様式化されると、社会的合理性の概念はその社会的なよりどころを失う。そのような特徴や志向をもった相互行為は、全体社会システムのなかで制度化できるレベルを超えてしまう。

その証拠は簡単に見つかる。なぜなら、そのような理念を制度化する試みには事欠かなかったからである。制度化の重点は、秘密の関係、秘密の序列、秘密の結社にあり、これらは十八世紀に数多く存在した。あらためてブランデスを引用すれば、これらは「立派な社交を普及させ、諸身分を近づけ、慈善を行うのに役立ち、またしばしば、上の者の下劣な利己心を満足させ、集まりの席では、この世の高貴な権勢を誇るきょうだいとされていた、多くの仲間の虚栄心をくすぐるのにも」役立った。(228) また家族の歴史を手がかりにすれば、これらは旅での接触を仲介し、貴族への道を開拓し、商売相手や何でも役に立つコネを優先させる傾向を強めるのに役立った、とつけ加えられるだろう。

だが、なぜ秘密に、なぜ秘儀的に、なぜそのように奇妙でしばしば風変わりに、制度化が行われたのだろうか。そこで軍人たちが平時の仕事を求め、王子たちが一種の下位文化的な欲求不満の解消を求めたのだ、と言っても十分ではないだろう。「秘密にすること」によって、行動基盤の境界と一般化不能性が象徴されているのである。

見たところ、人と人との相互行為の理念をゼマンティク上の定式化のレベルから現実に移すのは、簡単ではなかったようである。それは理念としては、自然概念や道徳概念とおなじように普遍的でありえた。だが制度としては境界を必要とし、この境界が、争いを最小限にすると同時に、境界を超えるさいに行動基盤をとりかえるのを可能にした。(229) しかしこの問題は、理念が普遍的だったので、近代組織のように、ただ行動の間仕切りをするだけでは解決できなかった。秘密結社の「きょうだいのなかで」知りあいであることは、結社の外で無視するのが難しかった。この状況には、秘密保持によって対応しなければならない——それが、このような関係の内部世界と外部世界の原則に同時に従って生きるのを可能にしてきたはずの方策である。(230) また内部の交際では、まったく単純で道徳的な基本理念にもとづく奇妙な儀礼が、まずもって集まりの形式を生み出すのに貢献できた。この形式は、何人の評判も落とさなかったし、さらなる形式を接続できた。

一方では、このようなかたちで、人と人との相互行為の模範理念に一定の実現領域を保証し、その領域を現実の人間で埋めるのに成功した。だから、この秩序のなかでは階層はもはや通用しないことを、立証できた。さらに、この相互行為は、あらたに構築されつつある機能的秩序にはまだ適合していなかった。この相互行為は、そのつどの他の側面を排しながら、政治的、経済的、教育的、親密的－人格的に、あらかじめ類型化されてはいなかった。この相互行為は、人類の模範的な相互行為として、それでも存在する階層や機能領域による干渉を否定できるように、むしろ秘密に保たれるか、すくなくとも秘密のものとして様式化されなければならなかった。秘密保持は、このような状況のもとでは、まさにコミュニケーションを意図して行われた。「彼らは秘密の生活を公然と送る」と、ファイ[43]はフランスにおけるフリーメーソンの戦略を特徴づけている。(231) それは、政治的変革を準備する戦略として評価できるようなものではない（たとえ秘密保持が、貴族批判のように非同調的な思想財の普及を防御し、結果的にフランス革命の進行に対する上流階層の抵抗を麻痺させたとしても）。

親善的な相互行為の祭式は、秘密保持と秘儀的ふるまいのなかに、みずからをとりまく社会とのパラドキシカルなコミュニケーションの形式を見いだす。この祭式がうまくいくのは、社会が公共性を前提とし、もはや秘儀を信じないからにほかならない。機能的に等価で同じようにパラドキシカルなこの問題の解決は、オーストリア人のフォン・ゾンネンフェルスがベルリンの月曜クラブに宛てた別れの手紙に表現されている。(232) ここでは、まさに地位の差異を橋渡しする「親しい」相互行為が、それに対する感謝の念から隔たりを見失わないようにするきっかけと受けとられる。いぜんとして隔たりが意識される場合にのみ、敬意もまたそのつどあらたに捧げられるのである。

社会の外部に相互行為は存在しない。なぜなら、いかなる相互行為においても、参加者が相手と他の相互行為関係ももっており、その相手はさらに他の相互行為関係をもっている、といった事態を無視できないからである。したがって、マクロ構造にしばられない相互行為は制度化されないし、せいぜいパラドキシカルなコミュニケーションをとおしてしか制度化されない。十八世紀に非常に好まれた鎖の比喩も、それ以上の助けにはならない。なぜなら、鎖がつくられるためには、まさに――一定のかたちで予兆があったように――機能特化が必要であり、さもなければ、ある時点で現時化した相互行為において、次の相互行為、その次の相互行為、またその次の相互行為において、何が問題となるのか、確定することができないからである。たしかに、階層的な社会秩序から機能的な社会秩序への転換は、全体社会システムと相互行為システムのあいだに大きな隔たりをもたらし、とくに上流階層の相互行為の社会にとっての意義とみなせるものを減少させた。だが、このシステム形成レベルの隔たりは、両者に関係がないことを意味しない。相互行為システムに対する全体社会システムの干渉が、たとえば機能的分類、組織的特化、マスメディアの行動イメージによる標準化といった、他の形式をとるだけである。

XII

ここで述べられた発展の最終段階にくると、有用性も度外視される。この目的のない相互行為の純粋形態へ向かって進んでいくのは、シュライエルマッハーの「社交的態度の理論の試み」である[233]。シュライエルマッハーの試みは、ゼマンティク的、政治的、経済的に変化した状況に反応している。十八世紀の最後の二〇年で、新しい包括的な市民の概念が普及した。この市民概念の境界づけは、個人の境界づけとみなされたが、欲求と労働遂行にかかわる全体社会レベルのシステムから導き出されている。これに対応する市民社会の概念の道が開ける。市民存在は、どのような役割についていようと、人間存在の不完全なかたちである。とくに教育学の文献は、また国家目的についての反省も、両者の対照を用いて、学校と社会における人間への育成の可能性の探究に賭ける[234]。この新しい問題状況は、それまで想定されていた社会的有用性と自己充足の統一（あるいは「近似」）を破壊する。この問題状況は、人間の自己実現の機会を提供するはずの相互行為から出てくる、市民的有用性を破壊するのである。

社交は、よく使われるようになった定式でいえば、自己目的、有用性のない芸術作品とされる。旧来の捉え方は拒否される。旧来の捉え方によると、相手に気に入られる達人は「芸術をそれ自体のためにに愛し敬うのではなく、つねに社交界で実現すべき幸福を考え、職人のように利益のために自分の仕事をするだけである[235]」。そのかわりに、「自由な社交」は完全な芸術形式として推奨される。そのような芸術形式の目的はそれ自体にあり、相互作用そのもののなかで実現される。「あらゆる人の作用は他の人びとの活動に向けられなければならないし、あらゆる人の活動は他の人びとに対する影響でなければならない[236]」。参加者は自由で自己言及的に作動する存在なので、作用とは参加者の自発性を刺激するものでしかありえない。「ねらいは、すべてのメンバーがたがいに刺激しあい教えあう、思考や感覚の自由なゲーム以外にはありえない。したがって相互作用は、それ自体のなかに戻り、完結する。同じ概念のなかに、社交的活動の形式も目的も含まれており、それが社会の完全な存在を作りあげている[237]」。

個別には旧来のテーマがどれほど継続されていようと、この考え方の基礎には、「相互作用（Wechsel-wirkung）」と「社交」の新たな綜合がある[238]。その新しさは、相互行為と時間の関係にある。相互作用は、成立するまで時間の停止を必要とし、瞬間をこえた現在の延期を必要とする。因果性は、非対称的で不可逆的に時間の流れを秩序づけ、これまで／これからに逆転できない意味を与えるかぎりにおいて措定されはするが、それと同時に排除される。時間は、不可逆的になるために因果性を要求することなく、流れていく。「相互作用」と「社交」の綜合は、時間が時間順にのみ不可逆的であることを前提にしている。それとともに、両者の綜合は、それまで概念的に捉えられなかった因果性と時間の差異に、つまり時間意識の抽象化にもとづいており、抽象化にはまた社会構造上の基礎がある[239]。

問題設定は新しい。旧来の説では、上流階層の機能要件としての余暇という考え方は、変化をつけようとする短時間の会話という考え方に、しだいに転換されてきていた。問題は、時間の停止ではなくまさに時間の運動に、つまり退屈しのぎのためのテーマのとりかえにあった。社会次元の理解の深まりをとおして、相互行為と時間の関係の新たな定式化が生まれる。個人は自分のアイデンティティを相互関係によって、愛あるいは相互の配慮のなかで形成しなければならないとしたら、個人が自分のアイデンティティを形成する現在は、延長されて、地位獲得の不可逆化から守られなければならない。だが、このゼマンティク上の革新、すなわち「相互作用」と「社交」の新たな綜合の、社会全体における基礎は何だろう。いいかえれば、相互行為における時間の停止を可能にする実在的な条件は何だろう。すべての機能的作用を秩序づけるためにますます時間を要求し、それに対応して時間の流れを加速させるような社会の、どこに時間が残っているだろう。

すでに何度も述べた純粋に社会的な相互行為の考え方の枠組みは、このゼマンティクの発展にともなって、さらに明確になるはずである。これまでに示されてきた相互的‐再帰的な社会性という条件は、それに対応する現実の事象を社会のレベルで位置づけるのを困難にする。それは友人関係のなかだろうか、サロンの社交のなかだろうか。また、まさにここで社会性が固有の形態をとり、社会の合理性そのものの範型として現れる、社会の構造上の基礎づけは何だろう。さらに、社会的なものの自己実現は、この極限的条件のもとでさえ、終わるとは考えられない。たちまち馬脚が現れる。各人には制約があるので、他者も自発性を持ちこめるからである。「ある人の領分は他の人の領分とまったく同じではなく……誰もが――このことは社会の全メンバーにあてはまる――他者の領分にはないものを自分の領分にもっている(240)」。社交は、各人が自発的に参加できる、選ばれたテーマを前提にしている。つまり、各人は自分の可能性の一部を省略しなければならない。各人は、自分の個性、自分の最も個人的な特性を持ちこめないのだが、それでも自発性が働くはずだというのだろうか。また、個々人が個性的で個人的になるほど、共通の社交のなかで自由にふるまうチャンスは少なくなる、とつけ加えなければならないのだろうか。

シュライエルマッハーは、一種の社会学以前の楽観主義のもとで、この点に、相互行為的な社交の形式と要求にかんする説を展開できる基準問題があると考えている。会話における作法、柔軟性、熟練、自由、自分より弱い者への配慮など——伝統的な手段がふたたび引き合いに出される。だが問題はすでに、あらゆる種類の社会関係、社会秩序一般にあてはまるものとして定式化されている。社交的相互行為の枠組みから見て、この問題は社会について解決できない。相互行為のゼマンティクは、社会学に問題定式を継承するのに十分ではない。このゼマンティクは、社会学に社会的合理性の形式類型を引き継がない。

シュライエルマッハーの論文は、「以下つづく」という指示で終わっている。だが以下のつづきはなかった。

第三章　初期近代の人間学
――社会の進化問題の理論技術上の解決

I

本書で考察したい時期は、宗教戦争が終わったあとの一〇〇年、おおよそ一六五〇〜一七五〇年の時代である。(1) 本書ではこの時代を、社会構造から見て、ヨーロッパの全体社会システムが、長期的に進行する分化の新しい形態に、つまり主要な下位システムの機能分化にはじめて内部で反応し始める時期と解釈する。(2)

「内部で反応し始める」とは、経済、政治、宗教、その後には科学、教育といった個々の機能システムで、機能の優位が支配的な基準として強化され、それと同時にそれぞれの下位システムが、その事態を自己の環境の事実として、また自己の特化の条件として受け入れ始める、ということを意味する。だから、たとえば宗教システムの環節分化に導いた宗派分裂のあとで、新たなかたちで正統性をより強化し、組織をより意識した宗教システムは、主権をもつと認められる政治的国家と折り合いをつけるのである。(3) また家族生活では、社会の制度的な自然秩序のなかで、とくに上流階層の家庭において期待されていた躾がゆるみ始める。三つの部分社会（男性－女性、大人－子ども、主人－下僕）にもとづく家族の自然な内部分化が後退し、感情と結びついた親密な関係がそれにとってかわる。この親密な関係は、家族の運命がはるかに個人化する余地を与え、急速に変化し複雑になっていく環境に適応するために、より大きな柔軟性をもたらす[4]。

「内部で反応し始める」――これはさらに、新たに開かれた発展を先へ進めるために、またすでに起こっている経験を処理するために、構造的作用もゼマンティク的作用も要求される、ということを意味する。構造のレベルについて、ここでこれ以上追求するつもりはないが、このレベルでは、とくに重商主義国家が建設されるさいに、プログラムと組織のあいだの最初の偶発性の連関が働き始める[5]。社会に関連するゼマンティクのなかには、新たに形成されつつある全体社会のイメージは出てこない。そのためには、まだまったく形のはっきりしない未来について、あまりに多くの評価が必要だからである。そのかわり、これは本書のテーゼだが、文化的に重要な思想のレベルにおいて、まずは移行期のゼマンティクの欲求に応える新たな人間学が形成される。

すでにパーソンズは、適応的向上、分化、包摂、価値の一般化といった概念を用いて考えていた進化論の文脈のなかで[6]、次のことを強調していた。すなわち、深刻なコンフリクトや発展の障害が避けられるべきだとしたら、宗教システムに対する政治、経済、科学、教育といった世俗的な機能単位の分化の進展には、現世的な価値パターンの一般化が、「より高次の一般化の方向に向けた価値体系そのものの再構築」が対応しなければならない[7]。この洞察は、パーソンズの理論構造とは結びついていない。本書では、この洞察を別種の機能的社会分化の理論のなかにひきとって、初期近代の人間学と関係づけることにしたい。

歴史分析のために十分な明確さを得るためには、まず理論的基礎をさらに彫琢しなければならない。そのためには三つのステップが必要である。第一ステップとして、全体社会システムが第一次的に階層的な分化から第一次的に機能的な分化に転換されるときに、どのような再構造化が必要か、より正確に知らなければならない(Ⅱ)。さらに、この転換が歴史的過程であって、各段階において継続性と非継続性を同時に要求するが、継続される点と継続されない点は変化しうる、ということに注意しなければならない(Ⅲ)。最後に、ある象徴世界が別の象徴世界におきかわるときに、宗教的なゼマンティクあるいは人間学的なゼマンティクがこの転換に付随していくことをそもそも可能にするのは何か、明らかにしなければならない(Ⅳ)。これらの先行的な理論的分析によって、はじめて十分に複雑な分析用具が得られるのであって、本書ではそれを用いてゼマンティクそのものの転換を探究したい。

II

第一次的に階層的な下位システム形成から第一次的に機能的な下位システム形成への転換は、それぞれの機能とそれに分類される社会システムだけにかかわるものではない。この転換は社会全体の構造を変える。なぜなら、各下位システムはそれぞれ固有の機能を果たすだけでなく、同時にあらゆる他の下位システムからなる社会内環境のなかで、秩序を保証するが資源も要求し、問題解決をするが問題転嫁もするからである。分化することによって新たな(中世的でない)意味で「主権的」になった、国家理性(ratio status)に従う政治が、よりよい政治かどうかはおおいに疑わしい。だがいずれにしても、そのような政治は、社会内環境のなかで、経済的発展、法的保証、宗教的統合、そして最終的には分出した教育システムの構築のための、変更された基準点を与えてくれる。最初の錯綜した状況は、分化したシステムを分析するさいに、つねに複数のシステム言及に留意しなければならない、という事態から生じる。社会という全体システムへの言及と個々の下位システムへの言及が、それである。この場合、社会階層であれ機能システムであれ、特定の観点からみたシステムと環境の分化の特殊形態として、各下位システムが社会から分出して再構成されるやいなや、社会はそれ自体がシステムであると同時に下位システムの環境になる(8)。

機能分化に向かう転換は、すでに歴史上の諸社会において、それ以前の環節的な社会形成との対比で観察されていた傾向を、さらに強める。歴史上の諸社会では、社会の統合はもはや諸下位システムの構造の同質性によって保証されない。それにかわる働きをしたのが、(比較的小規模の)上流階層におけるコミュニケーションである。このコミュニケーションは、役割レベルですでに始まっていた機能分化の拡大を阻止できたし、同時に通常の社会的コミュニケーションよりも文明的・地域的な射程が大きかった(9)。機能分化した社会は、統合様式をもういちど切りかえなければならない。この社会の成り立ちは、各下位システムがみずからの特殊な機能の観点から社会内環境に対応すること——それは適応でありうるし、また目的をもった影響力の行使、入力の受けとりと出力の引きわたしでもありうる——にもとづいている。

この切りかえによって、分出していく機能システムにおいて、より高度の自律性と新たな形態の自己統御が実現され、強制される。そのために、新たな反省メカニズムと自己言及的な基礎づけ様式が形成される。政治的な意思決定は、政治の必要性から基礎づけられる。経済では利潤が経済活動の目的となる。科学は、明瞭・明確な観念や経験的な確実性を生み出す方法的規則をとおして、みずからの基礎づけを追求する。法は、最終的には合法的に制定された点に、みずからの妥当根拠を見いだす。教育システムでは、（職業的に働く）教師の教育が、特殊な教育学の発展の隘路となり基点となる。いずれの場合にも、こうした自己言及的な達成と基礎づけの方式は、家の外で役割についている人に備わっているその他の特徴を無効にし、機能についている人を交換可能にする。このようにして、組織化の可能性が得られる。

　これも機能分化の一つの帰結だが、自己言及への転換は、個々の機能システムで、知的、文学的、制度的レベルで、じつにさまざまなかたちで進行する。この転換は、おおざっぱにいって（すでに中世において信仰の信仰が問題となった宗教システムを除けば）十七世紀から十九世紀までつづく。この転換は、発展段階が順に切り替わり、諸前提条件がたがいを基礎にできるように、非常に多くの時間を必要とする。

　環境との関係と自己言及のほかに、この短い概観のなかでとくに強調すべきは、機能分化に向けての転換が役割構造を根本的に変化させる点である。役割分化が高度化するためには個人の移動が増大する必要がある、ということはしばしば強調される。だがそれは、より重要で機能分化に固有の帰結であるさまざまな側面とならぶ、一つの側面にすぎない。機能分化には、達成役割の分出だけでなく、特殊な補完的役割の分出も必要である——たとえば、政治固有の意義をもつ公衆の形成（民主化）、研究の共鳴領域として専門分野にかんする判断力をもつ「科学共同体」の形成、（教育される）子どもや生徒といった特殊な役割類型の形成、経済の場合には市場によって構成され市場によって到達可能な（純然たる）消費のための役割。[10]それとともに、平等、相互性、おたがいの権利と義務の均衡という古い考え方は崩壊する。社会の秩序連関の基礎的関係はいまや非対称的になり、[11]対称的－相互的な社会性の規範化は、影響力のない社交という特殊領域に押しこめられる。[12]

構造を支える相互行為がこのように非対称化することは、（分業という意味で）達成行動が分出するための前提であるだけでなく、多様で補完的な役割のあいだでの特定機能を志向するコミュニケーション的関係が分出するための前提でもある。そうしてはじめて、政治的官僚機構や生産企業といった純然たる達成組織よりも上のレベルで、機能特化した社会システムの形成が起こる。そのさい、機能分化のためには、補完的役割の領域においても役割の分離が貫徹すること、つまり人は消費者や学生として政治的な選挙をするのではないし、カトリックの平信徒として特定の科学共同体に所属するのではない、といった条件が必要になる。

補完的役割もまたこのように分化することによってはじめて、パーソンズにならって包摂と呼べるような、さらなる構造的要件を考慮に入れることができる。社会生活に参加するあらゆる者にすべての機能への道が開かれるのは、機能分化の論理にねざした事態であり、機能そのものはそれを排除したり無意味にしたりしない。このことは、十八世紀には要請となり、十九世紀には実現の過程を歩み始める。そのために、平等性の要請が包括的な定式を提供する。それは、身分的な制約をとりはらった普遍的な権利能力と行為能力、政治生活の民主化、全国民に対する普遍的な就学義務の実現、（労働と土地所有をふくむ）経済の完全な貨幣化にまで及んでいる。[13]

とくにこの包摂の要請とそれを導く価値観念は、市民運動の外観を特徴づけ、包摂の要請がほとんど支障なく福祉国家的な社会主義に移行することを可能にした。機能分化の論理から反論は出てこない。貨幣と権利を分配する福祉国家に、約束されているのにまだ完全に実現されていない主体の自由と平等を、何度もあらためて思い出させられる。だが歴史的に見ると、この基本価値に凝結した改良主義的な視点はかなりの短絡をふくんでいる。この視点は、現代的用法にはいいかもしれないが、すこしさかのぼって十九世紀にはまだ「イデオロギー」にすぎなかった。市民社会との距離が大きくなるほど、また社会主義的な福祉国家が技術や正統性のために限界につきあたるようになるほど、それらを構築したあの時代の思想史も、より距離をおいて、概念的により複雑なかたちで、分析できるようになるだろう。

III

前節では、機能分化した社会の構造的特徴をいくつか述べた。このように特徴を列挙すると、それらが相互依存関係にあることが、より説得的になったであろう。しかしさらに、この社会類型が構造的、思想的に妥当なものとして歴史的転換の過程で貫徹されなければならなかった点に、注意しなければならない。それによってさらなる相互依存関係が、つまり古いものと新しいものの相互依存関係が登場する(14)。あるレベルでは、機能分化した社会は、分化原理としての階層や社会統合過程の唯一の担い手としての上流階層に対峙する。だがそれと同時に、機能分化した社会は、歴史的に見ると、身分社会においてすでに準備されていた機能分化とつながっている。機能分化した社会は、それ以前にすでに宗教、政治、経済、教育であったものの構造を転換させる。またそのさい、機能分化した社会は、誰かを排除するかたちでは——袋小路に入ってしまうようなかたちでしか——作動できない。なぜなら、機能分化した社会の包摂原理は、まさに万人の参加可能性が用意されていることを要求するからである。

パーソンズの理論は、分化について二重の意味で語ることによって、つまり構造的な意味と過程的な意味で語ることによって、こうした連関を単純化している。パーソンズの理論によれば、分化過程は、既存のシステム状態を二つの（あるいはそれ以上の）機能的に等価な別の諸状態におきかえる。諸状態の連関は、起源によって、つまり置換過程そのものによって、事前にプログラムされている。分化した諸状態は、たがいに関係しあうのではなく、歴史的に見て以前の状態に対して機能的に等価である。これこそが機能分化に向かう置換を可能にする。それは機能的に相互置換できなくなった諸状態による機能的置換である。その場合、分化した諸状態は、一緒になってはじめてみずからが発生的に依存している以前の状態にとってかわりうる、ということをとおしてたがいに連関する。[15]

これに対応して、（すでに紹介した）包摂の概念は、構造的であると同時に歴史的な意味を獲得する。[16]分出した行為複合体は、社会のなかにふたたび取り込まれて、分出するもととなった行為複合体と両立可能にならなければならない。社会文化的進化の過程では、とくに家族や宗教とふたたび両立可能になることが、これにあたる。可能性の構造的制限は、転換の過程においては特殊なかたちで、つまり緩和されると同時に移行機能に集中するかたちで要求されるだろう、と考えなければならない。このことは、移行期のゼマンティクから読みとれる。なぜなら、方向づけの転換を方向づけるためには、まさに移行期のゼマンティクがより強力に動員されると考えられるからである。以下では、宗教と人間学の関係をこの観点から探究したい。

　未分化な状態に分化した状態がとってかわるという考え方を捨てて、かわりに（より明確化されたとはいえない）伝統的構成要素と近代的構成要素の融合を要求するとしたら[17]、理論的説明の明快さという点で明らかな後退である。このやり方では、現実の事態の複雑性は理論が多くを規定しないことによって考慮されるにすぎない。構成要素の相互関係のなかにある共時的な関係をより詳細に明らかにし、こうした転換の諸要件にかんして移行の仕組みの機能を理解しなければならないだろう。そのような移行の仕組みは一時的に安定に保たれ、当分のあいだ機能しさえすればよい。

　ここまでまだまったく考慮されていないことだが、分化形態の変化によって、より高次の構造レベルで置換過程が進行し、その過程では新しい状態がより高度な分化能力をもっているために優勢になり、その分化の潜在的可能性がしだいに現実化していくようになりうる。身分社会から市民社会への移行について見たように、これが事実ならば、複数のレベルで構造転換過程が起こると考えなければならないから、複数の新しい状態をすべて一つの古い状態には帰属させられない。だから、宗教システムがより分出して、それに見合った平等と包摂の必要性に直面すると、聖職者身分と平信徒身分が複数の後継の仕組みにとってかわられるのではなく、聖職者と平信徒の差異が宗教という機能システムのレベルでたんなる組織における差異に還元されるのである。そうだとすれば、このような転換過程は、パーソンズ・モデルで予見されているよりも多くの連続性（いぜんとして聖職者と平信徒の差異は存在する）と多くの不連続性（聖職者と平信徒の差異は、差異としてまったく異なる意味を獲得する）を示している。

社会構造がきわめて根本的に速度を速めながら転換していく過程で、連続性と不連続性をたがいに関係づけ、時間をまさにそのようなかたちで統一態として経験することが[18]、最終的に不可欠になっていく。実践的に見れば、連続性を作り出すことが連続しなくなり、ぎゃくに保証が連続されないことが連続するようになる。十八世紀後半には、あらたに形成されつつあった中央ヨーロッパの全体社会システムが自己変容を経験し受容し始めるが、時間そのものが、普遍化され歴史化されることによって、あらゆる時点で全体としてかつ歴史的なものとして存在するようになる[19]。これは、こんにちまで有効なこの問題に対する答えであり、とりあえず試された多くのゼマンティク上の暫定措置をお払い箱にしてしまった。ここで関心をひくのは、その前の時代である。本書の主張では、その時代の理論構想を見ると、新しい分化形態を描きだすと同時にそのなかに旧来の秩序の等価物をはめこむという課題を、どのようなゼマンティクの操作が引きうけるのか、はるかに直接的に読みとれる。それは、新たに発展した人間学の機能だった。

本書で所与とすべき事態は複雑なので、テーマの編集と叙述は単純化せざるをえない。本書では、「初期近代の人間学」とよぶ思想複合体を、構造的にも歴史的にも分化と包摂に関係づけたいのだが、どちらの観点についてもきわめて選択的なかたちでしか行えない。Iの終わりで定式化されたテーゼは、ここでは次のような意味になる。すなわち、人間学という人間の共同生活の基本テーマの叙述は、構造的には機能分化した社会の諸要件に適合しようとしているが、歴史的には接続と移行に配慮して包摂を可能にするようなやり方でしか、それを行えない。本書がこの社会の構造転換という包括的過程で生まれたと考える人間学は、とくに関心をひく一六五〇～一七五〇年の時期に、人間概念までも静的なものから不安定なものをへて能動的なものに変化させ、それと同時に（いかに不明瞭で問題のあるやり方であれ）本質／偶然という宗教的に解釈可能なモデルを自己言及の原理におきかえた。[20] 本書の主張では、この比較的短期間に起こったゼマンティク上の構造転換は、歴史的にきわめて広範で長期的な分化形態の転換過程で、ほかならぬ自己変容によって移行機能を充足する。このゼマンティク上の構造転換は、新しい秩序が十八世紀後半に理解可能になり始めるまで、みずからが要求しあらたに生み出す説得力の条件を変化させる。こうして人間学は、宗教の正統派とその普遍性要求に対して、はじめは隠然と、そしてしだいに公然と、論争を挑めるようになる。だがそれにもかかわらず、人間学は宗教に由来する形象とつながりをもたなければならないし、みずからの構想が宗教的な体験や行為によっても保護されなければならない、という事情を考慮にいれなければならない。

IV

システム構造や過程の観点から見た場合と同様、人間学のゼマンティクそのものについても、本書は前もって検討すべき特別な理論問題に直面している。このゼマンティクは、一般化された概念へと縮約され先鋭化された形式で、継続性も非継続性も過大評価するのを可能にすることによって、転換過程そのものの一契機となっている。一方では、数多くの時代遅れのものや放棄されるべきものが、まだ代替物が定式化されないために保持され、他方では、変化を実際に起こるべき速度よりも激しく唐突に見せる対照や対立が定式化される。このゼマンティクは、変化の必要を減少させるとともに過度に強調することによって、変化を加速させるのに貢献する。

本書が関心をもつ時代には、新しい社会秩序が発生しつつあるにもかかわらず、新しい社会理論はまだ成立していない。拘束力のある理論は、新しい秩序が確立したあとではじめて定式化される[21]。これを先取りできないのは、構造とゼマンティクが相関しているからであり、またこの相関関係が可能なものを制限するために用いられなければならないからである[22]。したがって随伴的ゼマンティクの働きは、新しい秩序を定式化し、そこにいたる転換のステップを構想するものだと考えてはならない[23]。むしろその働きは、社会的なものを直接指示するのではなく象徴化するだけの、概念の第二の層の改変に依拠しつづけている。この第二のレベルで、宗教的概念から人間学的概念への改変を観察し、そのなかに決定的な支持と移行の過程を見るのである。

ここで区別された二つのゼマンティクのアプローチを、「社会」と「社会次元」の概念を用いて示す。そのさい社会は、複数の人間の統一態として、また最終的には特別なタイプの社会システムとして考えられる。われわれが社会次元について語るのは、意味をもつすべてのことが、共同体験する（あるいは共同体験するかもしれない）他の人間を参照するよう指示している、という側面にかんしてである。人は、意味によって他者との共同体験に導かれ、それを同じ意味とみなしうるが、また誤りを正されることもありうる。そのかぎりにおいて、社会次元化された意味は、帰属問題、帰属の相違、意味体験の相違の帰属の出発点である。このような帰属の差異につづいて、人は他者への賛同や他者の拒絶にどれほどの確信をもちうるのか、またどのような規則にもとづいてふたたび合意の帰属が進行するのか、という問いが成立しうる。

全体社会システムの構造変化が複雑性を増大させる方向に進むときには、社会次元における体験と行為の可能性がより引き離され、そのことが帰属問題という帰結をもたらすだろうと考えられる。社会の観念の言語的装いは、かならずしもそれとともに変化しなくてよいが、帰属問題を吸収してきたあの象徴の層は解体される。このような反作用は、とくに体験の宗教的連関のなかに現れるが、日常世界の自明性とみなされる事柄のなかにも現れる。

宗教的な象徴表現と社会（あるいは社会性一般）のあいだに、エミール・デュルケムが主張したほど緊密な関係があるかどうかは、ここでは未決のままにしておける。いずれにしても、社会的なものの宗教的な象徴化は、社会を帰属問題から解放する。宗教は、すでに偶発性問題を定式化し、因果性を考慮し、生成を仮定している場合でさえ、それに対応する帰属問題を社会から取りのぞいて、世界を創造し維持している神に関係づける。だから「創造された自然」は、いつも同時に、人間に帰属させることのできる事柄の限界をも象徴している。人間の固有の業績は、第一に罪である(24)。それとともに、社会的に規制されるべき責任も一定の範囲内におさめられる。責任は同調要求の枠内にとどまる。したがってすべての意味の社会次元は、一定の範囲内でしか問題にされない。いずれにしても社会次元は、万人があらゆる意味について異なる考えを形成しうることや、社会がそうした意味の開放性の制約としてのみ構成されうることから出発しなければならないところまでは分解されない。ましてや、社会次元におけるすべての社会的帰属がもたらす接続問題は考慮されず、とりわけ他者が主体の構成作用に同意することをいかなる正当性をもって想定できるかという問題は考慮されない。

宗教戦争の過程で苦境に陥り、より複雑になっていく社会のなかで二度と宗教に割り当てられなくなるのが、この帰属問題の負担を軽減する機能である。宗教的なものの見方は、いまやさまざまな可能性があるのだから、宗教そのものに帰属されなければならない。そうなるとすでに、そのような帰属をとおしてふたたび合意が生み出されるところからいかにして出発できるのか、という問いが出てくる。たとえば、宗教的信条そのものに対しては「道徳的確実性」しか要求しないというかたちでだろうか、あるいは政治的に命令され、公的‐法的に保証された寛容によってだろうか。しかし、そのような方策が用いられるのは、紛争に直接対応するためだけである。そのような方策だけでは、社会的帰属の負担の増大、つまり社会次元のより深刻な問題化を処理できる新しいゼマンティクにいかにして到達できるのか、まだわからない。その代役を務めるのが、新しい人間学のように思われる。新しい人間学は、帰属を移しかえる必要性の圧力をうけて発展し、それによって、否定的なものの優位と自己言及を特徴とする――より明確に規定される必要はあるが人間学の手が届く無規定性を特徴とする――深みを獲得する。宗教の努力も十七世紀には並行して行われ、同じ方向をとる。だが、宗教の努力はこの問題状況のなかで急進化せざるをえず、その結果、宗教的方策は酷使され、最終的にほかならぬ帰属の負担を軽減する機能をもはや充足しなくなり、その機能不全を過剰に穴埋めしなければならなくなる。このことは、いまやすべてが恩寵にかかっているように思われる事態に現れている。

つまり社会的なものの宗教的象徴化は、帰属問題や有意味な体験と行為の社会次元に対するその帰結から社会を解放する。だがぎゃくにそれだからこそ、帰属問題の先鋭化は伝統的な宗教の考え方の枠組みを破壊する。このレベルで、この機能にかんして、人間学がかわりに用いられる。それによってふたたび、社会概念そのものをとりかえることなく、新しい思考手段や社会の機能領域に対する新しい態度を発展させ、検証する可能性が生み出される。いいかえれば、それによって全体社会システムにおいて、二次的な象徴表現、つまり社会生活への逆推論を表す象徴表現が変更される。しばらくのあいだは、そのような象徴表現にも、宗教的に基礎づけられた道徳という伝統的財産からでてくる形象がまだ用いられる。新しい綜合が試みられるのである。われわれはそれをすぐに示すだろう。だが最終的に、新しい綜合はもはや問題でなくなる。最終的に重要なのは、この自己言及的に組織された否定性として人間をあらたに規定するレベルで、機能分化にとってよりよい接続前提が獲得される、ということである。このことは、他の理由から始まったゼマンティクの転換の証明である。そのあとになってはじめて、社会概念も変更できるようになる。

これにつづいて、第一次的に宗教的な人間の規定から第一次的に人間学的な人間の規定への移行の、もう一つの側面が理解される。宗教は、まさに帰属問題を吸収できるように、人間生活の超社会的地位の定式化をみずからの任としていた。社会のなかでの経験や取り扱い可能性を超えるものは、まさにそれによって宗教的性質をもっていた。超社会的なものは、超越的なものとして理解されるか、超越性と関係づけて理解された。人間は、その本質的アイデンティティにおいて、創造された霊であると考えられた。この霊は原罪によって堕落していた。このことが、帰属を手の届かない過去に押しやり、それと同時に現世秩序の必要性を示していた。

あらたに成立してきた機能分化社会にとって、このような超社会的なものの固定は解除されなければならなかった。超社会的なものは自然的アイデンティティに転位させられ、その自然的アイデンティティには社会システムにおける機能への到達路が開かれていた。それによって、全人民のあらゆるメンバーを包摂するという新たな要件をあらゆる機能領域で考慮にいれることを最終的に可能にするような諸前提が生み出された。新しい人間学は、まず古い基礎に密接に依存するかたちで、たとえば情念論にもとづき、理性と情念の関係の議論のなかで発展する。[25] だが、そこで成功する思想財を選択するには、新たな諸要求に従わなければならない。そのような選択は、思想財の素材から、より現世的な倫理だけでなく、[26] 個人のアイデンティティの問題化や基礎づけのより根本的な形式もしだいに引き出すようになる。主体はいまやはじめて、自己言及のいくつかの派生問題を神の存在証明をとおして解決するまえに、みずからのアイデンティティを確定し理解するようになる。[27] それによって反省は、宗教的な志向をもった献身、キリスト教信徒の用心深さ、救済目的を指向する自制という枠組みを破壊する。反省は、みずからのアイデンティティ探究によって、宗教の枠組みまでも超越してしまう（それはかならずしも宗教の批判や拒絶を含意しないが）。引用素材の変形可能性は、たしかにこの発展の不可欠の前提だったが、その選択原理は固有のダイナミクスの論理にあるのではなく、むしろ構造的要件にあると思われる。われわれは、この構造的要件を、帰属の転位、超社会的なものの自然化、包摂といった概念を用いて捉えようと試みたわけだが、最終的にはこの構造的要件が、段階的に進む機能分化した社会秩序への移行を可能にする。

V

初期近代の人間学は、じつに多様なかたちで提案される。ここではまず、いくつかの典型的な問題設定を呈示するために、ある一つの著作を取り上げる。それはジャック・アバディ[1]の『自己自身を知る方法』である(28)。

この著作は、タイトルから推察されるような自己認識を扱っているのではなく、人間の動機づけの原理、「われわれの活動の一般原理(principe general de nos mouvements)」(29)としての自己愛を扱っている。自己愛と自己認識は自己維持に役立ち(30)、それによって時間と機能的関係をもつ。愛、心、感情といった概念は、人間の行為の推進メカニズムを表し、自己統御の原理としての理性から区別される(31)。どちらのレベルにおいても、基本的関係は人間の自己自身に対する関係である。この自己言及の形式のなかで、人間は自然として存在している――自己自身も他者も。自然として特徴づけることは、すべての認識がそこから出発すべきことを意味する。心として、理性として特徴づけることは、問題となるのがいくつかあるうちの一つの特性ではなく、あらゆる認識とあらゆる行為において活性化される基本的関係であることを意味する。したがって、すべての体験と行為、人間に対するすべての影響(のちにはとくにすべての教育)、人間にかんするすべての理論化は、自己関係との関係という形式をとらなければならない。のちにこれに自由概念がつづく。自由概念は、自由と他者による決定を、もはや行為の選択に関係づけるのではなく、人がみずからの行為そのものを選択するさいの動機の選択に関係づける(32)。

モンテーニュいらい、すでに自己言及は人間学のレベルで避けられないテーマである。だがそれには、人間的自然の過少決定という帰結がついてくる。自己自身を自己自身との関係のなかではじめて決定し、認識し、動機づける、この自己とは何者であろうか。アバディにとって、これはまだ彼の理論が解くべき問題ではなかった。だが彼は、すでに自己愛の概念を、本来この問いを立てる必要のある地位につけている。だから、人が自分の理論構想の統一性を理解できるのは、それを立てられていない問題の解決として扱う場合だけであり、それも問題が立てられていなかったことによって可能になるような解決として扱う場合だけである。

自己愛の行動という考え方のなかに、多くの伝統財や多くの社会的に洗練された常識が入りこんでいる（このことが本を読めることを保証する）ことにも、ついでに言及しておこう。理論的に加工しなおすためには、とくに二つのアプローチが重要である。二つのアプローチとは、肯定的評価と否定的評価（集合的な自己愛と個人的な自己愛（amour de nous-mêmes et amour propre））[33]への自己言及の二重化——これが道徳の接続を可能にする——と神学である。

二重の意味をもつ基礎づけは、善／悪、合法／不法、真／偽といった二項図式を導入する理論設計の普遍的要件であるように思われる。伝統的には、この問題は秩序と支配の構造そのものとして「汎存的」に対象化されてきた。伝統的には、この問題は神概念や法ヒエラルキーの自然概念のなかに収容されてきた。リチャード・フッカー[2]はまだ、それ以上の基礎づけなしに、第一の永遠の法（first eternal law）と第二の永遠の法（second eternal law）を区別している。人は第二の法を犯すことがありうるが、そのような侵犯でさえ、犯しがたく妥当する第一の法に対応している。[34]そもそも宗教的に基礎づけられた宇宙論は、自然は善く創造されており、すべての病理は不自然であり、罪は他のものに影響を及ぼすしかない無である、とみなす傾向をもたざるをえなかった。人間学への転換は、この問題を十七世紀半ばにまず情念論へと転位させ、情念の価値を高めた。思想史的には、そうなるには新ストア派に対する批判が決定的だった。[35]新ストア派の情念に対する否定的評価は、おもに神学的な論拠によって批判される。情念は創造された自然の一部であり、それ自体としては「善きものでも悪しきものでもない[36]」。情念の統制は道徳の本来の使命である。原罪によってはじめて、情念の善い使い方と悪い使い方が分裂し、その意味で隣人愛（charité）と自己愛（amour propre）も分裂する[37]。いいかえれば、原罪は、愛の一つの形態を二つの形態におきかえる分化の過程として理解される。だがそれによって、宗教的なものにおける愛の統一の問題は放置されたままとなり、自己言及はみずから統一の原理、主体にはなりえない。自己言及はまだ完全に自然の内部での継続的発展であり、しかも否定的なものへの発展である。

まさにこの理論状況において、アバディの場合には、自然のかわりに自己言及が、情念のかわりに（いまやそれ自体としては道徳的に中立な）自己愛がおかれる[38]。それとともに問題設定は、自己言及による道徳の基礎づけについての問いに移行する。十七世紀には、人間学的な自己言及のまったく否定的な把握によって、そのような問いが用意される[39]。その問いは、仮象の美徳に導くしかない自己愛ないし利己心を神の愛に対置させ、それにもとづいて二項パラダイムを獲得する――ジャック・エスプリ[3]の場合には人間の美徳（vertus humaines）／真の美徳（vrayes vertus）になる[40]。この自己言及の否定的な把握だけが、首尾よく原罪のドグマに対抗して、最終的にドグマを解体できた。そのためには、まずすくなくとも、同じくらい価値のあるものが先鋭化され、それから置換されなければならなかった。十七世紀末頃になってはじめて、自己愛の全複合体は、肯定的な評価も含む普遍的な意味を獲得する[41]。そのためには、明示的というより暗示的に、自己概念が利害関心のレベルより下にくる必要があるから、自己愛がただちに利己主義と理解されることはありえない――またそこから社会的、道徳的に非難されることもありえない[42]。だが、すべての自己の利害の下でなお、アイデンティティをもつものとして前提とされうるような自己とは、何であろうか。純粋な能動性であろうか。自己構成の自発性であろうか。敏感な素材であろうか。またそうだとすれば、なぜアイデンティティをもつのだろうか。

この問いはいまでも未決のままであるし、かつても異論のあるかたちでしか答えられなかった。この問いには、もう一つの道からも到達できる。人間における自己言及に対する完全に否定的な評価を放棄すれば、人間領域における二値性の構成も変化する。本来的／非本来的、存在／仮象、善／悪といった二項まで、人間学化しなければならなくなる。そうなると人間の自己関係性は、アバディのように、神が望んだそれ自体善き本性とみなされ、しかるのちに善きものか悪しきものに特定しなおされる(43)。すでに旧来の伝統においてそうだったように、ここでも三値の問題（ただ一つの可能性をもったレベルと、その下で二つの対照的な可能性をもったレベル）が二つの類型の対立に、つまり永遠の法の二つの形態、自律性と（宗教的）他律性、自己愛の二つの形態に縮約される。そのような対照化によって、より大きな説得力が得られるかのように(44)。

このような一般的論法に従うと、アバディも自己言及の二つの形態の区別を厳密には根拠づけられない。この区別は、欠性[4]の否定概念を用いて展開される。否定概念は、自然形態の堕落形態を無規制（dé-reglement）ないし堕落（corruption）と名づけ、そのかたちで道徳的に配置する。「集合的な自己愛は、正統で自然なものとしての愛である。個人的な自己愛は、悪徳で堕落したものとしての同じ（原文のまま！）愛である(45)」。他にも可能性があるなかからこのような否定の手続きを選ぶことは根拠づけられず(46)、その存在論的な諸前提は解明されず、道徳の二項図式化の由来は明らかにされないままであり、とくにアバディはもはや原罪のドグマをよりどころにしていない。

この二種類の自己愛の区別というゼマンティクの形式とそれが登場してくる歴史的諸条件をより詳細に注意して見ると、そのゼマンティクの形式は特徴的な社会構成のなかで育成され、はじめは一時的に、それから最終的に、神の愛と現世的‐自己中心的な愛というより単純な対照化を排除しているのが目につく。フックス[5]の基礎的研究(47)のおかげで、そのゼマンティクの形式がはじめて登場するのは、これまで推測されたよりもはるかに早く、十六世紀前半のスペインにおいてであること、また十七世紀後半に、すべての紛糾の種と未解決の問題をともなって、単純化されたかたちでフランス語に翻訳されてから、あらたに使われ始めることを、われわれは知っている。黄金時代（siglo d'oro）とフランス古典期[6]——両者は、思想信条の異なる者（ムーア人、ユダヤ人、プロテスタント）を分離したうえで、政治的‐宗教的に動機づけられた信教の統一をともなう、政治的に首尾よく強化された領土支配の時代である。両者は、本書の概念用語で定式化すると、政治システムの分出の推進が宗教を支えにしなければならない事例である。両者は、進行しつつあるが、固有の諸条件によって不完全な機能分化の事例である。そのような諸条件に対応しているのが、世俗人の自己関係をまだそれ自体として非とするわけではないが、まさに自己関係として宗教的‐道徳的な評価に従わせる、つまり自己関係を前提にしたうえで、宗教の助けを借りて秩序政策的、道徳的に判定する動機理論である(48)。「名誉（gloire）」から「自己愛（amour propre）」への翻訳は、霊的なものの概念化の図式を拒絶すると決めつけることなく、政治社会における世俗的成功を神学的に語り、神学的に解釈することを可能にする。

　このようなゼマンティクの形式は、成立期の諸条件に耐えて生き延び、徹底的な宗教的批判(49)に耐えて生き延びる。この形式は、宗教的解釈をともなう必要がなく、みずからを心理学化し、世俗化し、実証化し、自然道徳に翻訳する。しかし、このような転換ののちには、とりわけ反対の評価の基礎として自己言及の価値が高まったのちには、堅固な理論はもはや成り立たなくなる。[50] 隣人愛を組み込むことは、まだほとんど問題にならなかったし、[51] 人はそれで満足していたように思われる。自己愛の二つの形態の差異、その自然との関係という未解明の問題は、うまく配置された理論的欠陥のままであり、ルソーの場合もまだ同じ形式をとっている。[52] この問題はときどき批判される――そしてより素朴な対比におきかえられる。[53] そうなると実践的には、導出される道徳は、みずからの思考の前提もあわせて説得力のあるものにしなければならない。さらに神学の残存形態が、一種の再特定化の補助をする。（暗黙のうちにすでに道徳的に評価されていた）自己愛から出発して、自己愛が生み出した善きものを証明できる。なぜなら、悪しき創造者であれば、自己愛ではなく自己嫌悪を組み込んでいただろうから。[54] かくして、まさに自己愛の際限のなさが、自己愛が本来神の愛であることの証明となる。なぜなら、人は被造物を際限なくは愛せないが、基準が際限のなさにあるもののなかでは、競合が起こりえないからである。[55] とくに（のちにおおいに異論の出た）人間の不滅の思想が、あの自己愛の二つの基本形態の区別を基礎づける。自己自身を死すべき存在として愛する人間は、欺瞞やそれに類する策術によって短い人生のために利益を得よう、たとえば自分の性質にもとづいてはまったく手に入らない尊敬を得てそれを自己愛のために利用しようと、考えるかもしれない。これに対して、幸福戦略は長期戦略であり、不幸はあまりに早く幸福になろうとする試みから生じる。[56] 自分を不滅のものとして愛する不滅の人間にとって、そうした短期的動機は消え失せる。そのような人間は、自分の道徳を宗教と一致させるのであって、それがアバディにとって、不滅を志向する行動の尺度を決める新約聖書の宗教である。そのような人間は、法則に従うのではなく、自己の不滅を見る自己言及の論理に従う。そのような人間は、自己愛を背景に、「一時の動機（motifs de temps）」を「永遠の動機（motifs de l'éternité）」におきかえる。[57]

人は、自己言及と宗教を同時に肯定できるのだろうか。

まだ否定性の否定が時間に関係していて、時間の限界が自己言及を構造化しているかぎり、そうである。第一歩として、原罪と恩寵によって秩序づけられ、そのあいだの時間に自己言及が堕落させられる宗教的‐宇宙的な時間は、[58]個々の人間の生涯時間に転換され、誕生と死に構造を与える。自己の生涯の時間性が問題になる場合には、内容的には際限なく自己維持に資する自己愛を遂行するなかで、人は死という時間の限界にぶつかる。それ自体は「なにものでもなく」[59]不信心者のすべての希望を無化する時間を、自己愛は不滅に関係づけることによって利用する。[60]自己の不滅への愛として、自己愛は時間の否定性を否定し、みずからの道徳性を保証するあの「自然で正統な」自己愛の形態を獲得する。[61]しかし自己愛は、このような二重の否定を特定しなおすために、宗教のなかによりどころを必要とする[62]――だがそれはもはや、時を選ばない原罪と恩寵の時間をもつ宗教ではなく、[63]完全な至福への道の長期的動機を与えてくれる宗教である。

アバディの場合には、純粋な自己愛の価値が転換され高められる。そのさいに、宗派的な動機が一緒に働いていた可能性がある。アバディやラ・プラセットはプロテスタントであり、したがってジャンセニストとは異なり、個人における安心の根拠に関心がある。だが自己言及の価値を高める傾向は、宗派の違いを超えて広がる。この傾向は、自己言及的な形象の反省的、普遍的使用と関連して、最終的に不可避になる。自己愛は、なおも自己愛の批判と拒絶の背後にひそんでいる。[63a]そうなると、自己自身とその否定を可能にするような基本的形象の肯定的評価以外には、もはや可能性が認められなくなる。すでに数十年前から、自己愛はほとんど逃れられない動機図式として通用しており[64]、この図式はさらに隣人愛にもとづくあらゆる規制を推し進める。神の愛や他の人間への愛は、最終的に利己心のなかでは動機づけられないのか、またどこまでそうなのか、人は知らないし確信ももてない。それはまさに、さしあたり神学的には、人は自分が正しいかどうか知ることが許されない、という意味である。なぜなら、その答えを知りうるとしたら、ますます利己心が働きだすからである。理論の両義性の側にも宗教的に解釈できる意味がある。だがそれと同時に神学の監視のもとで、思想的にはすでに、宗教のない社会とまではいわないまでも、隣人愛（caritas）のない社会のための訓練が行われる[65]。移行期の理論的背景のもとでは、宗教はすでに救済機能に縮減されている。それに見合うように、諸宗教の歴史的多様性[66]や、本来的ではなく派生的な構成された神観念の成立を、冷静に扱える[67]。だがそれと同時に、この理論の中心問題は、宗教をとおした解決が提供される必要があると思わせるような形態をとる。

VI

ここで、この思想の流れを理論的に再構成する節を挿入しよう。この理論的再構成は、近代の人間学の中心的形象である閉鎖的－自己言及的システムに関係している。人間は、デカルトいらい、反省のための特別な能力をもつ存在であるだけでなく、「そうと気づかないまま自分になることなどありえない[68]」ようにしつらえられ、そのような自己関係をとおして自己自身を規定する精神である。この考え方は、身体が考慮にいれられ、あらたに感覚にもとづく根拠づけがなされることによって、変化する。だが、この考え方は閉鎖的なままであるし、（ついでではなく）自己言及的なままである。自己関係をあわせて遂行しない過程は存在しない[69]。そして人間を機械と考える場合には、「みずからその動力を調達する機械[70]」と考える。

閉鎖的‐自己言及的システムについて、すべての作動が自己自身に関係しなければならないということが成り立つならば、同じことは、そのような作動を選択する作動についても、つまり自己決定の過程についても成り立つ。自己決定は、自己決定の認知を含意し、その認知はまた受容か拒否かという可能性をともなっている。決定過程は、自己自身をテーマ化しなければならない——それだからこそ、自己自身を取り込めない。「内的なもの」は、決定過程には無限に見える。決定過程の維持は、自己自身によっては十分に保証されない。なぜなら決定過程は、その始まりについても（神学的に）終わりについても、固有の論理から決定できないからである[71]。決定過程には時間の限界が欠けているので、動態的な考え方をしなければならなくなり、人間学的な用語では不安や貪欲といった主題にいきつく[72]。飽くことを知らない欲求は、もはや中世のように、（宗教の領域における）無限の善きものに惹かれていることを意味するのではなく、欲求そのものがみずからを欲するために、いくら欲求が実現してもあらたに形成されることを意味する。

自己言及の否定的評価は、まだ宗教的に解釈可能だが、すでに機能特化した作用接続のための突破口になっている。そのかぎりにおいて、自己言及の否定的評価は移行期の考え方としてふさわしい。自己言及の宗教的評価は、人間が自分自身に耐えられず、自分自身のまなざしを避けるものであるという、原罪のドグマにもとづいている。[73] だが原罪のドグマは、十七世紀後半にはすでに、社会は未来をはらみ自己自身を超えていくものであり、天国よりも大きな幸福への途上にあると考える力強い趨勢のなかで、解体に瀕している。[74] またこの趨勢は、最終的に自己言及に対する疑念も一掃し、人間の条件（condicio humana）の否定性の肯定的評価を可能にし、極端なかたちで定式化する。

この移行期のゼマンティクについては、ピューリタニズムとジャンセニズムのすこしあとに出てくる、これらと同系統の敬虔主義が、最良の事例を提供してくれるだろう。罪の苦痛は感情となり、洗練されて、人は反省のなかでその苦痛を享受し始めるようになる。つまり「不幸な自己という幸福を……享受し」[75] 始めるようになる。そしてそのように自己言及を用いた否定性の肯定的評価は、労働と教育に向けられるようになる。

十七世紀の後半に、自己言及は不安へと――それとともに潜在的活動力へと――変形される。自己言及は、その形態で、人間学的な概念として、時間経験の解釈に用いられる。そのような解釈は、のちに大法官となるダゲッソー[7]のパリ高等法院における演説に見られる。[76]「われわれの時代の風俗の主要な特質は次のようなものであります。すべての職業にあまねく広がった不安。平穏を嫌い、働くことができず、不安で野心的な無為の重荷をいつも抱えている、なにものも止めることのできない動揺。自分の身分に対するすべての人間の普遍的な反乱。自分の特性を抜け出そうとみんなで決めているように思われる全体の暗黙の了解」。人間は、社会が再編中だと考えられるから、自己の特性を抜け出すのだろうか。

当時の思想家に理解できたのは、さしあたり人間学的な事態の発見だけである。それによって、われわれが（その発見が正しいか否かの検証を超えた）さらなる問いを免除されるわけではない。人間が否定性と自己言及的な無限性によって注目され、不安にもとづいて解釈される事態は、象徴的に一般化されたコミュニケーション・メディアのコードの変化と相関しており、コードの変化は機能分化への移行とともに起こり、移行によって条件づけられ、移行の進展を可能にする。のちほど、個々の機能の観点からこの問題にたちもどることにしよう。[77] ここでさしあたり問題となるのは、コードの変化と人間概念を同調させ、両者を隔離できないものに転換した、あの「深い相関」をしっかり把握することだけである。

宗教による自己言及の否定的評価――人間は罪深いので、自分を見ることに耐えられず、安寧に耐えられない――は、宗教システムの分出に見合うように徹底化することによって、現世から距離をとる。宗教と現世の両立は、社会的交際のために自己言及を二次的に評価することによって生み出される。宗教的評価にとって、この自己愛はさしあたり方便としか思えないが、現世における良き秩序を維持するには十分である。宗教は、この自己言及的不安という人間学を、たしかに現世における固有の諸問題の解決に用いる。だが問題解決の関係は補償的に考えられており、否定性を埋めあわせなければならないから、宗教は独立に存在し、かつ他の諸機能をひきうけることができる。思想政治的に見れば、宗教システムはここで、宗教の視点からの社会の評価の可能性を断念することなく、社会の肯定的規定を放棄する。

これに対応して、自分だけでいることの耐えがたさを表す常套句が世俗化される。[78] 常套句は、時間の理解の変化にもとづいて、退屈、倦怠（ennui）になる。この問題に答えるのは、もはや宗教的な処方箋ではなく、芸術を愛好する退屈しのぎや、社交的会話の要件だけでなく情熱恋愛や真剣な研究の要件への適応といった、社会的な処方箋である。この処方箋の環境との関係は、「人は、より多くのことを味わうほど、より退屈でなくなる」というデランド[8]の定式化を見るとはっきりする。[79]

現代的な言い方をすれば、自己自身のなかに独立変数をもたない自己言及システムにとって、環境が新しいかたちで意味をもってくる——つまりたんに肯定的ないし否定的な影響の大きさ、生活の援助ないし重荷と危険としてだけでなく、放置されれば規定されないままの無限の可能性の再特定化を可能にする条件として。この意味で、まさにこのタイプの閉鎖システムは、よりいっそう環境に開かれたシステムである。環境は、そのようなシステムにとって、構造的に条件づけられ、そのかぎりにおいて内部で必要な、自己決定可能性の前提である。

これらの認識は、たしかにまだ、あらたに形成された人間学の理論的レパートリーにも概念的財産にもなっていない。さもなければ、身体と精神の関係や自然学と道徳の関係について、際限のない議論に巻き込まれたはずである。「人間」という基準単位およびそれと結びついた理論の社会的機能——これについてはすぐあとで見ることにする——が、理論的定式化の適切なレベルに到達するのを妨げる。だがまさにこれが、移行を容易にする。つまり、環境による再特定化についての現実的認識の方向へ、理論がしだいに開かれていくことを容易にする。

アバディにとって、この理論問題はまだ神学の縄張りである。神学はより一般的に基礎づけられた構想のなかでは補助的な諸機能しかもたないが、その補助的な諸機能は必要とされ、中心におかれている。だが同時代に、自己言及の再特定化を社会内的で歴史的な過程として考える可能性も用意されており、この可能性は十八世紀に宗教にとってかわるか、宗教を社会的決定の一変種にすぎないものとして包含するようになる。

VII

まず、個人が神との関係で捉えられる――さもなければ、どうして道徳が政治的服従や宗教的正統信仰のかわりになることができようか。「宗教的な人間中心主義（anthropocentrisme religieuse）」(80)が、十八世紀への変わり目に、分化形態を機能分化の方向に転換しつつある全体社会システムのなかで成功するために、まさに思想財がもたなければならなかった諸条件を満たす。人間学の概念枠組みは、宗教と縁を切ることなく、宗教から抽象される。人間学は、宗教的なものの包摂を定式化し、組織され正統化された宗教に場所を与える使命を、みずからひきうける。この媒介機能を充足するのは、それも信仰心と市民道徳のたいへん誤った綜合というかたちで充足するのは、とりわけ幸福の諸観念である(81)。人間は幸福であるように定められているといわれ、幸福としての宗教心は宗教に固有の努力なしにもつことができる。とくに十七世紀に日常的信仰心を内面化するさいに陥った自己否定的な探求過程など一切なしに。宗教への包摂は保証されたままである。なぜなら、どのようなかたちで分出しようと、宗教の機能は、全体社会システムにおいて無視できないからである。だが理論の中心思想は、パーソンズなら世俗的に一般化された価値モデルと呼ぶような形態をとる。

すでにデ・クチュール[9]の著作（一六八七年）に、原罪→自己愛→欲望という連鎖が見られ、それは（神学的にはとても奇妙なかたちで）魂の魂に、そして市民社会の紐帯に昇進する(82)。これほど急進的で普遍的に人間の情念から出発する理論は、さしあたりあまり多くのものを提供しないように思われる。このような理論は、次の段階でふたたび正しい用法と分別ある範囲に制限され、そのために「超自然的救済（secours surnaturel）」という神学的な補助を必要とする。しかしすぐあとで、さらなる分析の組込みを可能にする諸契機が訪れる。最初の一撃は、神学的な管理と宗教的に動機づけられた悲観主義をふりはらうのに貢献するだけように思われる。そのあとでようやく、固有の理論的革新が始まる。(83)

その諸前提は、すでに前節で抽象的に示した。不安は、宗教のなかで到達可能な宗教的目標から自己言及へと転換され、それとともに、もはや行為の動機や目的／手段－合理性をとおしては制御できず、もはや究極目的（telos）をもたないレベルへと引き下げられる。(84) それはなぜか。機能の接続を可能にするためである。

より詳しく見ると、自己言及は、社会の大規模な機能システムにおいてその後すぐに概念的にも制度的にも実現されるはずのものを、人間学のレベルですでにあらかじめ定式化しているのがわかる。システムを自律的にすると同時により環境依存的にする自己言及への関係づけの形式が、いわば人間について試される。構造的な過少決定が、相関物である歴史性や計画可能性とともに、人間に関係づけられる。子どもが発見される。(85) 環境（Milieu）が発見される。影響関係の理解が深められる。動機への疑念の広まりや上流社会層の社会関係における「巧妙さ（finesse）」への反省が、理解や文学的成功の基盤を用意していた。それと同時に、人間学としての叙述や、社会は人間から成り立っているという人間学的叙述を支える考え方が、構造変動そのものをテーマにするのを妨げる。社会文化的進化のレベルで実際に起こることが、テーマ化、問題化、否定を免れる。近代性の意識は、新旧論争（querelle des anciens et des modernes）〔10〕が表している距離意識や評価意識としてのみ展開される。

そのため理論は、構成技術から見ると、道徳や自然学との関係づけによってうわべだけ隠される未決の接続問題を抱えざるをえない(86)。人は無益な形而上学的思弁の敵対者としてふるまう(87)。自己言及的関係の理論は、そもそも無や非といった否定概念と結びつけられるのか、というような問いは立てられない。自己言及と精神における極度に不安な状態があるにもかかわらず、厳密な法則性を発見する可能性はちゃんと信用されている(88)。自己愛によっては理論的に先に進めない領域には、ただ付け足しとして、さらなる社会的性質や社会的欲求が導入されるにすぎない(89)。十八世紀半ばになってはじめて、理論問題は理論自体のなかでも問題となる――一方では、自我のアイデンティティを構成するために（怪しい）帰納推論法によって個々の感情を考察するかたちで、他方では、それまで問題なく措定されていた自己言及と不安や衝動の統一にひびを入れるかたちで(90)。この事態は、知的発展の主流からは隔絶したかたちで、不安（inquiétude）、苦悶（anguisse）、倦怠（ennui）の理論的、文学的な可能性を増大させる。だがそれでも、説得性の基礎と受け入れの条件は、この理論的一貫性のレベルにはほど遠い。たとえばマブリは、すでに起こっていた疑問に対して、人間をたがいにかくも強く結びつけているのは自己愛にほかならない、という賢明な摂理の結果を指し示しつつ、より奥深い問いを対照させている(91)。だが成果をもたらすのは――これが本書の相関テーゼのもう一つの論拠なのだが――、しだいに分出していく機能システムの構成問題に人間学を関係づける可能性である。人間学は、政治的国家と経済のために、科学、家族生活、教育のために、なにかを言わなければならない。この方向で、旧来の宗教的に基礎づけられた宇宙論にとってかわるような、諸概念の「適応的向上（adaptive upgrading）」が必要である。

そのための結節点はふたたび自己言及にあるが、自己言及と機能的に等価な人間学の根本思想にもある。後者は前者と同じように、外部からの規定の補助を必要としている。自己認識、利己心、自己欺瞞、自己愛、あるいは所有そのもの（ロック）といった自己言及にもとづいて作られた概念と結びついているのは、一方では環境に開かれた敏感さのイメージであり、他方では極度の不安と貪欲のイメージである。その本性からして、両者はみずから何の制約も課さないから、外部からの制約を課されなければならない。この敏感さと不安の人間学は、付与できる人間の諸性質というより具体的なレベルで、自己言及システムの一般問題を反復する。つまり、すべての作動における自己関係の閉鎖性を、内生的に生まれた衝動や環境に対する高い敏感さと結びつけるのである。ここでも、思考の諸前提の一貫性についての十全な理解が欠けている。自己言及的構造を指示する諸概念は、敏感さと不安という特徴と組み合わせられるが、組み合わせを可能にする諸条件が十分に明らかにされることなく、その組み合せで人間に自然にそなわっているとされる。なぜなら、組み合わせから得られる諸帰結に関心があって、その諸前提には関心がないからである。

この理論戦略によって得られる観点から見ると、人間に基本的にそなわっているものは、制約があるという条件のもとですべてを可能にする素質に見える。この観点には、社会が機能分化をとおして達成した可能性の増大が反映している。だが可能性の増大は、社会類型の特徴としてではなく、人間の特質として呈示される。この人間にそなわった極度の不安を前にすると、自己の本質形態の完成へ向かう自然な発達はもはや見てとれない。それとともに、欠性の否定概念のもとになりえた前提がなくなる。そのかわりに、決定する否定に依拠した不確定な否定性がでてくる。人間は自然状態では、さしあたりモレリ[11]、コンディヤック[12]、ルソー、その他の人びとが語るあの無規定な存在であり、すべての規定性を社会的交際のなかではじめて獲得する。人間の可能性は否定によって決定されるが、その決定は、たんに可能性を剝奪することによってではなく、決定が心と理性の自己言及過程を構造化するかたちでなされる。このような事態には、すでに引用した行為の動機の選択に関係する自由概念がぴったりである。自由と決定が両立可能になるのである。

したがって、自己言及と不安は統一態とみなされなければならない。両者はたがいを前提にしあう。人間学は、この連関を用いて宗教的、自然的‐宇宙論的な諸前提をそぎおとす。もちろんこの考え方が唯一の解釈の提案なのではない。この考え方には、自己言及（自己愛）と利己主義を同一視する習慣的な見方が、あまりに強く影響を及ぼしている。そこで十八世紀に移るころに、反対の観点も定式化される。クリスティアン・トマジウスが、典型的で影響力のある代表者である。

倫理学入門の書で[92]、トマジウスは、しばしば主張される自己愛優越説を拒絶している。すべての人間は、分別がなく不品行な者でも、自己自身よりは他者を愛する。そうしないと、社会的存在として生きていけないからである。だから自己愛は、ただの思いこみ、自己欺瞞である。だが他者についても自己についても、安定として、あるいはせいぜい適度な（しかも「活発で調和のとれた」）運動として、健康が愛される。しかもそれは、社会と平和がたがいの前提となっているからである。「そこからただちに導かれるのは、不安定で変わりやすい人間の思想はすべて悪だということである[93]」（トマジウスにとっては、人間が環境と調和がとれていないという意味である）。これに対応して、変化のなかに安定を求めるのは分別のないことである。そのような探求は無限の不安定になってしまうからである[94]。この反転した図柄のなかにも、正負が逆転しただけで、あの自己言及と不安の連関が見られる。主要な特性としての自己言及が（道徳的のみならず）人間学的に否定される場合には、[95] 心の平静が人生の目標でありつづける。理論のアプローチが道徳の方向性を決めるのである。

それにもかかわらずトマジウスの場合も、否定性にもとづくことによって「開かれた」人間学の道が開けてくるという事実が、この構造転換の深刻さの徴候をしめす証拠とみなされる。ここでは問題が別の理論的位置にあるだけである。人間は、一方では伝統的に、思慮深く筋の通った思考（prudentia cogitandi et ratiocinandi）によって動物と区別され、他方では自己の本質を知らないといわれる。[96] 自己言及は、人間に固有の能力のなかで、諸特性によって妨げられるのではなく空回りさせられる、としか理解しようがない。そのため、人間は世界をわがものにするよう指示される――のちにいわれるように。

トマジウスは、「バロック式人間」にうちかつ新しい市民性の代表者として、しばしば賞賛される。彼の理論傾向は、本来この判断を正当化するものではない。[97] 彼の普遍主義は思考の問題にとどまっている。他者への愛は、自己愛と同じく普遍的とはみなされない。つまるところ、人はあらゆる他者を愛することはできず、[98]（ホッブズとともに言えば）あらゆる他者を恐れることしかできない。「市民的」なものは、自然で穏和な社会性とその相補物である平穏へと後退するのに一役買っていたかもしれない。だがそこにはいずれにせよ、より機能分化した新しい社会構成への移行につながるようなゼマンティクの出発点はない。また主として経済的な身分秩序の概念のもとで政治概念が私的生活にまで広がっていく現象も、変化しつつあるメンタリティがより急進的で分化の可能性をもった新しい考え方につながるわけではないことを、はっきりと示している。むしろ西ヨーロッパで発展した努力と無目的な不安の自己言及についての人間学の方が、将来性のある本来「革命的な」刺激を与える。なぜならこの考え方には、決定的な否定として、社会の諸機能と諸機能システムが接続されるからである。どの機能システムについて考えるかによって、自己言及、自己維持、不安は、異なったかたちで具体化される。

ホッブズの場合、政治を見ると、人間は煩わしい（troublesome）という意味で不安である。それも「いちばん安寧なときが、いちばん煩わしい」(99)のであって、ふだんは何にも煩わされることはない。そのため、人間は乏しい生存条件を前にして、おのずから暴力に走る。人間は、他者も同じ行動をすると考えざるをえないから、自己保存のためには暴力によって他者に先んじなければならない。時間的－社会的な計算が、まさに人間の合理性が、不安でなくても人間を煩わしくさせるのである――高度に選択的な条件がまさにこの条件を否定する場合には話は別だが。以上のことは自己保存という自己言及構造にもとづいているから、そのような高度に選択的な条件は、自己に対する命令という形態で合意（agreement）によって生み出せる。人びとは政治的国家を設立するのである。

情熱恋愛（amour passion）もこの自己言及的な不安にもとづいて展開され強化されるが、その一方で友情（amitié）がこれと対照的に安心・安定の場として推奨される。この二つの概念は、十八世紀に人格的な親密関係という統一的基盤のうえで統合される以前に、まず別々に価値を高められる。恋愛については、ド・ヴォーモリエール[13]がこう述べている。(100)「恋愛は一種の戦いであり、そこでは征服をできるかぎり前へ休みなく押し進めなければならない。恋する女に感謝した男は、彼女に満足したように見えるが、この種の安寧は熱意や不安ほど彼女の気に入るものではない」。女性は、すくなくとも恋愛においては、エネルギーの低下を認めてくれない対等な相手とみなされる。だが、恋愛を親密で人格的な関係にもとづいて安定させられるとは、まだ考えられていない。恋愛の特殊性はその特別なタイプの不安にある。

ロックとともに不安（uneasiness）あるいは欲望（desire）について語るならば、また安全の要求にかんする自己言及を所有そのものとして捉えるならば、理論は探究の関心をむしろ経済の方に向けることになる。[101] ここで人間学の所見は、より多く（の貨幣ないし貨幣価値のある財産）の無限の追求をはじめて意味あるものにする貨幣経済と相関している。とはいえ、この基礎づけはまさしく人間学的であり、とくに経済に関係づけられるわけではない。だから経済は、二次的なレベルではじめて、この否定性を否定するさいに問題になる。このそれ自体が無目的な不安は、需要という形態をとる場合には、所有によって取り除かれる。これは、まず自己の身体と労働力の自然的所有によって起こり、つぎに労働の成果の所有によって起こる。人間はそれ自体が神の作品であるが[102]——ここでも宗教が遠景から現れて、人間学的な自己保存公理の具体的な色づけに一役かっている——、この所有形態は、人間が理性の助けをかりて、「激しい感情や法外なでたらめ」を放棄するようにしむける。つまり「自己自身を維持し、また自己の持ち物を勝手に放棄しない[103]」ように、人間を縛るのである。それによって所有は高度に多様化するため、過度にすべてを追求することはもはや意味をなさなくなり、経済の諸法則が成功する行為の合理性の基礎となる。

ピエール・コスト[14]は、uneasiness（不安）を inquiétude と訳した。この定式化は、フランスでもう一つの市場を開拓した。それはむしろ、いかにして最初の不定で不安な敏感さから環境との接触によって人間が生まれるのかが問題となるような、文明的－教育的な文脈においてのことである。この自然法則を知れば、接触の修正と特定によって結果に影響を与えられる。[104] そのさい人は、自己言及と不安の定理によって、文明改革と教育の努力を科学的に正当化するために用いられる物理主義の理論の諸帰結を免れる。成功をもたらす技術は、自然法則に従っているだろうと考えられる。もともと自己言及的な不安を取り入れることによって、いわば個性が保証されるとともに、結果の道徳性が保証される。人間は、文明や教育がどのように変化しても、自己自身と関係しているし、関係しつづける。そのため変化のなかには、文明の崩壊と美徳の増大という対照的な契機がひそんでいる。

とくに教育システムについては、そのほかの点でも不安を手段化する傾向がきわだっている。好奇心、敏感さ、感受性は、教師にとって、「自然的方法」をよしとするかぎりにおいて、利用しつくすべき子どもの性質でもある。たとえば大修道院長レーゼヴィッツ[15]は、「利己心」は強力な衝動にすぎず、緩やかで間接的な人間の道徳教化の手段であるとみなしているが、この衝動の方向転換は困難なので、方法に長けた教育者や学校が、つまり分出した教育が必要となる。[105] これに対応して、教育システムの出力限界を表す不安概念が存在する。それは当時、たゆまない活動、精励、勉励、不断の仕事という意味で「実業（Industrie）」ないし「勤勉（Industriosität）」と呼ばれている。[106] そこには、動機づけられた利用可能な潜在的労働力を経済に提供する、という意味はまったくなかった。むしろこの点でも、不安と自己言及の連関が十八世紀後半まで堅持され、しだいに政治的ではなく経済的な社会の理解にひきつがれていく。たゆまない人間の実業は、人間が社会のなかでの地位をただひきうけるのでなく、地位をわがものにできるための前提である。[107]

最後に、不安の最初の性格づけとして抑えがたい好奇心（curiositas, curiosity）を選ぶと、視線はむしろ科学システムに向く。[108] 好奇心（curiositas）は、少し前まではまだほとんどすべての罪の母だったが、[109]いまや認識獲得と知識進歩の人間学的な条件とみなされるようになる。ここでも、新しい認識の追求の際限なさはコードに依存している。この際限なさの前提となるのは、真理は既存の存在形式の存続に依存しているのではなく、見たままの世界を果てしなく分解・再合成できるから、それにかんする真理基準は方法のなかにしかありえない、という考え方である。

好奇心の価値転換は、知識が真であると主張される形式と関係がある、と言ってよい。この点にかんしても、否定されるべき否定性が出発点になる。まずはつねに、何かを知らない、あるいは確実には知らない、というところから出発しなければならない。そのさい、ドグマ的な知識の僭称も古代にはじまる極度な懐疑主義も排除され、不確実性そのものが「人間学化」される。[110] どんなに自己愛があろうとも、人間の態度の宗教的転換のためには、人間の（認識の）弱さをいわばひとまとめにして理解しなければならない、[111]という一般的要求からは、錯覚や認識条件の分析が除かれる。無知を悟ることは認識の増大の前提であり、認識の増大はいまやこれまで予想されなかったほど可能だと思われる。[112] これに対応して、人間にかんする研究方法や確実性の等級が議論されるが、これらは問題状況に応じてさまざまな真理をもたらし——真理には間接的なものもあれば直接得られたものもあり、確実なものもあれば蓋然的にすぎないものもある——、このような構造のなかで進歩が期待される。いまや進歩にとって、好奇心（curiositas）が動機の決まり文句となる。

無知も知識欲もさしあたり人間学的な状態である。その自己言及は人間の自己言及である。その社会的表現は、コモンセンス（common sense）をとおして行われ、感覚知覚と理性にさかのぼって説明される。十八世紀になって、ヒュームとともに、すでに成功裡に研究を進めていた分出した科学を手本にしてはじめて、科学的認識の理論は「一般人（ordinary man）」の日常世界とは異なる基礎をもたなければならないのではないか、という問いが出てくる(113)。いまや問題はこうなる。すなわち、たとえ人が真の認識をもっていて実際上それを疑わないとしても、認識と外部の客体の一致は認識そのものから独立しては検証されないのだから、真理が問題になるのかどうか、確実には知りえない(114)。それとともに、自己言及の問題は認識関係そのものにおける自己言及の問題に転位し、認識衝動は認識連関の論理的な完結不能性に転位する。

宗教との関係は、自己言及と不安の概念を用いて論じている個々の著作家についてあとづけるのが困難である(115)。総じていえば、理論的要件としての宗教との関係づけは、アバディの場合にはっきりとわかるように、十八世紀になると後退する。横溢する人間的な楽観主義は、もはや神学に概念的努力を要求しない。話のついでに神の好意（bonté de Dieu）に言及すれば十分である。それとともに、人間学からは神による救済の予定説における支えが失われていき、人間はあらためて動物にくらべて高級なものとされなければならない(116)。このことは、より狭義の人間学的研究の問題になっていく。人間の人間らしさは、解剖学的にも文化的にも、進化における獲得物――エルヴェシウスの用語では une acqisition(117)――になっていく[16]。

理論のレベルでは、理論が基本構想を提供する社会の機能領域ごとに理論を個別化しなおすという、これまで素描してきた可能性のなかに、宗教の機能的等価物が生まれる。諸機能領域にかんする概念的な「適応的向上（adaptive upgrading）」――これは再個別化の可能性をともなう一般化を必要とする――が成功するかぎりにおいて、神学的な再個別化の補助はいらなくなる。とにかく諸機能メカニズムは機能しなければならない。さもないと、宗教が一種の代替的解決策として外部からふたたび影響力をもつようになる。[118] だがそうなると、宗教そのものが、自己言及を洗練させ不安を飼い慣らす、これらの文化－機能領域の一つにすぎないのではないか、という問いが避けられなくなる。

機能分化のゼマンティク上の相関物の発展のもう一つの帰結は、人間学の理論そのものにかかわっている。それも衝動概念と自己言及の関係について。この関係については、自己愛の観念が鍵となる働きをしていた。なぜなら、この観念は衝動の力と自己関係という二つの契機を一致させたからである。愛することは努力することであり優遇することであるという考え方によって、自己関係が活動を動機づけることと、またその動機づけの仕方は、ただちに理解された。抽象レベルが実存的（したがって、無垢）にして不可避的なものにまで深まることによって、また不安概念が分化することによって、この統一は解体される。自己言及は、およそ運動の原理にかんしては、空虚な定式になる。人間学においてアイデンティティにかんする問いが現れる――その問いにもはや基礎概念から答えられなくなったときに。

VIII

個々の機能領域にすでに存在するか兆しのある合理性モデルをより注意深く見ると、人間学の定式化は上乗せか後づけしたもののように思われる。この定式化はどのような機能を充足するのだろうか。

出発点となる重要な所見はこうである。すなわち、すでに十六世紀から十七世紀初めには、地球上に多様な民族、習俗、文化、宗教が存在するという意識がかなり高まり、理解、比較、説明についてまったく新しい要求が出てきていた[119]。この印象は強烈なものだった。ジョルジュ・ギュスドルフ[17]は「人類の新たな目録がもたらす精神的混乱」について語り、「すべての近代哲学はこの企てから生まれるだろう」とさえ考えている[120]。最初の帰結として、逸脱、変形、堕落、奇形にかんする関心の広まりを背景にした、異文化の否定的な特徴づけが大量に出現した。しかし初期の人間学は、否定的な記述はしたものの、否定的な評価をしたと決めつけるわけにはいかなかった[121]。むしろヨーロッパに典型的な欠点にもとづく評価問題が、それから二世紀にわたって論争の種になる。未開の生活が惨めで原始的なものなのか、自然で良いものなのかについて、理論が定まらないことを別にしても、民族的な文化の多様性に対する関心の事後的な合理化は、最終的にこの多様性が常態であることを意識させるとともに、欠性の否定を用いるさいの出発点となった形態の確実性を揺さぶらずにはおかなかった。同時代に起こったヨーロッパの宗教的‐政治的動揺は、それにくわえて一般化された否定が用いられることを示唆している。われわれ自身が未開人なのではないか(モンテーニュ)。奇形的なものはまさに自己言及にあるのではないか[122]。帝国(プーフェンドルフ[18])や実存そのもの(パスカル)でさえ奇形ではないか。まさにわれわれの宗教的伝統における目的概念が、できそこない、奇形——たとえば純粋な魂の概念——を示しているのではないか[123]。ヨーロッパのきわだった特徴は、否定的なもの、つまり止むことのない自己愛の不安ではないか[124]。そして他方では、異文化を、奇形的なものという観点のもとで(のみ)、あるいはその未開性における欠落の段階(宗教がない、農耕がない、衣服、貨幣などがない?)についてのみ知ることが、正当化されているのではないか。最終的には奇形的なもの自体が自然となる。ルソーはこう主張している。「われわれが種に不可欠なものの多様性を作りだすものを識別できるのであれば、私はそのことに同意する」[125]。

これと並行して、しだいに否定的に捉えられるようになる世界から主体の否定性へといたる、第二の展開経路がある。宗教改革の理論と宗教戦争の経験は、人間の罪を自力では直せない堕落として出現させ、世界をいわばその堕落とともに退化させた。この立場を教義論争のそとで最初に受けとめたのは新ストア派であり、世界の否定性は自己の一貫性の条件として世界に依存することの否定を要求する、と考えた（リプシウス）[19][126]。そこから理性と生活実践についての諸要求が生まれるわけだが、それは否定から出てくる現実論理を用いるものの、まだ再帰的に自己否定にもとづいているわけではない。無は昔から、そして十七世紀になってもなお、まずは神のためにとっておかれる働きのあり方だった[127]。主体の否定性ないし否定の主体性への移行――これは新ストア派においてはまだ構想されていない転回だが――によってはじめて、新しい人間学は、罪と欠性の堕落からなる人間／世界‐連関を粉砕し、自己自身の否定性の否定をとおしてふたたび肯定的な世界関係にいきつける基礎を、すくなくともそう期待できる基礎を確立する。

たんなる欠性（privatio）でない否定の形式を論理的な可能性のストックから呼びだせば、たしかにそのような基礎をもたらしえたかもしれない。だが、否定的に捉えられた実在の否定によって合理性を獲得する方向へ最終的に移行したのは、そのような出発点の条件からは予知できない思想的革新である。ジョルジュ・ギュスドルフ[128]は、「未開人」との接触によってヨーロッパ社会は自然概念の抽象化、人倫・道徳観念の相対化、そして最終的には新しい哲学にいきつかざるをえなかった、という理論を好んでいる。この理論はたしかにあたっているが、新しい人間学をほんとうに説明するには根拠が乏しい。またこの理論は、宗教戦争と新ストア派の連関もうまく説明できない。衝突だけでなく、同じ状況のなかで解決される根本的な社会の構造転換という問題も、考慮に入れなければならないからである。否定のタイプや思考構造そのものにおける革新、欠性の否定から否定的なものの否定によって規定される否定への転換は、社会の機能連関と人間学の協働によって促進されたように思われる。

　リシュリュー[20]の政治を護衛し、宗教的に基礎づけられた敵意から守る、国家主義的な文献にかんする入念な研究にもとづいて、エティエンヌ・テュオー[21]は、それらの文献が「実在にかんする野蛮な見方を与える(129)」傾向に従っている、という結論に達している。そのような否定的に示された実在に対して、宗教を離れた政治に固有の行為の合理性が浮かび上がってくる(130)。この合理性が必要になるのは、道徳的にはいかに両義的だとしても、所与の否定性があるからである。この否定性は、かならずしも人間学的な形態をとっているわけではない。この否定性は、政治理論の領域においては、たとえば広く外交問題にかんして（フランスの場合はスペインの脅威にかんして）説得力をもつ。すくなくとも個々の機能領域については、否定性と合理性の連関をいかなる人間学からも切り離せるが、そのような抽象をすることによって機能システムのレベルから離れられなくなる。したがって、新ストア派もおおむね戦略的理論のままである。否定性の形態は、人間学的にすることができると証明されることによってはじめて、社会全体にとって重要な定式へと発展しうる。とくに政治理論については、ホッブズがはじめてこの連関を確立している(131)。

教育の領域についても、従来の研究が十分明確にこの問題に注意を払っているとはいえないが(132)、十七世紀のあいだに、大人の性質がいくつか欠けている人間を意味する純粋に欠性の子ども概念が、危険をはらんでいるからこそ教育可能でもある過少決定性という考え方に変形される、と仮定できるだろう。そのためには、生得的観念の定理が放棄されなければならなかった。このような概念変化、否定性と過少決定性の深化が起こったあとではじめて、すべての人間の教育を必要なものとして正当化できるようになる。このような考え方がはじめて、教育の人間学的な基礎づけの可能性をもたらす。どこで時代区分をするかによるが、「子どもの発見」は十七世紀のあいだに、または十八世紀初めになってから起こった。

以上のような経過のなかで始まった限定的否定への移行は、十八世紀後半に(暫定的に)完了する。いまでも、人間学は集積所としての働きをしているし、人間は濃縮的な定式化の準拠点としての働きをしている。人間は、もはや本質/偶然の図式が適用できなくなったあとでは、ただ感覚と観念の変化の連続によってしか規定されない。連続性の中断は、強い意味で無化になるだろう。したがって、人間が存続すること(自己維持)は基礎的要件になる。感覚と観念の変化のなかで存続するものは、限定的否定によって継続的に破棄される未決定性、その否定がまた否定可能なゆえにふたたび作りだされる未決定性でしかありえない。新しい一般定式は、限定的否定の必要に直接言及する。いわく「人間的自然の弁別特性は未決定性である」。そしてさらに楽観的にいわく「この人間の否定的長所は、以上のような完全性の源泉である」(133)。いまや古い不安の人間学を捨てて、哲学的人間学の彫琢を始められる。フンボルト[22]は「たんなる不安な努力が賢明な活動に転換される」ことを要求するようになるのである(134)。

このような仮定が正しくて一般化可能だと実証されたら、社会学的に大きな意義があるだろう。そうなれば、このような仮定は次のことを裏づけるだろう。すなわち、「奇形」で脅威に見える実在、最終的にはその本質からして不確定に見える実在そのもののレベルにまでいきつく否定可能性の深化が、機能に固有の観点によって表現されるようになったこと、またこの過程が諸機能システムの社会からの分出の進展や宗教からの分化と相関していること。人間学は、この動きを開始させるのではなく、それまで宗教が表象してきた包括的な連関性のかわりに「人間のなかの人間」[135]という考え方を示すことによって、この動きを受けとめるにすぎない。人間学は、この考え方によって、ふたたび道徳へと回帰し、一定の意味でふたたび宗教へも回帰する。そうした宗教の取り込みに矛盾する文書は、一七五〇年頃までは「陰に隠れて(sous la manteau)」しか流通できない[136]。分化の進展過程における古いものと新しいものにかんして、パーソンズが語っているような包摂要求を充足することが、人間学の課題になった[137]。だが人間学は、否定性を概念的に穴埋めし、不安、自己言及、規定不能性として人間のなかの人間に帰属させ、それとともにみずからが解決できない理論問題を切り開いてしまうことによってしか、そのような包摂要求を充足できない。

自己言及が人間学的な基礎事実として受け入れられ、限定的否定への依存という意味で彫琢されうるようになると、自然と道徳の関係の変更の基礎が用意される。いまや、道徳は自然の力を抑制することによって自然から奪い取らなければならない、あるいは理性によって自然に押しつけなければならない、という考え方を破棄できる[138]。(人間的)自然そのものが再道徳化されることになり、この過程は相互の配慮という意味での社会性の概念の深化をよりどころにする[139]。それを可能にする立場は、いまや広く受け入れられる。その立場によれば、(1)自己愛は、利他主義と利己主義の両方を基礎づける態度として、両者を包括する、(2)社会性は、そのときどきの他者の自己言及を取りいれるかたちで、展開されなければならない。このテーゼのなかでは、社会性をみずからに取り込んでいる以上、もはや堕落（corruptio）や極度の欠落という意味で純粋に否定的に評価することのできない、人間の概念が前提とされている。自然と道徳にかんするその後の展開は、比較的緩やかである。この過程の固有の意義は、新しい自然な道徳にあるのではなく、自己言及的な自然の不規定性を新しい規定に委ねる点にある。

この展開が最高潮に達するのが、ルソーの思想であり、人間的自然の基礎づけが完成から完成可能性に転換する時期である[140]。それとともに、否定の深化は（人間の）始原そのものと関係づけられる。欠性で否定できて、一定の範囲でつねに堕落している肯定性に、他者による決定を自己による決定に転換しようともくろむ始原的否定性がとってかわる[141]。ここで問題となるのはもはや完成ではない。完成は自己自身を堕落させ、ことによると神への愛のかわりに自己愛を選ぶことによって魂の救済を奪ってしまう。否定性はむしろ自己言及にさえ先だって存在し、自己言及に自己決定の機能を与えることによって、はじめて自己言及を可能にする。これに対応して、すべての二項図式化もここから始まる。完成可能性は、最終的に到達する完成を保証しない。完成可能性は、発達の萌芽的力でもなければ完成の共同原因でもない。完成可能性は、完成と倒錯という二重の可能性の婉曲表現にすぎない。「始原の人間的自然は、完成と同時に倒錯にさらされた存在の不安定性としてしか、定義されないだろう[142]」。だが、このようにして存在するすべてのものが捉えられるわけではない。完成から完成可能性への転換とともに、人間学は人間を自然から抜け出させ、歴史的存在にする。

このような思考操作が、より自然に感じられる旧来からの可能性に反するにもかかわらず、説得力をもちうるようになったのには、たしかに多くの理由がある。十八世紀後半には、まだあまり究明されていない社会構造上の理由から、時間意識の歴史化（それとともに再帰的な独立）が確固たるものになる。[143] それによって、歴史を用いる論証の糸口が急速に増大する。本書では、いくつかの先行条件への注意を喚起しようとしてきた。それらの先行条件は、しだいに確固たるものになっていく全体社会システムの機能分化から出発する。この分化類型は、それぞれ固有の問題領域における限定的否定を必要とし、可能にする。確固たるものになっていく問題領域の分化は、否定すべきものを不規定性として定式化し、人間学をとおして包括的定式として一般化することを可能にするだけの、十分な規定性を提供する。これに対応して、「自然」として象徴化されていた合理性連続体にひびが入り、それぞれの機能に固有の合理性に解体される。そのような合理性は、固有の主導的価値に従い、固有の二項図式のもとで操作化される。そうなると、人間をある否定性として捉えることも可能になる。それは、あらゆる二項図式化に先行し、図式をあとから自己の規定のために用いるような否定性である。これらすべてのことは、確立していく科学、政治、経済、宗教、教育、家族生活、芸術といった下位システムにおいて、十分に独自の機能保証が同時的に与えられうるならば、もはやあまりに大胆な考えとは思われないだろう。それにもかかわらず、まさにそのように事が進んでいくことが、歴史的に確信を強める経験になっていく。

だが、あらたに定式化されるべき時間意識も、最初はふたたび人間学化される。時間意識は、おそらく最も印象的なテクストであるルソーの『孤独な散歩者の夢想』（第五の散歩）のなかで幸福の問題に帰せられ、幸福の反対条件として描かれる。幸福は安寧を必要とし、したがって感覚知覚の時間性が持続的に感じとられるにもかかわらず、意識から未来と過去を締め出すことを必要とする(144)。つまり現在への縮減である。現在は、たしかに時間のなかを浮遊してはいるが、たとえ意識状態として長く持続しないとしても、未来意識や過去意識が欠けているのでみずから持続を否定できない。だが、幸福が時間意識の否定とみなされ、そのように記述されるやいなや、そのテーゼもまた否定可能になる。いまやまったく反対に、時間の肯定が幸福への道だと理解できるのである――自己の存在の空虚さを前にした未来と過去への二重の逃避としてであれ、労働、人間形成、享楽の調和的均衡としてであれ。議論の人間学的基礎が、そのような否定と肯定の回転運動を可能にする。そのような人間学的基礎が破棄されてはじめて、恣意的に逆転できない社会構造と時間構造の相関関係について問えるようになる。

　第二の方策は、同じようにここで考察されている時代の終わりに始まり、同じように「哲学的人間学」に移行するのだが、調和の概念を用い、時間次元ではなく事物次元における解決を探求する。ライプニッツ、クルージウス[23]、ズルツァー[24]らによって更新された調和概念は、「世界」のレベルでも、人格のような個別現象のレベルでも、偶発性問題を解決する。基礎となるものの自己言及、否定性、不確定性を徹底することによって、そうでないこともありうるという意味で、全体の偶発性の問題が立てられた。この問題は、諸部分の連関の非偶発性という公準によって答えられる(145)。現象ないし状態の一致という意味で、あるいはすべての力の同等の展開という意味で、調和が達成されている場合、もはや何ものも調和を乱すことなしには他のようにありえない。このような見事な秩序の非偶発性は、全体の偶発性を脱問題化する論拠となる。諸部分の関係から全体の必然性が逆推論される――とりわけ、この論拠が世界全体のレベルで反復されるからである。

この考え方は、十八世紀のあいだに、出発状態としての不安をよりどころとする論証にとってかわる。[146] 安心と不安を相互排他的な心の状態として捉えられないことはわかっていた。この発展は、市民層の政治的結束より前に起こっているから、知識社会学的にその「沈静化」としては説明できない。だがあの不安の人間学は、機能ごとに適用できる特殊人間学を生み出したあとでは、不要になってしまったように思われる。人間の本性の過少決定性が保証され、さらに諸機能システムがみずからの固有の問題設定に配慮し始めたあとでは、不安は完成可能性と調和の素質へと解消される、ともいえよう。

人間学的問題の第三の新しい把握は、「享受（Genuß）」の二重の意味を利用する。享受する（genießen）という語は、一方で何かをわがものにすることを意味し、他方で何かを楽しむことを意味しうる。[147] この内的な二義性にもとづいて、享受する過程は自己言及的になる。人は享受することを享受することさえできる。つまり、わがものにすることをとおして何かを楽しんだり、楽しむ状態を最終的にわがものにしたりできる（この場合、二つのことは、用語法の上では融合されると同時に、意識の上では強度の段階というかたちでのみ区別される）。このような強化とともに、否定性を取りいれる可能性、たとえば苦痛を享受したり享受の放棄を享受したりする可能性が得られる。[148] 享受は実存の圧力となり、否定的なものを肯定的なものに転換するというかたちで、それ自体が推進され、否定性と両立させられる。

要約すると、団体的な社会概念に適合した旧ヨーロッパの神学的－政治的－法的な伝統は、近代への移行のさいに、新たな社会概念ではなく人間学にとってかわられる。この伝統のなかに、すでに象徴的・社会構造的な転換を推進するための決定的な諸前提が用意されていた。この伝統は、きわめて異質な（ギリシア的、ヘブライ的、ローマ的）構成要素を強く相互連関的に結びつけることによって、最終的に見通せないほど広範な帰結をともなう理論方策を可能にする。(149) 新しい人間学は、この仕事を継続しなければならず、相応の相互依存関係をともなう相応の複雑性を提供しなければならず、さらには不安の人間学、欲望の人間学、根源的に不確定な否定性の人間学として、発生した動態を定式化する。その理論方策上の成果は、不連続的であると同時に連続的な成果である。この成果の側はまた、強く相互連関した諸理念の異質性、複雑性を前提としている。不連続性と連続性の統一は、はじめてそのあとで、歴史の理論として定式化される。

IX

ここまでの分析は、一つの部分的現象を強調しすぎていた。ここからは、それをより幅広い視点によって補完しなければならない。この視点は、これまでの分析と同じように、人間の基本的性格についての考え方に関係するし、移行機能をひきうけられるゼマンティクの伝統をかたちにする。人間の統一性は、自己言及や否定性としてしか捉えられないのではなく、関係としても捉えられる――そしてこのかたちでもみずからを自由に構成できる。

アンソニー・レヴィ[25]は、錯綜して文学に似たかたちで行われた分析のなかで、人間学的に基礎づけられ、人間の衝動、情念、能力を取り入れた道徳理論に到達する努力の過程で、十七世紀半ばまでに、スコラ学的、ストア派的、アウグスティヌス派的な理論要素が、たがいに関係し、たがいに結びつき、だが同時にたがいに対抗するようになったさまを示している[150]。フランス古典主義の時代には、統一的な最終産物、古典的な理論綜合はなかった。だが組み合わせの努力は、ただ一つの用語にもとづいて構築されたすべての人間学が摩耗したあとに、一つの遺産を遺す。それは、人間を諸能力の関係として叙述する習慣である。とりわけ、衝動にしても身の処し方の自由にしても、もっぱら理性から導出されたり、理性に転換されたりするわけではない。ゼマンティクにおいて適切な複雑性を実現するためには、すくなくとも二価的に構築された人間学が必要である。だが、最もうまくいきそうなのは三価の理論である。たとえば、情念の制御は理性と意志の分離を前提にする、というのがそれである[151]。しかしこの理論は、理性と意志の関係を規定しなければならない、それも情熱の制御を関係として可能にするように規定しなければならない、というジレンマに直面する。

このように立てられた問題には普遍的に受け入れられる解決が見つからない、というのは無理もない。最もわかりやすい考え方は、理性は外的に規定された分別であり、意志は反対に内的な身の処し方を象徴するのに対して、情念が意味するのは人間の動物的実存に由来する、いわば基盤的な制約である、というものである。だが、これらの名称は伝統的な含意も保持している。三つの要素の協働は、いかなる道徳ももっぱら外的な帰属やもっぱら内的な帰属にもとづいては構想できないことを示している[152]。

だが、あらゆる理論綜合からまったく独立に、すでに関係づけ自体に重要な利得があった、ということはありそうである。そのようにして、より複雑になる人間学を用意できたのである。理性と意志の関係、分別への拘束と身の処し方の自由の関係、行動の意味構成要素の外的帰属と内的帰属の関係は、人間のなかにもちこまれ、人間にとって未決に保たれる。おそらくここからも、自己言及、自己愛、利己心の肯定的評価が、不可避なこととして徹底されたのだろう。いずれにしても、このような理論的基礎から見ると、人間の統一性はもはや所与とはみなせず、人間がみずから作り出すものとみなさなければならなかった。そうなると、人間の生はもはや、能力を正しく使うことで成功したり、堕落によって失敗したりするものではなくなった。むしろ、十八世紀に移行する過程で、ますます外的・内的な規定を自前で加工したもの――発達するパーソナリティ――とみなされるようになった[153]。そうなると最終的に、人間は、境遇、偶然、社会的影響といった諸条件のもとで、自己自身に反応することによって、人生のなかで個性的存在へと自己を「形成する」ものと考えられるようになった。

いまからふりかえれば、この人格のゼマンティクの変形のなかに、人間学が、全体社会システムの構造転換に、とりわけ機能的包摂という新たな要件に適応し始めたこと、またその仕方を見てとれるだろう。パーソナリティに安定した特徴を付与するのは、もはや、社会の下位システムの一つへの構造的にあらかじめ規定された社会的組み込み、すなわち「身分」ではない[154]。むしろ、自分らしくあることと他者のためになることとの綜合、幸福と利益の綜合を可能にするのは、諸機能システムの規定領域(まずはとりわけ敬虔、労働、家族の親密性、さらに教育、修養旅行、社交的社会性)における自己確立の歴史である。社会秩序は、社会的な諸要求の磁場のなかでどのように動くのかを自分で決める個人のなかの、そのような綜合の可能性と十分な蓋然性にもとづいている。

このような状況のなかで、人間について機能を超えた一般性を表現する用語が探求される。その概念的「基盤」は、自己言及、否定性、関係にかんする諸仮定にある。そのゼマンティク的彫琢は、諸機能領域を避けることによって、不安定性、秘儀性、一面性、観念性、現実社会における居場所のなさといったリスクを冒す。そのような人間学の社会との関係は、あらためて反省されない。その変種は、十分長いあいだ、人間学を自己自身にかかずらわせる。

X

進化論的分析は、概念と社会構造の発展の親和性をただ証明する以上のことを必要とする。分化の考え方も、多くの構成要素の一つを寄与しているにすぎない。近年の進化論の発展から見ると、単純から複雑へ、ある分化類型から別の分化類型へという単純な転換論は大きく修正せざるをえない。とりわけ本書では、内部に原因があり、所与の諸可能性が展開する方向に進む、普遍史的な発展過程という観念を放棄する。(155) こんにちでは、ダーウィン主義的な基礎をひきついで、複数の進化的機能を区別し、構造変動を相応のメカニズムの分化と協働の結果とみなすような進化論が、それにとってかわっているように思われる。機能ないしメカニズムは、変異、選択、安定化(保存)と呼ばれる。(156) それとともに、進化は環境に対するシステムの構築と破壊の特定の形式になり、より高度なシステム複雑性の達成は、うまくいけば一定の安定化のメリットをもち、その後の進化の特別な諸可能性を開く、進化の後成的副産物となる。

この理論展開は、発展の原因や法則にかんする古い問いを解体するとともに、近代社会への移行の原因となったのは文化的要因か物質的要因かという不毛な論争も時代遅れにする。そのような考え方のかわりに、そのつど探究される要因――ここでは初期近代の人間学――は、変異メカニズム、選択メカニズム、安定化メカニズムにとって何を意味しているのか、またそれらのメカニズムを分化させて（歴史に即していえば、より分化させて）協働可能なように保つのに、どのように貢献しているのか、という問いを立てなければならない。いかなる場合にも、この問いを超えて「決定的影響を与える原因」という考え方にもどることはなく、いかにして要求度が高く構造的に蓋然性の低い進化の推進力が生まれるかについて、より明確な考え方にいきつく。

まず変異メカニズムのなかで関心をひくのは、次の問いである。すなわち、概念形成と理論革新――たとえば自然な自己愛という基本的な考え方のなかでの、二つの正反対に価値づけられた自己愛の形式の形成(157)、あるいは完成から完成可能性への移行(158)――が、雪崩現象を引き起こすただの知的なまぐれ当たり以上のものであるような事態を、十分に蓋然性の高いものにするのはいったい何であろうか。つまり、伝承された思想財をより速く、より深く、より大きな納得の可能性をともなって変異させる幸運な偶然の蓋然性がいわば濃縮されるのは、何のせいであろうか。事例分析をもってしては、この問いに信頼できる答えを与えられないし、進化論的認識論の萌芽もこれまであまり発展していない(159)。理論構成者がひそかに方向づけの基礎にする社会的経験を指摘するだけでは(160)、まさにどのような経験を選びだすかが問題であるということを十分に述べていない。それでも、文字や印刷術のような一般的なコミュニケーション技術上の条件(161)とならんで、二つの加速要因が挙げられる。二つの要因は、おそらく本書の事例を超えた意義をもっている。それは、(1)革新のさいにも特定の再編成の結果の十分な一貫性と十分な見通しを保証し、さまざまな無意味な突然変異をあらかじめ除外する、概念、教義、理論の文脈の分出、(2)革新の過程にともなう否定の主題化、である。

まず、印刷術が決定的な事柄を変えたこと、つまり保存されたゼマンティクのコミュニケーションによる受容の通常形態の構造を変えたことは、たしかである。読者は、状況的に孤立することによって、あえて直接は表現しない否定を自由に行えるようになる。そうなると、テクストを書くさいにも、読者のことを考慮しなければならなくなる。凌駕、急進性、不確実性、革新、立場意識が、伝統によって確証された偉大な知的綜合にとってかわる。「私の体系です(mon système)」というのは、いまや「私はこれを批判と万一の否定のために君に供する」という意味である。

社会文化的進化における変異は、とりわけ拒否、否定、予期の違背のコミュニケーション可能性の解放によって増進される、という点から出発すれば[162]、ここで概略を示した自己言及的感受性と過少決定性の人間学が、不安の鎮静、安定性と確実性の創出、無規定なものの規定として現れうる、新たな否定の可能性を見込んでいるのは明らかである。秩序そのものが否定的同一性を含んでいる。否定することは、正統で、構築的で、ときには過ちを犯してふたたび否定すべき活動になる。問題となるのは、もはや創造、堕罪、自然のなかで与えられた本来の存在形態の欠性ないし堕落の可能性ではなく、みずからが批判可能なものでありつづけることによってみずからを正当化する、あの基本的活動である――実定法は変更できるから、これにあたる。よく注意してほしいが、否定と批判といっても、革命が準備されると言っているわけではない。変異は転覆を意味しない。知的な編成は、まさに支配者にも向けられている象徴的に固定された活動地平と活動要求の変容をともなって、はるかに深いところで始まる[163]。革命はむしろ、政治がそのような活動圧力に従わないところで——従わないからこそ——起こる。

この否定可能性の解放は、実行可能性への信頼、未来に対する楽観主義、道徳と合致し、これらのなかに動機づけの基礎を生み出す。これらは同時進行する副次的条件ではあるが、それ自体が発展を説明する要因ではない[164]。進化論にとって、進化論は、こうした変異に対応する選択と安定化のメカニズムについての問い、変異が拡大され加速される場合に引き起こされるこの領域の変化についての問いを、立てなければならない。不安の人間学は、この問いに対して、あまりに単純なモデルしかもっていなかった。この人間学は、否定性を否定し、完全な安心（parfaite tranquillité）[165]あるいは欲求充足のなかに、魂がみずから追求する状態、環境の状況によってしか実現を妨げられない状態を見た。だからこの人間学そのものは、社会の進化的発展の反省としてではなく、人間学として「のみ」定式化されている。だがそれと同時に、この人間学は、みずからが要求する諸機能領域において、新たな様式の選択基準——しかも、古い秩序とくらべると「非社会的な」選択基準、それ自体としてはもう安心や安定を保証しないような選択基準——の形成をうながす。

政治においては、ホッブズが考えているように、統治契約にもとづけば、もはや合意は重要ではない。政治にとって、合意はいわば経営資本として利用できるものになり、内生的-合理的基準にもとづいて利用されるようになる[166]。経済においては、利潤が契約にもとづかない（したがって「非社会的な」）収入として正当化され[167]、まさにその特性によって、経済的意思決定の選択基準に昇格する。情熱恋愛（amour passion）もまた、この時代に、病的とはいわないまでももはや社会的に調整不能な、結婚相手の自由な選択の要求になり始める[168]。

理論的に解決されない問題ばかりである！　自己言及、不安、否定といったカテゴリーを用いて変異原則の変異に機能的に焦点をあわせるようになると、それによって新たな抽象レベルに進まざるをえない選択基準が理論的制御から逸脱するのではないか、と考えてよかろう。そこで起こることは、回顧的に進化論の文脈のなかで見えてくる。人間学を基礎にすると、高度に形式的な根本問題が論じられないばかりでなく、新しい秩序の選択基準も理論的に理解できないままである。そのかわりに（これまた独特の自己言及的なやり方で）、あたかも道徳の主題化が主題化の道徳も保証できるかのように、道徳が参照される。

それにもまして、新しい選択基準がもはや安定を保証しないことは、理解されないままである（あるいは、不安と安心、動態と安定の一般的な対置のなかで止揚されると同時に隠蔽されたままである）。利潤志向がいかに経済を不安定にするか、ロマンチックな愛のコードに従った結婚がいかに不安定でありうるか、あるいは方法志向の批判がどこまで理論を構築するより速く破壊するか――これらのことはみな、まだ経験されていないことだからわからない。初期近代の人間学は、このような選択と安定化の齟齬を反省せざるをえないような状況にいない。安定問題は、この人間学にとって人間の自己維持の問題である。それは、時間地平については可死性／不死性の問題、基準については二項的に図式化されているがまだ社会全体に妥当する道徳の問題、道徳の遵守における安定の見込みについては自然の問題である。

新しい人間学の主題の進化論との関連が、こうして明らかになった。この人間学は、思想進化のレベルでは、変異、選択、安定化のいっそうの分化に到達する。その結果、これらの差異をもういちど包括する理論綜合の見通しが得られる。これらの連関を保証するのが、人間という主題である。だがこの主題は、進化メカニズムが乖離させるような人間の諸側面の主題化を妨げる。そうした諸側面は「人間には」現れないからである。それと同時に、ゼマンティクが進化に貢献する事柄をゼマンティクの枠のなかで否定することが、妨げられる。

XI

ルネサンス－人文主義は「社会学的にまったく非生産的な」ものにとどまっていた、という有名なエルンスト・トレルチの言明[169]は、どのような立場をとろうと、初期近代の人間学についてくり返せないのはたしかである。だが、この人間学は「社会学的に生産的」だったのだろうか、またどのような意味でそうだったのだろうか。この問いを立てるのは、本書の分析を進めるもとになる構想をあらためて明確にするためである。

思想の歴史的因果性があるかどうか、十八世紀の印象的な文学活動が思想に特別な普及と影響のチャンスを与えたかどうかについては議論の余地がある[170]。この論争は調停できない。なぜなら、思想の因果性をどのように考えるべきかが問題になるからである[171]。本書では歴史的発展という考え方を進化という考え方におきかえた。(反復不可能な、そのかぎりで「歴史的な」)システム状態の順序を秩序づける歴史法則という仮定に、進化的な機能とメカニズムの分化と再合成という仮定がとってかわる。そこで問題となるのは段階モデル[172]ではなく、同時的に働く布置関係である。進化の「稼働」は、次の要因が働きだすやいなや先へ進むという意味での、諸要因（ないし諸要因のクラス）の偶発的順序から起こるのではない。むしろ進化論が述べているのは、変異、選択、安定化の機能がより分化するにもかかわらず、それらのメカニズムの効果という点ではなおも統合可能でありつづける場合に、進化するシステムにおける構造変化の蓋然性が高まる（それとともに頻度が高まる）、ということにすぎない。その場合に「統合可能でありつづける」とは、変異はみずからが増大するにもかかわらず選択の可能性を用意するという意味であり、選択は安定化を配慮せずに行われる場合でさえ、その諸帰結の一部の安定化可能性を排除しないという意味である。

したがって「社会学的に生産的」なのは、全体社会システムのレベルでは、まずもって社会文化的進化そのものである。それ自体が進化の過程で形成される進化の構造が、関連する可能性のある因果性を組みこむ条件を定義する。それにくわえて、思想はつねにまたさまざまなかたちで——たとえば、一人の頭のなかで同時に思いつくこととの偶然の布置関係、個人的な履歴、旅行、翻訳などに依存して——因果的に条件づけられ、因果的に作用する可能性がある。このレベルでは、フランス啓蒙主義に対するロックの著作の影響はヴォルテールのイギリス旅行によって条件づけられている（つまりヴォルテールのイギリス旅行なしにはそのような影響はなかった）のかどうか、またどの程度条件づけられているのかについて、議論できるだろう。だがこのタイプの分析では、現実的にほとんど解決できない立証の困難さを度外視しても、社会構造の変動を説明できないだろう。進化論を用いてはじめて、社会変動「なるもの」の問題「なるもの」を分解して、諸々の因果性——その偶発的な共同作用が進化的な構造変化を引き起こしうる——を成り立たせる作用前提と作用方向を、より詳細に問えるようにする問題設定が得られる。だが進化は自己選択的な過程である。だから、カルヴィニズム、市民的人間学、新しい生産テクノロジー、人口学的変化、その他のことが近代社会を生み出したのかどうかと問うたり、これらの要因の貢献度をたがいに比較して計ったりしても、あまり意味がない。そのかわりに探究すべきはつぎの問いである。すなわち、これらの要因は、(1)システム内部のコミュニケーションの条件として、変異、選択、安定化のメカニズムの分化と再結合を、とくに全体社会システムのレベルで変化させるのかどうか、またどのように変化させるのか、(2)環境要因(たとえば物理的、心理的資源、人口学的変数)として、十分に構造化された偶然的条件を社会進化に提供するのかどうか、またどのように提供するのか。こうした要因の布置関係の共同作用が、はじめて自己選択的な構造変化の過程を進行させうるし、場合によっては社会の分化類型の転換に、またとともに新しい社会形成に導きうるのである。

初期近代の人間学のような理念構成が、こうした進化的諸可能性の布置関係にさまざまなところで影響を及ぼしている(ここでは、コミュニケーションの構成の仕方をとおして因果的に影響を及ぼしている、という意味にほかならない)ことが示されうるなら、この理念構成が進化的変化の過程においていかに中心的に作用の一部を担っているかも、それと同時に示される。人間学は、(1)社会の特殊な諸機能システムへのより多くの成員の包摂に対して、それとともに(すぐには大きく変化することのない)人口学的な与件との関係に対して、さらに(2)否定するコミュニケーションの可能性の増大に対して、(3)特殊な選択の諸基準の解離に対して、そして(4)社会の機能志向的な諸下位システムの自己言及的安定化に対して、定式化を与えているとすれば、それによって近代社会をもたらす構造変動に中心的に関与していることになる。人間学が、人間という要素概念にもとづいてこれらの連関の一貫性のある構成に、理論技術的に成功していないのは、こんにちのシステム理論の目から見れば明らかである。だが、人間学は起こっていることを理解可能にするという意味で正しい理論であるかどうか、という問いからはまったく独立に、いくつかの概念的な中心的形象に凝縮されることによって、人間学はコミュニケーションと納得を容易にした。この容易化は、宗教的なコミュニケーションの諸主題が後退し、階層固有のコミュニケーション様式の狭小性と閉鎖性が減衰していくなかで、人間の人間に対する関心、道徳、およびあまり複雑でないテーマの布置関係をよりどころにできた。

人間学に前後するいかなる人文主義の形態についても、同じことは主張できないだろう。だが後世の人間学の評価はみな、それが可能だったということに依存しているように思われる。

XII

初期近代の人間学は、粗っぽい選択肢に焦点を合わせてよければ、否定をとり選択をすてた。この人間学は、秩序の構築を否定性の否定と考え、複雑性からの可能なことの選択とは考えない。この人間学にとって、人間はこの世の被造物のうちで最高のものではなく、社会は最高の政治的社会形態ではなく、世界は可能な諸世界のうちで最高のものではない。最高のものは、既存の状態の批判と克服にもとづいて構築されるプログラムになる。秩序への信頼は、否定性の否定から新しい秩序が生まれることへの信頼になる。それとともに、初期近代の人間学は市民的イデオロギーでもある。この人間学は、いずれにしても、「まだない」ことに賭けられる社会階層にとって、とりわけ説得力がある。

理論の非完結性もこれに対応している。この市民的人間学は、理論綜合を行わなかったし、それが望ましいとも感じなかった。理論綜合は、メタ理論的な説得性の根拠によって行われる。だから十八世紀は、道徳とパラドックスの世紀になる。[173] 人は、美徳を肯定するさいに宗教から独立していると感じ、その解放感のおかげで、パラドキシカルな定式化によってもろもろの教義を成り立たなくさせることで、新しい真理を構想できる、と強く確信する。しかしそれと同時に、機能システムが、道徳化によってもパラドックス化によっても満足に扱えない構造問題を立て始める。政治を概念的、制度的に基礎づけるためには、王がみずからを下僕としてパラドックス化し、その道徳によって統治するだけでは、もはや十分でない。経済については、システムを「個人の悪徳－公共の利益」（マンデヴィル）[26] としてパラドックス化するだけでは十分でない。[174] 経済においては、分業に直面して、個人行為の合理的計算の合理性という問題が立てられる。あらたに分出する教育システムは、教師の教育をひきうけなければならない――さもないと教育学的に有効な「教育する授業」が保証されないから――という課題に直面する。とりわけ科学は、循環論法で知識をふたたび前提とすることなしに、どのような根拠にもとづいて知識にかんすることを知識として知りうるのか、と問わざるをえない。ただ人間学的に人間の知覚や認知の装置を引き合いに出すような知識概念では、もはやこの問いに答えられない。[175] 帰納推論の問題化や、ある認識のアプリオリに妥当する根拠についての問いは、[176] 新手の機能特化した認識過程の自己言及の変種である。そのつど機能特化した自己言及が問題となるのだが、その統合のためには、まだせいぜい超越論的主観の超人間学しか提案されない。

これと関連して、自己愛は社会性と道徳、共感と美徳を生み出す唯一十分な原理である、という考え方も崩壊する。たしかに、先天的な社会的本能やそれに類するものの存在を主張する、これに反対の立場は以前からあった。しかし説得力のある批判には証明が必要であり、その証明はアダム・スミスが与えることになる。すなわち、社会性とは異なる存在としての他者に感情移入することであって、ただ思考のなかで他者の立場に立ってみることではない、というのがそれである[177]。これとともに社会性が考察されるべき問題レベルが深められ、問題となるのは異なる存在としての他者なのだから、社会秩序を（自然の）平等という前提によって根拠づけるのでは十分でない、ということになる。かくして、機能的差異を乗り越えるためだけでなく、諸個人の非同一性のもとで同一性をあらたに定式化するためにも、よりラディカルな理論アプローチに依拠することになり、ここでも超越論的主観の考え方がその役目を担う。

以上のことから、旧来の不安と欲望の人間学は時代遅れになる。それは自己言及のなかで「倦怠（ennui）」になる。人は、計算の難しさや時間を超えた定常性の問題に注意を向け[178]、説得力喪失の典型的指標である十分な基礎づけの欠如に気づく[179]。あるいは、ただ人間学的に考えられてきた不安を、新しい観念論におけるノスタルジックな諸概念に変える。超越論的意識の主観性にもとづけば、初期近代の人間学において可能なすべてのことを超える理論、たとえば否定形式と自己言及をたがいに関係づけ、両者の固有の統一性の叙述を明示的にひきうける理論が、たしかに可能になる。ヘーゲルの理論がそうである。だがそれと同じくらい、そのような理論はなんの役にも立たないことが、明らかになる。そのような理論は、みずからの理論問題に専念することによって隔離される。そのような理論は、まったく説得性にかまうことなく定式化を行い、十分理解していれば省略できるいくつかの傍論（obiter dicta）をちりばめなければならないかのように雑文で飾りたてることによって、他のかたちではもはや言い表せない言説を構築してみせる点に、独自の理路を示している。だが、社会はもはやそれを受け入れない(180)。社会学的に見ると、結局のところ、このような大理論の拒絶、隔離だけが注目に値するのであって、それにつづくのは、この理論は修正可能な構成決定にもとづいているのか、それとも他のどのような原理にもとづいているのか、という問いである。

思想財と歴史的構造のあいだの可能な相関について問うことには意味がある、というところから出発してよければ、またそのようなやり方でのみ（理論内在的にではなく）この隔離効果を理解できるとすれば、この理論と機能分化した社会の構造類型との関係が視野に入ってくる。だがそうなると、機能分化した社会において、対象が一つの合理性連続体であると想定するような理論に説得力をもたせられるのか、それとも、そのような社会類型は最終的に合理性も並行して分化させ、合理性の諸基準は、その基準によって限定された否定の諸可能性ともども、つねにシステムとの関係においてのみ有効なのか、つまりそれぞれ一つのシステムと環境の差異についてのみ有効なのかが問題となる。後者が正しいとすると、社会や世界について、いわば自己自身との相関物として、一つの合理性連続体を想定するような理論が、こんにち実現している社会において説得力をもつ可能性はもはやないだろう。そのような理論は、自己の合理性を社会や世界という対象に投影してみたところで、もはや理論としてしか存在しえないだろう。

よく注意してほしいが、ここで問題となっているのは認識の妥当性ではない。理論による対象の適切な再現ではない。すでに初期近代の人間学は、社会の理論として社会的共鳴と広範な作用を獲得していたのではなく、社会の理論であることを断念することによって、まだ定式化できない全体社会システムの構造変動にもぐり込んでいた。それと並行して、十八世紀末までほとんど変わりなく、市民社会（societas civilis）という学校概念[27]が伝承されていた。いかにしてそのようなことが可能であったのかを理解したければ、理論の潜在的機能あるいはイデオロギー的、無意識的関連について語るのは自然なことである。だがそれでは、潜在的機能性は、反省に取りいれられず破壊されてしまうだけの、説得力の必須条件なのか、という問いに直面するだけである。たしかに、機能分化した社会への移行という歴史的状況にかんしては、何か市民的理論構築の典型的な成功条件があったかもしれない。だが、同じことがすべての時代、すべての社会形成に広く当てはまるなどと、誰が主張するだろうか。

理論は、何を意図していようと、つねに社会のコミュニケーション過程の産物でもある。だから理論は、みずからの力だけで、社会における成功とコミュニケーション上の共鳴を獲得しているのではない。理論は、科学論の諸規定と一致するように作られている場合にのみ、そのかぎりにおいてのみ、妥当するわけではない。理論は、みずからが主題化する対象との直接的で「真の」関係にもとづいてのみ、説得力をもつわけではない。そのような科学に固有の成功条件は、科学が機能特化した社会システムとして分出するほど、固有の重みをもつようになる。その場合、理論が社会全体で妥当する根拠は科学が承認されていることであるが、科学の承認の側はまた、技術的成功にかんする大ざっぱな判断によって動機づけられることがありうる。しかしそれだけでは、科学理論の提唱する真理の受容がすべての場合について十分に説明されるわけではない。

とくに科学が社会を主題とする場合、あるいはみずからが科学として承認される過程を主題とする場合には、科学が科学として承認されるだけでは十分ではない。社会理論の場合にも認識論ないし科学論の場合にも（またこれらの領域のすべての部分理論の場合にも）、理論は自己言及的な関係づけに陥る。これには予測可能な諸帰結がある。社会理論の場合、対象を認識する形式は、自己自身を対象に含めざるをえない形式、つまり自己自身を社会過程として認識せざるをえない形式である。社会理論は、自己自身を自己の概念構成から除外できない。認識論の場合、ぎゃくのかたちで同じ問題が起こる。認識論は対象として自己自身に志向するが、それと並行した対象化、自己志向の社会化が何を含んでいようと、そうなのである。

一般に自己言及システムの場合、またとくに自己言及理論の場合、あらゆる規定が規定すべきものを変化させることによって、すでに何度も述べた規定不可能性問題が発生する。[181] 論理学なら、このような所見がある場合には、真理決定不可能性を結論しなければならないかもしれない。システム理論は、外的（あるいはメタ合理的）制御変数の必要性を結論する。[182] このことは、システムの環境に対する感度を高めるために、自己言及を利用できる、とも定式化できる。ただ構造変化（変化であって改良ではないことに注意！）のしかたを記述することによって、まさにこれを時間的な視点から行ったのが進化論である。進化的な構築作用が十分長期的に認められる場合には、その構造変化から（物自体のように）環境適合性を逆推論できる。してみると、自己言及理論は、より明確に主張できるかたちで、みずからが対象として主題化するものの彼方にある環境の構造に依存している。自己言及理論は、その依存性をも主題化できるが、そのためには他の回路を用いなければならない。いずれにしてもこの理論形式の場合、真理決定可能性の諸条件は、理論化の「制約条件」を探索するための特殊な感度をもっている。したがって、そこには社会構造との適合性にかんするメタ理論的諸条件が存在するのであって、自己言及理論はそれを探し出すのにとくに適しているように思われる。

このことも、初期近代の人間学は人間についてすでに示している――まさに人間についてだけだが。この人間学にとって、人間は自己言及システムであり、そのようなものとして不安かつ敏感であり、内から突き動かされ、環境依存的、履歴依存的、発達可能である。この人間学は、人間学としては、人間中心的な問題定式化に依拠したままである。さらなる適応的向上（adaptive upgrading）の試みは、まず超越論的意識の超人間学にいきつき、超越論的意識の主観性を主張することによって、その主観性のなかで認識論的に（のみ）重要な主観と客観の対立を止揚しようとした。だが認識関係は、近代社会が自己言及構造を産出する唯一の機能領域ではまったくない。だから、自己言及を概念と実在の主題（subiectum）として要求したいのであれば、それと同時に、自己言及的認識の合理性を、自己自身と世界を含む合理性連続体へと実体化することはできない。だとすれば、概念の適応的向上は人間→意識→主観→精神という経路をたどってはならず、システムどうしがたがいの環境であることから帰結する決定不可能な関係がシステム間に存在することを受け入れる、自己言及システムの理論を目指さなければならない[183]。このような構想こそが、機能分化をとおしてまさに自己言及的な機能システムどうしの決定不可能性を実在として生み出す社会のなかで、科学システムの特別な働きとして適合的であるチャンスをもっている。

第四章　複雑性の時間化
――近代の時間概念のゼマンティクについて

I

時間の問題は、社会システム論のなかでは、これまでおもに安定性の観点のもとで論じられてきた。そのさい、時間は時計で計測できる持続として理解され、その持続のなかでシステムの維持が問題となりうる。システムそのものが動的になる場合、維持は複雑で流動する環境のなかでのみ可能である。システムは、環境状況に応じてさまざまな結果に導くような自己の過程を実現しなければならず、変化する環境状況に適応できるように、一定の範囲で自己の構造も変化させられなければならない。そのさい、構造の柔軟性は変化と機能的に等価でありうる。つまり、構造の柔軟性は変化を一定の範囲で省略できる。

このタイプの理論は、安定と変動、構造と過程の概念的二分法が区別されなければならない、という洞察にいきつく(1)。構造と過程の差異の構築は、時間問題を解決するシステムの装備として理解できる。この差異は、システムが自己を定常に維持すると同時に変化させるのを可能にする。環境との関係においては、これはシステムが一対一対応から離脱することを意味する。システムの構造は、対応する環境の装備によってもたらされるのではない。またシステムの過程は、たしかに環境との逐一の接触を可能にし、たとえば情報を受けとるが、システム内部の経過がシステムの過程を環境の影響から守っているあいだに時間も利用する。いいかえれば、システムの過程は、環境のなかにまったく並行して進行する過程があることを前提としない。(2) それによって、システムはみずからがよりどころにする環境の状態を変化させて、環境の多くの構造よりも安定的でいられる。

静的システム（理論）と動的システム（理論）、あるいは閉鎖システムと開放システムという、かつての論争となった対照化にくらべると、こうした考え方は明らかに進歩している。それにもかかわらず、こうした考え方は、社会システムの理論としてさまざまな点で不十分なままである。

1　「二重の偶発性」(3) から出発する社会理論は、この安定性の考え方と並行して展開されるため、規範ないし価値による安定化という独自の理論を必要とする。たとえば契約論では、デュルケム(4) にならって、契約の拘束作用の規範的基礎づけが主要問題とみなされる。契約交渉において利害と意図の自己確定を時間的に継起化する利点は見過ごされる。だが契約の社会的機能が、まさに二重の開かれた偶発性を「コミットメント」の時間的継起に転換することにもとづいているのは、よいことかもしれない。そもそも、現在の観点からみた社会性と時間性の比例関係にかんするジョージ・H・ミードの洞察(5) は、いまだに適切に受けとめられていないのである。

2　時間論は、あまりに貧弱な基礎にもとづいて立てられる。つまり、たんに持続の概念やただの出来事の連鎖の概念を用いて構築されるにすぎない。(6) すべての時間性にとって本質的な過去と未来の差異は、考慮されないままである。それとともに、時間の固有の内部問題、すなわち過去と未来という二つの時間地平の差異による現在の構成も、注意されないままである。したがって、時間が各時点での現在において社会関係を形成するための方向づけと編成の余地として提供するものも、視野から消えてしまう。

3　安定、変動、構造、過程といった基礎概念が理論のなかで概念的な奥行きを獲得することなく、既知のもののように組みこまれる一因は、このシステム安定化という考え方の隘路にあるのかもしれない。システム論は、そのかわりにおそらくは早まって、コモンセンス（common sense）を引き合いに出す。もちろんこの事態を変えられるのは、複雑システムの相当に複雑な理論にたずさわる用意がある場合だけである。

II

この理論状況のもとで前進するために、複雑性の概念(7)を引き合いに出せる。この概念は、世界やシステムの環境にも適用できるかぎりにおいて、システム概念よりも一般的である。それにもかかわらず、この概念はシステム形成を前提としている。なぜならシステムと関係させることなしには、世界ないし環境の内容は規定不可能なままだからである(8)。

システムが非常に大きいために、もはやあらゆる要素を他のあらゆる要素と結びつけられない場合に、そのシステムは複雑であるといえる。数学的法則によれば、要素の数が算術級数的に増大すると、要素間で可能な関係の数は幾何級数的に増大する。複雑システムは、数学的に可能なものを実現できない、という状態によって特徴づけられる。いかなるレベルの創発的秩序に要素を移しても、他の要素と関係する能力は限定されている[9]。だから複雑システムは、数学的に可能な関係のごく一部を利用するよう、自己限定しなければならない。複雑システムは、自己の要素の関係づけにかんして選択的にふるまわなければならない。複雑システムは、直接的であれ間接的であれ環境との関係にとってより重要であるような、関係づけのモデルを選ばなければならない。また複雑システムは、純粋に内部的に要素の過剰負担によって生じるような撹乱を避けるように努めなければならない。

これに対応しているのが、複雑システムはすべての要素の完全な相互依存によって特徴づけられるのではなく、相互依存の遮断こそがシステムに固有の秩序形成の本質をなしているという、こんにちほぼ一般的に受け入れられている認識である[10]。これに対応する帰結が、構造概念についても過程概念についても引き出されなければならない。要素間の関係の成立だけでは、構造は構造にならず、過程は過程にならない。関係づけの選択性によってはじめて、構造は構造になり、過程は過程になる。だから構造の質や過程の質は、定着したモデルが維持・継続される場合でさえ、選択の余地が増大し、より多くの他の可能性が選択可能になることによって、ほとんど気づかれずに変化することがありうる（これは、最初に概略を示した意味でのシステム安定性の理論では捉えられないが、しばしば「前革命的」意義をもっているシステム変化でもある）。

いま素描した諸条件のもとでは、あらゆる要素は他の諸要素とのきわめて少数の関係しか実現できないので、崩壊の蓋然性がしだいに高まっていく。システムが、同時に可能な数より多くの関係を継起的に実現するために、時間をかけることに成功する場合には、崩壊の蓋然性の高まりは妨げられる。その場合、要素は関係を替えて、継起的に異なる布置関係のなかで結合できる。その場合、システムは唯一の結合モデルに固定されず、組み合わせを変えながら環境に対応できる。このことは同時に、システムが共存できる環境状態の数を増大させる。その意味で、時間は「選択の拡張（extension of choice）」である、といえる。時間は規模の欠点を埋めあわせる。時間は、成長とともに不釣り合いに先鋭化する選択問題を、部分的にふたたび取りのぞく。しかし、すべての状況でそうなるわけではない。むしろ、関係づけの可能性を増大させるために時間を構成し利用しようとするシステムは、そのために特殊な諸前提を満たさなければならない。複雑性の時間化の側はまた形式の強制を基礎づけている。形式の強制は、自己維持能力のあるシステムに恣意的なかたちで翻訳できない。複雑性の時間化による関係づけの潜在的可能性の拡大は、それでもなお可能なシステム形成を付加的な諸要件によって制限する。

　さらに、時間は任意の長さで利用できるわけではない。だから継起的順序に転換したところで、あらゆる要素とあらゆる要素の完全な相互依存が実現できるわけではない。そのためには、さらに複雑なシステムのもとで莫大な時間の余地が必要となるからである(11)。つまり、複雑性の時間化によって選択性をなくしてしまったり、より早い選択／より遅い選択に縮減したりはできない。だが、選択性を拡大したり緩和したり、接続を一部延期したりはできる。

　これと交差するテーゼを展開しているのがジンメルである。分化は並存的にも継起的にも進展しうる。利子生活者は、資産を分散させることによって、安全の最大化ができる。だが、いま有利なものにあわせて、あれこれの投資形態に資産をふりむけることによって、利子収入の最大化もできる(12)。だが一方の戦略が他方の戦略を排除する必要はない。貨幣形態が継起的な分化の追加的成果を制度化し、それによって開かれる諸可能性がはじめて並存的な分化の形態類型も拡大する。つまり複雑性の時間化は、時間的な継起という点だけでなく、より長い時間幅への拡張や加速という点でも作用する。複雑性の時間化は、これらの点にかんして、形態の豊かさや現在の編成領域を変化させる。なぜなら複雑性の時間化は、多様な転換の運命に同時に備えのできる諸形態を可能にするからである。

III

複雑システムの理論は、静的／動的という問題設定とある程度並行して、時間と複雑性の関係をさしあたり二つの異なる観点のもとで扱っていた。一方で、時間は、多次元的な複雑性概念の枠内で、その諸次元の一つであると解されていた。[13] その場合、システムが継起的により多くより多様な状態をとりうる場合に、複雑性はより大きくなる。規模を埋めあわせるものは、このようなかたちで規模の増殖として扱われる――そして脱問題化される。他方で、入力と出力について異なる時点を予定する入力／出力モデルが基礎におかれた。その場合、入力を出力に変換する動的システムは、見通しがきかないという意味で複雑なものとして扱えた。そうすると問題は、モデルの考察やシミュレーションによって、現実の経過の見通しの機能的等価物を見いだせるかどうか、つまり一種の思考上のパラレルマシンを構築できるかどうか、ということになった。過程の特殊な時間性や時間利用の機能は、どちらのアプローチにおいても考慮されないままだった――時間のなかの出来事と状態の順序の純粋な線形性をのぞいて。これに対して、複雑システムは関係づけの潜在力を拡大するために時間を構成する、というところから出発すると、まったく異なる理論形成の端緒が得られる。[14]その場合、複雑性の時間化の諸条件や諸帰結について問わなければならない。

最も先鋭な帰結は、システムが要素を構成するレベルの深化である。システムにとってそれ以上分解できない最終要素（作動単位［working units］）は、システムが何らかのかたちで担い、実現する基盤的複合体から直接生まれる、というわけにはもはやいかない。最終要素は、脳にとっては細胞ではありえないし、社会システムにとっては人ではありえない。基盤システムの複雑な構造特性のすべてが、基盤システムによって形成されるシステムのなかに継承されなくてもいいように、システムのなかで働く要素は、この基盤から分離され、基盤に対して何らかのかたちで独立させられなければならない。この分離は、一方ではシステム境界によって起こり（人と社会システムはたがいに相手の環境である）、他方では時間によって起こる。分離が時間によって起こるとは、基盤システムは時間的に制約された短期的状態でのみ高次のシステムに相互浸透していき、細胞は一定の閾値を越えた活性状態でのみ神経刺激を与えたり受けとったりし、人は適切な状況でのみ行為する、という意味である。[15]このようにして、時間化された複雑性をもつシステムのなかには、すでに要素のレベルで消滅への強制が組みこまれており、時間すべての構造は、環境が許すかぎりにおいて、消滅への強制に抗して順序ないし過程の秩序を発展させなければならない。

時間化されたシステムは、時間化された要素のみから、つまり出来事のみから成り立っている。[1]出来事は一定の時点においてのみ同定される。したがって、出来事は（「見かけの現在［specious present］」という意味で）それぞれの現在に結びつけられており、その現在とともに現れては消える。出来事は関係づけモデルの活性化によって時間的に限定されており、そのモデルはその出来事の前と後には他の出来事をもたらす。出来事は変化の現時性によって定義されているが、他方では変化の現時性によって現在の境界を定義する。出来事を同定するために時間の計測が必要なわけではないが、時間の計測によってはじめて出来事と状態を明確に区分することができる(16)。

時間は、完全に現実化されると、たんなる時系列にそった記録より複雑である(17)。だから時間要素の出来事性の本質も、特定の時点で——それより前でも後でもなく——起こるという点にのみあるのではない。むしろ時間は意味規定の一つの次元である。つまり、出来事のなかでは出来事だけが起こるのではなく、出来事の関連性に応じて同時に過去と未来があらたに形成される。休暇中に家が火事になったとしたら、その火事は休暇の意味を変えてしまう。保険が十分でなかったこと、仮住まいを探さなければならないことなどが、明らかになる。出来事の瞬間性は、過去と未来が出来事によって変化しうるための前提である。だがそのためには、出来事が起こる持続的現在も存在しなければならない。人が出来事を予期したり想起したりするのは、出来事を意味規定の変更に用いるからである(18)。出来事の時間境界はこの機能から生じるのであって、暦や時計から生じるのではない。だから出来事には、それぞれの出来事にとって、またそれぞれの出来事にとってのみ確定した、それぞれ固有の未来がある。別の定式化をすれば、一個の出来事からみたときだけ、過去と未来の一義的な差異が存在する。なぜなら持続する意味のストックは、かつて未来であったものを過ぎ去ったものとして記録することによって、自己自身のなかで未来と過去を混ぜあわせるからである(19)。

これらすべての理由から、出来事は(多数の出来事の概念的統合が可能であるにもかかわらず)構造やストックには加えられない。問題となるのは質の異なる諸単位だからである。多数の出来事は、それ自体としてはまだ構造ではないし、ましてやストックではない。だから、出来事にもとづき選択的結合によってはじめてシステムが形成されなければならず、またぎゃくにシステム形成がはじめて個別の出来事を実現する。さらに同じことは、驚くべきかもしれないが、出来事と過程の関係についてもあてはまる。点を加算しても線分が生まれないように、出来事を加算しても過程は生まれない。なぜなら、過程は出来事の選択的結合によって成立し、選択的結合の側は過程に関連するかどうかを考慮して個々の出来事をさらに判定するからである。

システムは、出来事の産出を超えて、出来事による出来事の制御を可能にしたければ（たとえば行為や決定を決定したければ）、出来事を時間に耐える形態で表現できなければならず、出来事を予期したり想起したりできなければならない。出来事が変化できない実体として形成されるほど、システムはより簡単にそれができるようになる。出来事は、持続的に利用できるように、時間的に様相化されるにすぎない。出来事は、未来ないし過去の標識をつけられることによって、たとえ現在において現時化されなくても不変の存在という形態にされる。つまり周知の説とは反対に、時間的な様相化は出来事の構造を流動化させるのではなく固定し、そのつど現時化された現在の時間地平がはじめて選択連関を動かすのである。(20)

出来事は、それ自体がまた諸関係の静的な基準点であり、そこで関係構造の再分配が過去と未来の近接した地平のなかで明確なかたちをとる。あらゆる分析は、より一層の奥行きをもつために出来事を分解しても、つねにより小さな出来事にいきつくだけであり、ある創発レベルに特徴的な関係づけの類型は消えてしまう。だから、小さなものへの進歩の無限性は大きなものへの進歩の無限性に対応しており、そのかぎりにおいてただちに永遠を見いだせるという神話を認めたとしても、出来事のさらなる分解は、新しい種類の要素、たとえば無時間的な要素で終わるわけではない。だから、自己の最終要素を時間化するシステムは、要素の組み合わせの全体を時間に適合させなければならない。神経システムはその典型的事例であり、行為システムはもう一つの典型的事例である。そうなると、これまで／これからが関係しないような状態は存在しないことになり、それに対応して、そのようなシステムはいかなる状態においても自己言及によって自己を制御することになる。状態のあらゆる変化、そのつど現時化された関係づけのモデルのあらゆる変化は自己接触を前提とし、そのようなシステムは、自己自身に反応する仕方を変化させることによってのみ環境に反応する。

だからといって、すべてが恒常的なゆらぎにさらされているわけではない。むしろ出来事の時間地平のなかで、次の出来事が十分に速く、あまり多くない選択可能性をもって明確になる場合にのみ、関係の変化は起こりうる。したがって、他のようにはなりようがないから、典型的な出来事の連鎖や出来事の束が反復され、それをシステムは過程として読みとれるようになる。可能な関係づけのモデル（体験のための図式、行為のためのプログラム）が抽象化され、反復使用のために蓄積される。(21) これらすべては、環境接触の一定の形式を前提にしている。この形式は、時間経過のなかで分化するものの特異性を際だたせ、任意的なものに対する感度を低め、規定的なものに対する感度を高める（学習）。

このように時間化されたシステムの機能様式は、充足されるべき機能とその担い手（構造、部分システム）しか問題にしないのなら、つまりそのようなシステムの持続装置しか認識しようとしないのなら、十分に理解されない。それとならんで要素と関係への分解があり、その分解によってはじめて、どのような実在が機能図式の基礎にあり、なぜ安定性がシステムにとって問題になるのか認識される。時間化された要素のレベルでは、そのようなシステムはストックをもたないし、あらかじめ存在する実体から成り立っているわけでもない。むしろシステムは、恒常的な更新、恒常的な再生産を必要としながら、持続的に状態を異にしながら「生きている」。存在するものの単純な持続はなく、単純な反復では疲弊する。それに対応してシステムは、出来事の恒常的な生成のために、十分に複雑で十分に変化に満ちた環境に依存している。後段で、社会というシステムにこの依存性が最終的に主題として意識され、否定的評価から肯定的評価に転換されるのを見ることにする[22]。

最後に、同じくきわめて一般的なレベルでのことだが、時間化はそれ自体がきわめて高度な複雑性を前提としており、とくに選択可能性の生成と縮減のためにそうなっていることに注意しなければならない。出来事の秩序化された継起を形成しようとするシステムは、構造的に保証された潜勢的なもの――システムはそれを当面は（通常は、とさえいえるが）不活性化できる――を利用できなければならない。いいかえれば、潜在的な禁止された原因が用意されていなければならず、その原因は一定の付加的条件が現時化すると働き始める。たいていの可能性の持続的抑止（新しい言い方では「構造的暴力」）は選択的配置の前提である。

IV

社会システムは、いかなる場合でも、時間化された複雑性をもつシステムである。その最終要素はコミュニケーション的行為であり、出来事である。この出来事の統一性は、他の行為との結合の一定のモデルを選択する点にある——そのモデルは、これまで現時化されたもの、行為なしに現時化されるもの、これから現時化されるものとは異なる。だからある行為は、他の諸行為にとっての他の行為としてのみ、行為なのである。

行為論とシステム論を対照化しても、[23] この事情を把握できない。社会学の対象領域においては、システムなしの行為も行為なしのシステムも構成されない。対照化の試みは、マックス・ヴェーバーにならって、目的／手段関係か、主観的に動機づけられた行為の志向性か、その両者を用いることによって、行為を社会システムから抜き出そうとするのであって、その場合の社会システムは外的強制の骨組みにしか見えない。だが合理的形式も志向性も、それ自体がもともと行為の結合形式であり、システムの外部には何も存在しない。[24] だから動機的説明という特別な方法論も、システム論に抗して行われるのではない。[25] もともと存在している問題は、いずれの場合にも以下のようである。すなわち、時間が過ぎ去るにもかかわらず、行為を時間的な出来事として組み合わせることによって、行為システムがみずからをシステムとして構成できるのは、いかにしてか。いいかえれば、行為の特殊性はその主観性にあるのではなく（主観はもともと持続的なものとして設定されるから）、その時間性にある。行為の「思念された意味」や観念された目的は、それ自体がすでに関係づけの手段であり、行為という出来事の時間境界を超越しようとする試みである。それだけでもう、必然的にシステム形成に向かうことになる。

したがって、行為という出来事の意味は結合機能をもっており、この機能のために構成される。行為者自身によって「思念されている」か、行為者に帰属されているだけか[26]、いずれにしても意味は他の諸可能性の指示の統一態として機能し、それによって行為連関の時間的調整の基礎を提供する[27]。行為という出来事の意味のなかでは、過去と未来が、また場合によっては他者の同時的行為の予期も、特殊な様式で把握できるようになる。行為が他の行為を取りこみ関連性をもたせる様式の特殊性は、行為が遂行されるか否かが区別されるという仮定にある。この仮定にもとづいて選択的関連性が結合し、それがこんどは行為そのものに再帰的に戻されて、行為を偶発的で決定可能なものに見せる[28]。人が行為するときには、すべてのことが他のようになるわけではないが、いくつかのことは他のようになり、とくにある行為とともに次の行為の諸可能性が変化する。

だが意味は、行為に時間次元を媒介するだけではない。他の人びとの体験や行為があわせて考慮に入れられるにつれて、社会次元も一役買うようになる。時間次元が選択可能性の拡大として機能するように、社会次元は時間の拡大と客観化として機能する。現在のコミュニケーションをとおして、行為者には他の人びとの過去と未来が――より正確には他の人びとの行為という出来事が――現前させられる[29]。人びとがたがいに行為を誘発しあうことによって、同時的な出来事やほぼ同時的な出来事の諸時間次元は融合する。それによって行為という出来事の時間次元は、各自の意識の継続性による継起化という負担をまぬがれる。時間次元は、こうしてはじめて、間主観的-共同的なものと想定されうる地平の形式を獲得する。時間は出来事の意味に現れるのだが、出来事から分離可能になり、(文化的に解釈可能な)世界次元という形式を獲得する。社会性をとおして進行する時間の分離は、すべての時間計測の前提であるが、また社会発展と時間意識構造のすべての相関の前提でもある(30)。

したがって社会的コミュニケーションは、時間の一般化とともに関係づけ可能性のさらなる拡大に貢献する。社会システムのなかで行為する者は、想起され予期された自己の行為の継起に依存するのではなく、そのつどの現在におけるコミュニケーションをとおして他の時間系列に接近しうる。行為者はそれによって、より速く学習し(代理学習[vicarious learning][2])、より広範な行為結合を形成しうる。また行為者は行為をリスキーなものにする。なぜなら行為は、他者の相補的行為によってきわめて特殊で高度に選択的な前提が満たされる場合にはじめて、その意味を満たすからである。

V

これまでの考察におけるテーゼはこうである。すなわち、システムは、システム形成の他のレベルで所与とされている、場合によっては非常に複雑な基本構造のうえに、みずからが関係づけに用いうる要素を単位として構成する。いかに下部構造によって可能になるとしても、またいかに心理学的、神経生理学的、化学的、その他のレベルで分析できるとしても、行為は社会システムにおいてそれ以上分解できない単位として機能する。この単位は行為者への帰属によってはじめて同一性を獲得する(31)。

システムが要素を時間化することによって、要素の連関も時間化することが、つまり自己を過程の形式で構成することが必要になる。それは、社会システムは過程の総和以外のなにものでもない、という意味ではない。むしろ、社会システムのなかで起こるすべてのことは過程も指示する、という意味である。

社会科学のなかで周期的にくり返される過程の視点の強調は、支配的な理論モデルの規範的前提や分析的カテゴリーを拒否する抵抗姿勢の典型的な表現である。(32) そうしたからといって、十分な過程概念の明確化に行きついたわけではない。(33) 本書で提案されている理論アプローチにとっては、過程概念を基礎概念として定式化するのではなく、過程を組み合わせの作用とみなすのが自然である。この組み合わせの作用は、システムが要素を時間化し、要素の関係をそれに適合させなければならない場合に、システムのなかで提供されなければならない。過程の統一性は、いかなる場合でもすでに高度に集積された統一性であり、縮約された選択的な情報処理の形式である。そのように時間を拡大し時間を要求する単位によって、システムがみずからを方向づける理由がある場合にのみ、そのような形式は選択される。そのさい明らかに、優先される視点と優先されない視点がある。女性が市内の商店街をショーウインドウからショーウインドウへと歩きまわるのを、過程として捉えるのは簡単である。だがショーウインドウのなかの毛皮がさまざまな女性をつぎつぎに引きよせて立ち止まらせるからといって、その毛皮を過程として捉えるのは、あまり一般的ではない。これにかんして、システム内の特定の観点から見れば、毛皮の過程の方が女性の過程よりも興味深く情報量が多いかもしれない。毛皮の過程は女性の過程よりも鋭く複雑性を縮減しているだろうから、女性の過程よりもたがいに有意味に比較可能である。

この二つの思考案の相違をさらに追究していくと、過程概念にとって決定的と思われる本質的な特徴につきあたる。女性の過程の場合、運動の空間的構造から、いかにして個々の出来事がたがいを引き起こすのか、すくなくともたがいを引き起こしやすいのかを、簡単に読みとれる。ある街路の選択は他の街路の選択の蓋然性を低める。あるショーウインドウの選択も他のショーウインドウの選択の蓋然性を高めたり低めたりするとなると、過程の印象が強まる。特定の観点や特定の探索関心を措定できるほど、過程はより簡単に認識できる。過程が「理解できる」ようになるのである。だが単純な継起からでも、その継起が十分に複雑性を縮減しているなら、そのような統一性としての解釈の方針を推定できるだろう。これに対して毛皮の過程は、そのような傾向性の保証や選択性の強化を生み出すには、あまりに複雑性が小さい。あるいは、毛皮の過程は時間的にあまりに濃縮されておらず、あまりに過程を占める出来事が少ないので、出来事はたがいの影響を受けにくい。ある女性が立ち止まることが、他の女性が立ち止まるか無視するかに対し意味をもつようになれば、毛皮の過程は本来の意味ではじめて過程になるだろう。

だから過程は、たんに事実の系列ではない。過程について語るべきは、ある出来事の選択が他の出来事の選択をともに規定する場合のみである。そのさい、因果作用を考える必要はない。ある出来事によってそれにつづく出来事の可能性の余地が大きく制限されるなら、関連性が感知できるだけで十分である(34)。このことは、過程の進行のなかでの可能性の制限を意味しうるが(35)、可能性の構築や拡大(たとえば貯蓄)、場合によってはその両者をも同時に意味しうる。つまり特徴的なのは、出来事の選択性そのものが過程を動かすことである。「Aと言う者はBとも言わなければならない」――しかもその者がそう言わなければならないのは、始まりが偶発的だったからである。その者はAと言わなくてもよかったが、自己自身を限定したからである。

したがって過程が成立するのは、出来事が順につづき、その選択性のなかでたがいに関係しあう場合である。時間的な距離があるにもかかわらず成立する統一性は、選択性の組み合わせによって実現可能であり、起こらないことをともに考慮することを必要とする。過程形成はいくつかの点でシステム形成を前提とする。すなわち、(1)システム要素の選択的な関係づけを余儀なくされる複雑性の維持のため、(2)要素の時間化とそれに結びついた関係づけの成果のため、(3)本来の過程構成、時間のなかでの選択的な出来事の連関の十分な濃縮のためである。最後の観点の一部だけが主観的解釈の問いである。なぜなら、過程の傾向を見えるようにし理解できるようにするために用いられる基準、関心、認識技法には、さまざまなものがありうるからである。

VI

前節の過程概念がすでに明らかにしているのは、ただ一時的に現時化された関係の変更を可能に保つだけで、複雑性が時間化されるわけではない、ということである。いいかえれば、複雑性を時間化するのは想像された時間地平そのものではない。それに加えて、そもそも有意味な接続が認識できるようになるための、可能なものの制限が必要である。このことが、カオス・システム——そのなかでは、あらゆる瞬間にすべてが他のようにもなりうるし、あらゆる要素がある位置から他の位置へ動く道が予測できない——を、このように秩序づけられ時間化された複雑性をもつシステムから区別する。[36] 秩序づけられ時間化された複雑性のもとでのみ、たとえばある要素がかかわる諸関係の選択は、他の要素が現時化させるであろう諸関係に依存する。そのようなシステムのみが、みずからの未来の現在化によって定義される秩序を構築できる。

規定された複雑性の構築は、まず規定されない複雑性の縮減を、つまり関係づけの任意の変更の制限を必要とする。しかしそれではまだ、どのような制限が認められるのか、述べたことにはならない。進化論にとっても学習論にとっても重要なのは、出来事の順序はそれによって可能性が作り出されるように制限されるべきだという観点である。可能なことの制限は、可能なことの拡大という観点のもとで選択され、複雑性は増大させるために縮減される。有名な例としては、契約的、実証的、人為的な権利の莫大な増大のための自然権の暴力的な貫徹の放棄、あるいは資本形成のための即時的消費の放棄がある。どちらも時間を必要とし、さらには未来を現在に十分に固定することをすでに現在において保証する社会的メカニズムを必要とする。十八世紀後半の教育学もこのモデルに従い、それに対応する順序をたどる。その順序とは、(1)人間の未来にかんする開かれた向上の期待（完成可能性）、(2)そこから出発しなければならないが、そこにとどまることのできない現状（status quo）としての現在の状況の問題化と批判、(3)未来への道としての方法的な自己規律である。近代社会がそのようなチャンスの増大と制限をみずからのために行うつもりがあるほど、増大メカニズムは現状、歴史的現在、そして人間に関係づけられる。存在論的、宗教的な宇宙論への時間の組み込みが放棄され、宗教はそれでもなお、すべてがぶらさがっている連鎖の終わりを見えないままにしておく機能を、なんとか保証しなければならない[37]。可能なことの制約と増大の連関は、時間的なものとしてのみ経験され遂行されうるが、最終的な基礎づけを度外視すると、自力で進んでいく。

可能なことの制約から可能なことの拡大へという要件は、さらに考察を進めると明らかになる。システムの複雑性が時間化できるほど、システムは新しい一般化の形式を獲得する。そうなるとシステムは、同時的に用意された複数の機能特化を逆向きに発達させて、多機能的な装置におきかえることができる。この多機能的な装置は、最高度の集積段階でのみ機能特化しているが、特定の順序にしばられることなくある機能から他の機能に転換できる。多段階的な多機能的一般化は、並行的に働く機能特化に部分的にとってかわり、部分的にそれを維持し調整できる。後者の場合には、システムは調整[38]を目的として、時間化されてはいるがあらかじめ順序化されてはいない複雑性を用いて働き、そこから下部構造に可塑性と統御可能性を要求するような、中心的装置を発達させる。有機体の領域では脳がこれに適した例であり、社会システムの領域では貨幣がそうである。

最後の貨幣の例は、近代の時間概念のゼマンティクの発展にとって大きな意味をもっていると考えられるから[39]、今後のいくつかの考察に手引きとして役立つかもしれない。貨幣は、総量は限定されるが機能特化した制限はされない、中心的一般化を可能にする。この一般化は、見かけ上総量が一定であるために、まずは静的な印象を与える。しかし実際にはこの一般化は、価値を獲得し維持するために「貨幣は働かなければならない」というかたちで、時間化されている。利子はこの貨幣の時間との関連性を測定する。利子の側はまた、上げたり下げたりすることが意味をもち、秩序づけ機能を充足することによって、尺度として時間的に複雑化される。貨幣そのものはそのさい、消費支出であれ、利潤をもたらす投資であれ、利子をもたらす信用貸しであれ、支出のための調整装置にすぎない。この形式で選択を行うが貨幣そのものを保持しない行動様式だけが、貨幣経済において合理的でありうる。

貨幣に準拠すると——この機能をもつと「資本」と呼ばれるが——貨幣収入の高さという観点のもとでの自由な投資が可能になる。しかし、この通常の理解は精緻化され、より高度な抽象性の観点から再定式化されなければならない。つまり、貨幣は投資の制御を可能にするだけでなく、自己が投資として再特化されるという理解をあらかじめ可能にするとともに強制する。まさにこの点で、マルクスの分析はまったく正しい。「資本家」の背後に、資本家が制御できないかたちで、外化の必然性が存在するのである。一方で、貨幣経済では、収入をもたらすいかなる物や労働の形態も、投資という理解と評価を免れることはできず、労働は自己自身を投資する貨幣価値にすぎない。そのかぎりにおいて、経済的合理性は、貨幣価値、収入価値、再流動化可能性という観点のもとで、すべての経済的連関の貨幣化の契機となる。他方で、流動的貨幣はもともと投資されることに依存しており、再流動化可能な投資（労働力を含む）はよりよい可能性との比較の圧力をうけている。

もっとも、この外化と継続的な形態変化の強制は資本批判の誘因ではない。それは、中枢制御された神経システムの外化が脳の批判の誘因ではありえないのと同じである。むしろ、この全体調整は諸機能の環境への移管を可能にする、と見るべきである。そのように制御されたシステムは、機能特化を放棄することなく、機能特化における自己閉塞を免れられる。システムは環境に手を伸ばし、人や物がシステムに接続され、システムの制御信号に従って機能できるように、人や物を形づくる。それとともに、複雑性の時間化も内部から外部へ移される。複雑性の時間化は、人の生き方や物の消耗を取り込み、制限された貨幣量で制限された時間内に合理的に始められることを限定する情報を、そこからあらためて得る。

こうした考察は、近代の技術や近代の教育の歴史に広範な帰結をもたらすが、ここでは概略しか示せない。とくに技術史は、ここでの観点から見ると、もはやたんに刺激しあい支えあう発明の連続や、人間の好奇心や支配欲の表現ではなく、まずは社会のシステム形態の変化の相関物のように見える。みずから発展すると同時に経済をシステムとして分出させる貨幣メカニズムによってはじめて、ますます前提の多い、間接的な、高度に複雑なかたちで全体社会システムの環境のなかに機能の係留を生み出せるようになり、それと同時に内部ではこの係留を一時的なものとして扱い、利回りの観点のもとで交換できるようになる。同様にこの発展は、あらゆる種類の労働とあらゆる種類の土地所有を含むかたちで貨幣メカニズムの普遍化に貢献することによって、自己自身をも刺激する。この全体調整は、相対的に固定的で、相対的に恒常的な環境に関係した、同時的に実践される役割や道具の分化とは、まったく別のかたちで時間を要求する。この全体調整は、中枢制御や投資の調整のために時間を要求するが、そのためには同時に、自然の時間が切り離されてシステム時間が生成されなければならない。とりわけそれは、広大な範囲で廃棄の必要が生じるか、経済的な関連性が取り去られてしまった廃墟が残るということである。

この機能的位置にある貨幣メカニズムを計画におきかえたり、さらに改変したりしようと試みても、この布置関係はまずなにも変わらないだろう。そのような試みは、布置関係を改良することができるという観点のもとでしか議論されない。そのような試みは、システムがみずから誘導した環境状態との結びつきの厄介で一時的な性格ともども、システムの外化傾向を止められないだろう。そのような試みは、時間をふたたび自然化できないだろう。

VII

かくして本書の議論は、すでに全体社会システムの分析に入っている。社会システムの一般理論にとって、全体社会システムの理論は一つの特殊ケースであると同時に、すべての社会システムにとっての特別な関連性を要求できる特殊ケースである。したがって、とりあえず一般的に素描された複雑性と時間の連関が、とりわけ全体社会システムについても証明されなければならないだろう。本書では、他の高度文化とくらべて、文化的に異なる時間と歴史にかんする諸観念が、近代ヨーロッパにおける独自の社会発展にとって決定的な意義をもちえたかどうか、(40)考察するほど先へは行かない。そのかわり、初期近代のヨーロッパの全体社会システムは、時間意識を変化させることによって、どのようにみずからの構造変動に反応するのか、それとともに体験処理のゼマンティク上の条件――これはこれで社会変容をさらに進めることができる――をどのように生み出すのか、と問う。

本書の一般システム論的アプローチから一つの仮説が導出され、その検証が以下で問題となる。その仮説とはこうである。すなわち、より複雑になっていく社会は、みずからの複雑性をより時間化し、それに対応してみずからの時間地平を拡大し、さらにそれに対応してみずからの時間概念を変更しなければならない。なぜなら、しだいに複雑性を順序的に配列せざるをえなくなるからである。たしかにすべての社会システムは行為にもとづいており、行為の順序を形成し、そのかぎりにおいて時間化された複雑性を利用する。だがすべての社会システムは、行為の順序をさしあたり周りが運動しない世界のなかでの運動と考え、そのかぎりにおいて時間を前と後という観点から見た運動と考える。全体社会システムがきわめて複雑になってはじめて、時間化された複雑性を構造の形式そのものとして承認し、可能なもののすべての制限を時間にもとづくものにせざるをえなくなるように思われる。

全体社会システムの複雑性は、とくにその分化形態に左右される。システムの一次的分化、下位システムの第一層の分化が、どのような観点のもとで進められるかに応じて、全体社会システムの内部では、多様な行為の動因が少なくなったり多くなったりする。なぜなら、分化や分化の内部での分化によってはじめて、より前提の多い行為類型の構成が可能になるからである。全体社会システムは、つねに最終的に要素としての行為にもとづいており、その点ではどれも同じである。そのかぎりにおいて全体社会システムは、すべての社会システムと同様、もともと時間化されたシステムである。行為の布置関係が状況に応じて変化するのを成員が想像しないとしたら、社会は成り立たないだろう。しかしそれだけでは、いかにして、またどのような形態で、社会意識がこれらの要件に従いうるのか決まらない(41)。社会の全面的な制御のために必要な分析能力を利用できない。社会生活のなかで利用される状況の定義は、おおまかな縮減と集積を行うことによって、たとえば役割や人格に対して働く。構造的に条件づけられ、進化上は不可逆的なかたちで、大きく複雑性が増大してはじめて、機能している日常意識からますます独立して、社会の構造決定の帰結を描写できるゼマンティクが分出せざるをえなくなる。さらに時代が進むと、まさに機能分化への移行によって、おそらくは日常意識までもが、またすくなくとも保存されたゼマンティクが、それまでとは異なる問題性、それまでとは異なる時間関係の類型にかかわらざるをえなくなる。

一般的にわれわれを導く仮説はこうである。すなわち、機能分化によってはじめて社会はきわめて複雑になるので、その複雑性の時間性、つまり要素と関係の時間性、すべての「確実性」の時間性が、社会の意識に否応なしに押しつけられ、時間意識のゼマンティクもそれに適応しなければならなくなる。機能分化が意味するのは、機能特化した行為の諸継起がより長い時間幅にわたって構築され堅持されなければならず、もはや簡単にはたがいに同期化されえず、また一日、一週、一年といった個人の生き方のリズムに組み込まれもしない、ということである。そうなると時間は、もはや人びとの生に即して経験されるものではなくなり、朝から晩まで、誕生から死までの流れのなかに配列されるものではなくなる。また時間は、もはや（生、世界の）持続として、あるいはくり返す循環としては考えられなくなる。時間は秩序化への強制そのものを表す一種の抽象概念になる。

このことを示す最も印象的な初期の例の一つは、とくに時間の観点からみて修道士の生き方が隔離されたことである。この隔離が必要になったのは、指示された活動のリズムをともなう宗教システムの「時間割（timing）」を、通常の行動として万人に要求できなくなったからである。(42) 修道士の生活規則とその時間割を確定された敬虔は修道院を必要とし、世俗の生き方の活動的な生（vita activa）と同期化されなくなった。そうなったのは、とくに融通の利かない時間割のせいである。だが、世俗的な敬虔、神を観ること（visio Dei）と敬虔（pietas）の連関の破棄、より厳格でなく、より時間が固定されず、万人が堅持できる、「内面」に移された格率をめざした十七世紀の努力は、たちまちその限界を露呈する。起床から就寝までの一日の生活を宗教的な思索、祈禱、黙禱のリズムをともなって貫徹しようとする試み[43]は、非現実的であることが明らかになる。宗教は消え去ることのない別の現在のなかで保持しなければならず、そのような現在が同時に未来の疑う余地のなさ（たんなる希望ではない！）と過ぎ去ったこと（啓示）の確実さを保証する、ということがわかる[44]。だがこの現在は、日常生活の順序がしだいに固有の時間の配慮に服するようになると、この順序と同期化されなくなる。宗教意識のための時間様式としての現在、唯一可能な神の遍在との接触の場所としての現在への固執は、緊張に満ちた、ほとんど抗事実的に主張される形式をとる[45]。宗教的なものの現前は、気づかれないうちに変化する意味を獲得する。十七世紀には、敬虔な生き方の条件はまだ永続的戒律として定式化できたが、十八世紀半ばになると、そのような宗教は、いかに人生の最重要事項にとって嘆かわしいことであろうと、否応なしに時々払われる注意で満足しなければならなくなる[46]。社会全体から見ると、機能の等級からして、宗教は持続的注意を払われなくなり、ましてや時間的優先権を与えられなくなるのである。

いずれにしても、社会の全機能領域が、それぞれ固有の特徴をもってしだいに分出していくにもかかわらず、固有のリズムを一日の流れに同じような仕方で押しつけることは、考えられない。一方で機能システムは、時間間隔が、利息や投資見積、選挙、法システムの訴訟期間、教育システムにおける学年の順序やカリキュラムなどにとってどれほど重要なのか、より抽象的に計算しなければならない。他方で機能システムは、そのような抽象化にもかかわらず、唯一の計測可能な時間にもとづいて、それぞれの活動を時間的に同期化させることはできない。選挙前の政治システムにおいて活動が増大すると同時に麻痺する事態は、それ自体としては法的、経済的、教育的な関連性をもたないにもかかわらず、あれこれの機能システムに影響を及ぼす。それとともに、旧世界において線形の時間観念とならんで発達した循環の象徴表現は不必要になる。その機能は、本質形態の恒常性を象徴化することであり、本質的なものが時間の干渉を免れているのを表現することだった[47]。だが、社会の機能と機能時間がそうでなくとも相対的に働くようになると、この恒常性は確実性を失ってしまう。そうなると、線形の時間は競合相手がいなくなり、線形の時間のうえで時点は歴史的一回起性という性格を獲得する。この世の生の時間を取り込んだ永遠（aeternitas）への志向が後退する[48]。

この種の証拠が示しているのは、社会の分化形態が変化すると、時間が要求される様式も変化する、ということである。したがって、新しい分化形態の類型があまねく実現され、その結果が経験されるやいなや、時間意識のゼマンティクにおける変化も起こると予想しなければならないだろう。時間構造を描くゼマンティクは、いわば社会構造の変化を要素と関係の構造レベルに翻訳する指針となる粗い枠組みである。そしてようやく二次的に、それに関係する行為、利害、抑圧の理論が存在する。そのさい、ゼマンティクの基礎的な変化は時間概念を利用するだけでなく、それとの関連でそれまでまったく時間に関係していなかった概念的事態の時間化へも導くことができる。

VIII

分化形態の交替によって全体社会システムとその環境がより複雑になり、増大する複雑性を交替する関係づけの継起に移し替える必要が強まると、そのような変化は社会生活の経験やその経験を固定するゼマンティクのなかに記録される、と予想される。理論からは、そのような再構造化過程の必然的な第一歩も導かれる。すなわち、関係づけの秩序だった交替のために時間の要求が高まる基礎として、まず現在そのものが時間化されなければならない。つまり現在は、未来が過去になる転換点に縮減されなければならない。このように時点化された現在のみが、そのつど現時化される連関の交替のために過去と未来の時間地平を解放する。それによってのみ、存在するすべてのものは、時間から見て出来事になる。また現在は、そのように時点化されてはじめて、首尾一貫して時間的に理解される。つまり現在は、過去と未来が転換過程にとって意味することの観点から理解される。

　従来の時間の概念化と訣別した歴史上の時期は、あまりに多くの側面が変化するので、特定するのが困難である。古代哲学も、時間的運動の分析のなかで時点の問題に、つまり時間的なものの最小要素、あるいはある時点から他の時点への転換点の問題につきあたった。だが古代哲学は、時点そのものを時間外のもの、無時間的なものと考えるよりほかに、方策を知らなかった[49]。解釈の違いについて、ここでは触れられないが、いずれにしても、時点は現在の縮減であり、出来事の観点から見た過去と未来の新たな定式化の必要に応じて短縮し最小化できる、という観念が欠けている[50]。時間は存在論的図式（全体の諸部分、あれこれのかたちでの存在者）に関係づけられるが、意味規定の自己創発的形式としては捉えられない。

　現在の時点化を理解できないもののなかで消滅させてしまった哲学の決定は度外視しても、言語もまた旧来からの状態になおとどまっている。現在（praesens, présent, Gegenwart）という語によってまず理解されたのは、現象するものが実在としてそこにあるという意味での現前だった。のちになって形成された現時（temps présent）のような概念やヘルダーが時代精神に与えた隠喩表現も、まだ経験的、コミユニケーション的に把握できる実在を示唆している。現在の概念は近さの概念にならって形成された。現在の概念は、そのように捉えると、現前する物の疑いない持続から分離できず、そのことをとおして世界の存続のなかに係留された。すでに古代においても――ここにも社会構造との連関があると思われる――空間概念を時間関係に転換することによってゼマンティク上の両義性が生じていたが[51]、現在の現前という性格が優勢であり、すくなくともどれほど時間的変化（varietas temporum）が認められようと捨てがたい世界経験の構成要素が残っていた、というところから出発してよいだろう。現在は「まだない」ものが「もうない」ものへ転換する微細な瞬間であるという見解を出しても、物の反論に頓挫したことだろう。

物、その種類と形態、その反復する本質が、いわば時間をみずからに固定する。変異、変容、崩壊は物について現象することがありえても、それは存在の統一性と均一性に物の多様性として与えられたものだった。変化（varietas）と多様性（diversitas）は一度に名指しでき、それを超えて存続する現在を前提にしていた。その現在は、すべてを包括する全体においても、それじたいとして無時間的な（時間幅のない）時点においても、現れることができた。このように現在が優勢ななかで、時間はうつろいとして経験され、本来望ましい持続と対照的に、事態の変化、崩壊、破壊、死を表すものとして象徴化された。とくに、宇宙の時間幅は有限であるということから出発すると、しだいに使い尽くされる未来という観念は避けられなかった。このことは他の高度文化の特徴でもあったと思われる[52]。ヨーロッパも十六世紀後半になるまでは、時間意識の雰囲気の特徴に変わりはない。その雰囲気はまず、事物問題を時間問題に転換することによって、崩壊意識を強化する。この思考の典型的な証拠は、堕落は目的からの逸脱として一度きりの脱線ではなく、また新たにくり返されることによって蓄積される、という見解である。[52a]これはまだ事物にかんして考えられた、いわば存在論的な時間化であり、時間に固有の要素はもちだされていない。だがつぎに、まったくおおざっぱに維持や強化の機会における過ぎ去るものの再評価と呼べる転換過程が始まる。[53]この時間意識の深甚な変化は、階層分化から機能分化への社会の構造転換のゼマンティク上の相関物であり、複雑性の時間化が両者の連関を仲介している、と捉えられる。

考え方の転換をもたらす顕著な刺激は、社会構造の変化にではなく、既存のゼマンティクそのものにあると思われる(このことは、思想進化は変異可能性を既存の思想財から獲得し、ぎゃくに選択を社会構造によって条件づけられた明証性と説得性から獲得する、という本書の仮説に合致している)[54]。はっきりとわかる出発点は、星の世界も変化を免れず、世界のなかの何ものも変化の可能性から逃れられない、と推論せざるをえなくなる天文学の発見である。[55]変化を引き起こすもう一つの動機は、宗教や哲学における現在の多数の争いをまえにして、過去が多義的、不均質、不確実なものとして経験される、という事態だったかもしれない。[56]この事態は現在における決定範囲を独立させたにちがいない。だがそれと同時に、現在は時間関係から切り離されて固有の内容を獲得できないから、基礎としての現在はみずからを不確実にする。時間そのものは、以前よりもはるかに不可逆的な傾向をもつようになり、もはや止められなくなる。たとえば堕罪は、懺悔や恩寵の認定だけによって清算されるのではなく、世界全体として決定された道をとる。まさにこの不可逆性が現在を短縮する。なぜなら現在が持続するのは、そのなかでまだ計画を変えられるかぎりにおいてだからである。[57]

十六世紀、おそくとも十七世紀には、時点化された現在の捉え方が優勢になるように思われる。[58]瞬間的な現在への徹底した縮減という思想は、たとえばジョン・ダン[3]のいくつかの詩における愛の観念に特徴的に見られるように、(59)実存的に妥当するものを根こそぎにし、それによって過去や未来に向けたすべての接続可能性を奪う。これはまだ解釈する現在の時間地平ではない。だがそれと同時に、ここで時点はもはや超俗的で永遠のものの指標ではない。時間問題はもはやたんなる変異の問題ではなく、(60)もはやより多くより速い転換が問題になるのでもない。いまや問題となるのは、みずからを決定するものは現在にもとづいて変化するのだが、その現在はしっかりつかまえられずに消え去るので、正当性や持続性の保証を与えられず、他の構成を可能かつ必要なものにする、という事態である。(61)これと並行して遅くとも十六世紀後半以降にヨーロッパにおいては、社会生活の不安や動揺の経験——世の中の関節がはずれている（the time is out of joint）(62)——を新しい概念に移しかえる傾向がある。戦争、宗教闘争、経済恐慌、興隆と没落、名声や成功の不確実性はそれまでも存在していたのだから、たしかに動機づけの契機は見なければならないが、時間構造の変化にかんする固有の進化的条件は見る必要がないだろう。

出発点となる十六世紀には、時間の問題化に対して固有の意味で時間と関係した答えは知られておらず、問題そのものが時間的側面と事物的側面、転換と多様性、不安と堕落を明確に分離しないまま立てられている。(63)それはすでにルイ・ル・ロワの本の表題『栄枯盛衰、または万物の多様性（De la vicissitude ou varieté des choses en l'universe...）』から明らかである。(64)これに対応して結論は、一定の安定性、統一性、妥当性が対立する諸力の影響によってもたらされるのを、[4]ル・ロワ自身が見るようになっている。(65)そこからトマス・スミスは、混合的で極端を避けた体制の正当化を引きだす。(66)同時代の新ストア派は、自己の行為の理性的な自己規制に後退する。モンテーニュも、自己の判断や他のすべての根拠を含めて、すべては刻一刻と動いているというテーゼをもって、古代の伝承を引き合いに出す(67)。まさにそのような知恵の箱に手を伸ばすことがモンテーニュやその他の人びとを納得させる基礎には、同時代の経験があるのかもしれない。いずれにしても、自己反省を文字に定着させ、印刷までするという方策は新しい。古い理性（ratio）がむなしく不変のものの出現を見張っているのに対して、自己自身の肖像を描き、また永続的に描きつづけるところに自己の確実性を見いだす、新しい志向性がすでに姿を現しているのである。

一方では、以上のような状況とともに、古典的な常套句である時間的変化（varietas temporum）、時間の飛び去り（flight of time）という時間意識が先鋭化する。それはさしあたり、かねがね言われ知られてきた概念的革新を必要としない。ルネサンスでは、古いテーマが引き継がれ、古代の時間概念に年齢の特徴と死の象徴表現がつけ加えられただけだった(68)――これはルネサンスがはるか昔の行いや著作家に取り組んだ結果である。したがって時間は、成ることと過ぎ去ることとの基礎として存在論化できた(69)。しかし十六世紀の末ごろには、新しくより急進的な転換の動機が入り込んでくるように思われる。現世蔑視（contemptus mundi）、変化（varietas）、世界の年齢は、みずからが現れる永遠不変の秩序からみずからを解放するように見える。問題となるのは、変化するものが変化しないものを犠牲にして増大する、ということではない。むしろ、変化（varietas）を秩序の条件に格上げし、それに対応して連続性か不連続性かという問いを選択にかけ、その選択を時間地平に依存させる思想によって、「永遠の秩序のなかの変化」という全体構造がしだいに排除されるようになるのである。

かつての思想は、独特の時間の自己言及を用いて衰退を捉えていた。時間は、物世界に与える構築と破壊を自己自身にも与えるかぎりにおいて、自己を自己自身に適用する。[70] しかしこの思想は、時間がより抽象的に捉えられ、(もはや時間そのものによってもたらされるのではない) 事態の改善のために開放され始めるにつれて、意味を失う。

現在は縮小され、未来と過去の差異にあわせられているので、世界はしだいに衰退するのか、よりよい状態に進歩するのかという問いが原理的問題となり、十六世紀の末ごろにはゆうに一世紀にわたる議論を引き起こす。争点は、一方では古代の著作家の評価であり、他方では科学と芸術における当代の業績である。論争の諸形態は、[71] この問題がいかに強く同時代人を刺激したかを、はっきりと示している。問題となるのは、事物領域ごとに大きく異なる可能性のある事実的趨勢の認識だけではない。問題は包括化される。なぜならこの問題は、ある歴史的現在から立てられるからであり、古い思考モデルに従うのは権威への服従であり、ぎゃくに増大と改善は自己の達成能力と方法への信頼であるように思わせるからである。そのことはあらかじめ決定されている――そして衰退ないし進歩がこの決定を支える枠組み概念として用いられる。

これまで素描してきた複雑性と時間の連関にかんする理論に従うと、なぜ現在の経験において変容が始まるのか、なぜ変容はそのように始まると広範な帰結を引き起こすのか、容易に理解できる。すべては他のようにもありうるという経験に要約されるように、現在は、それだけが疑いなく確実に生きられる一瞬に縮小される。[72] 出来事が起こることそれ自体だけが確実なものとして経験され、出来事について経験されるのは過ぎ去ることそれ自体である。この現在の「今」はこうしてある独自性を獲得するが、その独自性には、神の遍在や存在を分解する超時間的カテゴリーをとおしては接近できず、[73] (のちに見るように）歴史的過程そのもののなかでのみ到達し捨て去ることができる。

第三省察におけるデカルトの最も重要な定式化によると、「というのは、私の生涯の全時間は、無数の部分へと分割されることができ、そしてその一つ一つの部分は残りの部分へはいかなる意味でも依拠してはいないからして、何らかの原因が私をいわば再度この瞬間に創造する、言いかえるならば私を維持する、というのでないかぎりは、少し前に私があったということからは、私が今あらねばならぬということは帰結しない、からである」[74]。こうして時間は助けが必要になる。現在だけが確実に経験されうるものであるが、その現在の瞬間性から（中世のように本質形態の危機と維持の必要性だけでなく）存在の中断が帰結されるからである。現在の時間化が始まると、まず過去や未来と接続しない――そのかぎりでふたたび無時間的な――現在という誤った考え方にいきつく。そして、継続的創造説（creatio continua）[5]の徹底化という形式をとって、他の無時間的な現在の遍在が引き合いに出されなければならない。この試みは二重の現在（永遠［aeternitas］／一定時間［tempus］）という考え方にたちもどる。

これは移行期の理論である――この理論が進めることにおいても、この理論にはまだ考えられないことにおいても。この理論は思想進化を予測、機能意識、また偶発性から解放し、そのかわりにもういちど宗教のなかでの直接的防護を提供する。みずから連続性を保証する歴史化された時間の観念は、まだ使えるようになっていない。まだ存在しないものについて何らかの確実性を期待することは、ほとんどできないのである！　唯一ただいまの神への服従だけが、この状況では救いを与えてくれるように思われる[75]。時間地平はまさにこの現在性の強化を支えている。過去は知られているので神の崇拝の根拠を与え、未来は知られていないので神の意志への服従の根拠を与える[76]。これと並行して、現在の確実性の短縮は、動的‐選択的な原理としての固持、持続、自己維持（conservatio sui）への関心の理論的強調に行きつく。[77] このような思考の圏内では、選択的戦略をとおして連続性に到達することが可能である。だから、たとえば行為の自然的目的論がすべて拒否されると（ホッブズ）、あらゆる自然的連続性が問題となり、行為は法と道徳をみずからに課すことをとおしてみずからの連続性を再構成しなければならなくなる。

最後に、このような選択的な連続ないし不連続の可能性の背景として、刻一刻と継続的に全世界があらたに創造される必要があるというラディカルな帰結がある。在ることとつづくこと、存在と持続の統一は放棄されている。いかなる本質も、もはや刻一刻の連続性を保証しない。世界はあらゆる現在において無化し、同様に不断にまたあらたに創造される。物がどこか別の場所で再創造され、それによって運動の印象が生まれ、その印象によって人間が時間を読み計れる、ということなのかもしれない。この無化と再創造の過程、この継続的創造（creatio continua）は、ある程度は気づかれることなく実在の外で進行する。実在からは何も取り去らず、実在には何もつけ加えない。[78] だからこの過程は知覚の制御も免れている。したがって直接的な問題の主題化はあっても、それは思弁的なままであり、リスクを創造主の責任に転嫁し（主は「みずからの」世界を放棄しない）、完全に両立可能な時間と実在の差異に終わる。

もっとも人間は、現在をそのように細切れのものとして、あるいは論理的に中断されたものとして経験するのではなく、むしろ変化の現実性として、滑りゆくもの（流行語の glissement）として、過ぎゆくものとして経験する。だから十八世紀前半の著作家たちは、継続的創造（creatio continua）によっていかに神学的に再保証されていようと、時間問題を、全世界のための神の踏切板に見るよりは、むしろ刻一刻新しいものを利用する点に見ている。これについては、どちらかといえば受動的な考え方（マリヴォー）[6]とどちらかといえば能動的な考え方（ヴォーヴナルグ）[7]が競合している。新しさは移行の性質になり、時間は継続的に強制される新しさとして経験され、その新しさは過去から意味をとってくる。人はまだロマン主義的に過去に没頭するのではなく、過去そのものと自己自身を過ぎ去るものとして失うのであり、それも後悔なしに、軽々と、連続性への強制なしに失うのである。

このような説が現れて共感を呼ぶという事態には、概念史的、問題史的に、また社会学的にも意味がある。神学と形而上学の監視のもとで、時間概念と運動概念は瞬間的にのみ現時的現在に転換される。それ以上のすべてのことは、再創造、再生産、再構成、再形成、再展開であり、実在が過去にあったように、あるいは他のように、実在を再生成する可能性を含んでいる。この問いが自由に使えるかぎりにおいて、この問いに答えを出す基準が必要である。この問いが自由に使えないかぎりにおいて、自由に使えないことを批判できる。それに対応して、イデオロギー的、政治的に対立する諸状態を否定的、肯定的に道徳化するという二重の可能性が生まれる。したがって、『歴史的基礎概念』(79)辞典の出発点となった時間化、イデオロギー化可能性、政治化、民主化といった基本現象が、十八世紀の最後の一〇年に同時に起こったのは偶然ではない、という主張はじつに説得力がある。これらの現象の共通の出発点は現在のリアリティ喪失であり、それについて社会は複雑性を時間化せざるをえない。

IX

旧来の時間観念にもとづくかぎりでは、過去の経験と未来の可能性への現在の志向は、比較的無邪気なやり方で、可能とみなされてきた。キケロを起源とする賢慮（prudentia）説の枠内では、[80]たとえば動物と人間の相違は（それとともに世界における人間の位置づけは）時間次元と関係づけて定式化された。動物は（動物的実在としての下等な感覚と情動をもった人間も同様に）そのつどの現在のみに志向し、それに対応して短縮された実存を生きる。これに対して人間は、その賢慮の度合いに応じて、過去や未来の物、経験や予期に適応して、これを規律あるかたちで現在に持ちこめる。[81]賢慮は「同じ目ですべての時間を（d'un mesme oeil tous les Temps）」見る。[82]この説は十八世紀後期まで伝承される。[83]その説得性は明らかに直接の批判を許さない。この説は誤りではなく、否定できない。この説の問題化は回り道をする。人間と動物の時間的差異は、古代いらいつねに時間図式の基礎となってきた情念の説にも影響を与える。いまや時間地平の広さを見ると、人間は自分の情念によってますます脅かされる、ということになる。[84]情念概念の価値が引き上げられても、人間の時間志向は維持され、時間を超えた理性による制御の問題がますます重要になる。[85]このような連関のなかで、十八世紀には、時間論の基礎を変えることなく、つまり時間的様相のあらたな関係を導入することなく、彼岸の生活への志向の関心が世俗化される。

最初の徴候となる転換点は、まだまったく伝統的な根拠にもとづいているが、トマス・ホッブズの

『リヴァイアサン』のなかにある。[86] 分析の一貫した時間志向は、他の解釈者の注意も引いているが、[87] それ自体としては何も新しいものを提供していない。時間との関係による人間と動物の区別が再生産されているにすぎない。[88] しかし新しいのは、時間が不安を生むことである。時間は賢慮をとおして統制できず、[89] 一種の応急的志向を必要とする。この志向は空想（fancy）あるいは権威に依存しており、信頼性が保証されずに不安をもたらす。そしてまさに「あまりに用心深い人は」、すべてのことが原因に依存していることを知り、「将来を心配してあまりに遠い前方を見るから、死、貧困、あるいはその他の不幸の恐れに一日中心を悩まされている。そして眠るとき以外は安らいで不安の止むときがない」[90]。ここから明らかに読みとれるのは、いかにして可能な時間的‐因果的連関の拡大が賢慮を破壊し、妥協と複雑性縮減の暫定メカニズムを必要とし、それにかんして機能信頼と不安の問題を不確実性から発生させるか、ということである。パスカルの場合、それは簡潔でおそらくよりラディカルに「人間の条件、それは移り気、倦怠、不安」[91] ということである。

次の世紀への変わり目に、理論的基礎の進化的変異のさらなる過程が始まる——さしあたりはまだそれとわかる成果はないが。これについてはいくつかの試供品がある。

クリスティアン・トマジウスの場合、[92] 未来志向／現在志向にもとづく美徳、情念、善意の古い類型化の批判という文脈で、簡潔な確認が見られる。「すべての善行は、不変の持続をめざすかぎり、必然的に次の善行のために求められるのでなければならない」。いいかえれば、持続は関係する客体の交換をとおしてはじめて達成できる。このテーゼは、トマジウスの人倫説の他の諸前提、たとえば平静の強調とは一致しない。また体系的に評価されるわけでもない。このテーゼは、合理的行為の理論に移しかえられれば、ヴェーバーの目的合理性と価値合理性の区別もパーソンズの手段的志向と充足的志向の区別も破棄してしまうことだろう。

これと関連しているのが、現在が感情（情緒傾向、情念）説から抜きだされて、感情説に対して独立させられたことである[93]。すべての感情は運動として未来に向けられている。これに対して、苦痛と快楽は――二項図式として、といえるのだろうか――現在において作動する。苦痛と快楽は、たしかに過ぎ去ったものや来るべきものの現在化によって活性化されうるが、それ自体は感情（運動）ではなく、享楽ないし感覚にすぎない。年代記的でない深化した時間思考のなかでのみ認識できるようになる現在の特殊な地位は、ストア派の古い情動の類型論を破壊することによって、まさに現在から苦痛と快楽を超えてすべての感情運動を制御できるようにする。

収縮した現在概念にもとづいて、いまや快楽（plaisir）の概念も現在との関係の確実性を失う。現在のはかなさとリアリティの乏しさは、もはや快楽に十分な余地を与えてくれない。他方で、パスカルが宗教的な観点から否定的にしか描けなかった[94]純然たる動揺と生活の不安は、快楽のなかになおも意味を見いだしうる。パスカルにとって「耐えられない（insupportable）」ものであり「気晴らし（divertissement）」によって埋め合わせられなければならなかったものが、所有によって支えられるべき（あまりにはかない）快楽の条件となる。「変化は快楽の本質をなす」とル・サージュは述べ、また「多様性、変化、すべての物のなかの面白さ、未来を無視した現在の快楽のなかにあるわずかな現実から生まれるもの」としている[95]。快楽は、あまりに短く、その未来があまりに不確実であるから、現在に根を下せない[96]。快楽にかんしては合理的選択がなく、選択は議論の余地があるままであり、確実性がない。「それは提案の危険性に応じて行う必要がある」[97]。だから快楽は変化に身をゆだねる。現在が混乱したままで、まだ不確定な未来との関係をもっているかぎりにおいてのみ、快楽は可能である。未来との関係が確定するやいなや、つまり精神（esprit）が作用するやいなや、画一性が生じ、そのために変化の必要が生じる。議論は、現在の短さあるいは否定可能な混乱、および（現在における）未来の不確実性という二つの重なりあう時間様式を、すでに中心的位置で用いることによって、変化の必然性を根拠づけている。そうだとすると、問題は感覚性の知的な加工によって強化されるだけである。なぜなら、それによって体験の内容が明確、明白、画一的になり――退屈になるからである[98]。精神もまた、快楽の方法を探求する過程で、変化の法則を免れない[99]。だが当時の理解では、快楽を介してもたらされる幸福は人間の行為の推進要因そのものであるから、その幸福は絶えざる変化の掟に服するのである。

この変化の必要性は、人間を社会のなかに追いやる。なぜなら、人間は一人にされると、自分の必要をかわるがわる満たすために十分な客体を思い浮かべられないからである[100]。社会関係の必要も必要の限界さえも、時間との関係から読みとられる[101]。だが他方で、人間には、自己の必要を能動的かつ理性の尺度に従って追求するために必要な、欲求の一貫性が欠けている。つねに新しい体験へと駆り立てるのは情念にすぎない。人間はそれによって仕事に、ほとんど労働に誘惑される。人間は追求できる目標を見いださなければならない。人間は、いわば時間によって情念的になり、自分の情念について論じようという気になる[102]。だが人間は、この時間が仲介する圧力に抵抗もする。人間は本性から怠惰である。本来はまったく労働したくない。「人間はできる最小限の行動しかしないが、つねに興奮していたい。人間は労働から逃れるが、つねに何かに没頭したい、つねに揺り動かされたい、つねに気晴らしをしたい。

なぜなら人間は、平静な状態に逃れたいとは思わず、自分の姿が自分にとって不快だからである」[103]。創造主は、人間が理性のみによっては労働するようにならないことをよくわかっていたからこそ、人間に情念を付け加えることによって、現在の未来関係にかかわるようにした。だが結果的には、一種の目的／手段のずれにいきついただけで、人間は目的の手段に熱中する。なぜなら人間は、理性の目的をとおしてみずからを動機づけるには、あまりに怠惰だからである[104]。人間はみずからの快楽（plaisir）を最終的に所有ないし所有の獲得に見いだす。動物と人間の相違は、キケロを引き合いに出して（！）、所有に移される。人間の幸福は、「喜びだけにあるのではなく、所有にもある、あるいは所有しているという考えにある。そこに反省や意見のすべての利益がある」[105]。この所有の情念のために、社会のなかには最終的に、創造主の意志にそって芸術と学問における秩序と進歩の維持のために必要であるより、多くの不平等が存在する。

自分は興奮しているが他人を興奮させはしない人間、所有人間——資本家、テレビ視聴者、スポーツ観戦者もほとんどそうだと考えられるが——の、このように生き生きとした導出は、今日の読者も魅了するだろうが、それと同時に完全に納得させはしないだろう。社会構造、複雑性、時間性の連関という本書の仮説にとって、動学が時間関係をとおして外部から（ab extra）導入されることは依然として興味深い。時間は現在から非常に多くのリアリティをとりさるので、変化だけが意味をもち、その保証として所有が意味をもつ。快楽（plaisir）の移り変わりと所有は、このことにもとづいて作られた相互制約的な姿である。この両者は、現在を過去や未来への志向によって満たすことがもはや不可能に思われると、賢慮にとってかわる——現在があまりに短いからであれ、過去があまりに長く、未来があまりに不確実であるからであれ。時間性から人間存在の可能性が制限されること、またその制限のされ方が、はっきりと確認される。

たしかにル・サージュは近代人の不可避の類型を素描しようとしたわけではない。時間圧力をまぬかれ、所与の状態にとどまる性向を特徴づけるために、怠惰という概念を選んだからといって、その反対、つまり労働し、理性を用い、結果を考慮する人間を要求する可能性は開かれている。この要求は、たしかにル・サージュにとっては、本性に反するものであり、あまり見込みはない。だが、人間の本性をあまり怠惰という自然法則に適合したものにしなければ、他の選択肢が開けてくる。それが別の著作家リュク・ド・クラピエ・マルキ・ド・ヴォーヴナルグの出発点である(106)。

ヴォーヴナルグにとっても、出発点は瞬間的な現在のリアリティの乏しさにある。この瞬間性は、十八世紀半ばには、何の解説もなくても自明で自然なものと考えられる。だがそうだとすると、存在は、原罪あるいは生得的理念によって固定されない偶然である。つまりそこから何かを作り出せる。時がおよそ刻一刻と進んでいくものならば、行為しなければならない。移り変わりは快楽（plaisir）の条件であるばかりか、より深いところで行為の必然性でもある。時間問題は、体験の領域から行為の領域へと移され、時間は、もはや外部からではなく内部から人間を圧迫する。時間は人間に活動的であるように強制する(107)。時間そのものが行為の誘因となる――ル・サージュの場合と同様に、いかなる目的のためであれ、いかなる動機によってであれ。

この連関についての意識を裏づけるためには、一つの引用で十分である。「自然の秩序を非難することなく活動を責められない。現在においてわれわれを覆うのはわれわれの不安だ、というのは誤りである。現在はおのずとわれわれから逃れ、われわれの意に反して消える。われわれのすべての思考は滅ぶべきものであり、われわれはそれを引き止められない。……われわれは、現在から離れる行為によってしか、現在を引き止められない。人間は行為することなく存続することがまったくできないので、行為することを自制したいとしても、対立する人びとよりも骨の折れる行為によってしか、そうすることができない。しかし現在を破壊する活動は、現在を呼び戻し、現在を再生産し、人生の苦難を和らげる」(108)。時間の消え去りは、人生の営みの不可欠の契機として行為を強制し、行為を避けたいということもまた行為でしかない。だからこそ、行為は時間を現在にする。「行為は現在を感じさせる」(109)。

行為はそのさい、静止できる空間や時間のなかの位置を探求することによって運動しているとは、もはや考えられていない。行為は、時間そのものの普遍的相関物にすぎないから、行為の可能性を制限する目的もみずから決めなければならない。行為は、そのさい機会に依存するから、その意味でふたたび奇妙なことに不自由である。伝統から取りだされ「名誉（gloire）」と呼ばれる行為の動機は、たとえばピエール・ニコルのように、かつていつでも可能でそのつどの現在における神への服従が占めていた機能的位置につく。この位置の交代は、神の意図として従ってはならなかった錯覚の可能性をもたらす。「私は、名誉がわれわれを欺くことを認める。だが名誉がはぐくむわれわれの才能、名誉がわれわれの心を満たす感情は、その誤りを十分に埋め合わせる」(110)。そうでなくともすでに時代遅れだった名誉という個人的価値が、さらに党派的イデオロギーという社会的価値に交代すれば、行為の自律的決定が完成するのかもしれない。

ここでも、われわれの情報源を呼び出すことは困難ではない。十九世紀には実際に、ショーペンハウアー、ニーチェ、コントがヴォーヴナルグを引き合いに出している。しかし十八世紀には、ヴォーヴナルグはル・サージュと同様に、接続可能な理論を提供していたとはいえない。リアリティの消滅と現在の時点化にもとづいて、時間と体験、あるいは時間と行為を直接結合することは、当時は明らかにまだ理論化できなかったし、すくなくとも認識連関の構造として説得力をもたせられなかった。だが、二人の著作者がこんにちから振り返って刺激的に読めることは、それ自体が社会学的に注目すべき事実である。たしかにヴォーヴナルグは、当時の典型的な著作家ではないが、当時は自然ないし道徳にかんする理論によって何とか抑制することしかできない問題、こんにちの理解可能性にもとづいて読みとれば社会構造に由来している問題と、自分の思想を関係づけている。

近代社会への転換にともなって、時間をより複雑性、出来事性、関係づけ可能性の観点から考えなければならなくなると、行為は、死によっても失敗によっても、不道徳によっても自己欺瞞によっても、力を失うことのない意義を獲得する(111)。

この意義は、行為の非行為に対する優位にある。つまり、次の体験や行為にとっての接続可能性、時間を超えた選択性の移送にある。だから、はっきりと時間を意識して議論する現代の著作家は、まったくヴォーヴナルグの線にそって「混沌とした行為は、秩序立った非行為よりも望ましい(112)」と定式化することができる。行為は、たとえ起こっても、まだ適切に解釈し、場合によっては修正できる。非行為は失われた時間であり、たんにリアリティのない現在の持続である。

総じて、現在の時点化が現在をたんなる変化（change, passage, variété）の現時性に縮減していることが、注意をひく。この縮減は、感情概念（sentiment, amour, passion）をとおして行われる。思考は、この縮減を行うには、あまりに遅く、あまりに順序化されており、あまりに瞬間性から遠い複雑性をもっている。感情概念の優先は、一六八〇年ころから確立するが、たんに一時的な知的、文学的流行ではない。感情概念の優先は、時間関係の変化、複雑性の時間化に対して、時間概念をとおしてこれらをテーマ化するのではないかたちで、反応しているのである。(113) 存在意識は、理性（ratio）から情念に移る。それと同時に、（著者にはつねに意識されているわけではないが）(114) 瞬間的現在を超えて広がる感情運動の真正さに対する疑いが示される。現在の時点化は、それと同時に価値が下がる継続概念を必要とする（変化においてはつねに継続も一緒に経験されるから）。このことは、ル・サージュにおいては手段に対する情念にすぎない所有にあてはまり、ヴォーヴナルグにおいては錯覚化をとおしてみずからを動機づける名誉にあてはまる。このことは、瞬間を超えるがはかないものでありつづける、マリヴォーにおける愛にあてはまる。愛は、継続する可能性があるが、いつでも途絶えたり新しく始まったりする可能性もある。(115) のちに、ロマン主義の想像上の空間が、この調整機能をひきつぐことになる。だが、すでにロマン主義よりずっと前に、現在理解が自己経験を染め直し、自己経験から現存在の基礎を奪い、時間と実存によって庇護されないアンガージュマンをするようにしむける。それと並行して、すでに示したように、実在からの構成問題を解決するための不可視の仕掛けとしての継続的創造が後退する。

X

これまでの各節の分析から、社会構造／複雑性／時間の領域における根底的な変化によって生み出される伝統的なゼマンティク体系の変異は、ただちに理論化できるかたちで出現できるわけではない、という一般化をしてよければ、時間との関連がひとめではわからないような他の諸テーマを取り上げようという意欲がわく。未来と現在をあまりに固定的に結びつけてきた目的因に対する批判や、存続（conservatio, creatio continua）の問題化といった、多くの議論がなされてきたテーマ群はわきにおいておこう。これらのテーマの時間との関連はどのみち明白であり、その概念史的、問題史的研究の成果はここでの議論にかんたんに適合するからである。[116] そのかわりに、われわれを導く仮説によって、もっと行為に関係の深いテーマをいくつか解明しよう。

十八世紀半ばごろ、情念（Passion）の概念が働き始める。[117] 苦悩から激情が、またそれと関連して感情が、思考や意志と肩をならべる能力に格上げされる。情念のゼマンティクは、それまで情念が気まぐれな現在において発露されることを嘆いていたが、いまやその現在に喜びを見いだし、愛の領域であれ、政治の領域であれ、最終的には未来を企図し引きよせるように勧めるようになる。

それよりずっと前に、さしあたり物理的な行為概念とならんで、「利害関心（Interesse）」概念の歩みが始まっていた。[118] まず損害と損害補償、つぎに利益と結びついていた、この概念の法律的・経済的な意味は、十七世紀に新しく登場した動機の反省のなかで拡張されるが、[119] そのさい明確な輪郭をまったく失ってしまう。十七世紀半ばごろには、「利害関心は、安全、安息、満足などすべての事柄の中心である」といわれている。[120] 利害関心概念の格上げの過程は、この概念を否定する考え方にそって追跡するのがいちばんよい。この概念を否定する考え方は、はじめのうちは神学、道徳、そして行為論においてさえ（ヴォーヴナルグにおいてさえ）、利害関心を最終的に価値のある行為の動機の領域から排除したが、結局は「関心のある事柄」についての利害のからまない満足という体験美学に撤退して、行為の領域を利害関心による決定に明け渡してしまう。最終的に、利害関心は特定の事柄が有効に見えてくる視点になっていく。だが、利害関心が唯一考えられる行為の駆動力だとすれば、利害関心概念は道徳的な資格の剝奪を免れる。道徳問題は利害関心のあいだの関係に移り、行為者の利害関心と他者の利害関心を一致させようとすることによって、行為は善きものになる。(121) それいらい、国家と経済は利害関心の統合という観点から捉えられ、「経済」と区別される国家には固有の利害関心があるとみなされるようになる。カントの場合、最終的にこの概念は、何かを排除することなく行為の全領域に一般化されている。利害関心は行為の原因そのものであるから、道徳律に実践的な有効性を約束するためには、理性の関心を仮定しなければならない。

なぜこのような展開が起こるのだろうか。

この事態を解く鍵は、社会の複雑性の時間化の進展や、それとともに現れる時間接続の不確実性にあるだろう。(122) 知識の根拠の確実性に対する利害関心は、利害関心に対する利害関心にいきつく。(123) ここにも一つの伝統があり、人間の態度や行為様式の移ろいやすさはかねがね議論されてきた問題だった。さしあたりは文字どおりただ必要に迫られて美徳が作られ、問題は不変(constantia)として扱われた。賢慮の場合と同様、(124) 比較的単純な時間意識が、純粋に道徳的で教訓的な問題解決を可能にした。(124a) この問題解決は、賢慮と同様に、十八世紀になってもまだ主張される。(125) ここでも善意を放棄するのは難しそうである。他方、よく理解され反省された利害関心という概念のなかで、すでに十七世紀いらい、まずは政治のために考え抜かれ、それから一般化された代替理論が利用できるようになった。本書のテーゼでは、時間問題が新しいかたちで緊急性をもつことによって、もはや移り気をただの性格の欠陥として扱えなくなると、この代替理論は魅力を増す。

利害関心概念は計算を可能にする。人はまず自己言及を容認しなければならず、そうすれば他者のことも計算に入れて、場合によってはうまく影響を与えられる、というわけである。[126] 人は自己言及を犠牲にして、ただ道徳的な美徳の前提をとおしては得られない、社会関係における確実性と不変性を手にいれる。[127] これに対応して、自分の利害関心を排除したり否定したりしようとする人は、社会的交際のなかで、高尚化された利己心をもっているのではないかと疑いをかけられる――彼らは策略家の疑いをかけられる。[128]

さらに利己心への回帰は、設定される原因として主体を受け入れることによって、さらなる因果関係の探究を遮断し、関連のある過去を短縮する。利己心はとりわけ簡単に扱える。とくに利害関心について、利害関心に対する利害関心、利害関心の連続性にたいする利害関心、未来にかんする時間結合を、同時に措定できる。出来事、行為、意思決定の時間的連関にかんする不確実性が大きくなるほど、自己において、また他者において、時間を結合する布置関係を見つけだすために、利害関心をもちだすことがますます可能になるし必要になる。近年の組織社会学の事例研究では、「この不確実性を所与とすれば、個人にとっては……自己の利害関心に適合する基準に訴えることによって不確実性を低減させる多くの余地がある」[129]。それ以上に、他者の利害関心に対する利害関心はゼマンティクの発展を推進するだろう――それも利己心が問題になるところで――と推測される。なぜなら、各人の生がある利害関心についてて連続性をもっているのではなく、他者の行為を理解するための短縮、移動、補完が利害関心という定式に帰せられるだけだからである。同様のことは、利害状況の全体構成、つまりイデオロギーについてもあてはまる。いいかえれば、利害関心という時間結合図式が働き始めるには、社会次元とその縮減が必要である。またそのかぎりにおいて、一六五〇～一七五〇年という個人間の社会性の世紀に利害関心という定式が一般化されたのは、偶然ではない。

いまやその帰結が意識のなかに入りこんでいる複雑性の時間化は、さらに行為のリスク状況が変化することを意味する。リスクはある意味で利害関心の操作上の反対物になる（利害関心に匹敵するような言語史的伝統がないにもかかわらず）。利害関心とならんで、また利害関心と関連して、リスクも普遍化される。リスクは、特定の行為の性質から行為そのものの不可避の存在形式になる。なぜなら、ことによると不必要なことが明らかになる費用をかけたり断念をしたりしなければならないから、予防戦略を用いてリスキーな行為を回避するのもリスキーなこととして意識されるからである。見通しのきかないカーブで追い越しをしない人は、ことによったらあるかもしれない速く進むチャンスを失うリスクを冒している。[130] この状況は、ここで持ち出した時間概念にただちに変換されるわけではない。だがこの状況は、十七／十八世紀に安全というテーマを変化させる。旧来の説では、安全への配慮は美徳ないし情念の観点のもとで論じられ[131]、単純に他の美徳ないし情念によって釣り合いがとられた。いずれにしても宗教戦争によって最終的な安全の根拠が社会的に拡散しているのが明らかになったあと、いまや安全とリスクは主観化される。信仰の決定でさえリスク計算をとおして勧められる。神の存在を否定するのは大胆であり、狂気でさえある。「神が存在することを信じるのは危険でなく、信じない方がおおいに危険である」[132]。霊魂の救済、現世の揺るぎなさ（securitas）、認識と誤謬（certitudo）に関係する古い概念は、リスクの克服を含意する安全への関心にとってかわられる[133]。十七世紀いらい、安全なことよりも安全でないことを優先するのが合理的であるための条件に、ますます関心が集まるようになる[134]。この事態は、人が安全なものまで問題化し、危険にさらし、リスキーなものと感じ始めたことを示している。この事態は、時間を必要とし本来安全でない社会次元を経由する、幸福への関心の迂回とも関連している[135]。以上のことから、安全をもたらす策略ないし技法も、その反対に見えるリスク歓迎も、社会的には肯定的に評価され、たとえば政治指導者の選別をともに決定している、という仮説が導かれるだろう[136]。

もう一つのテーマの複合体は連続（Sukzession）に関係している。まず、持続概念を連続概念におきかえ[137]、それとともに時間をもっぱら連続として定義しようという考え方が生まれてくる。だがそれによって、連続概念は過剰な負荷をおわされる。さらに連続概念は、時間そのものがきわめて抽象化されて、もはや一連の出来事におのずから統一性を与えなくなったことによって、困難なものになる。ある連続の統一性は、個々の出来事からも出来事の総体ないし集合としても定義できない。十八世紀に提案された逃げ道は、接続の継続性（運動）、あるいは代替、あるいは出来事が次々に生み出される規則の統一性に焦点をあわせるものだったが、どれも難点があった（いまでもある）。これらの逃げ道は、それぞれが明らかに、連続を生み出したり体験したりする多くの可能性の一つしか捉えていないからである。リスクの場合と同様、ここでも概念問題がそれまで気づかれなかった深さをもって現れてくる[138]。

おそらくこの問題にかんしては、十八世紀後半に現れてたちまち成功した逃げ道の、ゼマンティク上の誘発要因があるのだろう[139]。時間はそれ自体が歴史的に捉えられる。かくして、過去から未来に向けてなお重要な事柄を見つけだすために、すくなくとも「われわれの時代」「時代精神」「時代の出来事」などの表現がもちだされる。時間そのものが歴史化され、より高度な複雑性、より多くの多様な出来事、開かれた可能性、加速に対して開かれたのは、この転換の結果である。

XI

「時間の歴史化」あるいは「自然誌から自然史へ[140]」という定式では、構造転換の準拠点は概念的に十分明確には捉えられていない。これらの定式は、結果を指し示しているにすぎない。自然科学では、レペニース[8]の叙述に従えば、十八世紀後半に比較の問題設定をへて時間に関係する問題設定に導いたのは、探究すべき事態の急速に増大する複雑性であるように思われる。ただし最初は、なぜ古い構図がそもそも「発生論化」されるのか、まったく明らかではない。それ以上に、社会科学ではこれに対応する複雑性の時間化が見られるが、研究の全テーマが自然科学と同じように十八世紀半ばに急速にきわめて複雑になっていくことはなかった。では時間に関係する分析への転換は、何を奪ったのだろうか。

本書の推測では、歴史的現在を一瞬に短縮するという、すでに行われていた考え方が完成の時間的局所化の根拠を奪い、そのため完成されたかたちでの全世界の「いちどきの成立」という考え方がもはや説得力を失った。天地創造を「永遠の瞬間」と考える可能性は、いま生きている者の時間意識のなかにもはや根拠を見いだせずに消えていく。そしてそれとともに、天地創造そのものがその作動を秩序だった順序に並べざるをえなくなる。神自身が、永遠のものを生み出したいと思うならどこでも、時間の制約下におかれる。

この考え方の転換を示す一つの明白な証拠は、ヨハン・ゲオルク・ズルツァーの『思慮ある者の至福についての試論』（一七五四年）(141)に見られる。このテクストは、問題の展開過程全体のなかではかなり早い時期のものであり（ズルツァーは自分の問題設定によって初めて理論が定式化されたと主張している）(142)、道徳学の領域に属し、物語的ではなく論証的に「だからこうである」というスタイルで書かれている。それによって、その他の点では一流でないこの著者の前提や含意をうまく捉えられる。

テーマとなるのは神義論的な問題である。ズルツァーは、知的志向の評価は異なるがル・サージュと同じように、快適な感覚や、それとの関連で一つの客体のなかで観念の内容の豊かさと結びついた幸福を見ている(143)。そこから神義論的な意味で立てられた次の問いが出てくる。なぜ神は、人間がただちにそのような理念をすべてもつように、つまり完璧で至福の存在として創造されなかったのか。その答えは、ここで関心をもたれている論証を用いている。有限者はみずからを完成させるために時間を必要とする。「つまり人は有限者の本性からして、完成への段階的前進によって到達できる存在に、いちどきに何の手順も踏まずに到達するのは不可能であることを、みずから示している」(144)。「有限者はいちどきに少しの事物しか把握できない。有限者が認識を拡大して卓越した明晰さを備えたものに高めるためには、理解する行為が多様なかたちでくり返される必要がある。なぜなら有限者はその本性からして、一瞬のうちにすべての個々の観念に――そのなかには全体の観念も含まれる――同等の注意を向けられないからである。だから有限者は必然的に、この部分、あの部分と順序だてて注意を向けなければならない」。そして、「いかにして有限者は明晰な概念を獲得できるかを、ある程度注意して考えれば、そのために連続的な理解の行為が必要なのは、まったく明らかである。そのような理解の行為はじつに多様であるから、まったく同時には起こりえない」。そしてその帰結として、「ただちに最初の一瞬で自己の現存在についてのすべての知識――それは最高の至福のために必然的に必要とされる――をもつ者を創造するのは、神でさえ不可能であった」。「だから有限者は、一定の時間の継起のなかではじめて、自己の制約された本性が自己の現存在の最初の瞬間にはそうあることを許さなかったものになる[145]」。

論証は、こんにちなら時間の歴史化と名づけられるような諸帰結を展開することなく、ここで中断している。最後まで考えられているのは、複雑性の構築とは、あらゆる過去の歩みが何か新しいことをつけ加え、それとともに過去のことは次の時点のことに変わる、ということである。それと同時にあらゆる歩みは、これまで（いまから見た過去における未来としては）可能でなかった未来を可能にする[146]。この意味で、論証の帰結が展開されていたとすれば、それはあらゆる瞬間における時間の総体的再生産だったであろう。これについて、ズルツァーの著作には何も書かれていない。彼の論証は、連続と有限の古い連合を再生産しているが、それを個々の人間および人類全体にとっての構成規則に転換している[147]。完成と至福が到達可能な状態であることは、まだ疑われていない。複雑性はまだ何も不可能にせず、むしろ同時に可能でない多様なものごとを順番に組み合わせられるように、順序化を強制する。この論証は、目を引く点として、経験的に固定された目標状態の言明を必要としない。有限者にとって完成が何であろうと、また計り知れない無限の真理の王国、「思慮ある者がたえず新しい理念、新しい知識、新しい楽しみを汲みとる底なしの海[148]」における人間の完成にいかにして到達できようと、いずれにしても完成にいたる道は（たんに時間だけでなく）多様なものごとの順番が恣意的でないことを必要とする。

時間の必要は、目標という未来の状態からではなく、複雑性そのものから生じ、順序的な形式をとりながら開かれた未来と両立する。そうなると、時間はもはや位置の自然な順列ではなく、複雑性の機能である。

以上のように述べたからといって、複雑性がゼマンティク上の発明や転換の潜在的動機である、と主張しているのではない。これほど深いレベルでの変化は、動機や意図との類比ではほとんど説明できないだろう。むしろ進化論の概念を用いて考え、変異、選択、保存を区別する方が有望だと思われる。現実把握の諸概念が変化するという事態には、じつに多様な原因、無条件に成功するわけではない原因がある。時間が問題化され、もはや神学的観念のなかだけで再生産されるわけではないという事態は、中世いらい進展してきた経済の商業化が、[149]あるいは宗教論争の政治的効果も原因である可能性があるだろう。そのような革新の選択は、社会的に説得力のあるコミュニケーションをとおして進む。選択の成功の条件それ自体は、社会進化とともに変化する。社会という全体システムの進化が新しい状況を生み出すと、思想財の変異が受容される可能性も変化し、洞察として納得させるとはいわないまでも時代の問題意識に訴えかける可能性も変化する。全体社会システムの社会構造の進化は、たしかに思想財の進化と同じではない。さもなければ、社会の発展とゼマンティクの発展の相関については語れないだろう。だが全体社会システムの社会構造の進化は、事実や問題を生み出す構造変化の実現であって、大なり小なり継続的に突然変異し、大なり小なり不正確に再生産される思想のストックに、異なる成功の可能性を与える要因である。変異が過剰な偶然の刺激に反応し、保存ないし安定化がドグマ化ないしパラダイム的理論をとおして進むのに対して、思想財の選択の基礎は全体社会システムの進化の総体にあるといえよう――すくなくとも、真理ないし非真理をとおしてみずから決定できる科学システムが分出しないかぎり。

社会的ゼマンティク――問題設定、テーマ、概念――の変化を引き起こす社会変動の影響のうちで、複雑性の増大はたしかに唯一のものではないが、最終的に成り立つ要素と関係にかかわるから、最も深甚なものである。したがって複雑性の増大に根ざした時間意識の変化は、ゼマンティクの伝統の異なる再解釈以上のものとして、近代社会の自己決定をうながす使命を帯びている。だから、適切な近代社会の理論も複雑性の時間化を無視できない。

XII

社会の複雑性の問題を出発点にすると、たしかに時間の捉え方について、まだ一般に解明されていない諸帰結が導き出される。それについて、最後に少しは明らかにしておかなければならない。

変革の遂行過程で社会状況を再解釈し始めなければならないときに利用できたゼマンティクの伝統は、運動の直観モデルにもとづく時間理解をしていた。時間と運動の関係をどのように捉えようと、つまり時間そのものを運動と考えようと、以前／以後という観点から見た運動の尺度と考えようと、運動との概念的関係は自明だった。そのことが派生問題の全領域のうちの一つと結びついていた。そのため、運動についても時間についても、始まりと終わりについての問いが立てられなければならなかった。(150) ゼノンのパラドックス[9]が一緒に出てきた。多数の運動、多様な加速、動かないように見えて長期的に変化するものは、時間概念の抽象化を強制する問題でありつづけたが、時間概念が運動の表象モデルから解放されることはなかった。

経験の新しい秩序のための時間関係を要求したり、それまで時間的でなかったものを時間化したりしたくても、利用できるのはこの運動のゼマンティクだけだった。そのため、増大し集中する時間の要求は、不可避的に既知の諸問題のせいにされた。このことはまず、アリストテレスの量、質、場所の三つ組から中世後期の実体へと、運動の言及が拡張されたことに現れた。[151] 時間化された複雑性の文脈では、つぎに要素としての出来事から出発しなければならなくなった。だがそれは、運動のメタファーから見ると、現在を時点化し、現在の持続可能性の問題を投げかけるということだった。別の時間経験は、とくに十八世紀半ばいらい、加速の観点から議論されている。運動は綜合の基礎であり、経験一般の基礎である。みずからを構成する歴史は、なかで時間の解釈も変化しうる過程である。フランス革命以後、存在ないし妥当するすべてのものについての社会的言及も運動し始める。社会そのものが社会運動になり、[152] それ以後「構造」といえばかならず「過程」という反応を呼ぶことになる。最終的に、すべてが運動するようになった歴史的運動の最終段階を暫定的に指し示すために、「近代＝新時代（Neuzeit）」について語られるようになる。[153]

だが、増大する社会の複雑性に対応しようとする思考と行為は、運動の直観モデルにかんする時間問題を取り除くはずだと、どのようにして保証されるのだろうか。そのような考え方は時間の「本質」から見て説得力があるのだろうか。時間構造まで歴史化すると、この考え方そのものが疑問視されるようになる。それともこの考え方は、新しい問題が登録されると同時に古い問題がお払い箱にされることとなどありえなかった、ゼマンティクの伝統への依存にすぎないのだろうか。そうだとすれば、時間の分析により適した考え方を発展させることに、努力を傾けるべきだろう。

とくに時間の内的再帰性は、運動に準拠しても、運動の尺度ないし原動力としても理解できない。そこでまず問題となるのは、過去と未来という時間地平の現在との関係である。つぎに問題となるのは、この時間地平が現在ごとに異なる――まずは純粋に年代的に、それから時間地平を現在において関連のある過去ないし未来として現象させるもののなかでも――という洞察である。最後に問題となるのは、あらゆる現在の過去ないし未来において、過ぎ去った現在ないし来るべき現在（つまりたんに過ぎ去った物ないし来るべき物ではない！）が現象し、それらについてもまた固有の時間地平をもっていた、あるいはもつだろうという推測が成り立つ、といういっそう錯綜した事態である。運動として経験されうるものは、時点の不連続性や最小化可能性を超えて滑り去っていくし、内的な自己反射のなかで時間の地平構造を出現させることもない。しかし、複雑性を時間化し、要素を出来事として捉え、ことによると出来事として組織したいと思うなら、この時間の時間化という内的再帰性こそが決定的な時間の構造となる。なぜなら、その場合に問題となるのは、出来事から出来事へと時間の視座が変化することであり、出来事そのものの作用としてのその変化の想起ないし予想だからである。したがって時間化された複雑性をもつシステムは、運動ではなく変化する出来事の連関にもとづいて、時間を構成しなければならないだろう。

伝統の代替物として提示できる時間理論がないので、本書では、それとともに投げかけられる問いに十分確実な答えを出せない。しかし、本書の出発点である複雑性と時間の関連を、時間の運動概念を用いて捉えられないのは明白である。そのため、システムにとって時間は、順序だった選択の秩序化・再秩序化をうながす複雑性の圧力にもとづいて成立する。他のどのような前提のもとで一定の順序だった連関が運動の統一態として現象するかは、二次的な問いである。選択的な関係づけの豊富さに関心をもちながら、複雑性は、そのような継続するものだけでなく、継続しないもの、順序だって相互依存を中断するものにも配慮しなければならない。

本書は、全体社会システムの構造的複雑性のレベルでこの考え方を導入することによって、複雑性の変化との関連でそれとは異なる時間のゼマンティクの変化を説明できるような視点を、全体社会システムのなかで得ようとした。そのようにして、トートロジー的でない相関を見いだせるように、社会的地位と知識を一致させない知識社会学についての、本書の分析の理論的な考え方が組み込まれた。だが、およそ時間が複雑性によってはじめて構成されるのであれば、理論状況は異なって見える。そうだとすれば、全体社会システムにおけるあらゆる複雑性の増大圧力は、つまりあらゆる分化形態の変化は、それに対応する時間構造を生み出す、と仮定しなければならないだろう。本書が分析した時間にかんするゼマンティクの転換は、運動のゼマンティクにしがみついているかぎり、文化遅滞（cultural lag）現象である。

そうなると、分化形態と複雑性構築の変化が歴史的に先行し、まずは可能なかぎり伝統的な手段によってゼマンティクのなかで受けとめられるように見える。もともとある問題意識は、さしあたりいっそう負荷をかけられ、内向発展的に緊張を強いられる。そうなると、近代社会は、時間をいぜんとして運動に関連づけて見て、速度の増大、現在の短縮、古いものに対する新しいものの高評価、定常的なものの運動性といった理解の補助観念ばかりを強調するかぎり、時間にかんして自己自身を十分に把握できなくなる。ストレスや慌ただしさが多いのは構造とゼマンティクを誤解した結果にすぎないだろうし、われわれは時間にかんして全体社会システムの適切な反省を迫られることになるだろう。

XIII

これまでの分析は、複雑性の時間化という概念のなかに、その出発点と中心があった。変数の関係はつぎのように素描された。すなわち、機能分化に向かう社会の分化原理の変形は、システムの複雑性を増大させる。もともと時間化されている単位（行為）にもとづく複雑性の増大は、関係づけの転換をよりいっそう必要とし、それとともに秩序の必要性を同時性から順序へとますます移行させる。これによってふたたび、時間に関係づけられる概念（行為、リスク、安全、新奇性など）を含めて、時間のゼマンティクのなかに相関物（原因も結果も）が生まれる。しかしこの素描は、はるかに複雑な連関をきわめて短縮し単純化したものとして読まなければならない。より詳細に入り込んだり、さらには転換を「説明」しようとしたりするならば、理論もより複雑に設計しなければならない。ここで用いられた概念用具の接続可能性と展開可能性の概略だけでも示すためには、さらなる考察を短く素描しなければならない。この考察は時間とコミュニケーションに関係し、進化論的な分析に導く。

本書は、システムの状態をシステムの過去だけによって決定することをある出来事が妨げる場合、その出来事は意味システムにとって情報を含んでいる、というところから出発する。(154) したがって出来事は、システムとその過去の関係をある時点で遮断し、システムそのものにとって利用可能にするような情報（構造的に見れば、情報にさらされながら情報を処理する能力）である。このように見れば、時間の経験は情報の問題である。(155)

情報はまず、システムから見たシステム状態の偶然的な選択である。ここで前提とされているのは、情報の冗長な必要量を設けている意味システムである。(156) それは、構造的な理由から、そのつど実際に起こりうるよりはるかに多くの情報がありうる、という意味である。だから、システムにおけるあらゆる情報は、自己の諸状態からの選択のようにも見えるし、あるいはそのような選択を促進するともいえる。この事態は、システムと環境が「緩やかに」連関している場合には、比較的偶然によって決定されたままでありうる。(157) しかし、情報がコミュニケーションによって伝達されるようになるにつれて、システムと環境の関係は強化され、特殊化され、影響を受けやすくなり、制御しやすくなる。いいかえれば、コミュニケーションは冗長性と情報の関係に関係しており、コミュニケーション過程において制御可能な環境との関係にもとづいてシステムの変化が起こる蓋然性を相対的に高める。つまり、システムは一方でより多くの情報を伝達し、冗長性がよりよく利用される。また、情報はコミュニケーション過程のなかで、システムが他の状態に到達するために利用できるように、あらかじめ選択されうる。(158) コミュニケーションの側は、あまり蓋然性の高くないコミュニケーションの結果を実現することに特化している、象徴的に一般化されたコードによって特徴づけられる。そのようなコードは、象徴的に一般化されたコミュニケーション・メディアという形態で制度化される。(159) かくして本書は論証のゴールに到達した。ここで基礎におかれている諸仮定が正しければ、象徴的に一般化されたコミュニケーション・メディアの構築と分化や特化の進展によって、過去はますます不連続になり、ついには過ぎ去った歴史、終わった歴史として経験されうるようになるはずである。政治的に集権化された権力、貨幣、人格的に全体化された愛、科学的真理といったメディアの構築によって、過去の不連続化は、まさに文化のレベルでも個人のレベルでも最高の成果であるシンボルのなかに係留される。そうなると、過去の清算、自然の歴史へのおきかえも、ゼマンティク上で正統化されなければならなくなる。

この理論的な考え方もまた、きわめて総括的である。だが同時にこの考え方は、個別分析のための出発点を明らかにしてくれる。個々のメディアのコミュニケーション領域において、メディアがより自律的に作動するように解放されたことが、いかにして特定の観点からみた過去との関係を緩和したのかという問題は、その出発点から探究すべきだろう。このことは、中世後期いらいの貨幣経済の拡大について明らかである。だからたとえば、社会秩序は中世の個人理解に反して職業の変更を認めうるかという問いにかんする議論は、貨幣尺度を前提にしている。なぜならこの問いの答えは、その人が新しい職業をより効率的にこなせるなら、イエスだからである[159a]。だが、十七世紀に科学に固有の真理にもとづいて知識を増やそうとした努力も同じ道をたどっており、この場合には有力な見解、偶像、意見の伝統の明示的な不連続化がとくに顕著である。また、非常にゆっくりと十九世紀までつづく過程のなかで、情熱恋愛が結婚の基礎、それも唯一正統な基礎として認められるようになると、それは結果的に、結婚と家族が感情生活の前提となる制度的定数[160]として放棄され、すくなくとも不連続化されること、あらゆる世代は新たな家族を築く[161]ことを意味するようになる。この種の細部にわたる発展は、特別な相互行為の配置と特別なメディアーコードにもとづく、個々の機能領域の分出の進展によって条件づけられている。

それを超えて社会意識の時間構造のレベルでいわば結論が導き出されることは、社会全体が機能的なシステム分化に転換し、そのため従来よりも時間や適合的秩序の転換にもとづいて形成されなければならないこととも関連している。

コミュニケーションは、以上のような経過を経て、時間意識の発展のなかで鍵となる位置を占めるようになり、不連続性を適切に要求し常態化することができるほど、ますますそうなる。コミュニケーションは、より具体的で相互行為や機能に固有のかたちで、全体社会システムの分化形態と複雑性レベルの変化の一般的効果を補完する。したがって転換過程は、たがいに条件づけあっているさまざまな集合のレベルで、同時に進行する。付属の図はそのことを明らかにしている。このように抽象的で複雑に作られた理論モデルを用いてはじめて、近代社会への移行過程で、(1)機能的なシステム分化に向かう構造転換、(2)不連続化するコミュニケーションのためのメディアーコードの特化が、いかにしてたがいに条件づけあい、全体社会システムの時間構造を転換させているかを、説明できる。

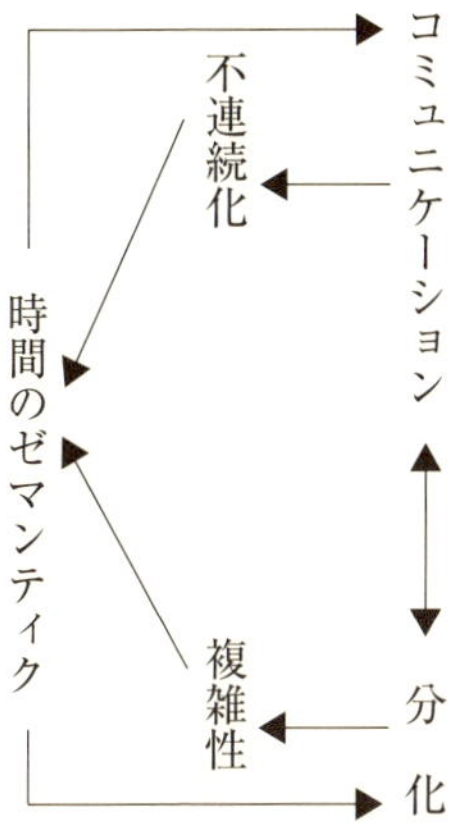

第五章　自己言及と二項図式化

I

　文化史は、科学的分析の対象としては並はずれて複雑な現象である。複雑性は、科学的分析が自己自身に出す要求とともに増大する。このような状況のなかで、いかにすれば成功する研究が行えるのだろうか。複雑性の問題をあらかじめ反省することなく、先へ進めるのだろうか。

　ふつうの前進の仕方では、事実そのものから出てくるように思われる観点の寄せ集めを利用する。これは、一方で語や概念にもとづいて方向づけを行い、他方で大なり小なり有名な著者に依拠するやり方であり、要約すれば学派、方向性、知的潮流——たとえばストア派／新ストア派、理神論、敬虔主義、啓蒙主義など——にかんしてより多く寄せ集められた観念によるやり方である。だが分析は、要求水準を上げ、奥行きを深めるほど、寄せ集められた観念を解体するようになる——それにもかかわらず、分析はこの寄せ集められた観念に依存したままであり、それにとってかわることはできない。そうなると一方で、現実の思考の連関のとてつもない複雑性に直面するようになるだろう。現実の思考の連関は、個々の決まり文句や著者のなかでは一時的に集約されて新しく位置関係を決められるだけで、そこで名前や概念の刻印はふたたび解体されて新しく形作られる。他方で、あらゆる研究は対象のなかにある抽象作用に結びついたままであり、ふたたび個々の思想家や概念が利用可能な観点を与えてくれるというところから出発するようになるだろう。その観点はさしあたり同一であると仮定でき、そこから、歴史を運動する歴史として捉えるために、連関、影響、誤解、実りある誤解などを探究できる。このような方法によって（それを方法と呼んでよければの話だが）、研究はみずからが課せられた観点をたえず解体せざるをえなくなる。そしてこの問題は、「重要な」概念や「偉大な」思想家の場合により大きくなる——その重要さや偉大さは、おそらく同じ概念や思想家のなかに入り込んでくる関係の豊かさにもとづいているだろう。

この研究が、先行する研究者の誤った判断を修正し、先行する研究者が見落としたものに新たな光をあてることに携わるような、第二の研究につながることはありうる。例外なくあらゆる解釈は選択し濃縮しなければならず、複雑性を縮減しなければならない。だが複雑性はあいかわらず生み出される。威力のある濃縮物——ホッブズやロックにおける「所有個人主義」を考えてみよ(1)——はすぐにふたたび相対化され、際だったものはふたたび均等化されて、それ自体がまた自己自身を扱う文化史の契機となる。二次文献の増大とともに、研究の続行のための習熟の要求度が高くなる。知識の量はより多くの知識を生むように生産的になるが、それだけでは認識の接続可能性、獲得された文脈の外での認識の応用可能性は保証されない。

全体的な印象としては、この研究は他の社会科学的記述でも同じように起こる経験、複雑性の経験をする途上にある。近年のシステム論にとっては、ここに自己反省の決定的な動因がある。だがまた個別の理論的アプローチとは独立に、すべての研究は、真なるものと偽なるものを分類できる前に、まず複雑性の問題にかかわっている、それも自己自身が生成に関与している複雑性の問題にかかわっている、という理解が広がっている。現実の事態はきわめて複雑であり、それをより正確に解明するためにはまだ多くのことをしなければならない、という典型的な学会大会の最終見解は、同時に災厄を悪化させるプログラムである。

だが、それを知りえたとして、何ができるのだろうか。

ここで述べたような現状をふまえると、歴史的経過における「影響」の設定をまずはすべて度外視するような別種のやり方を、すくなくとも視野に入れ、検証しなければならない。あちこちで交差し、個別に追跡できない思想の素材は、コミュニケーション様式（口承／文字／印刷）や社会構造が十分な利用可能性を提供するやいなや、いずれかの思想家の何らかの概念連合のなかの複雑性に適合した形式が支配的になる、進化の素地のようなものだとみなせよう。そのさい、社会の複雑性は「長期的には」選択的に働くと仮定しなければならず、どのような問題設定が、あるいはどのような思想的形象が、それによってチャンスを保持したり失ったりするのかを、突きとめてみなければならないだろう。一つ例を挙げると、社会がより長期的で複雑に条件づけられた因果連鎖に新しいチャンスを与え、偶然と秩序がもはや相互排他的な対立物ではなく組み合わせの問題と見られるならば、完成と目的因の統一は解体する。[2] この問題と自己の概念的装備を不変とみなすならば、いかにして集約的な統一性を堅持しようとする思想が防衛的な態度に陥るか、反対にいかにして統一性の解体の進展がみずから生成した複雑性という典型的な問題にかかわるようになるか、探究できる。

そうなると、文化的素材が集められ整理される観点は、もはやテクストに即して解釈された概念ではなく、ましてや著者の思想世界の推定された統一性ではない。そのような観点があるとしたら、それは問題ないし形式と複雑性を関係づけるものだろう。(3) だがそれと同時に、そのような問題に突きあたって素通りしないテクストないし著者の経歴における、概念変化ないし困難の解釈について、指針が設けられるだろう。ただし、そのことはテクストや著者のせいで興味深いのでなく、テクストや著者について記述されるべき事態は、複雑性を実証するためにより抽象的に作られる理論のための素材にすぎないだろう。

II

以下では、この提案の中身を事例によって明らかにしなければならない。本書ではそのさい、理論的演繹から出発するのではなく、ゼマンティクの素材のなかの発見から出発する――その発見は、これまでの探究のなかですでに何度も用いてきたものであり、ここではあらためてより抽象的で方法的な観点から引き合いに出す。その発見は、全体として自己言及と二項図式化の関係にかかわる。

第一の最も初期の事例は、思考の自己確認、すなわちデカルトの「我思う、ゆえに我あり（cogito ergo sum）」である。この議論は、（最広義の）思考の事実性の経験を引き合いに出し、それによって思考内容が真であるか否かという問いから独立する。思考は、正しい観念を用いても誤った観念を用いても、自己を確認できる。(4) 思考そのものは、ただ作動する意識として進行するかぎり、いかなる場合でも自己を主張する。[5] それとともに、自己言及と真ないし偽としての認識の二項的構成が分離され、それまで以上に引き離される。真の観念から偽の観念への移行は、いかなる場合でも要求される思考にもとづいて、よりスムーズに進行するようになる。対立する言明の反駁を必要かつ十分な真理条件とみなし、それとともに科学に固有の討議を分出させられるようになる。そしてとりわけ、真／非真という二つの値の適用の条件づけを行い、この条件づけを方法として検証し、批判し、場合によっては交換できるようになる。以上のことは思考の主観性を脅かすことなく、思考の自己言及的構造と両立する。

これに比肩する事例を、成功を求める相互行為についての教説、とりわけ宮廷的慇懃さの戦略についての教説からとってくることにしよう。この教説は、関連する文献が存在するようになっていらい、策術や欺瞞であるという非難を浴びている。しかし、完全な宮廷人と不完全な（堕落した）宮廷人という単純な対比は[6]、十七世紀にはそれを超越する決定の立場と関係づけられることによって相対化される。誠実なふるまいと欺瞞的なふるまいが比較され、ほかならぬ多くの手練手管を必要とする環境のために、策略を用いないことが最大の策略として推奨される。[7] 一般的に、欺瞞は特別な場合については許され、場合によっては必要とさえみなされた。しかし、作動上の決定はここでも、誠実なふるまいと不誠実なふるまいの対から引き出され、固有の計算の尺度に従ってこの手段を用いる。二項図式は条件づけのために使用を認められており、その条件づけは経験にもとづいて自己を確証でき、何らかのかたちで決定者の自己言及過程と関係している。

もう一つの証拠を、コミュニケーション的行動（会話、書簡体、講演、演劇など）に関係する文献からとってくることにしよう。そこでは、多くの点で増大する複雑性を、つまり[1]可能なテーマのレパートリー、コミュニケーションの対象の受容ないし拒絶をとおして規制されるべきものの拡大、(2)印刷による社会的射程の拡大とコミュニケーションの匿名化、(3)それ相応の学習と処方の欲求をもった下流階層からの出世を処理しなければならない。こうした要求のために、まずは一般的に適用可能なコミュニケーション的行動の規則が発展するが、その規則には短所があり、その適用は規則適用として目に見え、そのため不自由で低級な働きをする。それとともに、自然的、非強制的、自発的で、みたところ偶然的で規則性のない行動という対抗規範が成立する。(8) 怠慢(négligence)が処方になる。人は、規則に従い、また可能なら規則に従わずに、ふるまうことができる。有能の士は自分の判断の自由を保持し、上流階層の士やサロンの夫人は自分の選択の自由を保持する。しかしゼマンティクにおいては、状況はそのように開かれたままであることがかなわず、(他の領域ではいざしらず)矛盾を解決して完結の要求を充足できなければならない。状況とコミュニケーション類型の区別が役に立つのは、きわめてかぎられた範囲でしかない。なぜなら問題はいたるところに現れ、あらゆる状況に入り込むからである。メタ規則が必要である。

規則性と不規則性のあいだの選択をするような指導が、自己言及的な人物像を生み出すのは、偶然ではないだろう。(9) たがいに条件づけあう自己言及的な人物像の主要形態は、オネットム(honnête homme)という理念型であり、気に入られる(plaire)という格率である。前者では個人的な自己言及が、後者では社会的な自己言及が要求される。前者では、コミュニケーション的文脈に自己をおくこと、とりわけ自制、自足、自尊、自己保存を含む(だが個人化は含まない)ような能力が問題となる。(10) 後者では、他者に気に入られる事柄に自己のふるまいを合わせるとともに、他者に気に入られるという事態を気に入ることが問題となる。[11] いいかえれば、ある人が他者に気に入られるという事態を気に入るならば、その人は他者に気に入られる人として自己自身を気に入ることができるし、社会的に保証されたかたちで自己を気に入っているという陶酔のなかで、そのために発達した規則に従うのか、その内的な二律背反をまえに規則を超えるのか、状況に応じて決められる。

つぎの例は、純粋に語や概念の歴史にかんする資料を用いて、まえの例よりうまく示せる。この例は享受する／享受（Genießen/Genuß）のゼマンティクと関係している。[12] この例でも、ほとんど同時代に、あの自己言及と二項図式化の分離が現れる。まず、人は快適なもの、快感を与えてくれるものしか享受しない、と仮定されるだろう。しかしその後の発展のなかで、すくなくとも高級文学においては、この語の意味はある価値との同一化にもとづいたものになり、この概念には不快感、苦痛とも結びつけることのできる深い意味が与えられるようになる。見たところ、これと並立する意味の要素が理解に役立つ。それによれば、享受するとは、わがものとする（sich aneignen, sich zu eigen machen）、という意味でもある。さらにその後の理解では、自己と関係する実存的なものが強調されて、享受はつぎのように定式化される。すなわち、人生は認知的なものをもたらすだけでなく、喜びや苦痛も各人の現存在のなかに取り込まれて、自己の構成要素に変形されうる。とくに、ある人格を人生のある時期に見て、喜びと苦痛が恒常的な自我の要素ではなく、その人格があれこれのかたちで成熟していくための経験の質であることが明らかになる場合が、そうである。この場合にも、形式的に最も重要な意味変化の成果は、自己言及の条件づけによる可能性の増大の解放である。人は、自己自身との関係を現時化するさいに、喜びと苦痛の対立を超越し、両者を自我の実在性の増大の契機として利用できる。

最後に、まったく同じ発展が自己愛の考え方についても跡づけられる。この場合にも、出発点は、（いかに両義的であれ）自己愛と他者愛の対立にいきつき、それから神への愛によって代理されるようになる、二元論的な考え方だった。(13) まったく一般的な意味でも、自己との関係づけは一種の自己自身の孤立として捉えられ、他の人間への思いやりと対置される。(14) それはあたかも、自己との関係づけが他の人間を犠牲にせざるをえないかのようである。問題は、超越的で宗教的な関係によっていかに仲介されていようと、いぜんとして利己主義と利他主義の両立不可能性のレベルにある。十七世紀になってはじめて、基本的に自己言及が徹底的に否定的に評価されることによって普通のことになっていく過程とともに、自己言及は利己主義／利他主義という対立を助長する図式から抜きだされて、両者の前提として確固たる地位を与えられる。(15) そうなると、自己愛の批判もその動機はなお自己愛にある、といえる。(16) つまり自己愛は、自己自身と自己の拒絶の両方を基礎づける。一七〇〇年頃までには、まったくそのようにしか考えられなくなっている。自己愛はもはや自己認識の妨げではない。(17) 自己愛を自己についても他者についても認めることは、とくに友人関係において社会関係の増大の前提となる。こうして社会的なものの理論は、希少な財の分配をともなう古い先入観から解放され、自己言及的に作動する人格システムの組み合わせの問題とみなされるようになる。

この考え方が普及して十八世紀を規定するようになると、このモデルに従わない諸理論はどのような影響の歴史をたどりうるだろうか。そのような諸理論は、十八世紀におけるフェヌロン[1]の影響のなごりに見られるように、簡単には死滅しない。だが、このまだ十分に研究されていない歴史にかんする主導的な問いは、ここで素描された方法的な考え方にもとづくものになるだろう。すなわち、純愛（pur amour）の考え方をもって時代の徴候を拒み、またそれゆえに時代の徴候を引きよせるプログラムにとって、どのような選択肢とどのようなゼマンティクの連合が利用可能でありつづけるのだろうか。それは複雑性との構成的関係の等価物であるかもしれず――ここではおそらく一種の道化だろうが――、まだしばらくは思想を担い、同調者を集めるだろう。

本書では、自己言及と二項図式の分離と名づけた過程について、いま五つのまったく異なる証拠を示した。おそらくこの種の証拠はもっとたくさんあるだろう――たとえば、安全と危険の差異に従い、この差異と戯れる、新たな安全への関心の形態のなかに。証拠の叙述は十分だろう。だが以上の所見はどのように説明されるのだろうか。

同一の基本像がゆうに五〇年もこのようにさまざまなところに現れて、そのつど思考の可能性を新しい基礎の上においた結果、実践および指導として良い側ないし歓迎すべき側と同一化することは、うまくいかないか素朴に見られざるをえない、というのは偶然ではないだろう。だが他方で、思想史の説明手段もまた、通常のスタイル、つまり著者から著者への影響という仮定では、ほとんど十分でなくなる、ということもほとんど偶然ではないだろう。そのためには基本像が現れる領域があまりに多様であり、理論的重要性の度合があまりに異なっており、とくに問題構造があまりに抽象的であるために、その射程の範囲内では著者にあまりに意識されていない。だから問題となるのは、ここで定式化されたように、伝承可能な財ではない。変化は伝承可能な財にもとづいて定式化され、二項図式が肯定的な値との同一化を求めるところではどこでも、人は距離をとるように求められていると感じるかのように見える。その結果として、図式の内部で選択が行われるまえに、距離をとるための基礎として自己言及が作動のなかに組み込まれなければならない。だが、そこに関心があるとしても、それ自体は議論、伝達、意見を形成する示唆の対象ではないし、文化史的影響も説明できない。これらのことをみな度外視したとしても、そのような説明は純粋に記述的なものにとどまるだろう。そのような説明は問題をずらして、なぜ一定の問題像が思想交換の複雑な水路のなかで実証され普及するのか、という問いに変えるだけだろう。

これらすべてを支えているのが、そのような現象連関には他のより深い理由があるはずだ、という仮定である。本書ではその理由を、最後の準拠点、つまり自己自身の複雑性に対するシステムの態度の非恣意性に求める。

III

前節の叙述のなかで、事態は歴史的なものとして見られるようになった。それが意味するのは、事態を過去に見いだし、理念、問題、概念の過去の発展として語れる、というだけではない。事態が歴史的であるのは、とりわけその事態の獲得した形式が、その形式にいたらしめた経過によって規定されているかぎりにおいてのことである。たしかに形式は、その歴史を抜きにしても理解できる。歴史は解釈学上の必須要件（sine qua non）ではない。だが、形式を歴史過程の産物として認識するならば、歴史過程によって規定された形式は問題解決のために最も都合のよい枠組みなのだろうか、と問える。

ここで扱われているテーマの歴史的形式は、それが二元的に分類される現実（完成／未完成、善／

悪、快／不快など）からの自己言及の抽出として生じた、という点にある。その結果、さらなる発展は自由に作動する自己言及のなかへの二項図式の再注入に行きつき、「純粋」理性にとってなおも可能な基準という問題に取り組むことになる。カントいらい、認知（真／非真）、道徳（善／非善）、形式（これ／非これ）の二項図式を用いることに対するアプリオリに方向づけられた自己規制は、歴史的にもはや撤回できない反省の立場になっている。だが、あらゆるアプリオリな防御がふたたび解体されたり、不毛なものとして扱われたりするとしたら――どうなるのだろうか。

　現在議論になっている自己言及システムの理論に対するアプローチは、あらためて問題関心を移動させる。あの距離化と自己言及の解放によって解体されてしまった基礎づけの必要性をとりもどす努力に、自己言及システムの作動能力（の含有）の問題がとってかわる。二項図式にかんしては、こう問わなければならなくなる。二項図式化は、自己言及システムの作動遂行のために、つまりシステムの直接の意図を超えてつねに自己との関係づけをともに実現するような作動遂行のために、どのような機能をもっているのだろうか。

　この問題設定は、さまざまなかたちで濃縮される――自己言及が同時遂行されるもとでの作動遂行の問題とみなされるものが、どのように定式化されるかによって。一つの非常に重要な側面は、短絡の回避ないし接続能力の保証にある。作動がそのつどただちに自己自身のみにふたたび関係づけられること、あるいは作動が反射効果のみを意図して対象や相手を選ぶことは、避けなければならない。なぜなら、そのようなシステムは、環境との関係に何の構造も設けず、環境に対して選択的にふるまえないからである。そのようなシステムは、内部が規定不能なまま、つまり「トートロジカル」に構造化されたままであり、外部との関係についてあらゆる任意の環境との両立性を措定しなければならないだろう。両方の仮定には、現実に可能な存在の条件が欠けている。

二項図式はいまや、まったく一般的に自己言及システムに対する機能にかんして、接続可能性を保証する形式として捉えられる。[18] 自己言及は、一方では二項の形式に集約される。真が非真の参照を指示し、非真が真の参照を指示するのである。他方で、二つの値はそれぞれ異なる接続の作動に道を開く。真が非真の作動を接続可能なものにできるためには、二項図式における短絡を遮断しなければならない。真が非真の存在の指示としてしか用いられないこと、あるいはその逆のことを阻止しなければならない。厳密な二項図式の場合、この変換は容易化され、まさに容易化によって取るに足りないこととみなされる。ただ否定さえすれば、真の文が非真になるのである。だがまさにそれによって、この変換がそれ自体として十分ではないことが明らかになる。そのかぎりにおいて、自己言及の遂行の容易化こそが特殊な作動循環を道具化する道を開く。自己言及が遂行されるのは、自己言及によって達成される事柄が提示される場合だけである。

これと関連しているのが、すでに歴史的叙述のなかで浮かび上がってくるのを見た第二の観点である。自己言及が二項図式から引き出され、二項図式から独立するやいなや、いかにして選択肢は条件づけられるのか、という問いが浮かび上がってくる。人が苦痛をも享受することができるとしても、人が苦痛を喜ぶ生活を求めるはずだとは考えられないとしたら、それが事実でありうるかどうかは、何に依存しているのだろうか。超越論哲学は、この問題を無条件に妥当する基礎にかんする問いと理解し、アプリオリの袋小路に押し込めた。これに対して近年のシステム論は、（妥当根拠を問わない）条件づけを複雑な自己言及システムの構築の要件として扱う。[19] そのようなシステムは、内部の諸関係を「固定する」ことができず、関係づけの諸可能性を利用するかどうか、またいつ利用するかは、条件しだいということにせざるをえない。そしてその条件は、その他のシステムの状態ないし環境の状態を（多少とも事実に即して、だがつねに縮減して）表象している。[20] このことは、観察者がシステムについて作るモデルについてもあてはまる。変数は、端的に相関しているのではなく、システムの成立の蓋然性を高めるさらなる布置関係が加わってはじめて相関する。たとえばパーソナリティ・システムについては、動機が状況しだいで用いられたり用いられなかったりするならば、自己概念と動機が分離されなければならない、ということである。

このきわめて一般的な自己言及システムの理論において、自己言及と二項図式の関係という本章のテーマは、歴史的過程から独立した形式を獲得する。それは、パーソナリティと社会システム、有機体と脳に同じようにあてはまることを要求する、理論の抽象化によってなしとげられる。それと同時に、この理論を用いると、複雑性の証明の基礎も、より大きな説得力をもたせる可能性を構築しなおす進化的成果の基礎も明らかになると、推測される。歴史的に制約された形式が解体されてはじめて、歴史的説明が可能になるのである。

最初のアプローチは、まず「振り返り」によって、とくに道徳の評価から距離をおくという道徳的問題によって、規定されていた。だが、自己自身を愛する本性あるいは自己自身を欲する自我がふたたび善きものとして説明されることによっては、この問題を解決できなかった。そこでゼマンティクの成果そのものだけが問題となる。まず、複雑なシステムの自己構築の基本的前提の一部となる事態が定式化される、という仮説が、複雑になっていく社会における証明の基礎を指し示す。自己言及と二項的評価の分離がいったん考えられると、それを背景にして、自己を善なるもの、快なるもの、真なるもの、誠実なるものなどと端的に同一視するのは、いかなるかたちであれ、一方では素朴なことなり、他方では疑わしいことになる——たとえば自分の動機を隠しているのではないか、あるいはマイナスの結果に対する責任を恐れているのではないか、と疑わしい。この疑わしさは、十九世紀のソフィストたちによって、またとりわけ知識社会学によって、理論の基礎として用いられるようになった。(21) しかし彼らは、自己自身を十分に反省できない。本書はそのかわりに、複雑性に適合したゼマンティク的発明を証明するテーゼを立てる。

これは、単独ではもちろん、歴史的な登場と成功の十分な説明ではない。十分な説明のためには、はるかに複雑な社会的‐文化的進化の理論が必要であり、そのような理論でも、事後的な予測という意味での事実の説明を行うことはできないだろう。しかし複雑性の証明という考え方は、より複雑なシステムと複雑性に適合した構造の発生を、目標志向ではないにしてもあちこちで登場する進化の副次効果とみなすような、進化論の一部である。この意味で、ここで扱っているような思想像が十七世紀半ばから急速に重要視されるようになったのは偶然ではあるが、それは社会的な構造変化によって促進され加速された偶然である。議論されている多くの思想財は、そのような変異を生み出せるほどに豊かで自己批判的である——誰が誰に「影響を与え」ようとも。そして社会は、機能的分化への移行過程で、この種の発明を選択できるほどに複雑になっている——複雑性の問題にかんする機能を認識できるようにする形式を備えていないとしても。

原注

第一章

（1）機能主義は非歴史的である、という社会学でよく見かけるテーゼは、それ自体が歴史を知らずに定式化されたものである。

（2）Jacques Necker, De l'importance des opinions religieuses, London - Lyon 1788; Peter Villaume, Über das Verhältnis der Religion zur Moral und zum Staate, Libau 1791, insb. S. 60 ff. を参照せよ。

（3）Jürgen Habermas, Legitimationsprobleme im Spätkapitalismus, Frankfurt 1973〔細谷貞雄訳『晩期資本主義における正統化の諸問題』岩波書店、一九七九年〕を見よ。

（4）例として、Bernhard Groethuysen, Die Entstehung der bürgerlichen Welt- und Lebensanschauung in Frankreich, 2 Bde., Halle 1927–1930; Arnold Hirsch, Bürgertum und Barock im deutschen Roman: Ein Beitrag zur Entstehungsgeschichte des bürgerlichen Weltbildes, Frankfurt 1934, 2. Aufl. Köln-Graz 1957; Franz Borkenau, Der Übergang vom feudalen zum bürgerlichen Weltbild: Studien zur Geschichte der Philosophie der Manufakturperiode, Paris 1934, Neudruck Darmstadt 1973〔水田洋ほか訳『封建的世界像から近代的世界像へ』みすず書房、一九五九年〕; Leo Balet/E. Gerhard, Die Verbürgerlichung der deutschen Kunst, Literatur und Musik im 18. Jahrhundert, Straßburg 1936; Peter von Oertzen, Die soziale Funktion des staatsrechtlichen Positivismus: Eine wissenssoziologische Studie über die Entstehung des formalistischen Positivismus in der deutschen Staatsrechtswissenschaft, Diss. Göttingen 1953, Frankfurt 1974; Ralph Fiedler, Die klassische deutsche Bildungsidee: Ihre soziologischen Wurzeln und pädagogischen Folgen, Weinheim 1972; Winfried Schröder et al., Französiche Aufklärung: Bürgerliche Emanzipation, Literatur und Bewußtseinsbildung, Leipzig 1974 を見よ。これらの文献を比較するだけで、市民階級への分類がじつにさまざまな

基準のもとに行われていることがわかる。

（5）　代表的な叙述は、Handwörterbuch der Soziologie, Stuttgart 1931 所収のマンハイムの論文 Wissenssoziologie, neu gedruckt in ders., Ideologie und Utopie, 3. Aufl. Frankfurt 1952, S. 227–267〔秋元律郎・田中清助訳『知識社会学』（現代社会学大系8）青木書店、一九七三年所収／樺俊雄ほか訳『知識社会学』（マンハイム全集2）潮出版社、一九七五年所収／鈴木二郎訳『イデオロギーとユートピア』未來社、一九六八年所収／高橋徹責任編集『マンハイム・オルテガ』（世界の名著56）中央公論社、一九七一年所収〕である。

（6）　通常、批判者は、マンハイムが大きな矛盾を冒しているか、すくなくともこの問題にわざと不明確さを残していると主張する。たとえば Otto H. Dahlke, The Sociology of Knowledge, in: Harry E. Barnes/Howard Becker/Frances B. Becker（Hrsg.）, Contemporary Social Theory, New York 1940, S. 64–89（86 f.）を参照せよ。

（7）　まさにこの問題を解決しようとして、ノルベルト・エリアスは、主体／客体－関係を主体の可変的な「関与（involvement）」または「離脱（detachment）」の次元として扱うような連続体を提案した。それによれば、知識は主体の特質や社会的拘束に対して「相対的に自律的」でありうるし、他方で、主体はみずからの知識に多少とも関与できる。この提案に対しては、どのような社会構造の変化がどのような知識をこの次元で変化させるのか、という問いを付け加えることができる。Norbert Elias, Sociology of Knowledge: New Perspectives, Sociology 5（1971）, S. 149–168, 355–370 を参照せよ。

（8）　Geschichtliche Grundbegriffe: Historisches Lexikon zur politisch-sozialen Sprache in Deutschland, hrsg. von Otto Brunner, Werner Conze und Reinhart Koselleck, Stuttgart 1972 ff. 引用は Koselleck, Einleitung, Bd.1, S. XIV より。

（9）　経済の領域については、たとえば Karl Polanyi/Conrad M. Arensberg/Harry W. Pearson, Trade and Market in the Early Empires, Glencoe Ill. 1957〔玉野井芳郎・平野健一郎編訳『経済の文明史――ポランニー経済学のエッセンス』日本経済新聞社、一九七五年〕を、これにつづく議論の概観としては Jochen Röpke, Neuere Richtungen und theoretische Probleme der Wirtschaftsethnologie, in: Hermann Trimborn（Hrsg.）, Lehrbuch der Völkerkunde, 4. Aufl. Stuttgart 1971, S. 446–457 を、法については、たとえば Max Gluckman, The Ideas in Barotse Jurisprudence, New

Haven–London 1965 を、国家と法については、とりわけ Otto Brunner, Land und Herrschaft: Grundfragen der territorialen Verfassungsgeschichte Südostdeutschlands im Mittelalter, 3. Aufl. Brünn-München-Wien 1943, insb. S. 124–188（»Forderung nach einer quellenmäßigen Begriffssprache«）を参照せよ。政治思想については、W. H. Greenleaf, Order, Empiricism and Politics: Two Traditions of English Political Thought 1500–1700, London 1964, S. 2 ff. も、宗教の呪術的形態については、ここでは議論の概観として Hans G. Kippenberg/Brigitte Luchesi（Hrsg.）, Magie: Die sozialwissenschaftliche Kontroverse über das Verstehen fremden Denkens, Frankfurt 1978 を参照せよ。これらの議論の道筋に結びつきがあるかどうか、またこれらの議論がたがいを認識しているかどうかは、調べようがない。

（10）問題設定の移行については、Talcott Parsons, An Approach to the Sociology of Knowledge, in ders., Sociological Theory and Modern Society, New York 1967, S. 139–165 を、さらに時事的な叙述としては、Talcott Parsons/Gerald M. Platt, The American University, Cambridge Mass. 1973, insb. S. 8 f., 16 ff. を参照せよ。これにもとづく知識社会学の再構築については、Bernard Barber, Toward a New View of the Sociology of Knowledge, in: Lewis A. Coser（Hrsg.）, The Idea of Social Structure: Papers in Honor of Robert K. Merton, New York 1975, S. 103–116 も参照せよ。概念形成の問題性は、すでに「文化の本質は、有意味なシンボルのコード化されたシステムと、そのようなシンボルの有意味性の問題を直接志向する行為の諸側面にある」（S. 8）というパーソンズの定義について見られる。この定義によれば、文化システムは行為システムの下位システムではあるが、それ自体は行為から成り立つのではなく（あるいは部分的にのみ行為から成り立ち）、シンボルから成り立つ。その帰結として、行為システムはシンボルに関係するかぎりにおいて文化システムである、と定式化するならば、行為はシンボルを使用することによってはじめて行為なのだから、文化システムは分析的な下位システムではありえないし、いわんや現実に分出しうる下位システムではありえない、ということは明白であろう。

　他の著者たちも、パーソンズほどに概念的問題がはっきり目立っているわけではないが、さまざまなシステムを区別して議論を行い、シンボル的－ゼマンティク的な集積物をその一つに数えている。たとえば Darcy Ribeiro, Der zivilisatorische Prozess, Frankfurt 1971, S. 31f. における適応システム、連帯システム、イデオロギー・システムの区別、あるいは Robert Fossaert, La société Bd. 1: Une théorie générale, Paris 1977 における経済レベル、政治レベル、イデオロギーレベルの区別、さらに Daniel Bell, Die Zukunft der westlichen Welt: Kultur und Technologie im Widerstreit, Frankfurt 1976〔林雄二郎訳『資本主義の文化的矛盾』上・中・下、講談社（講談社学術文庫）、一九七六年〕を見よ。

（11） そのかぎりにおいて、類型化の概念は、たとえば Karl E. Weick, The Social Psychology of Organization, Reading Mass. 1969〔金児暁嗣訳『組織化の心理学』誠信書房、一九八〇年／遠田雄志訳『組織化の社会心理学』文眞堂、一九九七年〕における「イナクトメント（enactment）」概念〔1〕が占める位置にある。つまり、システムのなかでの多義性の処理を可能にする変異機能の「把握」の位置にある。

（12） Peter McHugh, Defining the Situation: The Organization of Meaning in Social Interaction, Indianapolis 1968 とともに定式化している。

（13） 「ゼマンティク（意味論）」という用語選択は、あらゆる関連事項について適切なわけではない。本書は、記号とその指示対象の学に連なるものではなく、「歴史的－政治的なゼマンティク」について語るときに考えられている学に連なっている。たとえば Reinhart Koselleck（Hrsg.）, Historische Semantik und Begriffsgeschichte, Stuttgart 1978 を参照せよ。

（14） Eric A. Havelock, Preface to Plato, Cambridge Mass. 1963, S. 134 u.ö.〔村岡晋一訳『プラトン序説』新書館、一九九七年〕は、「保存されたコミュニケーション」について語っている。

（15） Roger G. Krohn, Wissenssoziologie und Wissenschaftssoziologie: Entwicklung eines gemeinsamen Untersuchungsrahmens, in: Nico Stehr/René König（Hrsg.）, Wissenschaftssoziologie: Studien und Materialien, Opladen 1975, S. 79–99（82 ff.）は、方言的文化、上位文化、超文化を区別している。

（16） 本書はここで、「概念」や「抽象化」といった概念を用いてこの事態を著しく形式化するような記述を意識的に避けている。しかし、概念史家が本書のテーマに寄与してくれるものと比較するためには、このような翻訳が必要であろう。たとえば、ラインハルト・コゼレック〔2〕が Reinhart Koselleck, Begriffsgeschichte und Sozialgeschichte, in:

Peter C. Ludz（Hrsg.）, Soziologie und Sozialgeschichte. Sonderheft 16 der Kölner Zeitschrift für Soziologie und Sozialpsychologie, Opladen 1972, S. 116–131; ders., Einleitung, Geschichtliche Grundbegriffe a.a.O., Bd. 1, S. XIII–XXVII（insb. XXIIf.）において確保している「概念」の意味の広さを見よ。

（17）ここで議論を接続できる儀礼の機能の理論としては、Roy A. Rappaport, The Sacred in Human Evolution, Annual Review of Ecology and Systematics 2（1971）, S. 23–44; ders., Ritual, Sanctity and Cybernetics, American Anthropologist 73（1971）, S. 59–76 を見よ。

（18）ここでは、インド社会に用意されている現世と社会的地位を捨てる生き方の可能性を、思い浮かべることができる。

（19）このテーゼについての経験的検証は、とりわけ失語症研究に負っている。この問題や関連するその他の問題については、Ilja Srubar, Glaube und Zeit: Über die Begründung der Metaentwürfe der sozialen Welt in der Struktur der sozialen Zeit, Diss. Frankfurt 1975 を参照せよ。

（20）George Herbert Mead, The Philosophy of the Present, Chicago 1932〔河村望訳『現在の哲学・過去の本性』（デューイ＝ミード著作集14）人間の科学新社、二〇〇一年〕を参照せよ。さらには McHugh a.a.O., insb. 24ff. を参照せよ。

（21）これを非常に見事に示しているのが Louis Dumont, Homo Hierarchicus: The Caste System and its Implications, London 1970〔田中雅一・渡辺公三訳『ホモ・ヒエラルキクス――カースト体系とその意味』みすず書房、二〇〇一年〕である。示される例は、宗教にもとづく浄／不浄の対立である。この対立はインドのカースト・システムの基礎であり、さらに基準が加わることで複雑な地位のヒエラルキーの構築を可能にしている。そのヒエラルキーのなかでは、浄／不浄と結びつけられた行動や状態が、同時にカーストの関係、相互依存、差異を構造化している。
もちろん、異なるヒエラルキー生成の形態も存在する。とくに、対立ではなく段階原理に、すなわち同一の性質の不均等分配（たとえば裕福さ、家来の多さ）にもとづく形態がそうである。

（21a）これについては de Vaumoriere, L'art de plaire dans la conversation, 4. Aufl. Paris 1701, S. 394 f. を見よ。

（22） この理論的アプローチの科学システムの事例への適用については、Niklas Luhmann, Theoretische und praktische Probleme der anwendungsbezogenen Sozialwissenschaften: Zur Einführung, in: Wissenschaftszentrum Berlin (Hrsg.), Interaktion von Wissenschaft und Politik: Theoretische und praktische Probleme der anwendungsorientierten Sozialwissenschaften, Frankfurt 1977, S. 16–39 を、宗教システムの事例への適用については、ders., Funktion der Religion, Frankfurt 1977, S. 54 ff.〔土方昭・三瓶憲彦訳『宗教社会学――宗教の機能』新泉社、一九八九年〕を、教育システムの事例への適用については、Niklas Luhmann/Eberhard Schorr, Reflexionsprobleme im Erziehungssystem, Stuttgart 1979, S. 34 ff. を参照せよ。

（23） Charles Loyseau, Traicté des Ordes et simples dignitez, Paris 1614（引用は以下の版による）, Œuvres, Paris 1678, S. 3.

（24） Christian Thomasius, Von der Kunst vernünfftig und tugendhafft zu lieben... Oder: Einleitung zur Sitten Lehre, Halle 1692, S. 203.

（24a） とくにはっきりとこう述べているのは、Joachim Ritter, Metaphysik und Politik: Studien zu Aristoteles und Hegel, Frankfurt 1969 である。

（25） これについては、W. H. Greenleaf, Order, Empiricism and Politics: Two Traditions of English Political Thought 1500–1700, London 1964; David Little, Religion, Order, and Law: Study of Pre-Revolutionary England, New York 1969 を参照せよ。十六世紀については、Ernest William Talbert, The Problem of Order: Elisabethan Political Commonplaces and an Example of Shakespeare's Art, Chapel Hill N.C. 1962 も見よ。

（26） この暫定措置に「生活世界」という名をつけて、具体的アプリオリの最終的な出発点としての地位を与えたのは、フッサール哲学に固有の決定であり、そのことが社会学の議論に相当な派生的影響を与えている。とくに Edmund Husserl, Die Krisis der europäischen Wissenschaften und die transzendentale Phänomenologie, Husserliana Bd.VI, Den Haag 1954〔細谷恒夫・木田元訳『ヨーロッパ諸学の危機と超越論的現象学』中央公論社（中公文庫）、一九九五年〕を、さらに Gerd Brand, Die Lebenswelt: Eine Philosophie des konkreten Apriori, Berlin 1971 を見よ。この生活世界と、近代によって開かれた技術的、科学的、経済的視点の関係は、十分に明らかにされてはいない。いずれにしても、生活世界が機能固有の起源をもつゼマンティク構造に対する一種の「優位」を有すると主張することは、社会学的にはほとんど支持できないだろう。

(27) 九頁以下を参照せよ。

(28) たとえば Silvio Accame, La concezione del tempo nell' eta arcaica, Rivista di filologia e di istruzione classica 39 (1961), S. 359–394; Chester G. Starr, The Awakening of the Greek Historical Spirit, New York 1968; Jacqueline de Romilly, Le temps dans la tragédie grecque, Paris 1971; Christian Meier, Entstehung und Besonderheit der griechischen Democratie, Zeitschrift für Politik 25 (1978), S. 1–31 を参照せよ。

(29) Lucan, Pharsalia I, 81.

(30) とりわけ Charles Loyseau, Cinq livres du droit des offices, suivis du livre des seigneuries et de celui des Ordres (引用は以下の版による), Œuvres Paris 1678 という影響力の大きな著作、さらにたとえばより多くの参照文献リストをそなえた Ruth Kelso, The Doctrine of the English Gentleman in the Sixteenth Century, Urbana Ill. 1929, S. 110 ff. を参照せよ。

(31) Louis Le Roy, De la vicissitude ou varieté des choses en l'univers..., Paris 1577 fol. 113 に「自然がそれら（古いもの）にすべての恩寵を与えてしまい、もはや創造性のないことしか起こらない、とは考えないようにしよう」とある。

(32) とくにこれについては、Niklas Luhmann, Geschichte als Prozeß und die Theorie sozio-kultureller Evolution, in: Karl-Georg Faber/Christian Meier (Hrsg.), Historische Prozesse, München 1978, S. 413–440 を見よ。

(33) Donald T. Campbell, Variation and Selective Retention in Socio-cultural Evolution, General Systems 14 (1969), S. 69–85; Karl E. Weick, The Social Psychology of Organizing, Reading Mass. 1969〔金児曉嗣訳『組織化の心理学』誠信書房、一九八〇年／遠田雄志訳『組織化の社会心理学』文眞堂、一九九七年〕; Robert A. LeVine, Culture, Behavior, and Personality, Chicago 1973, S. 101 ff. を参照せよ。

(34) このような問題設定のもとでの研究は、最初いくつかの機能システムについて始まり、いまではあらゆる機能システムの事例について始まっている。法システムについては、たとえばHuntington Cairns, The Theory of Legal Science, Chapel Hill N.C. 1941, S. 29 ff.; Niklas Luhmann, Evolution des Rechts, Rechtstheorie 1 (1970), S. 3–22 を見よ。科学システムについては、Peter Caws, The Structure of Discovery, Science 166 (1969), S. 1375–1380; James A. Blachowicz, Systems Theory and Evolutionary Models of the Development of Science, Philosophy of Science 38 (1971), S. 178–199 を、またStephen Toulmin, Human Understanding Bd. I, Oxford 1972 およびこれにかんするL. Jonathan Cohen, Is the Progress of Science Evolutionary?, British Journal of Philosophy of Science 24 (1973), S. 41–61; Donald T. Campbell, Unjustified Variation and Selective Retention in Scientific Discovery, in: Francisco Jode Ayala/Theodosius Dobzhansky (Hrsg.), Studies in the Philosophy of Biology: Reduction and Related Problems, London 1974, S. 139–161 を見よ（総じてこれらの領域での変異メカニズムの扱いは、まったく一面的である）。経済システムについては、Armen A. Alchian, Uncertainty, Evolution, and Economic Theory, Journal of Political Economy 58 (1950), S. 211–221; Joseph Spengler, Social Evolution and the Theory of Economic Development, in: Herbert R. Barringer/George I. Blanksten/Raymund W. Mack (Hrsg.), Social Change in Developing Areas: A Reinterpretation of Evolutionary Theory, Cambridge Mass. 1965, S. 243–272; Hajo Riese, Schritte zu einer ökonomischen Theorie der Evolution, in: Bernhard Gahlen/Alfred E. Ott (Hrsg.), Probleme der Wachstumstheorie, Tübingen 1972, S. 380–434; Richard R. Nelson/Sidney G. Winter, Toward an Evolutionary Theory of Economic Capabilities, American Economic Review 62 (1973), S. 440–449 を見よ。

(35) これもまた、哲学やおそらくは芸術についても読みとれるように、豊かな伝統があった時代には、しばらくのあいだは変異の可能性を提供したのかもしれない。

(36) 本書九頁以下を参照せよ。言語の進化にかんする理論も同様の前提をおいている。たとえばL. Brosnahan, Language and Evolution, Lingua 9 (1960), S. 225–236 を参照せよ。

(37) Howard E. Aldrich/Jeffrey Pfeffer, Environments of Organizations, The Annual Review of Sociology 2 (1976), S. 79–

105, insb. S. 87 もそう述べている。
(38) 本章注(34)の文献を参照せよ。
(39) この点については、Toulmin a.a.O., S. 337 ff. における「双対的進化」の概念を参照せよ。
(40) 有機体進化の領域では、変異は周知のように、突然変異および両性生殖の必要性から出てくる遺伝子組み替えという、二重のメカニズムにもとづいている。
(41) ここから、知識複合体ないし個別科学が分出するさいの問題設定の意義を肯定する帰結が出てくる。この点については、第二巻の「社会秩序はいかにして可能か」という研究のなかで、一つの例にたちもどる。
(42) たとえば「政治経済(politische Ökonomie)」が一六一五年、「完成可能性(perfectibilis. Perfektibilität)」が一六一二年にはじめて登場している(Reinhart Koselleck, Fortschritt, in: Geschichtliche Grundbegriffe Bd. 2, Stuttgart 1975, S. 351–423(375)を見よ)。どちらの場合も、影響力を発揮するようになるのは十八世紀後半からである。
(43) 科学システムの内部では、科学システムの下位システムとして個々の専門分野が分出する過程で、この区別が反復される。第二巻に出てくる予定の「教育学における理論交代——博愛から新人文主義へ」という研究が、その特殊事例に照準をあわせたものである。
(44) Arthur Child, The Problem of Truth in the Sociology of Knowledge, Ethics 58 (1947), S. 18–34 (31 f.) は、歴史的に可能なものを汲み尽くしていない「社会的な実現可能性」について語っている。共通の客観的真理の問題は、「社会的に実現可能なものを歴史的に可能なものによって超える問題」であるとされている。二つの可能性の範囲の差異の理論的基礎は、チャイルド[3]の場合、十分明確になっていない。本書では、これに対応するシステム言及と進化の区別によって、その差異の理論的基礎の精密化を試みる。
(45) 歴史的ゼマンティクそのものにおけるこの差異をテーマ化したものとしては、たとえばDescartes, Principes de la Philosophie, §§205, 206 (Œuvres et lettres, éd. de la Pléiade, Paris 1952, S. 668 f.)〔桂寿一訳『哲学原理』岩波書店(岩波文庫)、一九六四年/桝田啓三郎訳「哲学の原理」、『世界の大思想7 デカルト』河出書房新社、一九六五年所収/井上庄七ほか訳『哲学の原理』朝日出版社、一九八八年/三輪正・本多英太郎訳「哲学原理」、『デカルト著作集

3』白水社、一九九三年所収〕における道徳の確実性（certitude morale）／道徳以上の確実性（certitude plus que morale）の区別を参照せよ。これは十七世紀の科学論に多大な影響を及ぼした。

（46）これについては、Bernard Barber, Toward a New View of the Sociology of Knowledge, in: Lewis A. Coser（Hrsg.）, The Idea of Social Structure: Papers in Honor of Robert K. Merton, New York 1975, S. 103–116（111 f.）が提示している抽象性、体系化、包括性という思想体系の進化の三つの傾向を見よ。

（47）これについて教示的なのは Dieter Nörr, Rechtskritik in der römischen Antike, München 1974 である。

（48）これを人間存在の多数の秩序レベルのうち、たった一つのレベルへの後退と捉えたのは、パスカルが最初である。『幾何学的精神』では「真理を直接に所有していると信じるのは、人間の持ちまえの病である。……ところが、実際において、人間が自然に知りうるのは虚偽だけであって、彼は虚偽だと思われることの反対を真実だと思うほかはないのである」（Pascal, Œuvre, Bibl. de la Pléiade, Paris 1950, S. 369）〔森有正訳『幾何学的精神』創元社、一九四七年／前田陽一・由木康訳「幾何学的精神について」、前田陽一責任編集『パスカル』（世界の名著29）中央公論社、一九七八年所収〕と述べられている。こんにち、人はより自明なかたちで、科学の操作的主導原理としての「反証」について語る。だが、精神の秩序は心の秩序でも愛の秩序でもありえず、しかも人はそのことを知らなければならない、というところから生まれたパスカルにとっての反省要求を、さらに追求しているわけではない。

（49）Les sagesses du Proche-Orient ancien: Colloque de Strasbourg 17–19. Mai 1962, Paris 1963 を参照せよ。

（50）これについてはたとえば Louis Le Roy, De la vicissitude ou varieté des choses en l'univers ..., Paris 1577; Giordano Bruno, Spaccio de la bestia trionfante（1584）, zitiert nach der Ausgabe Mailand 1868; John Norden, Vicissitudo Rerum, London 1600 を見よ。

（51）本書六五頁以下の「上流諸階層における相互行為——十七世紀と十八世紀におけるそのゼマンティクの転換について」を参照せよ。

（52）ここでも、価値概念が非常に広範に適用された、旧来の用例が容易に見いだされる。たとえば Jacques Pernetti, Conseils de l'amiti, 2. Aufl. Frankfurt 1748, S. 97 には、義務と娯楽、結婚と生活、富と健康が含まれている。

(53) この点に関しては、エリアスの「関与」と「離脱」のカテゴリー(本章注(7)を参照せよ)も十分でないことがわかる。発展の構造を、離脱の進展に向かう方向性として、つまり「より大きな距離をおいて、より市民的な自己抑制をする」ことにもとづく、集団的特徴からの知識の相対的自律性という方向性として特徴づけるのは、ほとんど不可能である(a.a.O., S. 359)。そういう方向への進展も起こったことは疑いないが、それと意識的に対照して、関与する知識の自己主張の増大もまた同時に起こった。

(54) ある程度は文化社会学的な分析の枠組みのなかで書かれた、Hans Proesler, Zur Genesis der wissenssoziologischen Problemstellung, Kölner Zeitschrift für Soziologie und Sozialpsychologie 12 (1960), S. 41-52を見よ。

(55) 宗教の例についてこれを非常に見事に示しているのが、Georg Simmel, Zur Soziologie der Religion, Neue Deutsche Rundschau 9 (1898), S. 111-123である。

(56) 本章四六—四七頁を参照せよ。

(57) たとえばErnst Grünwald, Das Problem der Soziologie des Wissens, Wien-Leipzig 1934を見よ。

(58) この点について、すでにマックス・シェーラーは、存在論的 - アプリオリ的な(いわゆる現象学的に保証された)真理概念を用いることによって、この問題やそれにともなうさらなる議論を免れている。Max Scheler, Die Wissensformen und die Gesellschaft, Leipzig 1926〔浜井修ほか訳『知識形態と社会』上・下(シェーラー著作集11〜12)白水社、一九七八年〕を見よ。

ある言明の真理性は、さまざまな基準によって独立に保証されているから、社会的な関係づけがその真理性を損ねることはありえない、と単純に主張するすべての解決も(先の注(55)のジンメルの論文を参照すれば足りる)、同様に不十分である。そのような方策は、自己の基準を教義的に基礎づけざるをえなくなるか、その機能を分析する場合には、間主観的な確実性の問題やそれにともなう差別的な関係づけの問題にたちもどることになる。

(59) 本文とはかけはなれた序言のついた、Georg Lukács, Geschichte und Klassenbewußtsein: Studien über marxistische Dialektik, Berlin 1923, Neuausgabe Neuwied-Berlin 1968〔城塚登・古田光訳『歴史と階級意識』(ルカーチ著作集9)白水社、一九六八年〕を見よ。

(60) エリアスの概念を用いれば、興隆する階級の関与の本質は離脱にあり、したがって主体／客体－連続体の統一態を表現している、と定式化することもできるだろう。

(61) マンハイムが Ideologie und Utopie (3. Aufl. Frankfurt 1952)〔樺俊雄ほか訳『イデオロギーとユートピア』(マンハイム全集4) 潮出版社、一九七六年／鈴木二郎訳『イデオロギーとユートピア』未來社、一九六八年／高橋徹・徳永恂訳「イデオロギーとユートピア」、高橋徹責任編集『マンハイム・オルテガ』(世界の名著56) 中央公論社、一九七一年所収〕のなかで与えている指示は、十分な射程をもっていない。

(62) これについては、James A. Blachowicz, Systems Theory and Evolutionary Models of the Development of Science, Philosophy of Science 38 (1971), S. 178–199 も参照せよ。

(63) これについて原理的には、W. Ross Ashby, An Introduction to Cybernetics, London 1956〔篠崎武・山崎英三・銀林浩訳『サイバネティクス入門』宇野書店、一九六七年〕を見よ。また ders., Principles of the Self-organizing System, in: Heinz von Foerster/George W. Zopf (Hrsg.), Principles of Self-Organization, New York 1962, S. 255–278, neu gedruckt in: Walter Buckley (Hrsg.), Modern System Research for the Behavioral Scientist: A Sourcebook, Chicago 1968, S. 108–118〔山田坂仁ほか訳『頭脳への設計——知性と生命の起源』宇野書店、一九六七年所収〕も見よ。

(64) 初期の議論については、本章注(1)の指摘を参照せよ。さらに、すでにはるか昔から、潜在性は意識からさえ逃れることが気づかれていた。それにもかかわらず、この事態はさしあたり必然的なものとはみなされず、むしろそのなかに批判と「啓蒙」の契機が見てとられた。だから、たとえば Pierre Nicole, Essais de Morale Bd. 1, 6. Aufl., Paris 1682, S. 33 ff. においては、「無知に気づかないことによって守られる無知は、屈辱的な自己認識に対する防御である」と述べられている。ほぼ同時代に、Joseph Glanvill, The Vanity of Dogmatizing, London 1661, S. 225 は、教条主義者を「自分が無知であることを知らない最も無知なる者」と性格づけている。この姿が、宗教であれ（ニコル〔4〕）科学であれ（グランヴィル〔5〕）、特定の機能への関心を妨げるものとして描かれているのは、たしかに偶然ではない。だが重要なのは意識の問題なのだから、これに反論して啓蒙を機能によって基礎づけできる。しかしフロイト自身やフロイト主義者がまだ抱いているこの思想政治的な関心のもとでは、この否定的なものにおける自己言及、この無知の無知が、そもそもいかにして理解されるのか、不明なままである〔それは保持すべき状態とは考えられなかったのだから〕。それは明らかに、否定性の否定として理解されるのではない。それでは、無知を知に移し、意識のなかに持ちこむことになるからである。おそらく否定性の非否定として理解されるのだろうが、そうなると、いかにしてこの姿を有意味に意識と――この否定的自己言及の肯定性をそれ自体としてふたたび否定できるような意識と――関係づけられるか、という問いに行きつくことになる。

いずれにせよ、この無知の無知という姿のもとでのみ、のちに必然的 - 潜在的構造という概念のもとで議論されることになるものを認める、先駆的議論に行きあたる。この自己言及的契機を省略すると、隠された知識、〔密かに、あるいは他者によって〕意識された無知、公然の思想と秘密の思想（パスカル）の対立のレベル――それとともに他者操作ないし自己操作のレベル――にとどまることになる。

(65) 概説としては、Robert K. Merton, Social Theory and Social Structure, 2. Aufl. Glencoe Ill. 1957, S. 60 ff.〔森東吾ほか訳『社会理論と社会構造』みすず書房、一九六一年〕を参照せよ。

(66) これについては、Peter Hejl, Zur Diskrepanz zwischen struktureller Komplexität und traditionellen Darstellungsmitteln der funktional-strukturellen Systemtheorie, in: Franz Maciejewski (Hrsg.), Theorie der Gesellschaft oder Sozialtechnologie, Supplement 2, Frankfurt 1974, S. 186–235 (227 f.) も見よ。

(67) ここで、否定は無意識的なもののなかでは肯定的に働く、つまり否定のテーマを確認する、というフロイトのテーゼが思い出されるのは自然なことである。

(68) これはさらに、宗教と啓蒙を同一視することを意味するだろう。これについては、Niklas Luhmann, Funktion der Religion, Frankfurt 1977〔土方昭・三瓶憲彦訳『宗教社会学――宗教の機能』新泉社、一九八九年〕, insb. S.13 ff. も参照せよ。

(69) 意味とシステムの関係については、さらに注釈が必要であろう。ここに提示されている議論の脈絡のなかでは、有意味に構成されたシステムだけが問題なのだから、意味の方がより一般的なカテゴリーである。だが有意味に構成されたシステムはまた、そのシステムなしには意味が存在しないかぎりにおいて、意味を構成するシステムでもある。

さらにシステム論は、意味システムにとっての環境だがそれ自体としては意味をもたないシステムについての言明も定式化できる。そのかぎりにおいて、意味はまた意味システムの環境の見方の制限と考えられる。意味システムはこのような形式に依拠している。そしてこの点では、システム概念（システム／環境－理論）の方が意味概念よりも一般的である。

（70）これに対応して、システム境界はそれ自体が意味構造であるとともに、調整された社会的・文化的定義の問題である。たとえばFrederick Barth（Hrsg.）, Ethnic Groups and Boundaries: The Social Organization of Cultural Difference, Bergen - Oslo und London 1969を参照せよ。

（71）このことは、デュルケム社会学の基本命題でもあったように思われる。すなわち、社会的事実は独自の現実であって、それ自体のなかでふたたび象徴化されることによって、作動のうえで有意味になり、その意味で現実でありうるのでなければならない。

（72）階層社会では、たとえば出世をめざす者は、自分が接触するようになった階層を自分の出自の階層の悪臭で汚さないよう、注意しなければならない。「けれども、この（高貴な人びとと接触する）栄誉を享受する者は、どんな人に対しても陳腐な会話や交友をしないように注意しなければならない。最終的にそれが悪臭となって、その人がその者のレベルまで引き降ろされるほど自分の価値を貶められたような気にならないように」（Nicolas Faret, L'honneste homme, ou l'art de plaire à la Cour, Paris 1630, Neuausgabe Paris 1925, S. 67）。これに対して、その後の市民世界では正反対に、「有名人の名を知り合いのように口にすること（name dropping）」が、固有の意義をもつ出世の技法として好まれるようになる。だがそれは、社会分化の原理がその間に変動し、他のシステム境界が行動様式を優先的に構造化するようになってはじめて可能になる。

（73）これについてより詳しくは、Niklas Luhmann, Soziologie der Moral, in: Niklas Luhmann/Stephan H. Pfürtner（Hrsg.）, Theorietechnik und Moral, Frankfurt 1978, S. 8–116（43 ff.）を見よ。

（74）これについての例証となるのは、Joseph Bensman/Israel Gerver, Crime and Punishment in the Factory: The Function of Deviance in Maintaining the Social System, American Sociological Review 28（1963）, S. 588–593である。

（75）特別興味深いこの種の試みが、「名誉（gloire）」という道徳概念にある。この概念は、尊敬の獲得そのものを美徳として組み入れ、それを根拠にそれ以上の褒賞や承認を放棄する（ほとんど最後の）試みを企てた。切実な問題意識をもって、Montaigne, Essai de la gloire（Essais, Paris 1950, S. 697 ff.〔関根秀雄訳『モンテーニュ随想録』I・II・III、白水社、一九五〇年／原二郎訳『エセー』1〜6、岩波書店（岩波文庫）、一九六五年／松浪信三郎訳『随想録（エセー）』上・下（世界の大思想4〜5）河出書房新社、一九六六年〕）を見よ。また一般的に、行動のために、名声動機をこの栄誉の倫理にくりこむことについては、Frank Edmund Sutcliffe, Guez de Balzac et son temps: Littérature et Politique, Paris 1959, S. 126 ff., 156 ff.; Anthony Levi, French Moralists: The Theory of the Passions 1585–1649, Oxford 1964, S. 177 ff. を見よ。

（76）Dan C. Lortie, Schoolteacher: A Sociological Study, Chicago 1975, S. 216 における「変化そのものに新しい関心をもつ上部構造」の分化のテーゼを参照せよ。この関心は、教育のエスタブリッシュメントに、みずからの存在の権利が変化そのもののなかにあるという考えを抱かせる。さらに原理的には Niklas Luhmann/Karl Eberhard Schorr, Reflexionsprobleme im Erziehungssystem, Stuttgart 1979, S. 343 ff. を参照せよ。

（77）この「再-参入（re-entry）」問題の論理構造については、G. Spencer Brown, The Laws of Form, London 1969〔山口昌哉監修／大澤真幸・宮台真司訳『形式の法則』朝日出版社、一九八七年〕、および Francisco J. Varela, A Calculus for Self-Reference, International Journal of General Systems 2（1975）, S. 5–24 を参照せよ。

（78）James W. Woodard, The Role of Fictions in Cultural Organization, Transactions of the New York Academy of Sciences, Series II, Bd. 6（1944）, S. 311–344（343）における同様の区別を見よ。

第二章

（1）高位の聖職者と貴族の階層的一体性については、たとえば Aloys Schulte, Der Adel und die deutsche Kirche im Mittelalter, 2. Aufl. Stuttgart 1922, Nachdruck Amsterdam 1966 を参照せよ。

（2）Roland Mousinier, Les concepts d'»ordres«, d'»etats«, de »fidélité« et de »monarchie absolute« en France, de la fin du XVe siècle à al fin du XVIIIe, Revue historique No. 247（1972), S. 289–312（299).

（3）この観点のもとでの典型的な扱いについては、たとえば Karl M. Bolte, Schichtung, in: René König（Hrsg.), Soziologie, Frankfurt 1971, S. 266–277; S. N. Eisenstadt, Social Differentiation and Stratification, Glenview Ill. 1971〔丹下隆一・長田攻一訳『社会分化と成層』早稲田大学出版部、一九八二年〕を見よ。

（3a）階層に即したコミュニケーション的相互行為の分化については、無数の典拠がある。Ruth Kelso, The Doctrine of the English Gentleman in the Sixteenth Century, Urbana Ill. 1929, S. 87 f. を見れば足りる。

（4）「うまくいくものは規則よりよい」と断言しているのは、Chevalier de Méré, De la Conversation, zit. nach Œuvres complètes, Paris 1930, Bd.2, S. 97–132（109）である。また十八世紀の著作家の一人は（手紙の様式について）、「最もうまくいくのは、ときにはある程度規則を無視することである」と述べている（François Augustin Paradis de Moncrif, Essais sur la nécessité et sur les moyens de plaire, Amsterdam 1738, S. 201)。

（5）この論証の典型は、秩序は安定性の条件であり、位階にもとづく等級は秩序の条件である、というかたちでなされる。「秩序なしには、何も安定せず永続しないだろう。そして、秩序づけられたものの長所や評価にもとづく高低の等級を含んでいないならば、それは秩序とは呼ばれないだろう」（Thomas Elyot, The Book Named The Governor, 1531, Ausgabe London-New York 1966, S. 3 f.)。

（6）ついでながら、ヒエラルキーのゼマンティクは、上から下への命令の連鎖の観念とはまったく結びついていないし、秩序と支配の統一という中世に固有の観念とも結びついていない。これについてはLouis Dumont, Homo Hierarchicus: The Caste System and Its Implications, London 1970, insb. S. 65 ff.〔田中雅一・渡辺公三訳『ホモ・ヒエラルキクス――カースト体系とその意味』みすず書房、二〇〇一年〕を参照せよ。

（7）インドのカースト制度の複雑性は、カーストの下位分化と強い地域的相違によって成り立っているが、複雑性を関係の可能性のレベルで測って近代社会と比較すれば、このテーゼにそむくものではない。

（8）ニコラ・レモン・ド・クール〔6〕は、これを次のように要約している（頂点のための特別な行動規則を開発するために）。「彼らの仕事は重要であり、彼らの活動は相当なものであり、彼らの関心は繊細で扱いが難しい。さらに、彼らには通常、何人もの隠然もしくは公然の敵がいる。敵は批判的な目で彼らのなすすべてのことを見ており、彼らの失脚から利益を得ようと、彼らを負かすことしか考えていない」（Nicolas Rémond des Cours, La veritable politique des personnes de qualité, Paris 1692, zitiert nach der Ausgabe Jena 1750, S. 1. f.）。

（9）Jacques de Caillères, Traité de la fortune des gens de qualité et des gentilhommes particuliers, Paris 1658（zit. nach: Maurice Magendie, La politesse mondaine et les théories de l'honnêteté, en France au XVIIe siècle, de 1600 à 1660, Paris 1925, Neudruck Genf 1970, S. 724）では、廷臣について「彼はピラミッドのうえに座っているが、彼を支えているのはただ一点である」と述べられている（筆者はAusgabe Paris 1664, S. 49 f. を参照した）。

（9a）たとえばPierre de Dampmartin, La fortune de la cour, Antwerpen 1592, 2. Aufl. Paris 1644, S. 1 ff.; de Bourdonné, Le courtisan desabusé, Paris 1659, Neuauflage Paris 1695, S. 112 f. を参照せよ。

（10）Guez de Balzac, Œuvres, Paris 1665 Bd. II, S. 504, zit. nach Frank E. Sutcliffe, Guez de Balzac et son temps: Littérature et Politique, Paris 1959, S. 152.

（11）Guez de Balzac a.a.O.

（12）しかし、この階層と秩序を等置する枠組みのなかで、十八世紀には階層批判の基礎がすでに用意されている。それも、階層分化の正統性を、宗教的な準拠枠（神の意志、原罪の矯正）から、純粋な実定法による根拠づけをへて、最終的には社会的有用性による正当化に転換することによって（社会的有用性についてなら、たちまち宗教とは独立に多様な意見が成り立つ）。典型例として de Chevigny, La science des personnes de la cour, de l'epée et de la robe, 4. Aufl. Amsterdam 1713, S. 27; Claude Buffier, Traité de la société civile: Et du moyen de se rendre heureux en contribuant au bonheur des personnes avec qui l'on vit, Paris 1726, Buch IV を参照せよ。

（13）Norbert Elias, Die höfische Gesellschaft, Neuwied 1969〔波田節夫・中埜芳之・吉田正勝訳『宮廷社会』法政大学出版局、一九八一年〕.

（14）参照文献として、たとえば Wilhelm Schwer, Stand und Ständeordnung im Weltbild des Mittelalters: Die geistes- und gesellschaftsgeschichtlichen Grundlagen der berufsständischen Idee, 2. Aufl. Paderborn 1952, S. 50 ff. を見よ。

（15）ここから導かれる「新しい秩序」の投影と、その革命的なものへの転換については、David Little, Religion, Order and Law: A Study of Pre-Revolutionary England, New York 1969 を参照せよ。

（16）パスカルは、Pascal, Discours sur la condition des Grands (Œuvre, éd. de la Pléiade, Paris 1950, S. 386–392)〔前田陽一・由木康訳「大貴族の身分について」、前田陽一責任編集『パスカル』（世界の名著29）中央公論社、一九七八年所収〕のなかでそう述べており、さらにほかならぬ大貴族が自分たち自身についてこの区別を行うよう求めている。これとともに、de Méré, Le commerce du Monde a.a.O., Bd. III, S. 139–156 における、大貴族の二種類の区別——若いときからの慣習にもとづく大貴族と、魂と心の大貴族——を参照せよ。同じような区別をして、二つの観点を調整しようと努めているのが、Daniel de Priézac, Discours politiques, 2. Aufl. Paris 1666, S. 54 ff. である。

（17）もう一つの問題は、ここでは注でしか言及できないが、あらゆるシステムにおいて必要な依存と独立のバランスと、それが有する平等／不平等との関係にかかわる。下位システム形成が平等な人びとと不平等な人びととの差異にそって起こるとしても、それによって依存と独立の関係が指示されることはありえない。なぜなら依存と独立は、システム内においてもシステムと環境の関係においても配置されなければならないからである。それは、他の階層に属する人びととの関係において依存と独立がなければならない、ということを意味する。浄／不浄の差異は、インド社会を分裂させるのではなく、あいだをつなぐ依存関係によってしっかり統合している、というのは Dumont a.a.O.〔田中雅一・渡辺公三訳『ホモ・ヒエラルキクス——カースト体系とその意味』みすず書房、二〇〇一年〕の中心テーゼである。

旧ヨーロッパの伝統と社会秩序のなかでは、オイコス、包括家族[7]、世帯が、この二つの二分法を媒介していたように思われる。諸階層は、内部でふたたび家族にそって環節分化しており、固有の世帯は、とくに上流階層では、同じ階層に属する人びとから独立して営まれた。同様に世帯は、社会のなかでは、人びとが他の階層に属する人びとの奉仕ないし保護に依存できる場所だったが、そこから社会全体の構築のための諸帰結が引き出される必要はなかった。これに対応して、社会そのものは独立した家長たちのシステムとしてしか理解されていなかったので、ポリス／オイコスのたぐいにもとづく差異が不可欠な構造として全体の基礎になっていた。したがって、十八世紀とはいわないまでも十七世紀までは、大貴族の家族世帯の継続に気を配らなければならない、一種の「家族政治」があった。たとえば Georges Snyders, Die große Wende in der Pädagogik: Die Entdeckung des Kindes und die Revolution der Erziehung im 17. und 18. Jahrhundert in Frankreich, Paderborn 1871, insb. S.165 ff., 194 ff. を参照せよ。全体的問題と個別的問題については、たとえば Olga Lang, Chinese Family and Society, New Haven 1946〔小川修訳『中国の家族と社会』1・2、岩波書店、一九五三～一九五四年〕; Peter Laslett（Hrsg.）, Household and Family in Past Time, Cambridge Engl. 1972; Jacques Heers, Le clan familiale au Moyen Age: Etude sur les structures politiques et sociales des milieux urbains, Paris 1974 といった見逃せない文献を参照せよ。

（18） これについては、構造変化を主張するマルクス主義のテーゼに対する J. H. Hexter, The Myth of the Middle Class in Tudor England, Explorations in Entrepreneurial History 2（1950）, S. 128–140 の批判を、増補版として ders., Reappraisals in History, London 1961, S. 71–116 を見よ。Roland Mousnier, Les Hiérarchies sociales de 1450 à nos jours, Paris 1969, insb. S. 60 ff.; Perez Zagorin, The Court and the Country: The Beginning of the English Revolution, London 1969 も参照せよ。

（19） この変種と、著作家が「ライフマンシップ（lifemanship）」〔8〕と名づけたものについては、A. J. Krailsheimer, Studies in Self-interest: From Descartes to La Bruyère, Oxford 1962.

（20） この点および以下の点については、Zagorin a.a.O.（1969）を参照せよ。さらに Dennis Rubini, Court and Country 1688–1702, London 1967 を参照せよ。

（21） （とりわけ金融政策的にも魅力的な）可能性として、貴族の資格授与はもちろん旧来からあり、一時期はフランスでもイギリスでも、かなり上流階層の動揺と地位の警戒を招く要因となった。

（22） これについては、Marcel Reinhard, Elite et noblesse dans la seconde moitié du XVIIIe siècle, Revue d'histoire moderne et contemporaine 3（1956）, S. 5–37; Gerd Heinrich, Der Adel in Brandenburg-Preußen, in: Hellmuth Rössler（Hrsg.）, Deutscher Adel 1555–1740, Darmstadt 1965, S. 259–314（304 f.）を見よ。

（23） こう述べているのは、Jacques de Cailliere, La fortune des gens de qualité et des gentils-hommes particuliers, Paris

1664, S. 158である。また Roland Mousnier, Les concepts d'»ordres«, d'»etas« de »fidélité« et de »monarchie absolue« en France de la fin du XVe siècle à la fin du XVIIIe, Revue historique 247（1972）, S. 289–312も参照せよ。

（24）　本章注（12）の文献。

（25）　たとえば Jean Blondel, Des hommes tels qu'ils sont et doivent être: Ouvrage de sentiment, London-Paris 1758, S. 171 ff. を参照せよ。それによれば、ヨーロッパは最も強く自己愛によって動いており、したがって他のすべての国民に動きの点で優っている。

（26）　この定式化は Günther Müller, Höfische Kultur der Barockzeit, in: Hans Naumann/Günther Müller, Höfische Kultur, Halle 1929, S. 81による。

（27）　この点が、宗教的・道徳的な事柄における大貴族の悪例を指摘していたにすぎない旧来の批判様式とは異なっている。たとえば Lewis Bayly, The Practice of Piety, zitiert nach der frz. Übers., 2. Aufl. Paris 1676, S. 187 ff. を参照せよ。

（27a）　社会的規律の要求が増大するという観点については、Gerhard Oestreich, Geist und Gestalt des frühmodernen Staates, Berlin 1969, S. 187 ff. も強調している。

（28）　De Bellegarde, Les regles de la vie civile, Amsterdam 1707, S. 49では、「大貴族」について「彼らが従うべき規則を彼らに課する権利は誰にもないので、彼らはみずからを強制する必要がある」と述べられている。

（29）　概観としては、Aloys Bömer, Anstand und Etikette nach den Theorien der Humanisten, Neue Jahrbücher für das klassische Altertum 14（1904）, S. 232–242を参照せよ。

（30）　これはとりわけ、Pascal, Discours sur la condition des Grands - a.a.O.〔前田陽一・由木康訳「大貴族の身分について」、前田陽一責任編集『パスカル』（世界の名著29）中央公論社、一九七八年所収〕の議論において強調されている。

（31）　この重要な階層再編過程については、ここではより詳細に入っていけないが、Alan Simpson, The Wealth of the Gentry: 1540–1660, Cambridge Engl. 1961; Lawrence Stone, The Crisis of the Aristocracy 1558–1641, 2. Aufl. Oxford 1966; Franklin L. Ford, Robe and Sword: The Regrouping of the French Aristocracy after Louis XIV, Cambridge Mass.

1953; Philippe Sagnac, La formation de la société française moderne, Bd. 2, Paris 1946, S. 39 ff. 148 ff.; Elias a.a.O.（1969）, insb. S. 222 ff.〔波田節夫・中埜芳之・吉田正勝訳『宮廷社会』法政大学出版局、一九八一年〕; Guy Chaussinand-Nogaret, La noblesse au XVIIIe siècle: De la Féodalité aux Lumières, Paris 1976 を参照せよ。

（32） Involution の概念は、Albert Schäffle, Bau und Leben des sozialen Kölpers, 2. Aufl. Bd. 1, Tübingen 1896, S. 297 においてはまだ純粋な退化概念だが、ここで用いられている理解は、Alexander Goldenweiser, Loose Ends of Theory on the Individual, Pattern, and Involution in Primitive Society, in: Robert H. Lowie（Hrsg.）, Essays in Anthropology, Presented to A. L. Kroeber, Berkeley 1936, S. 99–104 にさかのぼる。さらに、Clifford Geertz, Agricultural Involution: The Process of Ecological Change in Indonesia, Berkeley 1963〔池本幸生訳『インボリューション――内に向かう発展』NTT出版、二〇〇一年〕; Elman R. Service, Cultural Evolutionism: Theory in Practice, New York 1971, insb. S.10 ff., 32 f., 97 f.〔松園万亀雄・小川正恭訳『文化進化論――理論と応用』社会思想社、一九七七年〕を参照せよ。Involution は、別の記述の仕方をすると、「進行する錯綜化、統一性のなかの多様性、単調さのなかの技巧」（Goldenweiser）ないし「基本パターンの頑強さの増大、内的洗練と装飾性、技術的な瑣末化と無限の技巧」（Geertz）である。

（33） この定式化とそれに対応する評価は、Eckart Pankoke, Fortschritt und Komplexität: Die Anfänge moderner Sozialwissenschaft in Deutschland, in: Reinhart Koselleck（Hrsg.）, Studien zum Beginn der modernen Welt, Industrielle Welt Bd. 20, Stuttgart 1977, S. 352–374 にある。

（34） 本書第三章「初期近代の人間学――社会の進化問題の理論技術上の解決」（一四九頁以下）を見よ。

（35） Thomas Elyot, The Book named The Governor, 1531, zit. nach der Ausgabe London-New York 1966, insb. S. 88 ff. を参照せよ。

（36） たとえば Essai de la grandeur, in: Pierre Nicole, Essais de Morales Bd. II, 4. Aufl. Paris 1682, S. 154 ff. を参照せよ。

（37） 十七世紀においては、この批判について、より新しい可能性とくらべて、単調なくり返しが目につく。たとえば De la Serre, L'entretien des bons esprits sur les vanités du monde, Brüssel 1631 を見よ。ここでも上流階層の方が、問題が深刻になっている。「受難の風は、身分の低い者たちの底辺よりも、富裕な者たちの頂点の方がはるかに強い」

(a.a.O., S. 112)。

(38) Thomas Hobbes, Leviathan II, 17, zitiert nach der Ausgabe der Everyman's Library, London 1953〔水田洋訳『リヴァイアサン』1〜4、岩波書店（岩波文庫）、一九九二年〕, S. 89. ホッブズの方向性が社会階層にもとづいている点については、さらに Keith Thomas, The Social Origins of Hobbes's Political Thought, in: K. C. Brown (Hrsg.), Hobbes Studies, Oxford 1965, S. 185–236 を参照せよ。同様の判断とより多くの文献については、Albert O. Hirschman, The Passions and the Interest: Political Arguments for Capitalism before Its Triumph, Princeton N. J. 1977, S. 111 f.〔佐々木毅・旦祐介訳『情念の政治経済学』法政大学出版局、一九八五年〕を参照せよ。

(39) Pascal, Pensées 205, Œuvre (éd. de la Pléiade) Paris 1950, S. 875 f.〔松浪信三郎訳『定本パンセ』上・下、講談社（講談社文庫）、一九七一年／前田陽一・由木康訳『パンセ』中央公論社（中公文庫）、一九七三年〕も参照せよ。「生きるために十分な財産をもつ人なら、もし彼が自分の家に喜んでとどまっていられさえすれば、なにも海や、要塞の包囲戦に出かけて行きはしないだろう。軍職をあんなに高い金を払って買うのも、町にじっとしているのがたまらないというだけのことからである。社交や賭事の気晴らしを求めるのも、自分の家に喜んでとどまっていられないというだけのことからである」。さらに M. Deslandes, L'art de ne point s'ennuyer, Amsterdam 1715, S. 58 ff. もそう述べている。

(40) いささか詳細な引用によってこの変化をよく示すことができる。「人生の幸福のすべては絶え間ない変化にあるという考えは、自分の財産の現状ではいくらか平穏な一日を楽しむことができないと感じる人びとを、うまく慰めるはずである。また人間の本性は現在にけっして満足しないものだから、人びとは財産が増えることですべての不安を免れることができると期待するはずもない。いちばん安らぎを得ることができそうな人びとでさえ、たいへん器用に新しい欲望からくる心配の種を作るはずである」(George-Louis le Sage, Le mecanisme de l'esprit, 1699, Neudruck als Anhang zu: Cours abregé de Philosophie par aphorismes, Genf 1718, S. 289)。Jacob Viner, The Role of Providence in the Social order: An Essay in Intellectual History, Philadelphia 1972, insb. S. 99 ff.〔根岸隆・根岸愛子訳『キリスト教と経済思想』有斐閣、一九八〇年〕も参照せよ。

(41) こう定式化しているのは Krailsheimer a.a.O., S. 192 である。

(42) これについては、Maurice Magendie, La politesse mondaine et le théories de l'honnêteté en France au XVIIe siècle, de 1600 à 1660, Paris 1925, Neudruck Genf 1970 の詳細で内容の充実した叙述を参照せよ。

(43) イングランドについては Stone a.a.O., S. 22 ff. を参照せよ。

(44) Du Refuge, Kluger Hofmann, Original 1616, zitiert nach der dt. Übersetzung Frankfurt-Hamburg 1655, S. 221 ff.（「恩寵の階梯」）におけるこの区別を見よ。この序列秩序が宮廷作法という形式のなかで継続されることについては、とくに Henri Brocher, Le rang et l'étiquette sous l'ancien régime, Paris 1934; Elias a.a.O.（1969）, insb. S.120 ff.〔波田節夫・中埜芳之・吉田正勝訳『宮廷社会』法政大学出版局、一九八一年〕を参照せよ。

(45) 「すべての良きもののなかにある継続性は、つねに賞賛と比較の点で卓越しているからである」と Thomas Elyot, The Book named The Governor, 1531, Ausgabe London-New York 1966, S. 104 はこれを根拠づけている。

(46) Rene Bary, L'esprit de cour ou les conversations galantes, Brüssel 1664, S. 338.

(47) とくに de Dampmartin a.a.O.; du Refuge a.a.O., insb. S.168 ff.; de Caillière a.a.O. を参照せよ。

(48) Nicolas Faret, L'honnête homme, ou l'art de plaire à la Cour, Paris 1630, zitiert nach der kritischen Ausgabe（ed. M. Magendie）, Paris 1925, S. 70 による定式化。

(49) そしてこれと対照的に「田舎者や愚か者がいて、彼らはその体質からして一瞬たりともリラックスできないとみなされている」（Faret a.a.O., S. 70）。

(50) Faret a.a.O., S. 65.

(51) Faret a.a.O., S. 65. これについて、成り上がり者は、くだくだしいお愛想、「しつこい敬意（respects importunes）」によって、自分の下賤な生まれを「過剰に埋め合わせようとする」傾向があり、それによってまた不快な印象を与える、という見解も注目に値する（a.a.O., S. 65 ff.）。同様に de Dampmartin a.a.O., S. 152 ff. においては、忠誠心と有能さを示そうとする特別な努力も悪意のある行為（actions malicieuses）も、成り上がり者の下賤な身分（basse condition）に帰せられている。成り上がり者は、自分の生まれの埋め合わせ以上に、道徳的に目立ってしまうのである。

（52） そしてその経歴そのものが、ブルジョアには達成困難なものだった。「ブルジョアのギャラントリー〔9〕は、あまり宮廷婦人の寵愛を得るにいたっていない」と Jacques de Cailliere, a.a.O., S. 299 は述べている。達成可能な事柄については、Henry A. Grubbs, Jr., Damien Mitton（1618–1690）: Bourgeois honnête homme, 1932, Neudruck New York 1965 も参照せよ。

（53） Edmund Sutcliffe, Guez de Balzac et son temps: Littérature et politique, Paris 1959, S. 215 は、ソレル〔10〕の『フランシヨン滑稽物語』についてそのように述べている。血統よりも美徳という一面的な選択（たとえば De la Serre a.a.O., 1631, S. 1 ff.）でさえ、このテーマを先鋭化し、血統の強調と外面的な地位象徴への関心を「虚栄（vanité）」と性格づけするかぎりにおいて、つまり貴族を改心させようとするかぎりにおいて、構造に合致しつづけている。

（53a） 典型として Pietro Andrea Canonhero, Il Perfetto Cortegiano et dell'Uficio del Prencipe verso 'l Cortegiano, Rom 1609 を見よ。

（54） A.a.O., S. 277. これについては Emile Magne, La vie quotidienne au temps de Louis XIII, Paris 1942, insb. S. 68 ff. も参照せよ。

（54a） このテーマについては、Klaus Breiding, Untersuchungen zum Typus des Pedanten in der französischern Literatur des 17. Jahrhunderts, Diss. Frankfurt 1970 を見よ。

（55） これについては、多くの素材の載っている Barbara Zaehle, Knigges Umgang mit Menschen und seine Vorläufer: Ein Beitrag zur Geschichte der Gesellschaftsethik, Heidelberg 1933, S. 29–139 を見よ。

（56） George Clark, War and Society in the Seventeenth Century, Cambridge 1958, S. 29 ff.; Lawrence Stone, The Crisis of the Aristocrary 1558–1641, Oxford 1965, S. 242 ff.; Kelso a.a.O., S. 97 ff. を参照せよ。

（57） 本章注（44）の文献を参照せよ。同時代の文献としては、たとえば Jean Domat, Le droit public, zitiert nach Œunres complètes Bd. 3, Paris 1829, S. 184 ff. を見よ。

（57a） イギリスについては、上流階層の生活観念が「宮廷」と「田園」で二重に基礎づけられているために、すでに出発状況が異なっている。Nicholas Breton, The Court and Country, London 1618 を参照せよ。

(58) ノルベルト・エリアスはここから、感情の抑制と慣習の洗練の進展という意味での文明化の過程というテーゼを導出した。Norbert Elias, Über den Prozeß der Zivilisation: Soziologische und Psychologische Untersuchungen, 2. Aufl. Bern-München 1969〔赤井慧爾・中村元保・吉田正勝訳『文明化の過程　上――ヨーロッパ上流階層の風俗の変遷』法政大学出版局、一九七七年／波田節夫・溝辺敬一・羽田洋・藤平浩之訳『文明化の過程　下――社会の変遷／文明化の理論のための見取図』法政大学出版局、一九七八年〕を参照せよ。だが、感情の抑制と慣習の洗練、衝動の抑圧、心理学的な見方の彫琢は、それ自体として追求する価値があるわけではなく、コミュニケーション過程の制御可能性の前提でしかない。

(59) Paul Watzlawick/Janet H. Beavin/Don D. Jackson, Pragmatics of Human Communication: A Study of Interactional Patterns, Pathologies, and Paradoxes, New York 1967〔尾川丈一訳『人間コミュニケーションの語用論――相互作用パターン、病理とパラドックスの研究』二瓶社、一九九八年〕; Klaus Merten, Kommunikation: Eine Begriffs- und Prozeßanalyse, Opladen 1977 を参照せよ。

(60) Christian Thomasius, Von der Kunst vernünfftig und tugendhafft zu lieben... oder: Einleitung in die Sitten Lehre, Halle 1692, S. 89 を見よ。

(61) 初版は Baldassare Castiglione, Il Cortegiano, Venedig 1528〔清水純一ほか訳『カスティリオーネ　宮廷人』東海大学出版会、一九八七年〕; Giovanni Della Casa, Il Galateo, Venedig 1558/Mailand 1559; Stefano Guazzo, La civile conversazione, Venedig 1574 である。フランス宮廷文学に対する影響の詳細については、Pietro Toldo, Le Courtisan dans la littérature française et ses rapports avec l'oeuvre de Castiglione, Archiv für das Studium der neueren Sprachen und Literaturen 104 (1900), S. 75–121, 313–330; 105 (1901), S. 60–85 を、イギリスに対する影響については、John E. Mason, Gentlefolk in the Making, 1935, Neudruck New York 1971 も見よ。さらに Reinhard Klesczewski, Die französischen Übersetzungen des Cortegiano von Baldassare Castiglione, Heidelberg 1966 を見よ。

(62) これが特徴的に現れている一連の文献としては、Fridericus Ceriolanus Furius, De consiliariis, eorumque qualitatibus, virtute ac electione, zit. nach der lat. Übersetzung aus dem Italienischen, Basel 1563; Francesco Guiccardini/Gio-

vanni Francesco Lottini/Francesco Sansovini, Propositioni ovvero considerationi in materia di cose di stato sotto titolo di avvertimenti, avvedimenti civili, e concetti politici, Venedig 1598; Bartolomeo Filippe, Trattato del conseglio, et de consegliari de' prencipi, zit. nach der ital. Übersetzung aus dem Spanischen, Venedig 1599; Gavriele Zinano, Il consigliere, Venedig 1625; Francis Bacon, Of Counsel, in: Essays（ed. F. G. Selby）, London 1895, S. 51–56〔渡辺義雄訳『ベーコン随想集』岩波書店（岩波文庫）、一九八三年〕; Pierre Charron, De la sagesse III ch. II, §§17, 18（筆者が参照した版は発行地および発行年不明）; Phil. de Bethune, Le Conseiler d'éstat ou recueil des plus générales considérations servant au maniment des affaires publiques, Paris 1644; Johann-Andreas Ockell, Commentatio de consiliis eorumque iure, Diss. iur Tübingen 1654（Praeses Wolfgang-Adamus Lauterbach の名でも引用される）; Hippolytus a Collibus, Princeps, consiliarius, palatinus, sive aulicus et nobilis, zitiert nach der Auflage Helmstedt 1667; Daniel de Priézac, Discours politiques, 2. Aufl. Paris 1666, S. 331 ff.（この本ではすでに官職に見合った待遇への移行が見られる）を参照せよ。

(63) Furius a.a.O., S. 76 ff.; Guiccardini et al. a.a.O., S. 11; Filippe a.a.O., S. 38, 93, 99, 118 u. ö.; Zinano a.a.O., S. 19 f.; a Collibus a.a.O., S. 172 を、さらに Martinus Garatus Laudensis, Tractatus de consiliariis principum, in: Tractatus illustrium jurisconsultorum tom. XVI, Venedig 1584, qu. 10 und 20; Laelius Zechius, Politicorum sive de principe, et principatus administratione libri tres, Verona 1600, S. 170; Scipio Amiratus, Dissertationes politicae, Frankfurt 1618, S. 954 も参照せよ。筆者が確認できたかぎりでは、これらが一般的な意見である。自分の利益を追求することは、他の好ましくない影響と同じくらい、不誠実で不正直な顧問の特徴とみなされる。十七世紀になってはじめて、私的な利益にも正統性はなくても政治的意義はある、という考え方が広まる。だからホッブズはすでに、コミュニケーションの形式だけに、つまり助言の利点を志向する主張だけに焦点を合わせている（Thomas Hobbes, Leviathan II ch. 25, Ausgabe der Everyman's Library, London 1953, S. 135〔水田洋訳『リヴァイアサン』1〜4、岩波書店（岩波文庫）、一九九二年〕)。「そしてここから明らかなのは、助言を与える者は（意図はどうあれ）助言を与える相手の利益だけを主張する、ということである」。

（64） Furius a.a.O., S. 108 ff.; Fulvius Pacianus, Discursus politicus de vero justoque principe, Übers. aus dem Italianischen, Hamburg 1614, S. 213 ff.; Charron a.a.O. を参照せよ。

（65） Filippe a.a.O., S. 16, 18; Zechius a.a.O., S. 169, 173 f.; Bacon a.a.O., S. 53, 55〔渡辺義雄訳『ベーコン随想集』岩波書店（岩波文庫）、一九八三年〕; de Bethune a.a.O., S. 114 を見よ。

（66） Zinano a.a.O., S. 20 ff. では説得技術が詳述され、Filippe a.a.O., S. 106 ff. では、医者が患者を扱うように、君主を注意深く扱うよう勧められている。君主の気まぐれに対する専門知識の独立性という古い問題については、Justus Lipsius, Politicorum sive civilis doctrinae libri sex, Nürnberg 1594, S. 101 f.; Zechius a.a.O., S. 169; a Collibus a.a.O., S. 147 ff.; du Refuge a.a.O., S. 191 ff. も見よ。この問題と結びついた道徳問題も、すでに十五、十六世紀には詳しく叙述されている。Toldo a.a.O. 104, S. 75 ff. の指摘を見よ。

（67） たとえば Estienne de la Boétie, Discours de la servitude volontaire（1574）, in: Œvres complètes, Neudruck Genf 1967, S. 1–57, insb. 48 ff. を参照せよ。

（67a） Lorenzo Ducci, Trattato della nobilit, Ferrara 1603 を参照せよ。高貴さとは美徳でもなければ富裕さや血統でもなく、「先祖から受け継いだ故郷をもつこと」（S. 28 ff.）である。

（68） とくにこの点については、Magendie a.a.O., S. 315 f., 345, 365 f., 727 f. を見よ。

（69） Faret a.a.O., S. 59 を見よ。これに対応して、ファレの場合、対等な者どうしの会話というテーマの扱い方は、明らかにイタリアの原型を越えている。

（70） de Méré, De la conversation, in Œuvres complètes a.a.O., S. 111 f. を参照せよ。また宮廷ないし王宮（Maisons Royals）は、「良い点を見つけるためには、その状況を個別に見なければならない。なぜならそこには脈絡も秩序も均整も見られないからである」（a.a.O., S. 122）と言われたときには、社会的にはほとんど周辺的なものになってしまっている。だから、社交界は宮廷を「敵国のように」にみなし、教育しようと試みる——そしてみずからの失敗を反省する。「そこでは」、つまり宮廷では「人びとはいっそう正直であり、いっそう誠実でない」とレモン・ド・クールは述べている（どちらの引用も a.a.O.; 1750, S. 66）。宮廷は政治の場として理想化され、相互行為はまさに宮廷において頂点に達するのだが、その頂点は同時に内在的な不可能性を示している。相互行為はまさにこの頂点において、何が条件で何が成功あるいは失敗なのか、わからなくなるのである。Abbé de Bellegarde, Modeles de conversations pour les personnes polies, 6. Aufl. Den Haag 1719, S. 54 では、「宮廷は理解不能の国」、つまりなお卓越した「敵国」である。ティルー・ダルコンヴィル夫人〔11〕は、宮廷の性格を「人が主義によって無知、威厳によって無為な場所」にすぎないとしている（Madame Thiroux d'Arconville, De l'amiti, Paris-Amsterdam 1761, S. 107）。

(71) Krailsheimer a.a.O., S. 82 f. は、この点について「（サロンにおける）社会的成功は厳しい要件となったが、いまや政治的冒険は問題にならなくなった」と述べている。

(72) ここで、貴族に対するブルジョア層の「行動の提案」がどれほどの役割を演じるようになったかについては、より詳細な研究が必要であろう。これについてはWilhelm Voßkamp, Landadel und Bürgertum im Deutschen Schäferroman des 17. Jahrhunderts, in: Albrecht Schöne (Hrsg.), Stadt - Shule - Universität - Buchwesen und die deutsche Literatur im 17. Jahrhundert, München 1976, S. 99–110 を参照せよ。いずれにしても、中庸と慎み、正直、真面目、賢い分別、熟慮した振る舞いといった文学的に表現できる主導的価値は、血統集団によっても（Voßkamp .a.a.O., S. 108 もそう述べている）、また都市と地方、宮廷と田園、宮廷と上流社会の邸宅といった明確に違う生活様式によっても、はっきりとは区別されない。これらの違いは存在するし、それはそれとして記録される。だが、新たに形成される相互行為のゼマンティクはこれらの差異を超えて広がり、したがってまたより包括的な説明を必要とする。

(73) 例として（Ortigue）de Vaumoriere, L'art de plaire dans la conversation, 1688, 4. Aufl. Paris 1701, S. 173 ff. におけるルール違反の扱いを見よ。

(74) 距離意識、敬意（reverential）、畏怖（verecundia）などによって規制されたこのような親交についての記述は、すでにGiovanni Della Casa, De officiis inter potentiores et tenuiores amicos, zit. nach der Ausgabe im Anhang zum Galateus, Frankfurt 1588 に見られる。Daniel de Priéziac, Discours politiques, 2. Aufl. Paris 1666, S. 35 ff.、さらにはCailliere a.a.O., S. 222 ff. における、より出世指向の強い扱いも参照せよ。

(75) Perez Zagorin, The Court and the Country: The Beginning of the English Revolution, London 1969 を参照せよ。

（さしあたりまったくヨーロッパ共通の）宮廷生活批判というテーマについては、とくにS. 40 f. を参照せよ。

（76）すでにPierre Charron, De la sagesse（o. O. u. J.）II, ch. IX und X にある記述を見よ。

（77）Chevalier de Méré, Œuvres complètes, Paris 1930; Madeleine de Scudéry, Conversations sur divers sujets, Paris 1680; dies., Nouvelles conversations sur divers sujets, Paris 1684（aus Roman der Zeit 1640–1660）; de Crenaille, La mode, ou caractère de la religion, de la vie, de la conversation, de la solitude, des habits et du style de temps, Paris 1642 を参照せよ。

（78）最終的な定式化ではこう述べられている。「私がいま述べたような成功を収めるために、よりいっそう追求すべきこと、それは精神と感情の正しさである。話している相手の心と精神のなかで起こっていること、相手の気に入ること、相手を怒らせること、相手に無視されることをつきとめるのは、礼儀作法の良い趣味であり、それとともに鋭敏で繊細な識別力である」。そして「感情の正しさは、過小と過大のあいだに、一定の中庸を見いだせる」（引用は De la Conversation, Œuvres compètes a.a.O., Bd. II, S. 97–132（126, 127））。

（79）先の八七―八八頁の、とくにドイツ文学における内向発展的な趨勢の持続も参照せよ。

（80）メレの「楽しみ（de agrément）」論では、たとえば次のように言われている。「最も成功している人には気を遣わなければならない。そういう人は、探せばしばしば見つかる。しかし気を遣うのに辛い思いをしていることを見せてはならない。その気遣いがどう思われようと、目につかなければ人を傷つけることはない。なぜなら、それは人の気分を害する熱意だからである。……人の人生を幸福にしようとしないのが、思いやりのある偽りである」（a.a.O., Bd. II, S. 7–53. 34）。まさにこの点については、より古いイタリアの典拠もある。

（81）あるいはすくなくとも資質があると周囲が推測することにもとづいて行動できる者。このメカニズムを見破った後世の著書（Rémond des Cours, a.a.O.（1750）, S. 20）に言うように「彼らは名高い生まれにふさわしい資質をもっていると推測されるから」である。

（82）高貴さという点で、彼らは Méré（a.a.O., S. 21）に「見かけだけの人間」と言われているから、偽の大貴族のふりをするのではなく、オネットムの分に戻る方がよい。

(83) Christian Georg Bessel, Schmiede deß Politischen Glücks, Frankfurt-Hamburg 1673, S. 94 ff. Pierre Charron, De la sagesse（o. O. u. J.）II ch. IX. §6 も参照せよ。

(84) A.a.O., S. 307 ff.（313）.

(85) Antoine de Courtin, Nouveau traité de la civilité qui se pratique en France parmi les honnestes gens, Paris 1671. 同様の考えはすでに du Refûge a.a.O. に見られる。Jacques Morel, Médiocrité et perfection dans la France du XVIIe siècle, Revue d'histoire lettétaire de la France 69（1969）, S. 441–450 も参照せよ。

(86) 多数の個別規則において、社会的再帰性はもちろんはっきり現れている。ド・クルタン（de Courtin, a.a.O., S. 77 f.）が次のように述べているのもそうである。すなわち、人は大貴族が示す礼儀を、謙虚さから拒む必要はない。さもないと人は（謙虚でないかたちで）、自分のしていることを他者がわかっているとあまり信じない人間としてふるまうことになるからである。まさにこの規則が逆転する限界状況が、社会的再帰性に対する尋常でない深い洞察を強いるのは、偶然ではない。

(86a) Saint-Evremond, Œuvres, Paris 1927, Bd. I, S. 25.

(87) 本章注(70)を参照せよ。

(88) A.a.O., S. 245. S. 247 の「それを消耗させないことより巧妙なことはあるまい」も見よ。この巧妙さと「宮廷でのコツ」の消耗、その結果として出てくる「普通の市民の政治」というよく知られた道への復帰のメリットについては、さらに S. 157 ff. を参照せよ。また Rémond des Cours a.a.O.（1750）, S. 64 f. も参照せよ。

(89) ここでもあらためて、理論的な根本問題を思い出さなければならない。これは、きたるべき（！）市民層の新しい道徳の兆候だろうか。それとも、複雑な社会構造の変動という条件のもとにある社会性についての、まさに現在の経験だろうか。

(90) Pierre Nicole, Essais de morale, Paris 1682, Bd. I, 6. Aufl., Bd. II, 4. Aufl., Bd. III und Bd. IV 3. Aufl. より引用。本論との関連でとくに興味をひくのは、「人と友好を保つ方法について」（Bd. I, S. 211–351）、「軽率な判断について」（Bd. I, S. 352–405）、「キリスト教の礼儀作法について」（Bd. II, S. 154–175）、「君主について」（Bd. II, S. 176–244）、

「自己自身を知ることについて」(Bd. III, S. 1-145)、「隣人愛と自己愛について」(Bd. III, S. 146-211)といった諸論文である。選集はŒuvres Philosophiques et Morales de Nicole (ed. C. Jourdain), Paris 1845, Hildesheim 1970という復刻版で利用することができる。

(91) 「人間が平和に配慮するようになるための理性と信仰の統合」というテーマについては、Bd. I, S. 215 ff. を参照せよ。イギリスの事例についてはThomas Godwyn, The Demeanour of the Good Subject in Order to Acquiring and Establishing Peace, London 1681を見よ。

(92) 「君主を育てるために現世欲と理性と信仰はいかにして統合されるか」というテーマについては、Bd. II, S. 161 ff. を参照せよ。

(93) 導入的な論文である「人間の裏切りについて」Bd. I, S. 1-76を見よ。

(94) Bd. I, S. 12.

(95) 「大貴族の身分は彼らが自分の義務を知る障害であること」というテーマについてはBd. II, S. 217 ff. を参照せよ。

(96) 「したがって人間は、自分自身においても、他人に対しても、偽装と虚偽や偽善とであるにすぎない。彼は、人が彼にほんとうのことを言うのを欲しないし、他の人たちにほんとうのことを言うのも避ける」(Pascal, Pensée 130, a.a.O., S. 862〔松浪信三郎訳『定本パンセ』上・下、講談社(講談社文庫)、一九七一年/前田陽一・由木康訳『パンセ』中央公論社(中公文庫)、一九七三年〕)。

(97) Bd. III, S. 109 ff. を参照せよ。

(98) 「なぜなら人は、他の人びとの人物像を一つだけ思い描くかわりに、二種類思い描くだろうから。本物である内面と、他の人びとが気に入ると思うことしか組み込まない別の外面と」(Bd. III, S. 20)。

(99) 「それはいたるところに忍びこむ」という文句は、自己愛について書いている他の著者によっても用いられている、標準的な決まり文句である。

(100) Bd. I, S. 6.

(101) 「お世辞や沈黙から忠告の言葉を聞き取るための規則」というテーマについては、Bd. III, S. 132 ff. を参照せよ。

(102) Bd. III, S. 132.

(103) Nicole Bd. III, S. 58 が単刀直入に定式化しているように、「人は己を知れば天国に行き、己を知らなければ地獄に行くだけである」。

(104) 地獄から守ってくれるのは、明らかに宮廷で不興を買うことである。この点について、レ枢機卿にとっては、善行のための善行をなすことが、最終的にやりがいがあると思われた（この種の表現はさらに十八世紀に増える）。

(105) Pascal, Discours sur la condition des Grands a.a.O., S. 389〔前田陽一・由木康訳「大貴族の身分について」、前田陽一責任編集『パスカル』（世界の名著29）中央公論社、一九七八年所収〕。

(106) Bd. II, S. 127.

(107) Bd. II, S. 148.

(108) Bd. III, S. 123, 127――真実を言ってもらう者について定式化された。

(109) Bd. III, S. 146–211.

(110) 神学的には、自己の恩寵の状態を知りえないことのすべてのメリットと結びついている。人は高慢に救済の確信をもてない（そうすれば救済を失ってしまう）が、他者は依然として自分を救えるという希望をもっているし、希望を求める努力には依然として意味がある。Bd. III, S. 203 ff. を参照せよ。

(111) Bd. III, S. 197.

(112) Bd. III, S. 165.

(113) Marcel Raymond, Au principe de la morale de l'intérêt, in: ders., Vérité et poésie, Neuchatel 1964, S. 61–86 (66) が定式化したように。イギリスにおける同様の経過について、「これはシニシズムから社会理論への移行だった」と同様の注釈をしているのは、J. A. W. Gunn, Politics and the Public Interest in the Seventeenth Century, London 1969, S. 286 である。さらに Anthony Levi, Amour-propre: The Rise of an Ethical Concept, The Month 207 (1959), S. 283–294 を参照せよ。

(114) Œuvres completes de J. Domat, hrsg. von Joseph Remy, 4 Bde., Paris 1828–1830 より引用。とくに Kapital IX im

Traité des Lois（»De l'etat de la société après la chute de l'homme, et comment Dieu la fait subsister«）a.a.O., Bd. 1, S. 24 ff. が重要。

(115) A.a.O., S. 25.

(116) A.a.O., S. 26.

(117) A.a.O., S. 25.

(118) この潜在性要求の解決が困難な論理的・理論的問題を投げかけることは、すでに本書の第一章「社会構造とゼマンティクの伝統」IXで述べた。

(119) ニコルは次のように定式化している。「彼ら（教師）は、そのようなやり方で自分自身の役に立つのに成功しないとしても、すくなくとも他人の役に立つのには成功するだろう。そして他人を、いまとっている道よりはつねに天国への道に近い道に向かわせるだろう。そうだとすれば彼らは、きわめてキリスト教的な徳によってみずからが同じくらい神の御心に沿うようになるためには、ほとんど目的と意図を変えさえすればよいだろう。彼らは、そうした人間の正直さの輝きによって、人びとが思い描いたような人間の仲間になるだろう」（Nicole, Bd. III, S. 198）。もちろん、このように天国に近づいているということは、天国か地獄かという選択が最初に設けられたときのラディカルさと矛盾している。

(120) これにつづけて、社会を基礎づけるために、法と相互行為の関係について考察がなされた。これについてはDeslandes a.a.O.（1715), S. 121f. が、自己愛と自己関心から出発して、「社会は、各人が利得を得ようとする相互取引であり、法律ほど必要ではないが法律より巧妙である。礼節は、騙した人の名誉と騙された人の自己愛を救う。人が社会に負わないものが何かあるだろうか。主権者として、社会は破産をまったく恐れない。社会の所得はわれわれの欲求にもとづいているからである」と述べている。

(121) Jacques de Caillière, La Fortune des gens de qualité et des gentils-hommes particuliers, zitiert nach der Ausgabe Paris 1664.

(122) A.a.O., S. 33 f.

(123)「そこ（宮廷）は同じ幸運を渇望する人びとから成り立っているから、彼らの主な仕事は他の一人の不運を利用することである」（S. 59）。

(124) A.a.O., S. 61 f. Christian Georg Bessel, Schmiede deß politischen Glüks, Frankfurt-Hamburg 1673, S. 59 ff., 103 ff. も参照せよ。

(125)「彼は、切り落としてしまいたい私の手に接吻し、私を息苦しくするために、よりしっかりと私を抱擁するだけである」（S. 80）。

(126) A.a.O., S. 82. これについては、ゼッケンドルフ〔12〕が一六六四年に宮廷仕えを退くために述べた理由も見よ。「このような勧めでは、人はつねに、怒りや偽りやキリスト教の愛とは異なるものに走る誘因と、非常に抵抗のある悪習に対する鈍感さを備えるようになる」（zitiert nach Arnold Hirsch, Bürgertum und Barock im deutschen Roman, 2. Aufl. Köln-Graz 1957, S. 57）。

(127) とくに Abbé de Bellegarde, Réflexions sur ce qui peut plaire ou déplaire dans le commerce du monde, Paris 1690, 3. Aufl. Amsterdam 1705; Suite des réflexions sur ce qui peut plaire ou deplaire dans le commerce du monde, 2. Aufl. Amsterdam 1699 を見よ。

(128) このしばしば取りあげられるフランスでの発展については、Henri Brocher, Le rang et l'étiquette sous l'ancien régime, Paris 1934, S. 55 ff. を参照せよ。また Hans Rosenberg, Bureaucracy, Aristocracy and Autocracy: The Prussian Experience, 1680–1815, Cambridge Mass. 1958 も参照せよ。

(129) Cardinal de Retz, Mémoires（éd. de la Pléiade）, Paris 1956, S. 884.

(130) かならずしも用語法について距離をとるわけではない。とくにドイツにおける用語法では、十八世紀になってからも、「政治的」という語がきわめて広く使われつづけた。たとえばクリスティアン・ヴァイゼ〔13〕の処方にもとづいて書かれた「政治小説」〔14〕を考えてみよ。さらに、どちらかといえば私生活に関係するクリスティアン・トマジウスの「政治的な賢明さについての小論」（Christian Thomasius, Kurtzer Entwurff der politischen Klugheit, Frankfurt 1705）を見よ。さらなる参照文献については、Barbara Zaehle, Knigges Umgang mit Menschen und seine Vorläufer:

Ein Beitrag zur Geschichte der Gesellschaftsethik, Heidelberg 1933, S. 68 ff. を見よ。

（131） de Vaumoriere, L'Art de plaire dans la conversation, 4. Aufl. Paris 1701, S. 5. 個々の機能にかかわるテーマを排除することについては、S. 282 ff.（宗教）、S.298 ff.（政治）、S. 316 ff.（科学）、S. 363 dd.（戦争）を見よ。そのさい、ただのコミュニケーションの禁止ではなく、外部に対しては寛容、内部に対しては適合（＝礼節）、という選択規則がもちだされる――すでに意識的に実践されていた社交という相互行為システムの分出の兆候が見られる。これに対して、より事物に即している（あまり相互行為に関係していない）のが、Abbé de Bellegarde, Modeles de conversations pour les personnes polies, 6. Aufl. Den Haag 1719 の「会話モデル」である。

（132） このゼマンティクは、有名でよく読まれた『アストレ』〔15〕の牧人のゼマンティクにおいて、すでに形成されている。そこでは牧人が、国の本来の統率者層の下にある貴族世界を表している。

（133） 同じくらい問題なのが、逆の一面性である。完全に君主の宮廷にあわせて裁断されたElias a.a.O.（1969）の解釈がそれで、宮廷の社交に対する教師、距離をおいた評価者としての、館やサロンを正しく評価していない。たとえばN. Ivanoff, La Marquise de Sablé et son Salon, Paris 1927; Emile Magne, Voiture et l'Hôtel de Rambouillet, Paris 2. Bde., Neuauflage 1929/30 を、またイギリスについてはIrene Coltman, Private Men and Public Causes, London 1962 を参照せよ。John E. Mason, Gentlefolk in the Making, Philadelphia 1935 によって再検討された文献も、宮廷生活の要求に包含されないのはまったく明らかである。

（134） John Hall, Of Government and Obedience as they Stand Directed and Determined by Scripture and Reason, 1654, S. 141, zit. nach J. A. W. Gunn, Politics and the Public Interest in the Seventeenth Century, London-Toronto 1969, S. 102 f. を見よ。

（135） この問題を明示的に扱っている（比較的まれな）事例が、Claude Buffier, Traité de la société civile, Paris 1726 Buch IV S. 26 ff. に見られる。ビュフィエ〔16〕は、「他人からされたくないことを、他人にしてはならない」という相互性の原則が、教師や裁判官のような機能の担い手には適用できないことを見て、「ともに生きなければならない人びとの利益とともに、自分のすべての利益を追求せよ」という原則に切り替えている。

(136) Buffier a.a.O., Bd. I-III, S. 235 ff.

(137) François-Augustin Paradis de Moncrife, Essais sur la nécessité et sur les moyens de plaire, Paris 1738, S. 185 ff. を見よ。

(138) A.a.O., S. 186.

(139) 「重大かつ厳格な機能をもつ最高位の職務を行うように運命づけられた人びとについて、雄弁をのぞけば、彼らにふさわしいと思われる才能はわずかである」(a.a.O., S. 187)。

(140) Abbé de Mably, Principes de Morale, Paris 1784 (Zitat S. 30).

(141) これについては、Reinhart Koselleck, Kritik und Krise: Ein Beitrag zur Pathogenese der bürgerlichen Welt, Freiburg-München 1959〔村上隆夫訳『批判と危機——市民的世界の病因論のための一研究』未來社、一九八九年〕も見よ。

(142) これについては、歴史的で広い視野をもつ Norbert Elias, Über den Prozeß der Zivilisation: Soziogenetische und psychogenetische Untersuchung (1939), 2. Aufl. Bern-München 1969〔赤井慧爾・中村元保・吉田正勝訳『文明化の過程　上——ヨーロッパ上流階層の風俗の変遷』法政大学出版局、一九七七年／波田節夫ほか訳『文明化の過程　下——社会の変遷／文明化の理論のための見取図』法政大学出版局、一九七八年〕、および Otto Brunner, Adeliges Landleben und Europäischer Geist, Salzburg 1949, insb. S. 61 ff. を見よ。

(143) この点について代表的なのが、シュヴァリエ・ド・メレの生活実践と業績である (Chevalier de Méré, Œuvres Complètes, 3 Bde., Paris 1930 を見よ)。ド・メレが代表的なのは、彼がまず社交界で生き、文通し、議論し、そののちにはじめて、確実な意見の一致を経験してから、出版のために書いたからである。政治と経済は——人が審議や商売の交渉のために集まるので (a.a.O., Bd. 2, S. 103) ——もうすでに除外されており、会話には属さない。知識を披露したり他人に教えたりすることは、相互行為の規範をとおして削除される (たとえば a.a.O., Bd. 2, S. 106)。社交界の会話からすべての機能にかんするテーマが排除されることについては、Madeleine de Scuderi, De la conversation, in dies., Conversation sur divers sujets Bd. 1, Lyon 1680, S. 1–35 (2) を見よ。

(144) この点にかんする理解のある根拠づけは、de Cailliere a.a.O., S. 212 ff. に見られるが、それは同時に科学の分出の必然性をわからせてくれる。知識は、鎖のようにつながっており、ある知識が他の知識を示すので、知識に手を出す人を際限なく知識に従事させる、というわけである。これはこんにちでは、好奇心（curiositas）にかんする人間学的な根拠づけより、はるかに納得がいく。

(145) これについては、Fritz Schalk, Studien zur französischen Aufklärung, 2. Aufl. Frankfurt 1977 を、とくに論文 Die Entstehung des schriftstellerischen Selbstbewußtseins in Frankreich を見よ。（相互行為に関係する）「オネットム」から十八世紀の（公共性に影響を及ぼす）「フィロゾフ」〔17〕への移行については、Rolf Reichardt, Zu einer Sozialgeschichte der französischen Aufklärung: Ein Essay, Francia 5（1977）, S. 231-249 も見よ。

(146) これについては、たとえば de Vaumoriere a,a,O., S. 8 f.

(146a) たんに血縁関係にもとづいた感情は「利害と虚栄によって作りだされる妄想」であると考えているのは、Madame Thiroux d'Arconville, De l'amitié, Paris 1761, S. 67 である――これは十八世紀のブルジョア層にはあてはまらない、典型的な上流階層の判断である。

(147) Niklas Luhmann, Interaktion, Organisation, Gesellschaft, in ders., Soziologische Aufklärung Bd. 2, Opladen 1975, S. 9-20 を参照せよ。

(148) Jacques Necker, De l'importance des opinions religieuses, London-Lyon 1788, zitiert nach: Œuvres completes Bd. 12, Paris 1821, Neudruck Aalen 1971, S. 22.

(149) A.a.O., S. 27, 44 ff.

(150) A.a.O., S. 26.

(151) 相互行為の前線問題における政治家ネッケルの失敗については、同時代人の観察である E. Brandes, Politische Betrachtungen über die französische Revolution, Jena 1790, S. 33 ff. を参照せよ。これを、レ枢機卿が――とくに舞台装置としてパリ人を上流階層の行動や危機に含めつつ――『回想録』で伝えている、相互行為の強度と密度、計算力と冒険性と比較せよ。

（152）François André Adrien Pluquet, De la sociabilité, Yverdon 1770, Bd. I, S. 132. 感謝については、L. D. B.（Louis Des Bans）, L'art de connoistre les hommes, Paris 1702, S. 51 ff. も参照せよ。

（153）ここからさらに、契約の非契約的基礎についてのデュルケムの問いの一面性もわかる（Émile Durkheim, Über die Teilung der sozialen Arbeit, Dt. Übers., Frankfurt 1977, S. 240 ff.〔田原音和訳『社会分業論』青木書店、一九七一年／井伊玄太郎訳『社会分業論』上・下、講談社（講談社学術文庫）、一九八九年〕）。デュルケムの議論は、拘束作用の基礎づけのみに関係しており、特化メカニズムの制度化には関係していない。

（154）たとえば Jon Elster, Logic and Society: Contradiction and Possible Worlds, Chichester 1978, S. 113 を参照せよ。

（155）Adam Smith, Theorie der ethischen Gefühle, dt. Übers. Leipzig 1926（Erstausgabe 1759）〔水田洋訳『道徳感情論』上・下、岩波書店（岩波文庫）、二〇〇三年〕.

（156）アダム・スミスの道徳理論と経済理論の「矛盾」については、じつに多くのことが考えられてきたが、ここで分析されている移行期の状況の一局面であることは明らかである。自然的‐社会的道徳性の理論は、相互行為にひきつけて考えることによって、より大きな一般化の可能性をもって、この問題を解くことができた。これにつづく経済分析はさらに、特定の機能領域ではそのような前提なしでもかまわないことを示している。

（157）Madeleine de Scudéry, De plaisirs, in: Conversations sur divers sujets, a.a.O.（1680）, Bd. 1, S. 36–63（45 f.）.

（158）君主のもてなしに特化した（de Cailliere a.a.O.（1664）, S. 33 f. では、君主の気晴らしに貢献する（contribuer à ses divertissements）とある）宮廷人の機能は、興味深く問題のある例外である。これに対応して、宮廷における生活は、上流社会のなかで、特別なチャンスと危険をともなう一種の特化と感じられるのに対して、より幅広い資質をもつオネットムは、宮廷のそとでも（だが上流社会のそとではない）存在できる。これについては、Magendie a.a.O., insb. S. 571 ff. を見よ。

（159）Lester G. Crocker, Nature and Culture: Ethical Thought in the French Enlightenment, Baltimore 1963 を参照すれば足りる。

（160）この議論は――宗教、神への畏怖によるサンクションではなく、笑いものになるサンクションのもとで、より典型的に見られるが――Abbé de Bellegarde, Reflexions sur le ridicule, et sur les moyens de l'eviter, 2. Aufl., Amsterdam 1701, S. 1 ff. による。

(161) Abbé de Bellegarde, Suite des Reflexions sur ce qui peut plaire ou deplaire dans le commerce du monde, 2. Aufl., Amsterdam 1699, S. 174.

(162) 参照文献については、たとえば Sutcliffe a.a.O., S. 66 ff.; 140 ff. を見よ。

(163) ここでも、インドのカースト制度との比較が興味深いだろう。カースト制度は、浄／不浄という宗教的な資質の認定を用いることによって、相互行為道徳的な解釈を場合によってはきわめて強く妨げてきた。

(164) Deslandes a.a.O.（1715）は、いぜんとして上品／下品にもとづいて紳士（honnêtes gens）／下賤民（vile populace）を区別している（S. 16）。

(164a) この比較は Dampmartin a.a.O.（1592/1644）, S. 158 f. にある。

(165) これについてより詳しくは、Niklas Luhmann, Funktion der Religion, Frankfurt 1977〔土方昭・三瓶憲彦訳『宗教社会学――宗教の機能』新泉社、一九八九年〕.

(166) このゼマンティクの発展の終点の一つが、Jacques Necker, De l'importance des opinions religieuses, London-Lyon 1788, zit. nach: Œuvres complètes Bd. 12, Paris 1821, Neudruck Aalen 1971 である。もう一つの路線は、相互行為からいわゆる主体を導きだし、自己経験の道徳的資質という事実（！）に、宗教の基礎づけのよりどころを求める。そしてこのような理解は、最終的に階層から中立的に主張できる。

(167) 非常に明確な例は、Jean François Senault, De l'usage des passions, Paris 1641 である。この問題設定のなかではじめて、自己愛と隣人愛が区分される、理性と恩寵の相対的な寄与が測られる、時間次元が情念の類型論の形式で考慮される、といったことが起こる。

(168) De Vaumoriere a.a.O.（1701）, S. 7.

(169) 先の九八頁以下を参照せよ。

(170) 初版は一七三三年、Barbara Zaehle, Knigges Umgang mit Menschen und seine Vorläufer: Ein Beitrag zur

Geschichte der Gesellschaftsethik, Heidelberg 1933, S. 147 より引用。この考え方は、フランスではすでに何十年も前からよく知られている。たとえば、de Vaumoriere a.a.O., S. 13 を参照せよ。

(171) 十七世紀については、たとえば de Courtin a.a.O., S. 20ff. あるいは Bessel a.a.O., S. 92ff. における、地位のなかでの水平的コミュニケーションと上または下への垂直的コミュニケーションの著しい分化を比較せよ。
しかし、すでに十七世紀末ごろには、地位の差異を超えて、社交的交際における親密さの増大の兆候が多くなる（Brocher a.a.O., S. 94ff. を参照せよ）。まして十八世紀においては、上流階層の内部における距離と距離克服の体験（後出の注(232)を参照せよ）が、魅力的で刺激的で生き生きした契機という意味で、きちんと保持されているにもかかわらず、すべてを規定する構造としての宮廷で承認された地位は後退する。

(172) これについては、Franklin L. Ford, Robe and Sword: The Regrouping of the French Aristocracy after Louis XIV, Cambridge Mass. 1953, insb. S. 202 ff.; François Bluche, La vie quotidienne de la noblesse française au XVIIIe siècle, Paris 1873; Chaussinand-Nogaret a.a.O.（1976）を見よ。

(173) 館の女主人自身が、「その地位あるいは才能によって尊敬されるべき女性」（de Bellegarde, Modeles de conversations pour les personnes polies a.a.O., 1719, S. 225）、と特徴づけられる。あるいは過去をふりかえって、「徳があったりなかったり、裕福であったり高貴な生まれであったり、ときには裕福かつ高貴な生まれであったりするが、館の女主人は皆すでに若くない。年齢が彼女たちの権威をしっかりと確立するようになる。……だが、年齢による以上に、道徳的威信は個人的才能にもとづいている」と言われる（Marguerite Glotz/Madeleine Maire, Salons du XVIIIeme siècle, Paris 1949, S. 15）。Janet Aldis, Madame Geoffrin: Her Salon and Her Times, 1750–1777, London 1905 も参照せよ。

(174) これについては、Oscar Brie, Der gesellschaftliche Verkehr, Berlin o. J., insb. S. 37 ff. を見よ。

(175) これが、理論的反省のレベルで、天性善良で社会的な人間というきわめて素朴な考え方にいきつくことは、Abbé Pluquet, De la Sociabilité, 2 Bde., Yverdon 1770 から読みとれる。

(176) これについては、Niklas Luhmann/Stephan H. Pfürtner（Hrsg.）, Theo-

rietechnik und Moral, Frankfurt 1978, S. 8–116（54 f.）を見よ。

（177） Louis Dumont a.a.O., S. 191.

（178） この点については、近代初期の人間学の研究（第三章）でより詳しく述べる。

（178a） ずっと早くからそうだった。Claudia Henn-Schmölders, Ars conversation: Zur Geschichte des sprachlichen Umgangs, Arcadia 10（1975）, S. 16–33（19）を参照せよ。

（179） De Bellegarde, Conduite pour se taire et pour parler, principalement en matière de religion, Paris 1696 を参照せよ。Buffier .a.a.O., S. 98 は、宗教のテーマにかんする論争を「会話においてあまりふさわしくない」とみなしている。この点について特別なことを述べているわけではないが、フリーメーソンの規則によれば、それは宗教にも政治にもあてはまる（Koselleck a.a.O., S. 178 Anm. 55 における指摘）。

（180） そう述べているのは、Christian Thomasius, Von der Kunst vernünfftig und tugendhafft zu lieben... oder: Einleitung in die Sitten Lehre, Halle 1692、さらにたとえば Marquis de Caraccioli, La jouissance de soi-même, Neuauflage Utrecht 1759, S. 407 ff. である――ついでながら後者では、温度計のようにそのつどの他者の熱によって変化するために、安らぎのなさをもたらす、情熱恋愛との対照で述べられている。さらに、より多くの参照文献をふくむ、Robert Mauzi, L'idée du bonheur dans la literature et la pensée française au XVIIIe siècle, Paris 1960, S. 359 ff. を参照せよ。

（181） たとえば Buffier a.a.O., S. 121 を参照せよ。

（182） 「会話」の実態と概念の歴史が、特別に探究されるべきかもしれない。筆者の印象では、十七世紀から十八世紀に移行する過程で、会話はとくにたんなる気晴らし（divertissement）という性格を失い、相互行為一般の原型に昇格する。たとえば、de Vaumoriere a.a.O.（1701）においてこのタイトルのもとで論じられているテーマを見よ。さらに、Encyklopédie, s. v. Conversation における会談（entretien）と会話（conversation）の区別を見よ（Christoph Strosetzki, Konversation: Ein Kapital gesellschaftlicher und literarischer Pragmatik im Frakreich des 17. Jahrhunderts, Frankfurt 1978 という研究は、本書の原稿が印刷に回されたあとで知った）。

(183) この区分図式がさらに存続することは、たとえば Samuel Pufendorf, De officio hominis et civis juxta legem naturalem, Buch 1, Kap. III–VI, zitiert nach der Auflage Cambridge 1735, vgl. insb. S.78; Buffier a.a.O., S. 25 ff. に、またさらに Abbé Joannet, De la connoissance de l'homme, dans son être et dans ses rapports, Paris 1775, Bd. II, S. 151 ff. に見られる。

(184) Jean La Placette, Nouveaux Essais de Morale, 4 Bde. Amsterdam 1687（Bd. I in 2. Aufl., Bd. II 1694), Bd. II, S. 6. 同じような表現は、Jacques Abbadie, L'art de se connoître soi-mesme, ou la recherche des sources de la morale, Amsterdam 1692 にも見られる。これについては、初期近代の人間学についての研究（第三章）も参照せよ。

(185) このテーマを包括的に論じる枠組みのなかで、こう定式化しているのは、Robert Mauzi, L'idée du bonheur dans la littérature et la pensée française au XVIIIe siècle, Paris 1960, S. 232 である。不平等な幸福のチャンスにかんする問題意識と防御姿勢を示す典型的な証拠は、Alexander Pope, Essay on Man, Epistle IV, 50–52, zitiert nach: The Poems of Alexander Pope Bd. III, London-New Haven 1950〔上田勤訳『人間論』岩波書店（岩波文庫）、一九五〇年〕に見られる。「世の中には、他の人びとよりずっと豊かで賢い人びとがいるし、そうでなければならない。だが、今後そのような人びとの方が幸福だろうと考える者は、すべての常識と衝突する」。

(186) La Placette a.a.O., Bd. II, S. 8 f.

(187) La Placette a.a.O., Bd. II, S. 23 f. 興味深いことに、構造的に似た問題が、ニコルの場合には、地方における大貴族を秩序のためには必要だが個々人としてはあまり役に立たないものとして承認することと関連して、現れている。Traktat De la Grandeur a.a.O., Bd. II, S. 190 f. を見よ。

(188) La Placette a.a.O., Bd. IV, S. 1 ff.

(189) La Placette a.a.O., Bd. IV, S. 114 ff. De Bellegarde, Reflexions sur ce que peut plaire ou deplaire dans ke commerce du monde, 3. Aufl., Amsterdam 1705, S. 22 ff. も参照せよ。後者はさらに進んで、（疑念を検討したあとで）過ちの指摘のなかに真の友情のテストケースを、「友情の至高点（souverain point de l'amitié）」を見ている。同様のことを述べているのが、Jean Frédéric Bernard, Reflexions morales, 1716, Neuauflage Liege 1733, S. 164 である。

(190) La Placette a.a.O., Bd. IV, S. 55 ff.

(191) これらすべてについては、すでに引用されたビュフィエとモンクリフの著作を参照せよ。

(192) Georges-Louis Le Sage, Le mecanisme de l'esprit, neu gedruckt als Anhang zu: Cours abregé de Philosophie par aphorismes, Genf 1718, S. 270.

(193) こう述べているのは、Caraccioli a.a.O., S. 407 ff. である。このような理解によれば、友人とは動機への疑念にもかかわらず信じる相手のことである。

(194) La Placette a.a.O., Bd. II, S. 4.

(195) これについては、George M. Foster, Peasant Society and the Image of Limited Good, American Anthropologist 67 (1965), S. 293-315 を参照せよ。また ders., Tzintzuntzan: Mexican Peasants in a Changing World, Boston 1967 も見よ。

(196) これについては、たとえば Joannet a.a.O.（1775), S. XCVIIIf., CIV, Bd. I, S. 96 ff. を参照せよ。

(197) Friedrich Mehnert, Schlüsselwörter des psuchologischen Wortschatzes der zweiten Hälfte des 18. Jahrhunderts, untersucht an den Briefen zweier Salondamen（Mme du Deffand und Mlle de Lespinasse), Diss. Berlin 1956 の、きわめてテクストに即した分析を参照せよ。

(198) Buffier a.a.O., S. 218 ff. Bernard a.a.O.（1716/1733), S. 165 ff. の「巧みさはつねに疑わしい」(S. 186) も見よ。

(199) Pierre-Joseph Boudier de Villemert, Apologie de la frivolité, Lettre à un Anglois, Paris 1750 は、これと反対に、軽薄さの正当性をスムーズで心地よいコミュニケーションの必要性から導出しようとしている。

(200) この概念は、はじめ宗教的な意見のレベルで形成されたが、自分の直観に集中した意見形成、つまり接続可能でない意見形成という決定的な点で、一般化できることが明らかになる。概念史については、Robert Spaemann, Reflexion und Spontaneität: Studien über Fenélon, Stuttgart 1963, S. 163 ff.; ders., Fanatisch, Fanatismus, Historisches Wörterbuch der Philosophie Bd. 2, Basel-Stuttgart 1972, Sp. 904-908; Werner Conze/Helga Reinhart, Fanatismus, in: Geschichtliche Grunbegriffe: Historisches Lexikon zur politisch-sozialen Sprache in Deutschland Bd. 2, Stuttgart

1975, S. 303–327 を見よ。Sage a.a.O.（1969/1718), S. 317 における独自の特殊な解釈では、狂信主義は一種の熱狂的な慣性として所有の情念に近いものになる。

(201) 「パラドキシカル」という概念で意味されているのは、論理的矛盾ではなく、あとにつづく文のために何かを述べるという文の目的を頓挫させるような、文の定式化である。この技法は、十八世紀にはたいへんよく知られてしまうので、これはまたこれで、パラドキシカルなものとして扱えるようになる。André Morellet, Théorie du Paradoxe, 1775, zitiert nach der deutschen Ausgabe Theorie des Paradoxen, Leipzig 1778 を見よ。刺激を与えるという肯定的な機能をより強調している、Hans Sckommodau, Thematik des Paradoxen im den Aufklärung, Wiesbaden 1972 も見よ。

(202) Mehnert a.a.O., S. 151 ff. を参照せよ。

(203) 本章注(69)、(124)を見よ。

(204) De Bellegarde, Reflexions sur ce qui peut plaire（a.a.O., 1705, S. 3 f.）は、上流社会における会話と、それだけで親密になれる友人どうしの会話の区別から始まっている。Christian Thomasius, Kurtzer Entwurff der politischen Klugheit, Frankfurt-Leipzig 1910 も同様である。

(205) Jean Domat, Traité des lois Kap. VI, zit. nach Œvres completes（ed. Joseph Remy）Bd. 1, Paris 1828, S. 19 ff.

(206) これと従来の説（たとえば Thomas Elyot, The Book named The Governor, 1531, zit. nach der Ausgabe London-New York 1966, S. 132 ff.）を比較せよ。旧来の説が真の友人関係を（人間のあいだでは稀にしか見られないという意味で）稀なものとみなすのは、美徳が稀なものであり、さらには美徳の現れの平等性が必要だからである。いまや、社会に適合したアイデンティティの稀さは、全体社会にとって重要でない私的なものへと解釈しなおされ、それと関連して、友人関係という社会的美徳は一つの社会関係になる。

(207) Louis-Silvestre de Sacy, Traité de l'amitié, Paris 1704. 同様のものとして、より有名な Marquise de Lambert, Traité de l'amitié, zitiert nach: Œuvres, Paris 1808, S. 105–129.

(208) たとえば S. 67 を参照せよ。Christian Thomasius, Von der Artzney Wider die unvernünftige Liebe... Oder: Ausübung der Sitten Lehre, Halle 1969, S. 157 ff. において、この類型論は否定的なものに転換され、ただ一つの分別のあ

る愛と対置される分別のない愛の諸形式の類型論として解釈される。このことはおそらく、直列的な評価による古い序列の権利剝奪を、最もはっきりと特徴づけている。またこのことも、ほとんど興隆する市民層のイデオロギーとしては解釈できない。豊かさが名誉にとってかわるのではなく、旧来の区別がより一般的な社会性の形式概念に負けるのである。

(209) もう一つ例を挙げれば、Abbé Pluquet, De la Sociabilité, Yverdon 1770, Bd. I, S. 147 は、さらに広範な友人関係の概念にもとづいて、はっきりとこの類型論を拒絶している。

(210) De Sacy a.a.O., S. 43.

(211) A.a.O., S. 99 ff. この古い問題については、モンテーニュのより洗練された（だがより単純な関係にかんする）答えを参照せよ（Montaigne, Essais I, XXVIII, Paris 1950, S. 226〔原二郎訳『エセー』1〜6、岩波書店（岩波文庫）、一九六五年／松浪信三郎訳『随想録』上・下、河出書房新社、一九六六年／関根秀雄訳『モンテーニュ随想録』白水社、一九九五年〕）。この答えは、争いそのものを否定している。そのような争いにおいて友人関係の方が大事だと言う者は、自分の友人とその善意には何ら疑いがない、ということを表現している。このテーマのさらなる議論については、N. Ivanoff, La Marquise de Sablé et son salon, Paris 1927, S. 143 ff、とくに同書に再録されたアルノー・ダンディリ[18]の小論も参照せよ。

(212) 問題の論理と解決の隘路はきわめて明確であるが、同時代の著作者たちの考え方が一致することはきわめて少ない。だが、キケロ的な美徳の原理を友人関係の基礎として拒絶するならば（たとえばイエズス会士とともに、友人関係は罪人や犯罪人のあいだでも成り立つと考えるために）、他のそれぞれの関係や義務を接続できるように、友人関係の概念の価値を社交的な要求水準においてもひき下げて留保しなければならない。こう述べているのは、たとえばBuffier a.a.O., S. 149 ff. である。「慎み深い賢者は、友人関係のために何かを排除したりしない」（S. 174; S. 163 f. も参照せよ）。そうなると、友人関係はもはや社会的なものの完成形態ではなく、むしろ伝統的な意味で「何人かの人と誠実で快適な交際を維持する習慣である」（S. 164）。

(213) Pluquet a.a.O., Bd. I, S. 151.

(214) A.a.O., S. 151.

(215) それによってふたたび、相互行為一般に向けられた期待が、手に余るものになることがありうる。たがいの気に入ることについての理論の全装置は、それ自体として、情熱という意味での愛に適合していない。そのあたりの事情は、十八世紀においても継承された、ラ・ロシュフーコーにさかのぼる格言について考えてみれば、明らかになる。すなわち、愛する者は、一日じゅう自分自身について語れるから退屈しない（これに対して、上流社会では、退屈を排除すべきではなく、自分自身について語ることはまさに避けるべきである）。Deslandes a.a.O., S. 118 f.; Moncrife a.a.O., S. 99 f. を参照せよ。

(216) これについては、Madeleine de Scuderi, De la connoissance d'autruy et de soy-mesme, in: dies., Conversations a.a. O.（1680）, S. 65–135.

(217) あるいは、それ以前にすでにトマジウスにあるように、分別のある愛という意志の形態をとる。Christian Thomasius, Von der Kunst vernünfftig und tugendhafft zu lieben... oder: Einleitung zur Sitten Lehre, Halle 1692（insb. S. 260 f.）を見よ。

(218) Harold Kelly, Causal Schemata and the Attribution Process, in: E. E. Jones et al.（Hrsg.）, Attribution: Perceiving the Causes of Behavior, New York 1972, S. 18.

(219) 先の四三頁以下に示した、思想進化の考え方の意味である。

(220) これについては、Willi Flemming, Die Auffassung des Menschen im 17. Jahrhundert, Deutsche Vierjahresschrift für Literaturwissenschaft und Geistesgeschichte 6（1928）, S. 304–446 も参照せよ。

(221) これと関連する人間形成（Bildung）概念の発展については、Günther Dohmen, Bildung und Schule: Die Entstehung des deutschen Bildungsbegriffs und die Entwicklung seines Verhältnisses zur Schule, 2 Bde., Weinheim 1964–1965. さらに Edmund Leites, Autonomy and the Rationalization of Moral Discourse, Sociological Analysis 35（1974）, S. 95–101 を参照せよ。

(222) これについては、現実の評価、業績の評価、相互性の評価を区別している Harold H. Kelly, Moral Evaluation,

American Psychologist 26（1971）, S. 293–300 も見よ。それでも、ケリーは現実の評価を道徳的合意という単純な寄与に見ている。だが、この寄与は因果的に帰属されない。したがって、このモデルでは特定の現実（たとえば上流階層の生き方）が道徳的な資質を認定され、それによって影響力をもったり影響力を強化したりする、ということに焦点をあわせる方が、すくなくとも歴史的にはより正しい。

(223) これについてより詳しくは、Niklas Luhmann, Soziologie der Moral, in: Niklas Luhmann/Stephan H. Pfürtner (Hrsg.), Tehorietechnik und Moral, Frankfurt 1978, S. 8–116（43 ff.）を見よ。

(224) Honoré-Gabriel Riqueti, comte de Mirabeau,Troisième Discours sur l'etablissement d'un Lycée Nationale, in: Travail sur l'éducation publique, éd. P. J. C. Cabanis, Paris 1791, S. 108 ff.（114）を見よ。

(225) Ernst Brandes, Über einige Folgen der französischen Revolution in Rücksicht auf Deutschland, Hannover 1792, S. 80 f.

(226) 引用は Elisabeth Siegel, Das Wesen der Revolutionspädagogik, Diss. Göttingen, Langensalza 1930, S. 57 による。Jean Starobinski, Jean-Jacques Rousseau: La transparence et l'obstacle, 2. Aufl. Paris 1971, S. 116 ff.〔山路昭訳『透明と障害——ルソーの世界』みすず書房、一九七三年〕も参照せよ。

(227) ハンス・ウルリッヒ・グンブレヒト〔19〕は、フランス文学について、一七九四年と精確に確定している。Hans Ulrich Gumbrecht, Skizze einer Literaturgeschichte der französischen Revolution. Beitrag für: Jürgen von Stackelberg (Hrsg.), Die europäische Aufklärung Bd. III, MS. 1979 を見よ。

(228) A.a.O., S. 65.

(229) これについての理論的基礎を提供しているのが、パーソンズにならってレオン・H・メイヒュー〔20〕が行った、高度に一般化された価値の制度化にかんする考察である。Leon H. Mayhew, Action Theory and Action Research, Social Problems 15（1968）, S. 420–432 を見よ。また ders., Law and Equal Opportunity: A Study of the Massachusetts Commision Against Discrimination, Cambridge Mass. 1968 も参照せよ（メイヒューの場合にも平等の制度化可能性の限界が問題になっているのは、偶然ではない）。

(230) 秘密保持の規範化を主として政治的に解釈している、Reinhart Koselleck, Kritik und Krise: Ein Beitrag zur Pathogenese der bürgerlichen Welt, Freiburg-München 1959, S. 55 ff.〔村上隆夫訳『批判と危機――市民的世界の病因論のための一研究』未來社、一九八九年〕を参照せよ。また、階層問題についての指摘は S. 61 f. も見よ。

(231) Bernard Faÿ, La Franc-Maçonnerie et la revolution intellectuelle du XVIIIe siècle, 2. Aufl. Paris 1961, S. 142.

(232) Berlinische Monatsschrift 10（1787）, S. 350–356 に掲載された一七八七年八月九日の手紙。本文に関係するくだりは次のようなものである。「王家の一部でさえ私を歓待してくれましたが、私に言わせれば、それはつねに屈辱の思いと結びつく不当な慇懃無礼の態度でした。やんごとなきフェルディナンド王子の家族は、私をあの方々と同じところまで引き上げてくださり、その好意にみちた親しさは、私との隔たりをほとんど消してくれました。敬意にみちた感謝の念が、その隔たりを見失わないようにする義務を、私に課すことがなければよいのに」。

(233) Friedrich D. Schleiermacher, Werke: Auswahl in vier Bänden, Bd.II, S. Aufl. Leipzig 1927, S. 1–31 より引用。

(234) ほぼ同時代ものとして、Johann Heinrich Gottlieb Heusinger, Beytrag zur Berichtigung einiger Begriffe über Erziehung und Erziehungskunst, Halle 1794, S. 51 ff.; Heinrich Stephani, Grundriß der Staatserziehungswissenschaft, Weißenfels - Leipzig 1797, S. 49 ff.; Karl Salomo Zachariae, Über die Erziehung des Menschengeschlechts durch den Staat, Leipzig 1802, S. 82 ff.; Karl Heinrich Ludwig Pölitz, Die Erziehungswissenschaft, aus dem Zwecke der Menschheit und des Staates practisch dargestellt, Leipzig 1806, Theil I, S. 307 ff. を参照せよ。

(235) Schleiermacher a.a.O., S. 7.

(236) A.a.O., S. 10.

(237) A.a.O., S. 10（これに対応して、本書で社会［ゲゼルシャフト］と呼ぶものが、シュライエルマッハーの場合には共同体［ゲマインシャフト］と呼ばれる）.

(238) さらなる概念的発展（カント、シュライエルマッハー、ヘーゲル、ディルタイ、ジンメル）については、Petra Christian, Einheit und Zwiespalt: Zum hegelianisierenden Denken in der Philosophie und Soziologie Georg Simmels, Berlin 1978, S. 110 ff.

(239) 複雑性の時間化についての研究（第四章）を参照せよ。
(240) A.a.O., S. 12.

第三章

(1) この時代区分については、Theodore K. Rabb, The Struggle for Stability in Early Modern Europe, New York 1975 も参照せよ。
(2) この時代の前史については、中世盛期いらいの政治、宗教、経済の非同一性の増大、つまり宗教的-政治的-経済的に統合された大帝国の形態を復原しようとするすべての試みの失敗を浮き彫りにするような研究が、とりわけ重要である。たとえば David Little, Religion, Order, and Law: A Study of Prerevolutionary England, New York 1969; Immanuel Wallerstein, The Modern World-System: Capitalist Agriculture and the Origins of the European World-Economy in the Sixteenth Century, New York 1974〔川北稔訳『近代世界システム——農業資本主義と「ヨーロッパ世界経済」の成立』1・2、岩波書店、一九八一年〕を参照せよ。
(3) これについては、たとえば Michel de Certeau, Du système religieuz à l'éthique des Lumières (17e-18e siècles): La formalité des Pratiques, Ricerche di Storia Sociale e Religiosa 1, 2（1972), S. 31–94 を見よ。
(4) Levin L. Schücking, Die Familie im Puritanismus: Studien über Familie und Literatur im England im 16., 17. und 18. Jahrhundert, Leipzig-Berlin 1929〔角忍・森田数実訳『読書と市民的家族の形成——ピューリタニズムの家族観』恒星社厚生閣、一九九五年〕を参照せよ。
(5) このような可能性が準備される基礎には、もちろんこれまたゼマンティクにおける事前決定がある。たとえば、十七世紀初頭いらい普及した、社会的秩序（ordre social 家族）と政治的秩序（ordre politique 官職ヒエラルキー）の区別がそうである。これについては Roland Mousnier, Les hiérarchies socials de 1450 à nos jours, Paris 1969, S. 70 ff. を、さらに ders., Les concepts d'»ordres«, d'»etats«, de »fidélité« et de »monarchie absolue« un France, de la fin du XVe sièclesà la fin du XVIIIe, Revue historique No. 247（1972), S. 389–412 を参照せよ。さらに、新ストア派の組織

に対する影響について、Gerhard Oestreich, Geist und Gestalt des frühmodernen Staates, Berlin 1969 を参照せよ。

（6）これらの概念は、一般行為システムの四つの分析的な下位システムであるA、G、I、Lに対応しており、それらの分化が進展するための条件を定式化している。これについては、Talcott Parsons, The System of Modern Societies, Englewood Cliffs N. J. 1971, S. 26 ff.〔井門富二夫訳『近代社会の体系』至誠堂、一九七七年〕を参照せよ。

（7）Talcott Parsons, Some Considerations on the Comparative Sociology, in: Joseph Fischer（Hrsg.）, The Social Sciences and the Comparative Study of Educational Systems, Scranton Pa. 1970, S. 201–220（208）を見よ。

（8）これについてより詳しくは、Niklas Luhmann, Differentiation of Society, Canadian Journal of Sociology 2（1977）, S. 29–53 を見よ。

（9）一つの重要な帰結を述べるにとどめれば、それだからこそ、教育システムの分出は実質的に上流階層の教育に限定できたし、内容的にはふるまい、言葉づかい、レトリックを学ぶように編成できた。これについては、Yehudi A. Cohen, Schools and Civilizational States, in: Joseph Fischer（Hrsg.）, The Social Sciences and the Comparative Study of Educational Systems, Scranton Pa. 1970, S. 55–147 を参照せよ。

（10）これについてもなお Christian Thomasius, Von der Kunst, vernünfftig und tugenthafft zu lieben..., oder: Einleitung in die Sitten Lehre, Halle 1692, insb. 153 ff., 253 ff. を見よ。同書では、平等性が、普遍的な観点からも特殊的な観点からも、体系的にすべての社会性の基礎におかれており、およそ分別ある社会生活の形成（分別ある愛）のための条件とされている。

（11）機能による非対称性は、階層社会の地位による非対称性と、明確に区別しなければならない。地位の非対称性は、両方の側における権利と義務の具体的な相互性、適切な均衡という規範を問題にしなかった。地位の非対称性は、そのような条件を前提にしつつ、達成を歪んだかたちで評価しただけ、つまりそのつどの上位の人の貢献を過大評価しただけだった。このことは、不平等な者のあいだの友人関係についての文献に、はっきりと見てとれる。そのような文献によれば、上位の者の軽やかで好意にみちた傾向はたいへん貴重なものなので、下位の者がそれを獲得するには不断の努力をしなければならない。「君主は、臣下のところまでおりていくことによって、誰も与えることのできない行為と友情の最大の印を与える」と述べているのは、Madeleine de Scuderi, Des passions que les homes ont inventées, in dies., Conversation sur divers sujets Bd. I, Lyon 1680, S. 223–256（252）である。先の上流諸階層における相互行為についての研究（第二章）の三二〇頁、注(74)の文献指示も参照せよ。

(12) これについては、上流諸階層における相互行為についての研究（本書第二章）を見よ。

(13) この過程の諸段階については、T. H. Marshall, Class, Citizenship, and Social Development, Garden City N. Y. 1964 を参照せよ。

(14) たとえば Michel Crozier/Erhard Friedberg, L'acteur et le système: Les contraintes de l'action collective, Paris 1977, S. 349 は、「新しく形成される集合体は、唯一の利用可能な人間の経験を表す、かつて形成された集合体から作りあげられるほかないが、それと同時にかつての形成物を破壊し、それに反するかたちで作りあげられるほかない」と定式化している。だが著者たちは、最終的に個々のアクターの恣意的行動にさかのぼることなく、そのような条件のもとでの変化を理解する可能性を見ていない。

(15) 「分化は方向性のある過程である。分化には、『未』分化なシステム状態あるいは『より少なく』分化したシステム状態という出発点があり、あとになって分化した状態あるいはより分化した状態がある。……分化した諸状態の差異は、システムのなかでの変化の過程によって発生したと考えられる――私はそれをある意味で『システムの枠組み』の内部で発生したことを意味すると解釈する――から、分化した諸部分はたがいに体系的に関係しているという意味で同等であるだろうと考えられる。なぜなら、諸部分はいぜんとして同じシステムの内部に属しているからであり、また相互関係をとおして以前の諸部分とも関係しているからである」（Talcott Parsons, Comparative Studies and Evolutionary Change, in: Ivan Vallier（Hrsg.）, Comparative Methods in Sociology: Essays on Trends and Applications, Berkley Cal. 1971, S. 97–139, 100 f.）。この考え方のモデルとなったのは、農業社会の家族が都市社会における家族と組合におきかえられたという、デュルケムの考え方であると思われる。Emile Durkheim, De la division du travail social, Neudruck Paris 1973, S. XIXf.〔田原音和訳『社会分業論』青木書店、一九七一年／井伊玄太郎訳『社会分業論』上・下、講談社（講談社学術文庫）、一九八九年〕の第二版序文を参照せよ。

(16) たとえば Talcott Parsons, Commentary on Clark, in: Andrew Effrat (Hrsg.), Perspectives in Political Sociology, Indianapolis - New York o. J., S. 299–308 (307) は、「この概念(包摂、筆者注)は、比較的最近にかつての『母体』から分化した新しい構成要素が、最近に獲得された『アイデンティティ』を保有するとともに、変化した状態のなかにかつての構成要素をも包摂している、より広範な『連帯』の正統な一部分として受容されている、ということを意味する」と定式化している。

(17) このやり方で、とくに分化定理を発展途上国に適用するさいに生じた、あの困難が吸収される。たとえば James S. Coleman, The Development Syndrome: Differentiation - Equality - Capacity, in: Leonard Binder et al., Crises and Sequences in Political Development, Princeton N. J. 1971, S. 73–100 (86 f.); S. N. Eisenstadt, Tradition, Change, and Modernity, New York 1973 を参照せよ。

(18) Gaston Bachelard, La dialectique de la durée, 2. Aufl., Paris 1950〔掛下栄一郎訳『持続の弁証法』国文社、一九七六年〕におけるこの問題の理論的な定式化。

(19) これについては、Niklas Luhmann, Weltzeit und Systemgeschichte: Über Beziehungen zwischen Zeithorizonten und sozialen Strukturen gesellschaftlicher Systeme, in ders., Soziologische Aufklärung Bd. 2, Opladen 1975, S. 103–133; ders., The Future Cannot Begin: Temporal Structures in Modern Society, Social Research 43 (1976), S. 130–152. さらに後段の二二七頁以下を参照せよ。

(20) 「自己の概念は、静的な本質から、流動的で組織されない実体をへて、能動的で形成的な構造へと移行した。この過程で、個人は、第一に神への依存、つぎに外的刺激への依存といった、一連の依存関係に服従していたが、最終的には個人的経験によって引き起こされる内的発達の状態に入っていった」——Jean A. Perkins, The Concept of the Self in the French Enlightenment, Genf 1969, S. 40 は、この転換過程をこう見ている。

(21) これについては、Joachim Ritter, Metaphysik und Politik: Studien zu Aristoteles und Hegel, Frankfurt 1969 を見よ。

(22) あるいは、ヨン・エルスター〔21〕(Jon Elster, Logic and Society: Contradictions and Possible Worlds, Chichester 1978, S. 16) とともに定式化すれば、可能諸世界はそのつど実現した世界と関係づけてはじめて構想できるからである。

(23) 実現に努めるべき新しい国にかんするピューリタンの観念からは、さらに、そのように考えたとしたらいかに失敗するかが読みとれる。ピューリタンの観念や、それと対照的な働きをしたイギリスの法律家の適応的修正については、David Little, Religion, Order, and Law: A Study of Pre-Revolutionary England, New York 1969 を参照せよ。

(24) たとえば John Cardell, Morbus Epidemicus or, the Danger of Self-Seeking, Londn 1650 を見よ。これにきれいに対応しているのが、Gotthard Günther, Metaphysik, Logik und die Theorie der Reflexion, in ders., Beiträge zur Grundlegung einer operationsfähigen Dialektik Bd. I, Hamburg 1976, S. 31 ff. における論理的二値性と存在論的形而上学の連関の再構成である。

(25) 詳細な叙述としては、Anthony Levi, French Moralists: The Theory of the Passions 1585–1649, Oxford 1964 を参照せよ。

(26) Levi a.a.O. とならんで、たとえば Léontine Zanta, La renaissance du stoïcisme au XVIe siècle, Paris 1914 を見よ。

(27) René Descartes, Méditations touchant la première philosophie, zuerst Paris 1641, zit. nach Œuvres et Lettres (éd. de la Pléiade), Paris 1952, S. 267 ff.〔野田又夫ほか訳『デカルト・パスカル』（筑摩世界文學大系19）筑摩書房、一九七一年所収／山本信ほか訳『知識指導の規則・方法序説・省察・哲学の原理・情念論』（世界の大思想7）河出書房新社、一九六五年所収／三宅徳嘉ほか訳『デカルト著作集2　省察および反論と答弁』白水社、一九九三年所収／井上庄七ほか訳『省察・情念論』（中公クラシックス）中央公論新社、二〇〇二年所収〕。

(28) Jacques Abbadie, L'art de se connoitre soi-même, Rotterdam 1692. のちに何度も再版。著者と著作は「移行過程」において言及すらされていない。James S. Slotkin, Readings in Early Anthropology, New York 1965 の抜粋のなかにも、ジャック・アバディは出てこない。本書は、ある時代の典型的な思考の可能性を捉えるために、歴史的に一級の大家や画期的な革新のレベルより下にとどまる。同じことは、アバディの著作の直後に出た Jean La Placette, Nouveaux Essais de Morale, Amsterdam 1693 にもあてはまる。とくに Bd. II, S. 1–48 を見よ。

(29) A.a.O., S. 276.

(30) これについては、Hans Ebeling (Hrsg.), Subjektivität und Selbsterhaltung: Beiträge zur Diagnose der Moderne, Frankfurt 1976 における最も重要な近年の諸論稿を見よ。

(31) のちの教育学の文脈では、Morelly, Essai sur l'esprit humain, ou principes naturals de l'éducation, Paris 1743; ders., Essai sur le coeur humain, ou principes naturals de l'éducation, Paris 1745 を参照せよ。

(32) François Quesnay, La Liberté, Œuvres économiques et philosophiques (Hrsg. Auguste Oncken), Neudruck New York 1969, S. 747–754 を参照せよ。

(33) 概念史の文脈については、H.-J. Fuchs, Amour propre, amour de soi (-même), Historische Wörterbuch der Philosophie, Bd. I, Stuttgart 1971, Sp. 206–209 を、また詳細については、ders., Entfremdung und Narzißmus: Semantische Untersuchungen zur Geschichte der »Selbstbezogenheit« als Vorgeschichte von französisch »amour-propre«, Stuttgart 1977 を参照せよ。

(34) Richard Hooker, Of the Laws of Ecclesiastical Polity Buch 1, III, 1 (zit. nach der Ausgabe der Everyman's Library, London 1954, S. 154 f.) を参照せよ。

(35) Jean François Senault, De l'usage des passions, Paris 1641 を参照せよ。

(36) Senault a.a.O., S. 124. Christian Thomasius, Von der Artzney Wider die unvernünfftige Liebe... Oder: Ausübung der Sitten Lehre, Halle 1696, S. 142 ff. も同様である。

(37) Senault a.a.O., S. 204 ff.

(38) もちろん、セノー[22]がカトリックの著作家であり、アバディがプロテスタントの著作家であることを無視してはならないが、これは思想の発展である。

(39) Fuchs a.a.O. (1977), S. 268 は、このような観点のもとで、自己言及の宗教的－否定的な評価を首尾一貫して定式化する試みとして、ピューリタニズム、ジャンセニズム、敬虔主義を比較している。そこでは同時に、新しい人間学に、まさにその定式化に対する反作用の可能性が開かれる。

(40) Jacques Esprit, La Fausseté des vertus humaines, 2 Bde., Paris 1677/78. さらに、幅広い議論はほぼもっぱら見か

けの美徳にかんするものなので、そこに著者の関心ではないにしても読者の関心があるのだろうと推測される。宗教的な生活志向をもつ真の美徳との対照は、人間的な問題を悟らせ、浮き彫りにしようとして、最後に言い添えられるにすぎない。したがって、自己言及について語られるにしても、まずは否定的な形式でしか語られない。社会的、思想的な文脈については、Anthony Levi, Amour-propre: The Rise of an Ethical Concept, The Month 207（1959）, S. 283–294 も参照せよ。

（41） イギリスでは、たとえば Richard Cumberland, De legibus naturae disquisitio philosophica, London 1672, Cap. II, S. 70 ff. いらいそうである（ただし同書はまだ、個的存在と種族が共存する必要があるという論拠と結びついている）。J. A. W. Gunn, Politics and the Public Interest in the Seventeenth Century, London-Toronto 1969, S. 266 ff. も参照せよ。

（42） この問題は、ホッブズにはまだ見通すことができなかった。ホッブズは、この問題に対してどっちつかずの立場をとったために、多くの批判をうけた。これについては、Bernard Gert, Hobbes and Psychological Egoism, Journal of the History of Ideas 28（1967）, S. 503–520 を参照せよ。

（43） この構想は、すでに Jacques Des Coustures, La morale universelle, Paris 1687, S. 81 ff., 167 ff. に見られる。自己愛は、同書ではまだ原罪によって特徴づけられているが、それと同時に人間の唯一の情念であり、したがってすべての美徳と悪徳の基礎である。美徳と悪徳を分けるという意味で自己愛を抑制するためには、まだ「超自然的な救済（secours surnaturel）」が必要である（S. 168 f.）——これはのちに理性がひきうける機能である。十八世紀になると、はじめて自己愛の内部で善い使い方と悪い使い方をわけることが、あまねく通例になる。Louis-Silvestre de Sacy, Traité de l'amitié, Paris 1704, S. 208; Claude Buffier, Traité de la société civile, Paris 1726, S. 151 ff.; Jacques Pernetti, Conseil de l'amitié, 2. Aufl. Frankfurt 1748, S. 63 f.; Alexander Pope, Essay on Man, Epistle II, 53 ff., III, 269 ff.〔上田勤訳『人間論』岩波書店（岩波文庫）、一九五〇年〕; Louis-François de L'Isle de la Drevetière, Essai sur l'amour propre, Paris 1738 を参照せよ。

（44） Jean Blondel, Des Hommes tels qu'ils sont et doivent être: Ouvrage de sentiment, London-Paris 1758, S. 157 における

る、「社会的人間は、自己愛をもっているがゆえに、美徳と悪徳をもっている」という、明らかに道徳の導出をめざす定式化も参照せよ。

(45) A.a.O., S. 263. これについては、La Placette a.a.O., Bd. II, S. 11 ff. における自己愛の欠点のリストも見よ。

(46) これについては Wolfgang Hübener, Die Logik der Negation als ontologisches Erkenntnismittel, in: Harald Weinrich (Hrsg.), Positionen der Negativität, München 1975, S. 105–140 を見よ。

(47) A.a.O.（1977）.

(48) 時代的に自己愛が自然として評価が高まる以前の特徴的な証拠が、Jean de Silhon, De la certitude des connoissances humaines, Paris 1661, S. 99ff. の自己愛と利害関心についての章に見られる。同書では、自己愛と利害関心についての論拠が、まさしく並置されている。

(49) とくに Pierre Nicole, Essais de Morale, Paris, zuerst 1671–1674 に見られる。これについては、先の九八頁以下も参照せよ。

(50) Robert Mauzi, L'idée du bonheur dans la littérature et la pensée française au XVIIIe siècle, Paris 1960, S. 89 もそのように判断している。

(51) Theophil König, Amorem sui ipsius et proximi dissertatio, Jena 1712（Praeses Wilhelm Juch の名前でも引用される）における、動物とは異なる人間の生活の方向づけの時間的拡張という古典的な常套句をとおした、素朴な解決を見れば足りる。

(52) たとえば Jean Jacques Rouseau, Emile, Buch IV（Œuvres complètes, Bibliothèque de la Pléiade, Bd. IV, Paris 1969）, S. 491 ff.〔今野一雄訳『エミール』上・中・下、岩波書店（岩波文庫）、一九六二年／平岡昇訳『エミール』（世界の大思想17）河出書房新社、一九六六年／永杉喜輔ほか訳『エミール』（西洋の教育思想4）玉川大学出版部、一九八二年〕を見よ。ただし、自己愛の欠陥のある様式を、他の様式と比較し、相対的に評価して、環境のせいにするという、重大な変更がなされている。ルソーの時代から見た常套句の前史については、Lester G. Crocker, An Age of Crisis: Man and World in Eighteenth Century French Thoght, Baltimore 1959, S. 256 ff.; Iring Fetscher, Rousseaus

politische Philosophie, 2. Aufl. Neuwied 1968, S. 50 ff.; Tilo Schabert, Natur und Revolution: Untersuchungen zum politischen Denken im Frankreich des achtzehnten Jahrhunderts, München 1969, S. 47 ff. も参照せよ。

(53) Jean Blondel, Des Hommes tels qu'ils sont et doivent être: Ouvrage de sentiment, London-Paris 1758, S. 157, 149 f.（自己愛〔amour de soi-même〕／傲慢〔orgeuil〕）を参照せよ。

(54) Abbadie a.a.O., S. 128. それより少し前に、Pierre Nicole, Essais de Morale Bd. II, 4. Aufl. Paris 1682, S. 128 はまだ逆の判断ができた。本当の愛、神の愛（caritas）は、自分の不十分さを意識させるから、「われわれに自己愛ではなく自己嫌悪をもたらす」というわけである。人はそのような前提があると、ほんとうは他の人間もあるがままに愛することができない、という社会生活にとっての帰結については、ニコルはいくつかの示唆をしながらも素通りしている。社会生活の構想としては、この理論は極端な方向に転換して問題をはらむから、社会行動についてのニコルの主要な勧めは「語らず黙せよ」である（a.a.O., Bd. I, 6. Aufl. Paris 1682, S. 229 ff., Bd. II, S. 48 ff.）。

(55) A.a.O., S. 270 f.

(56)「無規制は、人間が幸福を手に入れるまえに味わいたいと思うことから起こる。人間は、自分を幸福であるように仕向ける理由をけっして待たない。人間は、はじめに所有したいと思う」(a.a.O., S. 330)。

(57) A.a.O., S. 128 ff., insb. 135 f. ついでながら、同時代の文献には、幸福追求や自己愛は死について考えるという統制的・規律的な条件のもとで許されるという、すでによりいっそう世俗化した考え方が見られる。だから Jean-Pierre de Crousaz, Traité de l'éducation des enfants, 2 Bde., Den Haag 1722, S. 32 f. は、「一つはけっして死を恐れないこと、もう一つは自分自身を楽しむことを知ること」という二つの幸福の原理を挙げている。

(58) パスカルもまだそうである。これについては、David Westgate, The Augustinian Concept of Amour-Propre and Pascal's »Pensées«, Nottingham French Studies 10 (1971), S. 10–20 を参照せよ。したがって、不滅を顧慮しないことはいっそう悪いことで、自然に反するじつに「奇怪な」ことであるとしても、自己の不滅についてのいかなる思索も、（アバディとは異なり）パスカルにとっては、まだ罪深い自己愛の内部にある（Pascal, Pensées Nr. 335, Œuvre, éd. de la Pléiade, Paris 1950, S. 911 ff.〔松浪信三郎訳『定本パンセ』上・下、講談社（講談社文庫）、一九七一年／前田陽一・由木康訳『パンセ』中央公論社（中公文庫）、一九七三年）。

（59）Abbadie a.a.O., S. 68.

（60）A.a.o., S. 18.

（61）A.a.o., S. 68.

（62）一〇〇年後にはなんと違う言い方がされることか。「人間は、ただ何時間か何日か幸福であるように定められているのではなく、この世での全生涯にわたって、さらには永遠に幸福になるはずである」。こう述べているのは、Stuve, Allgemeinste Grundsätze der Erziehung, hergeleitet aus einer richtigen Kenntniß des Menschen..., in: Joachim Heinrich Campe（Hrsg.）, Allgemeine Revision des gesammten Erziehungswesens von einer Gesellschaft praktischer Erzieher, Hamburg Bd. I, 1785, S. 233–382（367）である。「永遠」は、固有の基準をもたないままに、まだ信奉されていた観点である。

（63）Jakob Bachmann, La notion du temps dans la pensée de Pierre de Bérulle, Diss. Zürich, Winterhur 1964 を参照せよ。

（63a）こう述べているのは、たとえばJean Frédéric Bernard, Reflexions morales, 1716, Neuauflage Liège 1733, S. 156 f. である。

（64）Jean Desmarests de Saint-Sorlin, Les Délices de l'esprit, Paris 1661, II, S. 60 ff. は「それはどこにでも忍びこむ」と警告しており、Pierre Nicole, De la connoissance de soy-mesme, in: Essais de Morale Bd. III, 3. Aufl. Paris 1682, S. 1–145（10）も同じことを述べている。さらに、Cardell a.a.O., S. 28; Des Coustures a.a.O., S. 87 ff.; Silhon a.a.O., S. 99 ff. を、またL. Des Bans, L'art de connoistre les hommes, Paris 1702 も参照せよ。

（65）これについて、またとくにピエール・ニコルについては、Marcel Raymond, De jansénisme à la morale d l'intétêt, Mercure de France 330（1957）, S. 238–255 を参照せよ。

（66）Abbadie a.a.O., S. 75 ff.

（67）A.a.O., S. 109 ff.

(68) この定式化は、Louis de La Forge, Traité de l'esprit de l'homme, 1661, zit. nach der Ausgabe Œuvres Philosophiques (Hrsg. von Pierre Clair), Paris 1974, S. 145 による。

(69) だが興味深い例外を見よ。それは夢である（Thomas Hobbes, Human Nature, or the Fundamental Elements of Policy, in: English Works (ed. Molesworth), Neudruck Aalen 1962, Bd. IV, S. 13）。

(70) こう述べているのは、Julien Offray de La Mettrie, L'Homme Machine, zit. nach der Ausgabe von Aram Vartanian, Princeton 1960, S. 154〔杉捷夫訳『人間機械論』岩波書店（岩波文庫）、一九五七年〕である。同じ考え方は百科全書の論文「哲学者」（ディドロ?）にもある。Herbert Dieckmann, Le Philosophe: Textes and Interpretation, Saint Louis 1948, S. 32 を見よ。同書では、この自己言及の形式は哲学者という機械のためにとっておかれる。

(71) Dieter Henrich, Die Grundstruktur der modernen Philosophie, in: Ebeling a.a.O., S. 97–143 は、この見解を自己意識と自己維持の不一致と定式化し、そこに近代の構造を見ている。

(72) 自己愛は、さしあたり個人の安寧の最大化や、のちに言われるように「心地よい気持ち」の最大化ではなく、むしろとくにラ・ロシュフーコーの場合には、維持と同時に破壊であり、充足と同時に過大要求であり、不安をひき起こすものである。この不安だけが不変でありうる。これについては、Donald Furber, The Myth of amour-propre in La Rochefoucauld, French Review 43 (1969), S. 227–239 を参照せよ。また M. A. Adam, zit. nach A. J. Krailsheimer, Studies in Self-Interest, Oxford 1962, S. 65 における、「彼は明晰であることを欲し、最も混乱した状態で自己を観察し、自己を嘲笑う」というこの世代の記述を参照せよ。

(73) 「気晴らし（divertissement）」というタイトルのもとに集められたパスカルの自己愛についての省察（Œuvre a.a.O., S. 874 ff.〔松浪信三郎訳『定本パンセ』上・下、講談社（講談社文庫）、一九七一年／前田陽一・由木康訳『パンセ』中央公論社（中公文庫）、一九七三年〕を参照せよ。さらにパスカルにとって、原罪はたんに自己認識の障害（誤った方向へ導くもの）ではなく、驚くべきことにはそれと同時に自己認識の条件でもある。「最も理解しがたいこの奥義がなければ、わたしたちは自分自身が理解しがたい。人間の条件は結び目となって（同じことをこの理論についても言えないだろうか）、この深淵のなかでもつれあい、からみあっている」(Pensées Nr. 438 a.a.O., S. 948)。

(74) こうはっきりと述べているのは、Jean Domat, Traité des lois, zit. nach Œuvres de J. Domat (ed. Joseph Remy), Bd. 1, Paris 1828, S. 1–75 (25 f.) である。

(75) Hans R. Günther, Psychologie des deutschen Pietismus, Deutsche Vierteljahresschrift für Literatur wissenschaft und Geisttesgeschichte 4 (1926), S. 144–176 (insb. 165 ff.). これについては、Wolf Lepenies, Melancholie und Gesellschaft, Frankfurt 1969, S. 203〔岩田行一・小竹澄栄訳『メランコリーと社会』法政大学出版局、一九八七年〕も参照せよ。

(76) Henri François d'Aguesseau, Œuvres, Paris 1754–1789, Bd. 1, S. 44 f., Franklin L. Ford, Robe and Sword: The Regrouping of the French Aristocracy after Louis XIV, Cambridge Mass. 1953, S. 18 f. より引用。

(77) 本書一八〇頁以下を参照せよ。

(78) この関連は、M. Deslandes, L'art de ne point s'ennuyer, Amsterdam 1715 にとくにはっきりと見てとれる。とくに S. 26 f. を参照せよ。

(79) A.a.O., S. 132.

(80) Roger Mercier, La rehabilitation de la nature humaine (1700–1750), Villemomble (Seine) 1960, S. 103 ff. における定式化。

(81) Robert Mauzi, L'idée du bonheur dans la literature et la pensée française au XVIIIe siècle, Paris 1960, S. 180 ff. における試み。

(82) 「自己愛がなければ、欲望もない」。そして「欲望は魂に宇宙中を飛び回らせる。だから人は、不正なしに魂の魂を召喚できる。それこそが市民社会の紐帯である。なぜなら、共通の欲望をとおして、人は市民社会の合意に寄与するからである」(a.a.O., S. 204, 207)。

(83) A.a.O., S. 169.

(84) Mauzi a.a.O., S. 435 も、「十八世紀の思想は、すべての活動を不安(安寧を求める不安)に変えたいと欲するキリスト教の解釈に対して反乱を起こす」と定式化したときに、このことをわかっていたようである。

(85) これについては、のちに一九二頁であらためて触れる。

(86) この評価の含意は、本書では、自然学的な人間学と道徳的な人間学の区別と再統合をはかる十八世紀の努力にも、二級の（つまり社会に依存しているというより理論に依存している）意義しか与えない、ということである。この努力は、骨相学にまでいたるドイツ人間学の発展に決定的な影響を与えてきたし、感覚（sensibilité）の概念が自然学と道徳のどちらの領域にとっても中心的な位置を占めることも、それによってはじめて説明されるにもかかわらず、そうである。これについては、Georges Gusdorf, Dieu, la nature, l'homme au siècle des Lumières, Paris 1972, S. 355–423を参照せよ。

(87) Abbadie a.a.O., S. 63 f.; Morelly a.a.O.（1745）, S. 170 f. を見れば足りる。

(88) 典型的な典拠として、John Gregory, A Comparative View of the State and Faculties of Man with those of the Animal World, London 2. Aufl. 1766, S. 5 f. を参照せよ。「人間精神は、……まったくはかない客体であり、地上のいかなる二人の人間をくらべても同じではなく、同じ一人の人間のなかでもたえず変化する。……だが、いかに揺らいでいるように見えようと、物質システムと同じように固定され変化しない法則に支配された精神の存在を疑う理由はない」。

(89) Abbé Pluquet, De la sociabilité, Yverdon 1770; Abbé de Mably, De la legislation ou principes des lois, zit. nach: Œuvres completes Bd. 9, Paris 1792, S. 23 f. を参照せよ。マブリ〔23〕が古典的な議論をしている。「自己愛はわれわれを社会へと結びつけるはずの紐帯である。私が自分を愛さないとしたら、どうして私の同胞を愛することができようか」。そして、この自己愛が「たがいが好意をもつ」方向に進むことを確実にするために、さらなる諸欲求を――なかでもまったく端的に愛する欲求を――つけくわえる。

(90) これについて詳しくは Perkins a.a.O.（1969）を見よ。Jay W. Hudson, The Treatment of Personality be Locke, Berkeley and Hume, Columbia Mo. 1911; Jean Starobinski, Jean-Jacques Rousseau: La transparance et l'obstacle, 2. Aufl. Paris 1971〔山路昭訳『ルソー　透明と障害』みすず書房、一九九三年〕も参照せよ。それまで自己言及と不安が一体とみなされてきたことは、目的因の破棄への反作用が両方の原理を同時に用いて行われたことと、関連しているだ

ろう。自己言及は、自己自身のなかに戻ってくる運動が終わりを必要とすることも発見することもありえないことを叙述するために用いられ、不安は、もはや最終的ではない運動の根拠を示しうるために用いられた。

(91) Abbé de Mably, Principes de Morale, Paris 1784, S. 27 f. S. 31 も参照せよ。「ときどき我を忘れるように思われるのは、自己愛の魔法である」。

(92) Christian Thomasius, Von der Kunst, vernünfftig und tugendhafft zu lieben..., oder: Einleitung zur Sitten Lehre, Halle 1692; とくに S. 88 ff. を参照せよ。

(93) A.a.O., S. 85.

(94) Christian Thomasius, Von der Artzney Wider die unvernünfftige Liebe... Oder: Ausübung der Sitten Lehre, Halle 1696, S. 219 ff., 257 ff., insb. S. 266 における名誉欲と金銭欲の例について、「変化は安定に対置されるから、変化のなかに自己の安定を求めることは、不安定のなかに自己の安定を求めることであり、求めても無駄なのは明らかである」と述べている。ここでは明らかに、不安定が停止規則をもたない自己言及原理として拒絶されている。

(95) さらにいえば、これは、普遍的ではないにせよ正常な自然や道徳的な前提とまだ古いやり方で鋭く対立する立場に対して、たしかに一つの進歩である——「美徳が引き起こす感情は、平穏で、一様で、まったく利害関心を含まないのに対して、自然な同情は、不安定で、不均等で、利害関心を含み、不幸や一時的な不運しか対象にしないからである」(Abbé de Bellegarde, L'art de connoistre les hommes, Paris 1702, S. 139)。

(96) 「人間は自己の本質に気づかない (homo nec suam essentiam noscit)」(Christian Thomasius, Introductio ad philosophiam aulicam seu lineae de prudentia cogitandi et ratiocinandi..., 2. Aufl., Halle - Magdeburg 1702, Cap. III §14 (S. 76))。

(97) トマジウスの業績は、まさに旧来の思考手段を新しいメンタリティに合うように選別し再構成したことにある、と言うことによって、このいささか強い判断を弱められるかもしれない。つまり移行機能が認められるわけである。だが、彼の考え方がいつまでもつのか、すでに構想されているより急進的な人間学にいかにしてうちかつのか、という問いは残る。

(98) トマジウスは、一般的な愛と特殊な（「変わった」）愛の区別によって、この問題を隠している。特殊な愛は、一般的な愛にもとづいてはじめて、個人にとっての平穏という本来の目的を仲介する。典型的な定式は、全体の一部分のなかではじめて、全体はその目的を達成する、というものである。

(99) Thomas Hobbes, Leviathan II, 17, zitiert nach der Ausgabe der Everyman's Library, London 1953, S. 89〔水田洋訳『リヴァイアサン』1〜4、岩波書店（岩波文庫）、一九九二年〕.

(100) Pierre d'Ortigue de Vaumorière, L'art de plaire dans la conversation, 1688, 4. Aufl. Paris 1701, S. 395.

(101) John Locke, An Essay Concerning Human Understanding II, ch. 20 §§6, 21, 31 ff., zitiert nach der Ausgabe der Everyman's Library London 1947, insb. S. 119 ff.〔大槻春彦訳『人間知性論』1〜4、岩波書店（岩波文庫）、一九七二年〕を参照せよ。

(102) John Locke, Two Treatises of Civil Government II, 1 §6, zitiert nach der Ausgabe der Everyman's Library, London 1953, S. 119 f.〔鵜飼信成訳『市民政府論』岩波書店（岩波文庫）、一九六八年／伊藤宏之訳『全訳統治論』柏書房、一九九七年〕「人間はすべて、ただ一人の全能全知の創造主の作品であり、すべて、ただ一人の主の僕であって、その命により、またその事業のため、この世に送られたものである。彼らはその送り主である主の所有物であり、ただ神の欲するかぎりにおいてのみ、――けっして他のものの欲するままにではなく――生存しうるように造られているのである」。

(103) A.a.O., S. 120.〔鵜飼信成訳『市民政府論』岩波書店（岩波文庫）、一九六八年／伊藤宏之訳『全訳統治論』柏書房、一九九七年〕

(104) Morelly a.a.O.; Etienne Bonnot de Condillac, Traité des sensations, Paris 1754〔加藤周一・三宅徳嘉訳『感覚論』上・下、創元社、一九四八年〕を参照せよ。

(105) Friedrich Gabriel Resewitz, Die Erziehung des Bürgers zum Gebrauch des gesunden Verstandes und zur gemeinnützigen Geschäftigkeit, 2. Aufl. Kopenhagen 1776, insb. S.37 ff. を見よ。

(106) Kurt Iven, Die Industrie-Pädagogik des 18. Jahrhunderts: Eine Untersuchung über die Bedeutung des wirtschaftli-

chen Verhaltens für die Erziehung, Berlin 1929, S. 42 ff.; Achim Leschinsky / Peter Martin Roeder, Schule im historischen Prozeß: Zum Wechselverhältnis von institutioneller Erziehung und gesellschaftlicher Entwicklung, Stuttgart 1976, S. 283 ff. を参照せよ。

（107） たとえば Albert Reuß, Die Industrieschulen um die Wende des achtzehnten Jahrhunderts: Beiträge zu ihrer Geschichte unter besonderer Berücksichtigung ihrer Entwicklung in Baden und Hessen, Lampertheim 1926, insb. S. 27 ff. を見よ。もちろん、この思想史的連関は「実業学校」の制度化だけを説明するわけではない。そのようなかたちで同時に、普遍的な学校教育のプログラムにたいする重要な異議に対処できたことを、あわせて理解しなければならない。疑義は、農夫が（既存のタイプの！）学校で教育されるとしたら、学がつくまで畑を耕さなくなるのではないか、というものだった。

（108） 近代における好奇心（curiositas）の評価の変化については、Hans Blumenberg, Der Prozeß der theoretischen Neugierde, Frankfurt 1973〔忽那敬三訳『近代の正統性 2――理論的好奇心に対する審判のプロセス』法政大学出版局、二〇〇一年〕を参照せよ。ここでの情報源であるアバディの場合、この点についても移行的状態が見られる。際限ない認識の追求は肯定されるが（S. 68 f.）、好奇心（curiosité）と呼ばれるわけではない。ただの知識のための知識の追求は、ぎゃくに無益な好奇心（curiosité inutile）として拒絶されるのである（S. 472）。

（109） Jean Desmarests de Saint-Sorlin, Les Délices de l'esprit, Paris 1661, II, S. 46 の「好奇心はほとんどすべての罪の母であり、好奇心の禁欲は安寧と純潔の母である」という傍注を見ればたりる。これよりは弱い調子だが、Des Coutures a.a.O.（1687）, S. 79 も同様である。

（110） たとえば Joseph Glanvill, The Vanity of Dogmatizing, London 1661; ders., Scepsis Scientifica, London 1665, beides nachgedruckt Howe Sussex 1897 を参照せよ。これについて、Henry G. van Leeuwen, The Problem of Certainty in England Thought 1630–1690, Den Haag 1870; Richard H. Popkin, The History of Scepticism from Erasmus to Descartes, 2. Aufl. New York-Evanston-London 1964 は、セバスティアン・カステリオ〔24〕における十六世紀の出発点を扱い、次にとくにマラン・メルセンヌ〔25〕とシャルル・ソレルを、科学の基礎を人間の諸能力や日常世界で通用してい

るコモンセンス（common sense）において論者として扱っている。

(111) たとえばNicole a.a.O., Bd. I, S. 1 ff. を参照せよ。

(112)「そして私は、いまは風説にすぎない多くのことが、実証されて実際の現実になるのを、後世の人びとが見ることを疑わない。いくらか時代が下れば、南方の未知の地域、いや月への旅でさえ、アメリカへの旅くらい珍しくないものになるかもしれない。われわれのあとにつづく人びとには、いま旅に出るために一足のブーツを買うように、遠方の地域に飛んでいくために一対の翼を買うことが、普通になるかもしれない」（Glanvill, Vanity of Dogmatizing a.a.O. 1661, S. 181 f.）。

(113) これについてはさらに二一一頁を見よ。

(114) Daniel Pierre Huet, Traité philosophique de la foiblesse de l'esprit humain, Amsterdam 1723, Nachdruck Hildesheim 1974, S. 180 f. を参照せよ。

(115) 多くの論者がロックにかんして論じている。Louis Dumont, Religion, Politics and Society in the Individualistic Universe, Proceedings of the Royal Anthropological Institute 1970, S. 31–41 を参照せよ。

(116) 詳しくはHester Hastings, Man and Beast in French Thought of the Eighteenth Century, Baltimore 1936; M. F. Ashley Montagu, Edward Tyson, M. D., F. R. S. 1650–1708, and the Rise of Human Comparative Anatomy in England, Philadelphia 1943 を参照せよ。解剖学的－比較論的人間学のさらなる発展については、D. J. Cunningham, Anthropology in the 18th Century, Journal of the Royal Anthropological Institute 38（1908）, S. 10–35 も見よ。

(117) Claude Adrien Helvétius, De l'homme, London 1776, S. 575（zit. nach Perkins a.a.O., S. 66）.

(118) このことは、以下の引用から「好奇心（curiosity）」にかんして非常にはっきりと読みとれる。「人間には……人間に固有のものと思われる……本能がある。それは、感知するすべての物事の原因を探究する本能である。そして……その原因を見つけられないと、かならず不安になり始める。……このすべての物事の原因を探究する性向から、また原因を見つけられないとかならず不安を感じる性向から、われわれが物事の隠れた原因だと思う不可視の存在の観念が生まれるのは、疑いがない。私の意見では、そのような事情こそが至高の存在者の真の起源であり、それは人間的自然の本能によって人間に植えつけられたものである」（James Steuart Denham, Critical Remarks upon Mirabeau, in: Works, London 1805 Bd. VI, S. 43–82（68）, zitiert nach Slotkin a.a.O., S. 308）。

（119）この点や以下の点については、Margaret T. Hodgen, Early Anthropology in the Sixteenth and Seventeenth Centuries, Philadelphia 1964 を参照せよ。John L. Myres, The Influence of Anthropology on the Course of Political Science, University of California Publications in History 4（1916）, S. 1–81; Hans Plischke, Von den Barbaren zu den Primitiven, Leipzig 1926 も見よ。

（120）Georges Gusdorf, Ethnologie et Métaphysique: L'unité des sciences humaines, in : Jean Poirier（Hrsg.）, Ethnologie générale, Paris 1968, S. 1773–1815（1778）.

（121）これについては Montaigne, Essai Des Cannibales, in Essais（éd. de la Pléiade）, Paris 1950, S. 239 ff.〔原二郎訳『エセー』1～6、岩波書店（岩波文庫）、一九六五年／松浪信三郎訳『随想録』上・下、河出書房新社、一九六六—六七年／関根秀雄訳『モンテーニュ随想録』白水社、一九九五年〕を見よ。

（122）モンテーニュは「私は私以上に明白なこの世の怪物と奇跡があるとは思わない」と述べている（Montaigne, Essai III, XI, a.a.O., S. 1154）。マブリは自己愛を、飼い慣らすことのできない「獰猛な怪物」と呼んでいる（Mably, De la législation ou principes des lois, zit. nach Œuvres complètes Bd. 9, Paris 1792, S. 23）。「怪物」の概念は、このような場合にはもはや、自然の形態の完全性が欠落しているという認識だけを示すのではなく、ぎゃくにこの形態そのものの欠落を示すから、否定的な接辞のついた否定を用いるための出発点もなくなり、まず否定性そのものが否定されなければならない。

（123）ヘルダー〔26〕の書簡のなかでは（Herder, abgedruckt bei Rudolf Unger, Herder, Novalis, und Kleist, Frankfurt 1922, S. 150–156（151））、「感覚から解放された魂は……奇形です。……それは、最もつり合いを欠いたかたちで形成された人間的自然であり、その規定からして怪物です」と述べられている。

（124）Jean Blondel, Des hommes tels qu'ils sont et doivent être: Ouvrage de sentiment, London-Paris 1758, S. 166 ff.（この特殊性に肯定的評価をしている）

(125) Jean-Jacques Rousseau, Nouvelle Héloïse, zit. nach Œuvres Complètes（Bibliothèque de la Pléiade）Bd. II, Paris 1964, S. 12〔安士正夫訳『新エロイーズ』1～4、岩波書店（岩波文庫）、一九六〇～一九六一年〕の第二序文より。

(126) Wilhelm Dilthey, Die Funktion der Anthropologie in der Kultur des 16. und 17. Jahrhunderts, in: Gesammelte Schriften Bd. 2, 4. Aufl. Berlin-Leipzig 1940, S. 416–492 は、すでにここに新しい人間学にとっての本質的な諸問題を見ていた。Franz Borkenau, Der Übergang von feudalen zum bürgerlichen Weltbild: Studien zur Geschichte der Philosophie der Manufakturperiode, Paris 1934, Neudruck Darmstadt 1973, S. 180 ff.〔水田洋ほか訳『封建的世界像から市民的世界像へ』みすず書房、一九六五年〕; Anthony Levy, S. J., French Moralists: The Theory of the Passion 1585 to 1649, Oxford 1964, S. 40 ff. も見よ。

(127) Jean Desmarests de Saint-Sorlin, Les Délices de l'esprit, Paris 1661 I, S. 124（oder auch II, S. 43）の傍注「神は無に対して働くことを好まれる」を参照せよ。このような考え方にとって、例外は宗教のなかにのみ存在する。神の高みへの向上、神による人間の評価（無化）に反する動きとしての、自己の「無化（aneantisation）」がそれである。

(128) Georges Gusdorf, a.a.O. また ders., Les sciences humaines et la pensée occidentale, Bd. II, Paris 1967, S. 486 ff. も参照せよ。

(129) Etienne Thuau, Raison d'Etat et pensée politique à l'epoche de Richelieu, Paris 1966, S. 415; Frank Edmund Sutcliffe, Guez de Balzac et son temps: Littérature et Politique, Paris 1959 は、リシュリュー自身の「無秩序はかなり有効に国家秩序の一部分を形成する」という見解を引用している（S. 211）。秩序の一部分として、無秩序はまた、政治にその機能を発揮させるために維持されるべきものの一部でもある。もちろんこのことは、政治的な「賢慮（prudence）」を道徳によって軽減すべしという要求を排除するのではなく、政治の機能の持続可能性と効率化の主張を保証するにすぎない。

(130) これについては、Manfred Riedel, Zum Verhältnis von Ontologie und politischer Theorie be Hobbes, in: Erinhart Koselleck / Roman Schnur（Hrsg.）, Hobbesforschungen, Berlin 1969, S. 103–118; ders., Nihilismus, in: Geschichitliche Grundbegriffe: Historisches Lexikon zur politisch-sozialen Sprache in Deutschland Bd. 4, Stuttgart 1978, S. 371–

411（376 ff.）も見よ。ホッブズの『リヴァイアサン』は、いずれにせよ広まっていた未開人の否定的描写を背景にして読まなければならない、ということは、Hodgen a.a.O., S. 201 も主張している。他方でホッブズは実在の否定的な見方をきわめて一般化したので、否定的な見方はもはや普通そこにある特性の剝奪としては読めない。

(131) 人間学を経由したさらなる一般化については、Erica Harth, Exorcising the Beast: Attempts at Rationality in French Classicism, Publications of the Modern Language Association of America 88（1973）, S. 19–24 を見よ。

(132) とくに Philippe Ariès, Geschichte der Kindheit, dt. Übers., München 1975〔杉山光信・杉山恵美子訳『「子供」の誕生——アンシァン・レジーム期の子供と家族生活』みすず書房、一九八〇年〕を見よ。Georges Snyders, Die große Wende der Pädagogik: Die Entdeckung des Kindes und die Revolution der Erziehung im 17. und 18. Jahrhundert in Frankreich, dt. Übers., Paderborn 1971 の概念とデータにかんする批判も参照せよ。後者の方が本書の考えに近い。

(133) この定式化は Ernst Christian Trapp, Versuch einer Pädagogik, Berlin 1780, Neuausgabe Leipzig 1913, S. 8 による。これについては、シュレーツァー[27]の『世界史』（一七八五年）における同様の定式化に言及している、Günther Buck, Selbsterhaltung und Historizität, in: Hans Ebeling（Hrsg.）, Subjektivität und Selbsterhaltung: Beiträge zur Diagnose der Moderne, Frankfurt 1976, S. 208–302（208 ff.）も参照せよ。

(134) こう述べているのは Wilhelm von Humboldt, Theorie der Bildung des Menschen, in: Werke Bd. I, 2. Aufl. Darmstadt 1969, S. 234–240（238）である。

(135) Abbadie a.a.O., S. 24.

(136) これについては Ira O. Wade, The Clandestine Organization and Diffusion of Philosophical Ideas in France fram 1700 to 1750, Princeton 1938 を見よ。

(137) 先の一五五頁以下を参照せよ。

(138) 十八世紀前半におけるこうした展開については、Jean Ehrard, L'idée de nature en France dans la première moitié du XVIIIe siècle, Paris 1963, S. 327 ff. を見よ。

(139) そのかぎりにおいて、相互行為の意味論と人間学の連関も存在する。ただし、本書ではこれらのテーマを個別の論考で論じているので、ここでは両者の連関に十分な光が当たらない。

（140） 完成可能性の概念は、たんなる発達可能性を指しているかぎりにおいて、より古い典拠がある。Reinhart Koselleck, Fortschritt, in: Geschichtliche Grundbegriffe: Historisches Lexikon zur politisch-sozialen Sprache in Deutschland Bd. 2, Stuttgart 1975, S. 351–423（375 ff.）を参照せよ。本文で素描している深化については、筆者はルソー以前の典拠を知らない。

（141） Jean Mosconi, Analyse et genèse: Regards sur la théorie du devenir de l'entendement au XVIIIe siècle, Cahiers pour l'Analuse No 4（1966）, S. 47–82 における、この観点に特化したコンディヤックとルソーの比較を見よ。

（142） Mosconi a.a.O., S. 62.

（143） Koselleck a.a.O. は、この傾向を完成から完成可能性への移行の一部としている。Koselleck, Vergangene Zukunft der frühen Neuzeit, in: Epirrhosis: Festgabe für Carl Schmitt, Berlin 1968, S. 551–566; ders., »Erfahrungsraum« und »Erwartungshorizont« – zwei historische Kategorien, in: Ulrich Engelhardt / Volker Sellin / Horst Stuke（Hrsg.）, Soziale Bewegung und politische Verfassung, Stuttgart 1976, S. 13–33, beides new gedruckt in ders., Vergangene Zukunft: Zur Semantik geschichtlicher Zeiten, Frankfurt 1979 も参照せよ。

（144） よく引用される文章によれば「それにしても、魂が安立の地盤を見いだして、そこに完全にいこい、そこにその全存在を集中することができて、過去を想起する必要もなく、未来に蚕食する必要もない状態、魂にとって時間が無に等しい状態、現在が永久に持続しつつ、しかもその持続を標示することなく、何らその持続の痕跡も止めることなく、欠乏感も享有感もなく、苦楽の感覚、欲望危懼の感覚もなく、ただあるのは、われわれの存在しているという感覚だけ、そして、この感覚が全存在を満たしうるような状態がつづくかぎり、そこに見いだされるものこそ、幸福と呼ばれうるのである……」（Jean Jacques Rousseau, Œuvres complètes（éd. de la Pléiade）Bd. 1, Paris 1959, S. 1046〔今野一雄訳『孤独な散歩者の夢想』岩波書店（岩波文庫）、一九六〇年／青柳瑞穂訳『孤独な散歩者の夢想』新潮社（新潮文庫）、一九六九年／但田栄訳注『孤独な散歩者の夢想』大学書林（大学書林語学文庫）、二〇〇〇年〕）。

（145） Edmund Husserl, Erste Philosophie Bd. 2, Beilage XI, Husserliana Bd. VIII. Den Haag 1959, S. 391 における、世界

にかんする偶発性問題の立て方の、この二つの可能性の区別を見よ。

(146) これについて、またこの発展と情念概念の価値づけが能動性を表す概念へと上昇したこととの関連については、Mauzi a.a.O., S. 446 ff. を見よ。

(147) 語と概念の歴史については、Wolfgang Binder, »Genuß« in Dichtung und Philosophie des 17. und 18. Jahrhunderts, in ders., Aufschlüsse: Studien zur deutschen Literatur, Zürich - München 1976, S. 7–33 を見よ。

(148) これについては Mauzi a.a.O., S. 403.「人は喜びを断つことに喜びを感じることさえできる」。

(149) いくつかの例として、M.-D. Chenu, L'eveil de la conscience dans la civilisation médiévale, Montreal - Paris 1969; Léon Baudry, La querelle des futurs contingents（Louvain 1465–1475）, Paris 1950; David Little, Religion, Order and Law: A Study of Prerevolutionary England, New York 1969; Rainer Specht, Innovation und Folgelast: Beispiele aus der neueren Philosophie- und Wissenschaftsgeschichte, Stuttgart 1972 を見よ。

(150) Anthony Levi, French Moralist: The Theory of Passions 1585 to 1649, Oxford 1964.

(151) Levi a.a.O., S. 306, 330 f. を参照せよ。

(152) この点について社会心理学的な観点から述べているのが、Harold Kelley, Moral Evaluation, American Psychologist 26（1971）, S. 293–300 である。

(153) この状況の小説文学における反映については、たとえば Arnold Hirsch, Bürgertum und Barock im deutschen Roman: Ein Beitrag zur Entstehungsgeschichte des bürgerlichen Weltbildes, 2. Aufl. Köln - Graz 1957 を参照せよ。

(154) 先の一三三頁で引用したロワゾーの定義の意味である。

(155) この考え方に対する批判については、たとえば Robert A. Nisbet, Social Change and History: Aspects of the Western Theory of Development, London 1969; Niklas Luhmann, Geschichte als Prozeß und die Theorie sozio-kultureller Evolution, in: Karl-Georg Faber/Christian Meier（Hrsg.）, Historische Prozesse, München 1978, S. 413–440 を見よ。

(156) Donald T. Campbell, Variation and Selective Retention in Socio-Cultural Evolution, General Systems 14（1969）, S. 69–85; Niklas Luhmann, Systemtheorie, Evolutionstheorie und Kommunikationstheorie, in: ders., Soziologische Auf-

klärung Bd. 2, Opladen 1975, S. 193–203〔土方昭監訳『社会システムのメタ理論』新泉社、一九八四年〕を参照せよ。

(157) 先の一六五頁以下を参照せよ。

(158) 先の一九四頁以下を参照せよ。

(159) Donald T. Campbell, Evolutionary Epistemology, in: Paul A. Schilpp (Hrsg.), The Philosophy of Karl Popper, La Salle Ill. 1974, Bd. 1, S. 412–463 を参照せよ。これに対応するものとして、ders., Unjustified Variation and Selective Retention in Scientific Discovery, in: Francisco Jose Ayala/Theodosius Dobzhansky (Hrsg.), Studies in the Philosophy of Biology: Reduction and Related Problems, London 1974, S. 139–161 を見よ。

(160) Alan Dawe, The Role of Experience in the Construction of Social Theory: An Essay in Reflexive Sociology, The Sociological Review 21 (1973), S. 25–55 を見よ。

(161) これについては、有名な Eric A. Havelock, Preface to Plato, Cambridge Mass. 1963〔村岡晋一訳『プラトン序説』新書館、一九九七年〕; Henri-J. Martin, Livre, Pouvoirs et Société à Paris au XVIIe siècle (1598–1701), Genf 1969; Elisabeth L. Eisenstein, L'avènement de l'imprimerie et la Réforme: Une nouvelle approche au problème du démembrement de la chrétienté occidentale, Annales E. S. C. 26 (1971), S. 1355–1382 を見よ。

(162) 変異を個体の多数性と多様性に還元する十九世紀の理論の変種については、ここでは詳しく立ち入らない。いずれにしても、変異メカニズムを強化するために必要とされる、社会的に利用可能なコミュニケーションの可能性と個性の顕現の密接な連関を仮定しなければならないだろう。

(163) 重商主義の領域においても、またそれにかわる重農主義者の場合にも、さらに一七六〇年ごろ始まる学校教育や学校組織の運動の場合にも、それは明らかである。たとえば Louis-René de Caradeuc de la Chatolais, Essai d'éducation nationale ou plan d'études pour la jeunesse, o.O. 1762; Martin Ehlers, Gedanken von den zur Verbesserung der Schulen nothwendigen Erfordernissen, Altona-Lübeck 1766 を参照せよ。

(164) 本書では、マックス・ヴェーバーとは異なり、マクロ社会の変動が問題になる場合には、文化的に形成された動機づけという考え方からは出発しない。

(165) この定式化は Morelly a.a.O.（1745）, S. 3 にある。

(166) このような基準は、Ⅶですでに示したように、この枠組みの構想からはかなり独立に発展している。とくにフランスについて、Roman Schnur, Individualismus und Absolutismus: Zur politischen Theorie vor Thomas Hobbes（1600–1640）, Berlin 1963; Thurau a.a.O.; William F. Church, Richelieu and Reason of State, Princeton N. J. 1972 を参照せよ。すでに Wilhelm Dilthey, Die Funktion der Anthropologie in der Kultur des 16. und 17. Jahrhunderts, Gesammelte Schriften Bd. 2, 4. Aufl. Leipzig- Berlin 1940, S. 416–492（439 f., 460 f.）が、新しい人間学と政治的基準の内生化はたがいに独立して発展しており、ホッブズによってはじめて統一的な理論枠組みのなかにもちこまれることを示している。

(167) これについては Harold B. Ehrlich, British Merkantilist Theories of Profit, The American Journal of Economics and Sociology 14（1955）, S. 377–386（385）における（あまり練られていない）注釈を参照せよ。

(168) 打算的な情熱を行動原則にする風変わりなゼマンティクの存在については、ここでは指摘するにとどめる。この純粋な語彙史の観点からはあまり理解されていない経過にかんする入念な分析を、筆者は知らない。Eugen Lerch, »Passion« und »Gefühl«, Archivum Romanicum 22（1938）, S. 320–349 を参照せよ。

(169) 「宗教改革の社会学的エネルギー」との対比でいわれている。Ernst Troeltsch, Renaissance und Reformation, in: Aufsätze zur Geistesgeschichte und Religionssoziologie. Gesammelte Schriften Bd. IV, Tübingen 1925, S. 261–296（276）〔内田芳明訳『ルネサンスと宗教改革』岩波書店（岩波文庫）、一九五九年〕を参照せよ。

(170) もちろんこのことは、とくにフランス革命の「イデオロギー的」準備についていえるが、たとえば家族生活の「感情化」の進展の根拠についてもいえる。これについては、たとえば Hartmann Tyrell, Probleme einer Theorie der gesellschaftlichen Ausdifferenzierung der privatisierten modernen Kernfamilie, Zeitschrift für Soziologie 5（1976）, S. 393–417（400 ff.）を見よ。

(171) 同じ問題は、ほかにも意識の神経生理学の問いについて立てられる。たとえば John C. Ecceles, Cerebral Activity

and Consciousness, in: Francisco Jose Ayala/Theodosius Dobzhansky (Hrsg.), Studies in the Philosophy of Biology: Reduction and Related problems, London 1974, S. 87–105 を参照せよ。ここでも最終的に問題となるのは、自己言及システムとそのなかの諸要因を考える形式であり、法則的に秩序づけられ反復可能な出来事の連続ではない。

(172) 段階モデル的な叙述をしているのは、Alvin Boskoff, Functional Analysis as a Source of a Theoretical Repertory and Research Tasks in the Study of Social Change, in: George G. Zollschan/Walter Hirsch (Hrsg.), Explorations in Social Change, London 1964, S. 213–243（224 ff.）である。

(173) そこで問題となったのは論理形式よりも厚かましさだった、とパラドックスをパラドックス化しながら最終的に考えているのは、André Morellet, Theorie des Paradoxes, dt. Übers., Leipzig 1778 である。啓蒙の「文体」としてのパラドックスについては、Hans Sckommodau, Thematik des Paradoxes in der Aufklärung, Wiesbaden 1972 も見よ。

(174) これは Adam Smith, Inquiry into the Nature and Causes of the Wealth of Nations, 1776〔水田洋・杉山忠平訳『国富論』1～4、岩波書店（岩波文庫）、二〇〇〇年〕いらいよく知られている問題である。

(175) David Hume, Philosophical Essays Concerning Human Understanding（のちに An Enquiry Concerning Human Understanding に改題）, London 1748〔渡部峻明訳『人間知性の研究・情念論』晢書房、一九九〇年／斎藤繁雄・一ノ瀬正樹訳『人間知性研究』法政大学出版局、二〇〇四年〕を参照せよ。

(176) Immanuel Kant, Kritik der reinen Vernunft, 1781〔篠田英雄訳『純粋理性批判』上・中・下、岩波書店（岩波文庫）、一九六一年／高峯一愚訳『純粋理性批判』河出書房新社、一九七二年／天野貞祐訳『純粋理性批判』1～4、講談社（講談社学術文庫）、一九七九年／原佑訳『純粋理性批判』上・中・下、平凡社、二〇〇五年〕を参照せよ。

(177) Adam Smith, Theorie der ethischen Gefühle, dt. Übers. Leipzig 1926, Bd. 2, S. 528 f.,（VII. 3. 1）〔米林富男訳『道徳情操論』上・下、未來社、一九六九年／水田洋訳『道徳感情論』上・下、岩波書店（岩波文庫）、二〇〇三年〕を参照せよ。

(178) Johann Christoph Greiling, Über den Endzweck der Erziehung, und über den ersten Grundsatz einer Wissenschaft derselben, Schneeberg 1793, S. 48 f. は、「自己愛の原理のもとでは、どれほどきちんと本能を計算しても、性向、衝

動、欲望の充足によって、主体が将来みじめにならないかどうか、わからないから」、最終目的としての自己愛を拒絶している。そのかわり、この著者にとっては、カント哲学が行為の志向性の直接の確実性を与えてくれるように思われる。この新しい哲学の計算問題は、後世になってはじめて発見される。

(179) William Godwin, Thoughts on Man, London 1831, S. 211 は、不安と欲望（ロック）の基礎づけを問い、みずから意識した意図だけを行為の動機的説明として認める理論から見た説明原理としての、不安と欲望の適性を問うている。Ders., An Enquiry Concerning Political Justice and its Influence on General Virtue and Happiness, London 1793, Bd.i, S. 350 ff.〔白井厚訳『政治的正義（財産論）』陽樹社、一九七三年〕における、動機づけ原理としての不安に対する批判も見よ。

(180) 十九世紀、二十世紀における専門領域の名称である「人類学」という奇妙な末裔（これについては Odo Marquard, Anthropologie, in: Historisches Wörterbuch der Philosophie Bd. 1, Stuttgart 1971, Sp. 362–374; ders., Zur Geschichte des philosophischen Begriffs »Anthropologie« seit dem Ende des Schtzehnten Jahrhunderts, in ders., Schwierigkeiten mit der Geschichtsphilosophie, Frankfurt 1973, S. 122–144, 213–248）は、この点から見ると、具体化しなおして諸要求を保持しながら社会に復帰する試みとして理解される。

人類学という広範な概念が後世になって現れたために、それに先立つ世紀にかんする本書での回顧はたしかに問題のあるものになる。しかしこの問いに対しては、事実は概念に先立ってそこにあったのだ、という反論ができる。この問いに対して同じような判断を下しているものとして、さらに Michèle Duchet, Anthropologie et Histoire au siècle des lumières, Paris 1971, siehe S. 19 f. もある。疑義をもっているのは、Wolf Lepenies, Soziologische Anthropologie: Materialien, München 1971, S. 79（Anm.）である。全体的概観を提供しているのは、Mareta Linden, Untersuchungen zum Anthropologiebegriff des 18. Jahrhunderts, Bern-Frankfurt 1976 である。

(181) たとえば Karl Popper, Inderminism in Quantum Physics and in Classical Physics, British Journal of Philosophy of Science 1（1950）, S. 117–133, 173–195 を参照せよ。

(182) たとえば Norbert Müller, Problems of Planning Connected with the Aspect of Reflexivity of Social Processes, Qual-

ity and Quantity 10（1976）, S. 17–38 を参照せよ。

(183) この考え方のサイバネティクス版として、Donald M. MacKay, Cerebral Organization and the Conscious Control of Action, in: John C. Eccles（Hrsg.）, Brain and Conscious Experience, Berlin-Heidelberg-New York 1966, S. 422–445; ders., Freedom of Action in a Mechanistic Universe, Cambridge Engl. 1967 を参照せよ。さらに、たとえば John Platt, Theorems on Boundaries in Hierarchical Systems, in: Lancelot L. Whyte/Albert G. Wilson/Donna Wilson（Hrsg.）, Hierarchical Structures, New York 1969, S. 201–213 を参照せよ。

第四章

（1） こう述べているのは、Talcott Parsons, Some Considerations on the Theory of Social Change, Rural Sociology 26（1961）, S. 219–239 である。

（2） これについては、Talcott Parsons, Some Problems of General Theory in Sociology, in: John C. McKinney/Edward A. Tiryakian（Hrsg.）, Theoretical Sociology: Perspectives and Developments, New York 1970, S. 27–68（29 ff.）を見よ。

（3） Talcott Parsons/Edward A. Shils（Hrsg.）, Toward a General Theory of Action, Cambridge Mass. 1951, S. 3–29（16）〔永井道雄ほか訳『行為の総合理論をめざして』日本評論新社、一九六〇年〕における「概説」を参照せよ。

（4） Emile Durkheim, De la division du travail social, Neudruck der 2. Aufl., Paris 1973, S. 177 ff.〔田原音和訳『社会分業論』青木書店、一九七一年／井伊玄太郎訳『社会分業論』上・下、講談社（講談社学術文庫）、一九八九年〕

（5） George H. Mead, The Philosophy of the Present, Chicago-London 1932〔河村望訳『現在の哲学・過去の本性』人間の科学新社、二〇〇一年〕.

（6） Ellis McTaggart, The Unreality of Time, Mind 17（1908）, S. 457–474, neu gedruckt in ders., Philosophical Studies, London 1934 を参照せよ。さらに当然のことだが、これに対する社会科学や精神科学の無数の拒否反応は、測定可能な時間概念を用いているにすぎない。

(7) Niklas Luhmann, Komplexität, in ders., Soziologische Aufklärung Bd. 2, Opladen 1975, S. 204–220〔土方昭監訳『社会システムと時間論』新泉社、一九八六年〕を参照せよ。

(8) これについては、Jürgen Habermas/Niklas Luhmann, Theorie der Gesellschaft oder Sozialtechnologie: Was leistet die Systemforschung?, Frankfurt 1971, S. 147 ff, 292 ff.〔佐藤嘉一・山口節郎・藤澤賢一郎訳『批判理論と社会システム理論』木鐸社、一九八四年〕も参照せよ。

(9) この問題は、社会科学の文脈においてもときどき取りあげられているが、その理論的重要性はいまだにふさわしい注意を払われていない。V. A. Graicunas, Relationship in Organization, in: Luther Gulick/Lydall Urwick (Hrsg.), Papers on the Science of Administration, New York 1937, S. 181–187; James H. S. Bossard, The Law of Family Interaction, American Journal of Sociology 50 (1945), S. 292–294; William M. Kephart, A Quantitative Analysis of Intragroup Relationships, American Journal of Sociology 55 (1950), S. 544–549; Fremont A. Shull, Jr./André Delbecq/L. L. Cummings, Organizational Decision Making, New York 1970, S. 145 ff. を参照せよ。

(10) W. Ross Ashby, Design for a Brain, 2. Aufl. London 1954〔山田坂仁ほか訳『頭脳への設計――知性と生命の起源』宇野書店、一九六七年〕を参照せよ。

(11) これは近年ほぼ一般的に受け入れられている認識である。たとえばB. S. A. Kauffman, Metabolic Stability and Epigenesis in Randomly Constructed Genetic Nets, Journal of Theoretical Biology 22 (1969), S. 437–467 (443) を見よ。

(12) Georg Simmel, Über soziale Differenzierung: Soziologische und psychologische Untersuchungen, Leipzig 1890, S. 143 ff.〔居安正訳『社会分化論・社会学』青木書店、一九七〇年〕を参照せよ。

(13) たとえばJ. W. B. Pringle, On the Paralell Between Learning and Evolution, Behaviour 3 (1951), S. 174–215 (184 ff.); Andrew S. McFarland, Power and Leadership in Pluralist Systems, Stanford Cal. 1969, S. 16 を参照せよ。さらに継起的複雑性の考え方については、J. Hartmanis/J. E. Hopcroft, An Overview of the Theory of Computational Complexity, Journal of the Association for Computing Machinery 18 (1971), S. 444–475; Hannu Murmi, On the Concept of Complexity and its Relationship to the Methodology of Policy-oriented Research, Social Science Information 13

（1974）, S. 55–80 を参照せよ。

（14）ここではこれ以上追究するわけにはいかないが、相違点の一つは、あまりに単純に立てられた複雑性論が、たちまち認識や認知やシミュレーション技術にかんする問題設定に転換する点にあるように思われる。その場合、現実の構造は、概念の方がそれを捉えるのに十分でないために、認識の障害ないしシミュレーションの問題として扱われることになる。対象の複雑性は、もはや対象そのものにとっての意味によって問題となるのではなく、対象の探究にとっての障害としてのみ現れる。

（15）Niklas Luhmann, Interpenetration: Zum Verhältnis personaler und sozialer Systeme, Zeitschrift für Soziologie 6（1977）, S. 62–76 も参照せよ。

（16）時間計測のない社会は、みずからが開始したり終了したりする出来事によって時間幅を同定する傾向があるという、H. Hubert, Etude sommaire de la représentation du temps dans la religion et la magie, in: H. Hubert/M. Mauss, Mélanges d'histoire des religions, Paris 1909, S. 189–229（202 ff.）の指摘を参照せよ。

（17）これについてはほとんど異論がない。Friedrich Kümmel, Über den Begriff der Zeit, Tübingen 1962〔吉村文男訳『時間の人間学的構造』理想社、一九七九年〕を参照すれば足りる。

（18）これについてはSteiner Kvale, The Temporality of Memory, Journal of Phenomenological Psychology 5（1974）, S. 7–31 を見よ。

（19）そのかぎりにおいて、コゼレックとともに次のようにいえる。すなわち、構造は出来事以外の時間を前提にしている。なぜなら構造は、一義的なこれまで／これからを考慮して同定されるのではなく、構造が存続しているあいだに何かが変化することを考慮して同定されるからである。Reinhart Koselleck, Darstellung, Ereignis und Struktur, in: Gerhard Schulz（Hrsg.）, Geschichte heute: Positionen, Tendenzen, Probleme, Göttingen 1973, S. 307–317; neu gedruckt in ders., Vergangene Zukunft: Zur Semantik geschichtlicher Zeiten, Frankfurt 1979 を参照せよ。

（20）この言明は記憶の構造にかんする研究に依拠している。この言明はさらに、後段で述べるテーゼを理論的に準備する。そのテーゼとは、近代社会は最終的に時間観念の歴史化によって複雑性の時間化の進展に反応する、というものである。

(21) たとえば Robert Axelrod, Schema Theory: An Information Processing Model of Perception and Cognition, American Political Science Review 67 (1973), S. 1248–1266 を参照せよ。

(22) 以下の二四七—二四八頁、二五三頁以下を参照せよ。

(23) Friedrich Jonas, Zur Aufgabenstellung der modernen Soziologie, Archiv für Rechts- und Sozialphilosophie 52 (1966), S. 349–375; Alan Dawe, The Two Sociologies, British Journal of Sociology 21 (1970), S. 207–218 を参照せよ。これらは、この間さかんになった「理論比較」の一部である。

(24) これはパーソンズの一般行為システムの理論の基本的認識である。もちろんこの理論からは、以下で述べるのとは異なる結論が導かれるのだが。

(25) だが Klaus Grimm, Niklas Luhmanns »soziologische Aufklärung« oder das Elend der aprioristischen Soziologie, Hamburg 1974 はそうだと述べている。

(26) 行為者だけが行為の統一性を構成できる、という考え方の方が主流として受け入れられている。たとえば Werner Langenheder, Theorie menschlicher Entscheidungshandlungen, Stuttgart 1975, S. 42 ff. を見よ。

(27) 意味の統一性は体験と行為の他の諸可能性への接近を可能にする点にある、というこの言明は、エドムント・フッサールにならって現象学的分析によっても確認される。これについては Niklas Luhmann, Sinn als Grundbegriff der Soziologie, in: Habermas/Luhmann a.a.O., S. 25–100〔佐藤嘉一・山口節郎・藤澤賢一郎訳『批判理論と社会システム理論』木鐸社、一九八四年〕を見よ。

(28) そのかぎりにおいて、成果としての行為は、過ぎ去った成果としての行為や来るべき成果としての行為としてのみ「予想」でき、未来完了時制によってのみ想像できる、というアルフレート・シュッツのテーゼに筆者は従う。Alfred Schütz, Der sinnhafte Aufbau der sozialen Welt: Eine Einleitung in die verstehende Soziologie, Wien 1932, S. 55 ff.〔佐藤嘉一訳『社会的世界の意味構成』木鐸社、一九八二年〕。行為は、過ぎ去ったものとしてのみ想像できるが、変化の時間的地平を考慮して同定することによって、偶発的なものとして想像しなければならない。

(29) これについてはとくにMead a.a.O. (1932)〔河村望訳『現在の哲学・過去の本性』人間の科学新社、二〇〇一年〕を見よ。

(30) これについてはNiklas Luhmann, Weltzeit und Systemgeschichte, in ders., Soziologische Aufklärung Bd. 2, Opladen 1975, S. 103–133; ders., The Future Cannot Begin: Temporal Structures in Modern Society, Social Research 43 (1976), S. 130–152; Ottheim Rammstedt, Alltagsbewußtsein von Zeit, Kölner Zeitschrift für Soziologie und Sozialpsychologie 27 (1975), S. 47–63を見よ。

(31) Talcott Parsons, The Structure of Social Action, New York 1937, S. 43ff.〔稲上毅・厚東洋輔・溝部明男訳『社会的行為の構造』1〜5、木鐸社、一九七六〜一九八九年〕を参照せよ。

(32) たとえば学会報告集のSocial Process: Papers presented at the Twenty-sixth Annual Meeting of the American Sociological Association, Washington Dec. 28–31, 1932, Chicago 1933を参照せよ。またEvon Z. Vogt, On the Concepts of Structure and Process in Cultural Anthropology, American Anthropologist 62 (1960), S. 18–33; Alvin Boskoff, Process-Orientation in Sociological Theory and Research: Untasted Old Wine in Slightly Used Bottles, Social Forces 50 (1971), 1–12; Anthony J. Elgerm Industrial Organizations - A Processual Perspective, in John B. McKinlay (Hrsg.), Proceessing People: Cases in Organizational Behaviour, London 1975, S. 91–149も見よ。

(33) だがPaul Ridder, Bewegung sozialer Systeme: Über die endogene Erzeugung von Veränderungen, Kölner Zeitschrift für Soziologie und Sozialpsychologie 26 (1974), S. 1–28; ders., Messung sozialer Prozesse, Soziale Welt 27 (1976), S. 144–161における注目すべき提案を参照せよ。

(34) したがって出来事は過程のなかで、構造が過程に対してもつのと同様の機能を、たがいに対してもっている。その機能とは、可能性の限定、傾向の付与、決定の容易化である。

(35) たとえばNeil J. Smelser, Theory of Collective Behavior, New York 1963〔会田彰・木原孝訳『集合行動の理論』誠信書房、一九七三年〕を参照せよ。

(36) Pringle a.a.O., S. 184を見よ。

(37) Jacques Necker, De l'importance des opinions religieuses, London - Lyon 1788, zitiert nach: Œuvres comlètes, Paris 1821 Bd. 12, S. 55 f. を参照せよ。

(38) ここでいう調整とは、ある要素の接触の選択的限定が、他の諸要素がどのように限定されているかにかんがみて選択される、ということである。調整概念は、かならずしも目的観念を前提とするわけではない。

(39) 未来の近い地平が収穫日から給料日に変わったことを考えてみれば足りる。両者は、その先の未来に向けてのその後の期待にとって、それぞれ異なる帰結をもたらす。これについてはLucien Bernot/René Blancard, Nouville: Un village français, Paris 1953, S. 321 ff. を見よ。

(40) この問いを立てているのは、たとえばJoseph Needham, Time and Knowledge in China and the West, in: J. T. Fraser（Hrsg.）, The Voices of Time, London 1968, S. 92–135（128 ff.）である。ニーダム[28]は否定的な答えにいきついている。

(41) 導入的研究「社会構造とゼマンティクの伝統」（本書第一章）を参照せよ。

(42) 活動的な生（vita activa）／瞑想的な生（vita contemplativa）の区別やさまざまな地位と人格の区別にそった、この分化の概念化と象徴的表現の諸問題については、Kenneth E. Kirk, The Vision of God: The Christian Doctorine of the Summum Bonum, 2. Aufl. London 1932 を参照せよ。

(43) この運動が始まるときに、フランシスコ・サレジオ（Franz von Sales, Introduction à la vie dévote, zuerst 1609, ch. III）[29]は、献身の形態を職業や生活状況に応じて具体的に分ける必要性を見ていただけで、時間問題などそもそも提示しなかった。時間問題は、後世における運動の過熱とともにはじめて明らかになる。そのような提案の強烈さや押しつけがましさの好例としては、Nicolas Caussin, La Cour Sainte, Paris 1630, S. 839 ff.; Thomas Gouge, Christian Directions. Shewing How to Walk with God All the Day Long, geschrieben 1660. zitiert nach der Auflage London 1690; Lewis Bayly, The Practice of Piety, London 1669, zit. nach der frz. Übers. der 2. Aufl., La Practice de Pieté, Paris 1676 がある。

(44) 「なぜなら宗教は、人びとの多くを欺く不確かな未来にもとづいているのではなく、聖書のなかでわれわれに約束されている確かな未来にもとづいているからである」――こう述べているのはJean François Senault, De l'usage des passions, Paris 1641, S. 306 である。

(45) ロアネス嬢〔30〕に宛てたパスカルの手紙（Dez. 1656, zit. nach Œuvre, éd. de la Pléiade, Paris 1950, S. 294〔伊吹武彦ほか訳『パスカル全集』第一巻、人文書院、一九五九年〕）ではこう言われている。「ただ現在のみが真に私たちに属する唯一の時なのです。これを神に従って用いなければなりません。私たちがもっぱら思いをいたさなければならないのはこの現在なのです。であるのに世の人びとは、心不安に満ち、自分の現世と、自分の生きているこの瞬間のことはほとんど決して考えないで、自分が生きるであろう未来の時のことを考えるのです。したがって人びとはつねに未来に生きているのであって、今生きているのではないのです」。宮廷生活から出てきたこれに対応する知恵（「現在は人を満足させない」など）としては、de Bourdonné, Le courtisan desabusé, ou les pensées d'un gentilhomme, 1659, Neuauflage Paris 1695, S. 80 ff. を参照せよ。

(46) やや詳細な引用文が、この宗教的関係の時間化をまえにした雰囲気を明らかにしてくれる。「人生のなかで人が宗教にはらうべき尊敬をたえず払うのはまれである。うるさい人のように宗教を遠ざけないのはまれである。ときには会わなければならないが、いつも会うのはいやな人びとのように、宗教を扱わないのはまれである。――戒律をあからさまに破るのは、宗教の基本的戒律に対する違反である。それと同時に、宗教の真の帝国である心のなかに、いつも戒律をもっていられるかといえば、それは不可能としか思えない。なぜなら宗教は、好かれなくなるやいなや、存在しなくなるからである」（こう述べているのはJacques Pernetti, Conseils de l'amitié, 2. Aufl. Frankfurt 1748, S. 5 f. である）。

(47) その証拠を、筆者はKent Hieatt, Short Time's Endless Monument: The Sybolism of Numbers in Edmund Spenser's Epithalamion, New York 1960, S. 50 における Edmund Spenser, Faerie Queen（7. 7. 58）〔和田勇一・福田昇八訳『妖精の女王』筑摩書房、一九九四年〕からの引用のなかに見いだした。それにはこうある。

「私はそなたの申し立てをすべて十分に考えてみて、
万物は不動を嫌い、変化するものであることを認める。

だが、正しく考え合わせてみると、
最初の状態から変わってはおらず、
その変化によって、自己の存在を拡張し、
最後には、再び元の自己に帰って、
運命に定められた自己の完成を成し遂げるのである。
だから、変化が万物を支配し治めるのではなく、
万物が変化を支配し、自己の状態を維持するのである」。

(48) Hans Meyerhoff, Time in Literature, Berkeley 1960, S. 89ff.〔志賀謙・行吉邦輔訳『現代文学と時間』研究社出版、一九七四年〕も参照せよ。

(49) Plato, Parmenides 156 D-E〔田中美知太郎訳『パルメニデス・ピレボス』(プラトン全集4)岩波書店、一九七五年〕; Aristoteles, Physica 218a 6-8〔出隆・岩崎允胤訳『自然学』(アリストテレス全集3)岩波書店、一九六八年〕を参照せよ。これについてはWerner Beierwaltes, ἐξαίφνης oder: Die Paradoxie des Augenblicks, Philosophisches Jahrbuch 74 (1967), S. 271–283 を参照せよ。

(50) 出来事概念については先の二二三頁以下を参照せよ。

(51) John G. Gunnel, Political Philosophy and Time, Middletown Conn. 1968 における過去に大きくさかのぼった分析を参照せよ。さらにたとえば Walter Freund, Modernus und andere Zeitbegriffe des Mittelalters, Köln-Graz 1957, z. B. S. 9 を見よ。

(52) インドについては、たとえば Hajime Nakamura, Time in Indian and Japanese Thought, in: J. T. Fraser (Hrsg.), The Voices of Time, London 1968, S. 77–91 を見よ。しだいに使い尽くされる未来にかんする議論については、Stanislaw Schayer, Contributions to the Problem of Time in Indian Philosophy, Krakau 1938, S. 16 f. を見よ。

(52a) John Norden, Vicissitudo Rerum, London 1600, Neudruck London 1931, Strophe 45 を参照せよ。

(53) Willi Flemming, Die Auffassung des Menschen im 17. Jahrhundert, Deutsche Vierteljahresschrift für Literatur und

Geistesgeschichte 6（1928）, S. 403–446（440f.）を参照せよ。これによると、過ぎ去ることや朽ち果てることが強調されるかわりに、時間性の特徴として現在性や変革が強調されるようになる。

（54） 本書第一章「社会構造とゼマンティクの伝統」第Ⅵ節を参照せよ。

（55） たとえば John Norden, a.a.O. Strophen 9, 42 を見よ。これについては George Williamson, Mutability, Decay, and Seventeenth-Century Melancholy, Journal of English Literary History 2（1935）, S. 121–150 を見よ。

（56） たとえば Don Cameron Allen, The Degeneration of Man and Renaissance Pessimism, Study in Philology 25（1938）, S. 202–227 を見よ。

（57） この問題のピューリタン的理解については、John F. Lynen, The Design of the Present: Essays on Time and Form in American Literature, New Haven-London 1969, S. 29ff. を参照せよ。

（58） 一つの証拠を例としてやや詳細に引用する。その証拠は Jean François Senault, De l'usage des passions, Paris 1641, S. 303f. にある。「世界のすべてのものを計る時間には、過去、現在、未来という三つの差異がある。現在はただ一つの点であり、とても素早く過ぎ去るので止めることができない。人は、われわれが彼について語りたいと思うたびにわれわれを欺く（次の注のジョン・ダンの引用を見よ）。現在は、われわれが証拠として取り上げたり例として引用したりしようと思っても、同じ話の最初と最後を聞かない。現在はわれわれの手から逃れる。われわれはそれがもはや現在ではなくすでに過去であることを知る」。時間的な枠組みについては、未来は見通しがきかず、過去は利用できない、ということである――総じて、「賢慮（prudence）」をもってしてももはや制御できない絶望的な時間像である。しかしあとの箇所（S. 416 ff.）では、これと明らかに矛盾するかたちで、「喜び（plaisir）」が一種の情念としてその現在との関連性ゆえに賛美され、安心と充足として性格づけられている。ゼマンティク全体を変化した時間意識にあわせて切り替えるのがいかに困難であるか、これほど明確にわかる箇所はない。

（59） たとえば

一時間も恋をしたと言う人があるならば、
その人は全くの狂気だと言うべきである。

愛は長続きしない、そんなことは当たり前、
　あっと言う間に、愛は十人の男を食らうもの。
僕が一年も黒死病に罹っていたと言えば、
誰がそんなことを信じてくれるだろうか。
火薬瓶が一日中燃えたとでも、僕が言うなら、
　それを聞いて、誰だって笑い出すに違いない。
（「砕かれた心」より）

あるいは
「愛したことがある」と、僕は言えない。
　「昨日死んだ」と、誰が言える。
……
一度の愛に、僕は死んだ。今のこの僕は、
　僕自身の石碑であり、墓である。
（「二律背反」より）

を参照せよ。John Donne, Complete Poetry and Selected Prose, Glasgow 1967, S. 35 und 52〔湯浅信之訳『ジョン・ダン全詩集』名古屋大学出版会、一九九六年〕より引用。

(60) これも問題ではあるのだが！　エレジー「変化」a.a.O., S. 91 を見よ。

(61) さてこれで、君は僕をまる一日愛してくれた。
明日僕と別れるときに、君は何と言うであろうか。
君は新しくたてた誓いの日付を過去に差し戻して、
　もはや私達は、
あのときの私達ではありません、と言うであろうか。

（「女の節操」より）

A.a.O., S. 4 f.

（62） William Shakespeare, Hamlet 1 V 189（小田島雄志訳『ハムレット』白水社、一九八三年／木下順二訳『ハムレット・お気に召すまま』講談社、一九八八年／野島秀勝訳『ハムレット』岩波書店（岩波文庫）、二〇〇二年）. ここで意味されているのは、短い時間（行為時間、出来事時間）と長い時間の関係であろう。Mable Buland, The Presentation of Time in Elisabethan Drama, New York 1912; Tom F. Driver, The Sense of History in Greek and Shakespearean Drama, New York 1960, S. 87 ff. も参照せよ。

（63） 詳しくは Victor Harris, All Coherence Gone: A Study of the Seventeenth Century Controversy over Disorder and Decay in the Universe, Chicago 1949. Neudruck London 1966, insb. S.86 ff. さらに Kathrin Koller, Two Elisabethan Expressions of the Idea of Mutability, Studies in Philology 35（1938）, S. 228–237 を参照せよ。

（64） Louis Le Roy, De la vicissitude ou varieté des choses en l'universe..., zitiert nach der Ausgabe Paris 1577.

（65） A.a.O. fol. 5 f. Norden a.a.O. も参照せよ。

（66） Thomas Smith, De Republica Anglorum, London 1583, zitiert nach der Ausgabe London 1906, Neudruck Shannon, Irland 1972.

（67） たとえば Montaigne, Essais II, XII（éd. de la Pléiade, Paris 1950, S. 679f.）（原二郎訳『エセー』1～6、岩波書店（岩波文庫）、一九六五年／松浪信三郎訳『随想録』上・下、河出書房新社、一九六六年／関根秀雄訳『モンテーニュ随想録』白水社、一九九五年）を見よ。「結局、われわれの存在にも、事物の存在にも、何一つ恒常なものはない。われわれも、われわれの判断も、そしてすべての死すべきものも、絶えず流転する。したがって確実なことは一つとしてたがいに立証されえない。判断するものも、判断されるものも絶えざる変化と動揺のなかにあるからである。……このように、万物は一つの変化から他の変化へと移りゆくものである以上、理性はそこに真の実在を求めようとすると、永久不変の何ものも見いだすことができずに失望する。なぜなら、すべては存在に入ったばかりでまだ十分に存在していないか、あるいは、生まれる前に死に始めるかのいずれかであるからだ」。

(68) たとえば Erwin Panofsky, Studies in Iconology: Humanistic Themes in the Art of the Renaissance, New York 1939, S. 69 ff.〔浅野徹訳『イコノロジー研究――ルネサンス美術における人文主義の諸テーマ』美術出版社、一九七一年／浅野徹訳『イコノロジー研究』上・下、筑摩書房（ちくま学芸文庫）、二〇〇二年〕を参照せよ。

(69) 明白な例として Stephen Hawes, The Pastime of Pleasure（1555）Lap. XLIV, zit. nach der Ausgabe London 1846, Neudruck New York-London 1965, S. 212 ff. を参照せよ。

(70) 「時間によって計られるものは、すべて終わるために始まるにすぎない。すべてを包む時間でさえも、みずからの廃墟のなかに包まれている。すべての物を流転させながら、時間は広大な無の深淵のなかの同じ流れに身を任せている」（Daniel de Priézac, Discours politiques, 2. Aufl. Paris 1666, S. 418）。

(71) 多くの詳細な記述のある Harris a.a.O. と Richard F. Jones, Ancients and Moderns: A Study of the Rise of the Scientific Movement in Seventeenth-Century England, 2. Aufl. 1961, Neudruck Berkeley-Los Angeles 1965 を見よ。

(72) Georges Poulet, Etudes sur le temps humain 2 Bde., Paris 1950〔井上究一郎ほか訳『人間的時間の研究』筑摩書房、一九六九年〕; ders., Fénelon et le temps, La nouvelle revue Français 1954, S. 624–644 を参照せよ。

(73) この問題について、またそれがライプニッツ哲学において解決できないことについては、Nicholas Rescher, Logische Schwierigkeiten der Leibnizschen Metaphysik, in: Studia Leibnitiana Supplementa I, Akten des Internationalen Leibniz-Kongresses Hannover 1966, Bd. I, Wiesbaden 1968, S. 253–265（256 ff.）を参照せよ。

(74) René Descartes, Œuvres, éd. Charles Adam/Paul Tannery Bd. VII. Neudruck Paris 1973, S. 48 f.〔所雄章訳「省察および反論と答弁」『デカルト著作集　2』白水社、一九九三年／桝田啓三郎訳「省察」『デカルト・パスカル』筑摩書房、一九五八年〕。フランス語訳（Œuvres et Lettres, éd. de la Pléiade, Paris 1952, S. 297）では、»Car tout le temps de ma vie peut être divisé en un infinité de parties, chacune desquelles ne dépend en aucune façon des autres; et ainsi de ce qu'un peu auparavant j'ai été, il ne s'ensuit pas que je doive maintenant être, si ce n'est qu'en moment quelque cause me produise et me crée, pour ainsi dire, derechef, c'est-à-dire me conserve« となっている。

(75) 「われわれは第一にいまこの瞬間に神に服従しなければならないこと」を要求しているのは Pierre Nicole, Essais

de Morale, Bd. I, 6. Aufl., Paris 1682, S. 117である。時間への配慮を排除することは、ニコルにとって同時にあらゆる自己利害を排除する裁量の手段である。自己利害と耐時性の対立的連関については、あとで（二六一頁以下）立ち戻る。

（76） Essais de Morale a.a.O., Bd. I, S. 134 ff.

（77） これについて、また自己保持の意味論の全体的文脈についての重要な諸論考は、Hans Ebeling（Hrsg.）, Subjektivität und Selbsterhaltung: Beiträge zur Diagnose der Moderne, Frankfurt 1976にある。

（78） 「なぜなら次のように考えられるからである（著者は共通の意見〔communis opinio〕を引き合いに出している）。すなわち身体は、第一の創造の瞬間に、この同じ身体が第二の創造においてもつであろう実在をすべてもっている。第二の創造の瞬間には、つねに同じものでありつづけるのだから、第三の創造においてもつであろうと考えられる実在をすべてもつであろう。かくして次の創造が連続していく」（Abbé Joannet, De la connoissance de l'homme, dans son être et dans ses rapports, Paris 1775, Bd. 2, S. 308 Anm.）。

（79） Geschichtliche Grundbegriffe: Historisches Lexikon zur politisch-sozialen Sprache in Deutschland Bd. I, Stuttgart 1972, S. XIII-XXVII（XVI f.）におけるラインハルト・コゼレックの序文を参照せよ。

（80） 人間と動物の区別を時間と関係づけるというテーマ、またそれとともに与えられる知恵（sophía）と技術（techné）による優越性というテーマは、キケロを超えてアナクサゴラス[31]までさかのぼるが、キケロはあらたな起源のなかで保証人としての役割を果たしている。さらにアウグスチヌスの記憶（memoria）概念も、それじたいが時間に関係しているにもかかわらず、この時間を超えた意味をもち、まさにそれによって人間をきわだたせている。Augustin, Confessions, Lateinische-deutsche Ausgabe, München 1955, Buch X Kap. 8 bzw. 14, S. 506 ff.〔山田晶責任編集『アウグスティヌス』中央公論社、一九六八年／服部英次郎訳『告白』上・下、岩波書店（岩波文庫）、一九七六年〕を参照せよ。

（81） キケロはCicero, De officiis I, c. IV, 11（zit. nach der Ausgabe in Loeb Classical Library, London 1968, S. 12）〔泉井久之助訳『義務について』岩波書店（岩波文庫）、一九六一年／角南一郎訳『義務について』現代思潮社、一九七

四年〕の重要な箇所で、次のように述べている。「しかし人間と動物のあいだの最大の相違は、動物は感覚によって動かされる範囲において目前のものに自分を適応させるだけで（のちにもとくに神学の文献のなかに頻出する adest/praesensという表現の二重化に注意せよ。これは、空間的でしかない時間観念の類型学を――第二の空間の隠喩によって！――克服することが問題であるかのような印象を与える）、過去または未来をほとんど考えることがないに反して、人間は、理性の分有者としてそれによって事の首尾をたしかめ、原因とその経過、およびことの前段階をよくわきまえ……」。

（82） Daniel de Priézac, Discours politiques, 2. Aufl. Paris 1666, S. 445. この箇所は全体を引用する価値がある。「実際賢慮は一種の占いである。なぜなら、賢慮は過ぎ去った物を知り、隠れた物を発見し、来るべき物を予測するからであり、同じ目ですべての時間を見ながら、時間がもたない存在を生じさせ、現在の必要と過去の利益ないし損失にもとづく解決策を立てるからである」。

（83） Abbé de Mably, Principes de Morale, Paris 1784, S. 150 f. を参照せよ。

（84） Jean François Senault, De l'usage des passions, Paris 1941, S. 78 を参照せよ。

（85） たとえば Claude Buffier, Traité de la société civile: Et du moyen de se rendre heureux, en contribuant au boheur des personnes avec qui l'on vit, Paris 1726, S. 20 ff. を見よ。

（86） Thomas Hobbes, Leviathan, zitiert nach der Ausgabe der Everyman's Library, London 1953〔水田洋訳『リヴァイアサン』1～4、岩波書店（岩波文庫）、一九九二年〕.

（87） Bernard Willms, Die Antwort des Leviathan: Thomas Hobbes' politische Theorie, Neuwied-Berlin 1970, passim を参照すれば足りる。

（88） Thomas Hobbes, Leviathan, Teil I Kpa. 12 über Religion, a.a.O., S. 54 で興味深いかたちでなされている。

（89） 動物はしばしば子どもより賢慮がある――Teil I Kap. 3 a.a.O., S. 11.

（90） A.a.O., S. 54 f. Richard Cumberland, De legibus naturae disquisitio philosophica, London 1672, S. 123 ff.（cap. II, § XXII）の批判的応答も見よ。この反論はまた古い路線に戻り、想像（phantasia）と記憶（memoria）（賢慮）が個々

の人間における平和と合法性に向かう傾向を動機づける（!）という。

(91) Pascal, Pensées 198 in: Œuvre（éd. de la Pléiade), Paris 1950, S. 874〔松浪信三郎訳『定本パンセ』上・下、講談社（講談社文庫）、一九七一年／前田陽一・由木康訳『パンセ』中央公論社（中公文庫）、一九七三年〕.

(92) Christian Thomasius, Von der Kunst, vernünfftig und tugendhafft zu leiben..., oder: Einleitung in die Sitten Lehre, Halle 1692, S. 37.

(93) Christian Thomasius, Von der Artzney Wider die unvernünfftige Liebe...Oder: Ausübung der Sitten Lehre, Halle 1696, S. 88 ff.

(94) Pascal, Pensées 198 ff. insb. 205, in: Œuvre a.a.O, S. 874 ff. を参照せよ。

(95) Georges-Louis Le Sage, Le mecanisme de l'esprit, neu gedruckt als Anhang zu: Cours abregé de philosophie par aphorismes, Genf 1718,（zuerst 1699), S, 281, 282（ル・サージュはフランスのプロテスタントで、イギリスとジュネーブで生活した）. 快楽（plaisir）と変化の連関は、もちろんこのような中心的意義を獲得するずっとまえから知られていた。たとえば Jacques de Cailliere, La fortune des gens de qualité et des gentils-hommes particuliers, Paris 1664, S. 53; Madeleine de Scuderi, Des plaisir, in dies., Conversations sur divers sujets Bd.I, Lyon 1680. S. 36–64（37 f., 45 f.）を参照せよ。

(96) Giordano Bruno, Spaccio de la bestia trionfante（1584), zitiert nach der Ausgabe Mailand 1868, S. 1 ff. では、同様の考え方が、体験に特徴を与えるための対照と矛盾の必然性のなかに、まだむしろ事物的な根拠を見いだしている。

(97) De Scuderi a.a.O., S. 48（偉大な行為のための動機と区別される、議論の余地のある限定的な快楽（plaisir）の概念について）.

(98) のちに知性主義的な啓蒙家は正反対の考えに賛成している。混乱は明確化によって感覚に左右されない理念と至福に変えるられる、というわけである。Johann George Sulzer, Untersuchung über den Ursprung der angenehmen und unangenehmen Empfindungen（1751), in ders., Vermischte Philosophische Schriften Bd. I, Leipzig 1773（Neudruck Hildesheim 1974), S. 38 f. を見よ。

(99) Le Sage a.a.O., S. 285.

(100) 「つぎに変化は、絶えざる転変は、快楽の本質をなす。人がたえず客体から客体へと移りかわり、たえず気晴らしをしようとしても、驚いてはいけない。人は一人になるのを避けるとしても、それはかならずしも自分自身の姿が不快であるからとか、自分と向きあうのを避けるからではない。むしろ、孤独のなかでは多くの客体と出会わないからである」（a.a.O., S. 288ff.）。この箇所では、人間は堕罪のあと自分の姿を見るのを避けるようになったという古い神学的に基礎づけられた議論が、複雑性理論をふまえた人間学から借用されるもう一つの観点によって、さしあたりいかに注意深く補完されているかが、とくにはっきりとわかる。

(101) ここでGeorge H. Mead, The Philosophy of the Present, Chicago 1932〔河村望訳『現在の哲学・過去の本性』人間の科学新社、二〇〇一年〕が思い出される。

(102) A.a.O., S. 290 ff.

(103) A.a.O., S. 292.

(104) A.a.O., S. 293, 307 ff.

(105) A.a.O., S. 345.

(106) この点および以下の論述について、詳しくはNiklas Luhmann, Zeit und Handlung: Eine vergessene Theorie, Zeitschrift für Soziologie 8（1979), S. 63–81を見よ。

(107) 十七世紀前半であれば、ここで、時間は人間に（自分の存在の継続的創造（creatio continua）に）感謝することと（次の瞬間における罪からの守りとしての恩寵を）祈ることを強制する、といわれたことだろう。これについてはJakob Bachmann, La notion du temps dans la pensée de Pierre de Berulle, Diss. Zürich, Winterthur 1964を参照せよ。

(108) Luc de Clapiers Marquis de Vauvenargues, Réflexions sur divers sujets, in: Œuvres, éd. D.-L. Gilbert, Paris 1857, Neudruck Genf 1970, S. 63–113（94 f.）. ヴォーヴナルグについてはGeorges Poulet, Etudes sur le temps humain Bd. II, La distance interieur, Paris 1952, S. 35 ff.〔井上究一郎ほか訳『人間的時間の研究』筑摩書房、一九六九年〕およびFernand Vial, Une philosophie et une morale du sentiment; Luc de Clapiers Marquis de Vauvenargues, Paris 1938,

Neudruck Genf 1970, insb. S. 138 ff. も参照せよ。
（109） Discours sur la Gloire, in: Œuvres a.a.O., S. 128–137（129）.
（110） Discours sur la Gloire, a.a.O., S. 132 f.
（111） ヴォーヴナルグに反対して、こう言わなければならないかもしれない。その意義は、行為者の動機にさえ依存しない——そもそもかならず行為されるため、そして行為されないことがないためにのみ必要な動機にさえ。
（112） こう述べているのは、Karl E. Weick, The Social Psychology of Organizing, Reading Mass. 1969, S. 107〔金児暁嗣訳『組織化の心理学』誠信書房、一九八〇年／遠田雄志訳『組織化の社会心理学』文眞堂、一九九七年〕である。
（113） むしろ反対に、時間カテゴリーの方が「感情（sentiment）」によって基礎づけられる。たとえばアベ・ジャネ〔32〕は、時間カテゴリーの主観性、時間カテゴリーの働きを、客観的な時間測定の利点と同じように、感情によって基礎づけている。Abbé Joannet, De la connoissance de l'homme, dans son être et dans ses rapports, Paris 1775, Bd. 2, S. 133 ff. を参照せよ。
（114） 本章注（59）〜（61）にある、ジョン・ダンの詩からの引用を見よ。
（115） これについては、Poulet a.a.O.（1952）, S. 1ff.〔井上究一郎ほか訳『人間的時間の研究』筑摩書房、一九六九年〕を参照せよ。
（116） Hans Ebeling（Hrsg.）, Subjektivität und Selbsterhaltung: Beiträge zur Diagnose der Moderne, Fankfurt 1976 を参照すれば足りる。
（117） Eugen Lerch, »Passion« und »Gefühl«, Archivum Romanicum 22（1938）, S. 320–349; さらに Robert Mauzi, L'Idée du bonheur al littérature et la pensée française au XVIIIe siècle, Paris 1960, S. 437 ff. を参照せよ。
（118） 概念史については、Robert Spaemann, Reflexion und Spontaneität: Studien über Fénelon, Stuttgart 1963, S. 74 ff.（とくに利害関心と反省の関係について）; Wolfgang Hirsch-Weber, Politik als Interessenkonflikt, Stuttgart 1969, S. 50 ff.; Hartmut Neuendorff, Der Begriff des Interesses: Eine Studie zu den Gesellschaftstheorien von Hobbes, Smith und Marx, Frankfurt 1973; H. J. Fuchs/V. Gerhardt, Interesse, Historisches Wörterbuch der Philosophie Bd. 4, Basel-

Stuttgart 1976, Sp. 479–494; Albert O. Hirschman, The Passions and the Interests: Political Auguments for Capitalism before Its Triumph, Princeton N. J. 1977, insb. S. 31 ff.〔佐々木毅・旦祐介訳『情念の政治経済学』法政大学出版局、一九八五年〕が有益である。

(119) 反対にHirschman a.a.O. は、利害関心概念が経済的な事柄に限定されていくのを確認できると考えている。だがそうだとすれば、同時代にinteressant（関心のある、興味深い）という語は現れなかっただろうし、カントはVernunftinteresse（理性の関心）について語りえなかっただろう。

(120) Charles Herle, Wisdom Tripos, London 1655, S. 169における表現。

(121) 「有徳であるとは、自分の利益を他人の利益と調和するもののうちにあらしめることだ。他人に善行と快楽を与えつつ、自分もそれらを享受することだ」。Paul-Henri Thiry d'Holbach, Système de la nature, I, ch. 15, Paris 1821, Neudruck Hildesheim 1966, S. 380〔高橋安光・鶴野陵訳『自然の体系』1・2、法政大学出版局、一九九九〜二〇〇一年〕. 人は、他者の利害関心を充足させることに利害関心を抱くようになれば、報いとして美徳のレベルで充足する。「徳を行う習慣は、徳だけで充足できる欲求を私たちのうちに生む。こうして、徳はつねに徳自身に報い、他に利益をもたらして自らはそれで満足する」(a.a.O., S. 381)。

(122) 古い商業的な言葉の時間関係がここで意味論的な架橋になりうるかどうかは、確認するのが難しい。本書はいずれにしても、そのような仮定にもとづいて主張を裏づけるわけではない。

(123) Jean de Silhon, De la Certitude des connoissances humaines, Paris 1661 の場合、この連関が非常にはっきり見られる。利害関心についてはとくにS. 101 ff. を見よ。

(124) 先の二五二頁以下を参照せよ。

(124a) だからそのような問題解決は美徳のためだけに主張できるのであって、（恒常的な！）悪徳のためにまで主張できるわけではない。たとえばJacques Du Bosq, L'honneste femme, Neuauflage Rouen 1639, S. 180を参照せよ。

(125) 不変の態度は「美徳そのものを完成させる」と述べているのは、たとえばClaude Buffier, Traité de la société civile, Paris 1726, S. 204 である。

(126) これにかんする典拠は J. A. W. Gunn, »Interest Will Not Lie«: A Seventeenth-Century Political Maxim, Journal of the History of Ideas 29 (1968), S. 551–564 (insb. 557 ff.).

(127) 十八世紀には、不変性(constantia)と十分に理解された利害関心にくわえて、この非一貫性の問題に対するまさに社会工学的な解決の提案が見られる。François-Augustin Paradis de Moncrife, Essai sur la nécessité et sur les moyens de plaire, Amsterdam 1738, S. 77f. und passim は、他者に気に入られたいという欲求のなかに、問題を解く鍵を求めようとしている。なぜならこの欲求は(当時の思考習慣によれば利己心として抑制もできたが)、人を自己の非一貫性に対する他者の反応に敏感にさせるからである。

(128) Silhon a.a.O., S. 103.

(129) Andrew M. Pettigrew, The Politics of Organizational Decision-making, London-Assen 1973, S. 223.

(130) 用語法については、この状況のリスク研究はこんにちなお進展がない。リスク研究は、一貫してリスク優先、リスク歓迎、リスク拒否、リスク戦略と予防戦略の選択といったことについて語っており、あたかも代替選択肢の束のうちのあるものはリスキーであり、他のものはリスキーでないことがありうるかのようである。Peter U. Kupsch, Das Risiko im Entscheidungsprozeß, Wiesbaden 1973 における包括的な概観を参照せよ。しかし、そのような考え方は代替選択肢の概念と矛盾する。およそ代替選択肢の複合体のなかのオプションの一つがリスキーであるならば、すべてがリスキーである。

(131) Senault a.a.O., (1641), S. 359 ff. もまだそうである。

(132) Madeleine de Scuderi, Contre ceux qui parlent peu serieusement de la Religion, in dies., Conversation sur divers sujets Bd. I, Lyon 1680, S. 136–158 (145). 同様の証拠はイギリス(チリングワース〔33〕、ボイル〔34〕、ロック)にもあることを指摘しているのが、Henry G. van Leeuwen, The Problem of Certainty in English Thoght, 1630–1690, Den Haag 1970, S. 136 である。このような考え方は、パスカル以前からよく知られていたようである。

(133) この移行にかんする十分な問題史的・概念史的研究を筆者は知らない。時間性と安全の動機の関連は、Franz-Xaver Kaufmann, Sicherheit als soziologisches und sozialpolitisches Problem, Stuttgart 1970, insb. S. 174 ff. も取り上

げている。十六／十七世紀の確実性問題ないし安全問題にかんする他の研究は、宗教システムの内部分化と近代科学の分出の関連をより強調している。たとえば van Leeuwen a.a.O.; Benjamin Nelson, Der Ursprung der Moderne: Vergleichende Studien zum Zivilisationsprozeß, Frankfurt 1977, insb. S. 94 ff., 165 ff. を参照せよ。特殊な状況が見られるのは法学の領域である。法学の領域では、紛争の増加と法的素材の見通しのきかなさを前にして、すでに十六世紀に、とりわけ⑴法律家の育成、⑵司法手続き、にかんして、加速への関心と安全への関心の関連が生まれている。この関連は、より抽象的で学問的な法的材料の選別に対する関心の高まりをともなった、法的改革にいきつく（アルキアトゥス〔35〕、ドゥアレヌス〔36〕、キュイアス〔37〕など）。現在の時点化は、ここでは何の役割も演じていない。なぜなら、躓きの石はまさに養成や手続きの長期的持続だからである。Hans Erich Troje, Wissenschaftlichkeit und System in der Jurisprudenz des 16 Jahrfunderts, in: Jürgen Blühdorn/Joachim Ritter（Hrsg.）, Philosophie und Rechtswissenschaft: Zum Problem ihrer Beziehungen ihrer Beziehungen im 19. Jahrhundert, Frankfurt 1969, S. 63–88 を参照せよ。

(134) Père Buffier, Traité de la société civile, Paris 1726, Bd. IV, S. 114 には「われわれは、未来の利益を得て、不確実な損失であっても避けるために、ときには現在の利益を我慢したり、さらには確実な損害を甘受したりする必要があることを見てきた」とある。Ernest Coumet, La théorie du hazard est-elle née par hazard? Annales ESC 25（1970）, S. 574–598 も参照せよ。

(135) このことは、クロード・ビュフィエにおいて明白であり、だからこそ本書では彼を引用した。

(136) これにかんする一定の手がかりは、こんにちの経験的研究のなかにある。研究状況の議論とさらなる参照文献については、Kupsch a.a.O., S. 305–318 を見よ。

(137) たとえば Justus G. Rabener/Justus S. Thamm, De suratione et praesentia rerum, Diss. Leipzig 170, S. 10; Christian Wolff, Philosophia prima sive Ontologia 2. Aufl. Frankfurt-Leipzig 1736, Neudruck Darmstadt 1962, §§569 ff.; Marquis de Caracciolo, La jouissance de soimême, 2. Aufl. Utrecht-Amsterdam 1759, S. 228 ff. を参照せよ。近年の批判として、Friedrich Kümmel, Time as Succession and the Problem of Duration, in J. T. Fraser（Hrsg.）, The Voices of Time,

London 1968, S. 31-55 も参照せよ。

(138) 十八世紀半ばになってもまだ、この問題にかんして短絡的な神の証明がもちだされる。Jean Henri Samuel Formey, Examens de la Preuve qu'un tire des fins de la Nature pour établir l'existence de Dieu, in ders., Mélanges Philosophiques Bd. I, Leiden 1754, S. 43-74 (57); a.a.O., S. 23, 33, 37 を参照せよ。

(139) 本章注(19)で引用したコゼレックの研究のほかに、Dietrich Walter Jöns, Begriff und Problem der historischen Zeit bei Johann Dottfried Herder, Göteborg 1956; Jürgen Wilke, Das »Zeitgedicht«: Seine Herkunft und frühe Ausbildung, Meisenheim 1974 も参照せよ。

(140) こう定式化しているのは Wolf Lepenies, Das Ende der Naturgeschichte: Wandel kultureller Selbstverständlichkeit in den Wissenschaften des 18. und 19. Jahrhunderts, München 1976, S. 52 ff.〔山村直資訳『自然誌の終焉——一八世紀と一九世紀の諸科学における文化的自明概念の変遷』法政大学出版局、一九九二年〕である。

(141) Johann Georg Sulzer, Versuch über die Glückseligkeit verständiger Wesen, zitiert nach der Ausgabe Vermischte Philosophische Schriften Bd. I, Leipzig 1773, Neudruck Hildesheim 1974, S. 323-347.

(142) この主張はもちろん、完成に向けた世界の発展という一般テーゼについてはあてはまらない（このテーゼについて、より早い時代の証拠は、Arthur O. Lovejoy, The Great Chain of Being: A Study of the History of an Idea, Cambridge Mass. 1936, S. 242 ff.〔内藤健二訳『存在の大いなる連鎖』晶文社、一九七五年〕に見られる）。連続的な文化発展の必要性の主張についても、より早い時代の証拠がある。たとえば Louis Le Roy, De la vicissitude ou varieté des choses en l'univers, Paris 1577, fol. 113 では、「何事も始まると同時に完成することはなく、継続する時間のなかで成長し向上し、あるいはより洗練される」と述べられている。だがこの考え方は、理論に媒介されて大きく発展することのないままだったと思われる。おそらく新しいのは、複雑性が世界の創造者にまで順序だった創造を強制する、ということに言及した論証であろう。

(143) 先に挙げた本章注(98)の Untersuchung über den Ursprung der angenehmen und unangenehmen Empfindungen, a.a.O., S. 1-98 において詳説されている。

(144) A.a.O., S. 335.
(145) A.a.O., S. 338 bzw. 339.
(146) この事態の詳細な分析は、エドムント・フッサールの講義録である Edmund Husserl, Zur Phänomenologie des inneren Zeitbewußtseins, Jahrbuch für Philosophie und phänomenologische Forschung 9（1928）, S. 367–496（insb. S. 388 ff.）〔立松弘孝訳『内的時間意識の現象学』みすず書房、一九六七年〕に（はじめて？）見られる。
(147) だからといって、一七六〇年代にそのような考え方をしてのはズルツァー一人ではない。Morelly, Code de la nature, ou le véritable esprit de ses lois, de tout temps negligé ou méconnu, zuerst 1755, zitiert nach der Ausgabe Paris 1970, S. 101〔大岩誠訳『自然の法典』岩波書店（岩波文庫）、一九五一年〕も参照せよ。「宇宙のすべてのものは、自然のものであれ道徳的なものであれ、しだいに完成する」。「それを私に示してくれる現象は、羽虫の翅にいたるまですべてをとおして、私に継続的発展を見せてくれる。私は自分の理性の進歩を覚え感じる」。
(148) A.a.O., S. 340.
(149) 経済の商業化の影響は、さしあたりきわめて限られたものだった。経済の商業化が、たとえば簿記や利子計算のために年度初めを一定の時期に定めるように強制したのは、鐘のなる機械仕掛けの時計の発明が、季節にかかわらず時間の長さを一定にするように強制したのと同じことである。これについては、Yves Renouard, Les hommes d'affaires italiens du moyen âge, Paris 1949, S. 190 ff. を参照せよ。さらに一般的には Jacques LeGoff, Temps de l'Eglise et temps du marchand, Annales ESC 15（1960）, 417–433〔加納修訳『もうひとつの中世のために――西洋における時間、労働、そして文化』白水社、二〇〇六年所収〕を見よ。
(150) たとえば Anton Antweiler, Die Anfangslosigkeit der Welt nach Thomas von Aquin und Kant, Trier o. J.（1961）を参照せよ。
(151) Anneliese Maier, Zwischen Philosophie und Mechanik: Studien zur Naturphilosophie der Spätscholastik Bd. V, Rom 1958 を参照せよ。
(152) Eckart Pankoke, Sociale Bewegung - Sociale Frage - Sociale Politik: Grundprobleme der deutschen Socialwissen-

schaft im 19. Jahrfundert, Stuttgart 1970 を参照せよ。

(153) Reinhart Koselleck, »Neuzeit«: Zur Semantik moderner Bewegungsbegriffe, in: Studien zum Beginn der modernen Welt: Industrielle Welt Bd. 20, Stuttgart 1977, S. 264–299, neu gedruckt in: ders., Vergangene Zukunft, Frankfurt 1979 を参照せよ。

(154) もちろんこの逆も成り立つ。「私のできることが、通信システムの受信端末で過去によって完全に特徴づけられる持続的状態を生み出すことだけだとしたら、私は情報の伝達をやめる」(Norbert Wiener, Time, Communication, and the Nervous System, Annals of the New York Academy of Sciences 50 (1947), S. 197–219 (202))。

(155) したがって、情報の縮減によって時間経験を変化させることができ、最終的に明らかに別種の過去ないし未来とのすべての関係を捨て去ることができる。ルソーの『孤独な散歩者の夢想』の「第五の散歩」における、情報をただ一つの源泉である水の運動に縮減したあとの時間体験の質についての記述を見よ (Jean Jacques Rousseau, Rêveries du promeneru solitaire, Œuvres complètes, éd. de la Pléiade, Bd. 1, Paris 1959, S. 1040 ff.〔今野一雄訳『孤独な散歩者の夢想』岩波書店（岩波文庫）、一九六〇年／青柳瑞穂訳『孤独な散歩者の夢想』新潮社（新潮文庫）、一九六九年／佐々木康之訳『孤独な散歩者の夢想』白水社、一九八六年／但田栄訳『孤独な散歩者の夢想』大学書林、二〇〇〇年〕)。

(156) ここでは、この冗長性を最終的に脳という生理学的システムによって説明できるか、という問いは脇に置いておく。これについては、Donald M. MacKay, Cerebral Organization and the Conscious Control of Action: in: John C. Eccles (Hrsg.), Brain and Conscious Experience, Berlin - Heidelberg -New York 1966, S. 422–445 を参照せよ。

(157) このことは社会システムどうしの緩やかな結合の場合にも成り立つ——これは社会のレベルでも組織のレベルでも議論されてきたテーマである。たとえば Hans-Dieter Evers (Hrsg.), Loosely Structured Social Systems: Thailand in Comparative Perspective, New Haven 1969; Karl E. Weick, Educational Organizations as Loosely Coupled Systems, Administrative Science Quarterly 21 (1976), S. 1–19 を参照せよ。Robert B. Glassman, Persistence and Loose Coupling in Living Systems, Behavioral Science 18 (1973), S. 83–98 も参照せよ。

(158) これについては Donald M. MacKay, Informaton, Mechanism and Meaning, Cambridge Mass. - London 1969; ders., Formal Analysis of Communicative Processes, in: Robert A. Hinde（Hrsg.）, Non-verval Communication, Cambridge Engl. 1972, S. 3–25 を参照せよ。

(159) Niklas Luhmann, Einführende Bemerkungen zu einer Theorie symbolisch generalisierter Kommunikationsmedien, in ders., Soziologische Aufklärung Bd. 2, Opladen 1975, S. 170–192 を参照せよ。

(159a) Louis B. Wright, Middle Class Culture in Elisabethan England, 1935, Neudruck London 1964, S. 184f. を参照せよ。これに対して中世では、職業変更の希望は不満の表明として扱われていた。

(160) そのさい情熱による相互の誤解などが生じることも妨げられない。なぜならそうした誤解は制度的な解決不能性と客観的－共同的な利害にもとづいているからである。たとえば Madeleine de Scuderi, Des passions..., in dies., Conversations sur divers sujets Bd. 1, Lyon 1680, S. 223; 256（241 ff.）を参照せよ。

(161) Hartmann Tyrell, Probleme einer Theorie der gesellschaftlichen Ausdifferenzierug der privatisierten modernen Kernfamilie, Zeitschrift für Soziologie 5（1976）, S. 393–417 を参照せよ。これによって引き起こされた年齢にそった家族の徹底的な時間化については、Max Haller, Lebenszyklus und Familientheorie, Kölner Zeitschrift für Soziologie und Sozialpsychologie 26（1974）, S. 148–166 も参照せよ。

第五章

（1） C. B. MacPherson, The Political Theory of Possesive Individualism: Hobbes to Locke, Oxford 1962〔藤野渉ほか訳『所有的個人主義の政治理論』合同出版、一九八〇年〕を見よ。

（2） Selbstreferenz und Teleologie in gesellschaftstheoretischer Perspektive（第三巻所収予定）を参照せよ。

（3） 筆者の知るかぎり、この種の最初の試みは、Harlan Wilson, Complexity as a Theoretical Problem: Wider Perspectives in Political Theory, in: Todd R. La Porte（Hrsg.）, Organized Social Complexity: Challenge to Politics and Policy, Princeton N. J. 1975, S. 281–331 である。

（4）René Descartes, Méditations sur la philosophie première, méditation troisième, zit. nach: Œuvres et lettres (éd. de la Pléiade), Paris 1952, S. 286〔三宅徳嘉・所雄章・小池健男訳『方法序説・省察』白水社、一九九一年／井上庄七・森啓・野田又夫訳『省察・情念論』中央公論新社、二〇〇二年／山田弘明訳『省察』筑摩書房（ちくま学芸文庫）、二〇〇六年〕を参照せよ。

（5）こんにちのシステム論的な用語法なら、ただ自己言及的組織が閉じた統一体として自己を保持できるかぎり、といえるだろう。たとえば Humberto R. Maturana, Cognition, in: Peter M Heijl/Wolfram K. Köck/Gerhard Roth（Hrsg.）, Wahrnehmung und Kommunikation, Frankfurt 1978, S. 29–49 を参照せよ。

（6）多くのなかの一例として、Pietro Andrea Canonhiero, Il Perfetto Cortegiano et dell'ufficio del prencipe verso 'l cortegiano, Rom 1609, S. 1 ff., 93 ff. あるいは Nicholas Breton, The Court and the Country, London 1618 における「宮廷人のために必要な注記」という付記を見よ。

（7）Ch. G. Bessel, Schmiede deß Politischen Glück, Frankfurt 1673, S. 245 ff. を見よ。

（8）たとえば John C. Lapp, The Esthetics of Negligence: La fontaine's Contes, Cambridge 1971 を見よ。

（9）機能的に等価な代替案は、神秘化、「理解できないもの（je ne sais quoi）」、天才である。Erich Köhler, »Je ne sais quoi«: Ein Kapital aus der Begriffsgeschichte des Unbegreiflichen, in ders., Esprit und arkadische Freiheit, Frankfurt 1966, S. 230–286 も参照せよ。

（10）Saint-Evremond, Conseils à un Exilé,（1674）, in Œuvres, Paris 1927, Bd. 1, S. 23–30（24）では「誠実で正直な人間はおのずとそこへ向かう」と述べられている。

（11）中世の友愛（amor amicitiae）を想起したくなる。だがそれは堕罪の説明だった。

（12）以下の議論については、Wolfgang Binder, »Genuß« in Dichtung und Philosophie des 17. und 18. Jahrhundert, in: Ders., Aufschlüsse, Zürich 1976, S. 7–33 を参照せよ。

（13）Hans-Jürgen Fuchs, Entfremdung und Narzißmus: Semantische Untersuchungen zur Geschichte der »Selbstbezogenheit« als Vorgeschichte von französisch »amour propre«, Stuttgart 1977 におけるきわめて詳細な叙述を参照せよ。

（14）たとえばMatteo Peregrini, Difesa del savio in Corte, Macerata 1634, S. 43 ff. における、ストア派の理論に対する同じくらい表面的な批判のなかで、そう述べられている。

（15）ホッブズの場合には、このことはすでに考えられてはいたが、まだ適切に定式化されていなかったために、多くの誤解と不毛な論争を生んだ、というのが、Bernard Gert, Hobbes and Psychological Egoism, Journal of the History of Ideas 28（1967）, S. 503–520 の主張である。この分析は、思想的な成果のいわば出生前の状態――その成果はいったん生まれると、複雑性のゆえに保持され、拡張されていく――を、非常によく示している。

（16）Jean Frédéric Bernard, Reflexions morales, satiriques et comiques, sur les mœurs de notre siecle, 1716, Neuauflage Lüttich 1733, S. 156 f. を参照せよ。

（17）それはまた、神への最も直接的な道の妨げを意味したのではあるが。原理的な点については、Pierre Nicole, De la connoissance de soy-mesme, in: Essais de morale Bd. III, 3. Aufl. Paris 1682, S. 1–145 を参照せよ。あるいは、de Bourdonné, Le courtisan desabusé, ou les pensées d'un gentilhomme..., Paris 1659, zitiert nach der Auflage Paris 1695, S. 195 f. のやや要求度の低い表現を参照せよ。

（18）相互行為のレベルについては、Niklas Luhmann, Schematismen der Interaktion, Kölner Zeitschrift für Soziologie und Sozialpsychologie 31（1979）, S. 237–255 を見よ。

（19）W. Ross Ashby, Principles of Self-Organizing Systems, in: Heinz von Foerster/George Zopf（Hrsg.）, Principles of Self-Organization, New York 1962, S. 255–278; neu gedruckt in: Walter Buckley（Hrsg.）, Modern Systems Research for the Behavioral Scientist: A Sourcebook, Chicago 1968, S. 108–119（108 f.）〔山田坂仁ほか訳『頭脳への設計――知性と生命の起源』宇野書店、一九六七年所収〕を参照せよ。

（20）Wolfgang Schluchter, Die Entwicklung des okzidentalen Rationalismus, Tübingen 1979, S. 68ff. 〔嘉目克彦訳『近代合理主義の成立――マックス・ヴェーバーの西洋発展史の分析』未來社、一九八七年〕は、この構造原理を反省的な原理の使用をともなう倫理として特徴づけているが、この形態の始まりはきわめて遅く、カントに始まるとしている。

(21) マルクス、ニーチェ、フロイトを考えてみよ。また Kenneth Burke, Permanence and Change, New York 1935 も参照せよ。

訳　注

第一章

［1］ Peter Villaume（1746–1825）　ドイツ生まれの神学者・教育学者。ベルリンで神学を修めて聖職に就き、のちにいくつかの学校で哲学や道徳を教えた。ドイツ語とフランス語で神学、哲学、教育学などの著作を書き、体育学の基礎を築いたことでも知られている。

［2］ Jacques Necker（1732–1804）　スイス生まれの銀行家・政治家。フランスでルイ十六世時代に財務長官を務め、財政改革を試みるも挫折した。ネッケル夫人は当時の有力なサロンの一つを主催しており、ロマン主義作家のスタール夫人はネッケルの娘である。なお、ルーマンは「重農主義者」としているが、ネッケルは重農主義的な自由主義に批判的で、経済の国家統制を重視したともいわれる。

［3］ 旧ヨーロッパ（Alteuropa）とは、歴史家のO・ブルンナーやD・ゲアハルトが提唱した概念で、ヨーロッパ史において産業化以前（一八〇〇年ごろまで）のヨーロッパをさす。農業中心の自給自足経済、封建的・階層的な社会構造、キリスト教的世界観などを特徴とする。古代、中世、近代という古典的な時代区分にかわるものとして、一九七〇年代以降に注目されるようになり、中世と初期近代の連続性を初期近代と十九世紀以降の連続性よりも重視する。ルーマンは、近代への全面的な転換期を一八〇〇年ごろに設定するので、この旧ヨーロッパ概念を好んで用いる。

［4］ Charles Loyseau（1564–1627）　フランスの思想家・法律家。パリ高等法院の弁護士を務めた。フランス絶対主義の確立期に、『身分制論』において、アンシャン・レジームの身分制度のあり方を論じた。

［5］ Christian Thomasius（1655–1728）　ドイツ啓蒙主義の初期の哲学者、法律家。自然法の観点から、法学の神学からの解放と、外面を拘束する法と内面を拘束する道徳の区別を主張した。また理性論の観点から、理性的な愛について論じた。ハレ大学の設立に尽力し、ドイツ語による講義、出版を始めた。

［6］ローマの詩人ルーカーヌスの代表作『ファルサリア』の一節。ルーカーヌス（Marcus Annaeus Lucanus; 39–65）は、ネロ皇帝に仕えたが、二十五歳の若さで自殺。『ファルサリア』（または『内乱詩』）は、カエサルとポンペイウスの戦いを描いた未完の詩。

［7］Louis Le Roy（ca. 1510–1577）フランスの人文主義の古典学者、思想家。プラトンやアリストテレスの翻訳を行い、政治や歴史にかんする膨大な著作を残す。代表作の『栄枯盛衰、または万物の多様性』では、文化史における循環的変動を論じ、新しい歴史観の先駆者とされる。

［8］前適応的進歩（preadaptive advance）とは、生物進化において、ある環境に適応して器官や行動といった形質を発達させるさいに、それまで他の働きに用いられてきた既存の形質を転用する現象に注目し、転用された形質が適応に先回りして進歩していたことをさす。ルーマンは、社会システムの進化過程においても、この前適応的進歩が見られると考えている。

［9］institutio とは、ラテン語で慣習、伝統、規則、方法、綱領、教育、指導などを意味する語である。動詞の instituo は、備えつける、作りあげる、しつらえるといった意味がある。ヨーロッパ語の制度（institution, Institution）の語源。

第二章

［1］Roland Mousnier（1907–1993）フランスの歴史家。フランスの初期近代研究および文明化の比較研究が専門。ストラスブール大学、ソルボンヌ大学に在籍。アナール学派とマルクス主義の双方に批判的な立場をとり、フランスの初期近代社会は階級社会ではなく、富よりも名誉や威信が重視される身分社会であったと主張した。

［2］Jean-Louis Guez de Balzac（1597–1654）フランスの散文家、雄弁家。バロックから古典主義への移行期において、キケロを手本とした『書簡集』は、近代フランス語の散文の確立に大きな影響を与えた。ユマニスト的な教養を身につけ、宮廷の風儀にも通じる。

［3］ピューリタン革命にいたる一連の政治的展開をさす。イギリスでは、チャールズ一世（在位一六二五―一六四九

年）のとき、王と議会の抗争が激化し、王は長年議会を開くことなく専制政治を行うとともに、国教主義を強化してピューリタンや長老派を抑圧した。ついにスコットランドで反乱が勃発し、王は反乱を抑えるための戦費に窮して、一六四〇年に議会を招集したが、議会の批判にあって三週間で解散。スコットランド軍が攻勢を強めたので、王は同年末に再度議会を招集したが、議会は王の失政を責めて一六四一年に大諫奏を可決。王と議会の対立は決定的となり、王党と議会党の武力抗争が起こってピューリタン革命にいたる。

［4］société civile はラテン語の societas civilis のフランス語訳であり、通常は「市民社会」と訳される。これをルーマンが「政治社会（politische Gesellschaft）」としたのは、十七、十八世紀の市民社会が、家父長制的な家長たちからなる限られた市民による政治秩序を担う共同体であったことによる。

［5］ジェントリ（gentry）とは、イギリスにおいて中世以降に形成された下級地主層の総称。郷紳と訳される。初期近代に勢力を伸ばし、絶対王制を支えるとともに産業革命の到来に寄与した。法服貴族（noblesse de robe）とは、フランスにおいて初期近代以降に形成された官僚貴族。中世以来の帯剣貴族（武家貴族）に対して、官職売買制度によって官職を獲得し、第三身分から上昇して絶対王制を支えた。

［6］Cardinal de Retz, Jean-François Paul de Gondi（1613–1679）フランスの聖職者、政治指導者。イタリア系の名家に生まれ、聖職者としての将来を約束されていたが、フロンドの乱に関与して逮捕、投獄される。叔父の死去にともなってパリ大司教となるも、職務を遂行できなかった。宰相マザランの死去ののちに修道院で隠遁生活に入る。自伝的な『回想録』で有名。

［7］René Bary（1640–1680）フランスの著作家。婦人のための哲学や宮廷における会話にかんする著作を残し、上流社会においてプレシオジテ（préciosité）と呼ばれる審美的な態度や礼儀作法の確立に貢献した。

［8］Nicolas Faret（1600–1646）フランスの著作家。『オネットム、または宮廷で気に入られる術について』という作品によって、上流社会における人間の理想像としての「オネットム」の概念を確立した。ファレによれば、オネットムは、音楽やダンス、多くの良書に通じ、剣術、馬術、格闘技などにも習熟し、礼儀正しく、多くの人に気に入られる人間でなければならない。また、誠実で、道徳的に非の打ち所のない、立派な人間でなければならない。さらに、

信仰心にあふれた良きキリスト者でなければならない。

［9］ Maurice Magendie（1884–1944） フランスの文学史家。十七世紀のフランス文学を専門にし、オノレ・デュルフェの『アストレ』やスキュデリー嬢の『グラン・シリュス』などの作品研究や、当時の文学作品に現れる上流社会の礼儀作法についての著作を残した。

［10］ オネットム（honnête homme）とは、十七世紀前半におけるフランスのサロンと社交生活から生まれた理想的人間像である。言葉の本来の意味は「正直・誠実な人間」であるが、社交界においては、幅広い教養と社交術（洗練された礼儀や会話）を身につけ、しかも誠実で高い道徳性を備えているような紳士である。この人物像は、当時のフランスの古典主義文学とも深く関係していた。

［11］ Chevalier de Méré（1607–1648） フランスの著作家。エピキュリアンにしてオネットムの理論家。パスカルの「社交時代」の友人であり、賭事に秀で、確率論の議論も展開した。メレによれば、オネットムは、繊細な心と人間に対する深い洞察力をもち、広い教養を備え、すべてに秀でて、しかも自己をひけらかすことがない。また、洗練された礼節を守り、社交の規範慣習を熟知し、会話においても立ち居振る舞いにおいても節度をわきまえ、技巧と努力のあとをとどめぬ自在さ、柔軟さ、自然さをもつ。

［12］ François de La Rochefoucauld（1613–1680） フランスの著作家。大貴族の息子としてパリに生まれ、フロンドの乱に関与して失権。サブレ夫人のサロンの常連となり、『クレーヴの奥方』で知られるラ・ファイエット夫人と親交を結ぶ。『回想録』や『格言集』（または『箴言集』）を著し、とくに『格言集』は、「われわれの徳行はたいていの場合、擬装した悪徳にすぎない」というエピグラムに象徴されるように、人間の高貴な感情の大部分が自己愛と非合理的な情念に支配されていることを暴きだした、モラリスト文学の傑作とされる。

［13］ Baldassare Castiglione（1478–1529） イタリア・ルネサンス期の著作家。イタリアのミラノやウルビノ、さらにスペインの宮廷で活躍。『宮廷人』によって、ルネサンス期の宮廷人の行動様式に多大な影響を与えた。カスティリオーネによれば、宮廷人は高貴な生まれで、スポーツに優れ、多方面の教育を受け、ウィットに富み、陽気でなければならない。

[14] Stefano Guazzo（1530–1593） イタリア・ルネサンス期の著作家。『礼儀正しい会話』を著した。

[15] Giovanni della Casa（1503–1556） イタリア・ルネサンス期の司祭、詩人。教会の要職を務めるかたわら、ルネサンス運動の主導者であったペトラルカの詩作の模倣に反発した運動のリーダー格となり、また『エチケット論』を著したことでも知られる。

[16] George Villiers, Duke of Buckingham（1592–1628） イギリスの政治家。ジェームズ一世、チャールズ一世に重用されるが、その行動や政策は人気がなく、最終的には海軍士官に暗殺される。

[17] Armand-Jean du Plessis de Richelieu（1585–1642） フランスの聖職者・政治家。一六二四年にルイ十三世により宰相に任ぜられ、大貴族の反抗と新旧両教徒の抗争（とくにユグノーの勢力）を抑えて、集権的な絶対王政の確立に寄与した。重商主義政策をとって財政改革を進め、国力の回復に努めた。アカデミー・フランセーズを創設し、文化政策にも力をそそいだ。

[18] Christian Georg von Bessel 十七世紀後半のドイツ・バロック期の政治思想家。著作『政治的幸運の築き方』で、当時の宮廷の身分的序列について論じた。

[19] Jacques de Caillières/Jacques de Callières（?–1697） フランスの軍人・文人。軍の指揮官やシェルブールの領主を務めるかたわら、ユグノー戦争をはじめとする歴史の著作を多く残した。

[20] Antoine de Courtin（1622–1685） フランスの外交官・官僚。『礼儀作法新論』で、出世のための礼儀正しさとして、節度と地位への適切な敬意が必要であると説いた。

[21] Charles de Marguetel de Saint-Denis, seigneur de Saint-Évremond（1614–1703） フランスの軍人、エピキュリアン、文人。軍人生活ののち、宰相マザランが主導したピレネー条約を批判したため、おもにイギリスで亡命生活をおくる。歴史、道徳、宗教、文学など広範な分野の著作をおもに友人のために書き、生前はほとんど出版しなかったが、死後に著作集が出版された。代表作はキリスト教信仰を揶揄した『オカンクール元帥とカナーユ神父との対話』。

[22] Jacques-Bénigne Bossuet（1627–1704） フランスの聖職者、神学者。絶対王政と王権神授説を支持し、ルイ十四世の宮廷説教師を務めた、カトリック教会の大立者。著作は多岐にわたるが、数々の説教と追悼演説が古典主義的散文

の典型として知られる。

[23] Jean de La Bruyère (1645–1696) フランスの著作家。ギリシアの哲学者テオフラストスの『性格論(人さまざま)』の翻訳とその付録としての『当世性格論または当世風俗誌(通称『人さまざま』)』を発表して好評を得る。『人さまざま』はモラリスト文学の代表的作品の一つで、文芸批評、風俗批評、社会批評、宗教的考察の四つの内容を含み、十七世紀後半のフランス社会とそこに生きる人間を巧みに描いている。

[24] Jean Domat (1625–1696) フランスの法律家。ローマ法の専門家であり、著書の『自然的秩序のなかの市民法』は、自然法の観点からローマ法を体系的に記述し、のちのフランス民法の確立に大きな影響を与えた。またパスカルとは生涯の友人だった。

[25] 一六四八〜一六五三年に起こった高等法院や貴族による反乱の終結をさす。ルイ十四世が幼少であり、政治の実権を握った宰相マザランが不人気であったため、前期には高等法院が、後期には貴族が反乱を起こし、農民一揆や都市暴動と結びついて全国的な内乱状態にまでなったが、最終的には鎮圧された。その結果、絶対王権が強化され、貴族は無力化された。

[26] François-Augustin Paradis de Moncrif(e) (1687–1770) フランスの劇作家・詩人・著作家。ルイ十五世妃マリー・レクザンスカの秘書などを務める一方で、アカデミー・フランセーズ、ベルリン・アカデミーの会員でもあった。

[27] Denis Diderot (1713–1784) フランスの啓蒙思想家。哲学、科学、文芸批評、美術批評など、あらゆる知識領域にわたって活躍し、ダランベール (Jean Le Rond d'Alembert 1717–1783) とともに『百科全書(*Encyclopédie*)』(一七五一—一七七二年 初版二八巻)を編集した。『百科全書』は、合理的で実証的な知識体系を提供することを目的とし、科学や技術から宗教や思想にいたる多様で網羅的な項目が、十八世紀のフランスの啓蒙思想家をほぼ総動員して執筆された。途中でさまざまな統制や弾圧にあい、また執筆者間の亀裂を生じさせながらも、二〇年以上かけて完結し、啓蒙主義思想の普及に大きく貢献した。

[28] Voltaire (François Marie Arouet) (1694–1778) フランスの啓蒙思想家・作家。ヴォルテールは筆名で、本名はフランソワ＝マリー・アルエ。貴族と衝突してイギリスに亡命したり、プロイセンでフリードリヒ二世に招待されたり

したのち、晩年はジュネーヴに近いフェルネーに居を構えて執筆活動を行った。『アンリ四世頌』『ザイール』『哲学書簡』『風俗試論』『カンディード』『寛容論』をはじめ、多数の著作がある。

[29] François André Adrien Pluquet（1716–1790） フランスの哲学者。パリ大学に学び、フォントネルやモンテスキューと知り合う。のちにパリ大学の道徳哲学の教授となる。

[30] 複占とは、市場に生産者（企業）が二社しか存在しない寡占形態。経済学における主要な複占のモデルとしては、クルーノー・モデル（二社が、他社の生産量を一定として、自社の生産量を利潤最大化にてらして最適に選択するモデル）とベルトラン・モデル（二社が、他社の製品価格を一定として、自社の製品価格を利潤最大化にてらして最適に選択するモデル）がある。

[31] Madeleine de Scudéry（1607–1701） 一般にスキュデリー嬢と呼ばれる。フランスの作家。『グラン・シリュス』や『クレリー』などの長編小説を発表し、とくに『クレリー』に出てくる「恋愛の国の地図」が有名。十七世紀中葉の有力なサロンの一つである「サフォーの土曜会」を主宰した。

[32] nobilis と bonus はいずれもラテン語で「高貴な」「貴族的な」という意味をもつが、そのほかに nobilis は「有名な」という意味をもち、bonus は「道徳的に善い」「寛大な」「慈悲深い」などの意味をもつ。

[33] vilain はフランス語、gemein はドイツ語で、いずれも「卑しい」という意味をもつが、そのほかに vilain は「聞き分けがない」「醜い」「破廉恥な」などの意味をもち、gemein は「普通の」「共通の」などの意味をもつ。どちらもかなり多義的である。

[34] Pierre Bayle（1647–1706） フランスの哲学者・著作者。ジュネーヴでプロテスタント神学を学んだのち、オランダのロッテルダムに亡命し、現地の大学で教鞭をとった。主著『歴史批評辞典』は、著者の博識と批判精神によって旧来の誤謬や偏向を正そうとするもので、のちの啓蒙主義に大きな影響を与えた。

[35] Louis Dumont（1911–1998） フランスの構造主義的人類学者。インドのカースト制の研究、西洋の個人主義の研究などで有名。著書に『ホモ・ヒエラルキクス』、『個人主義論考』など。

[36] Jean La Placette（1639–1718） フランスのプロテスタントの神学者・モラリスト。ナントの勅令の廃止により、

フランスを去ってコペンハーゲンに移る。ラテン語、フランス語、英語などで多くの著書を残す。

[37] Georges-Louis Le Sage（1676–1759） フランス生まれでスイスの哲学者。おもにジュネーヴで活躍した。哲学を中心に多岐にわたる著作を残した。本書では『精神のメカニズム』が引用されている。

[38] Louis-Silvestre de Sacy（1654–1727） フランスの法律家、批評家。ランベール夫人のサロンに出入りし、小プリニウスの書簡集の翻訳が評価されて、アカデミー・フランセーズの会員となる。

[39] Marcus Tullius Cicero（106–43 B.C） 古代ローマの政治家、文人、雄弁家。騎士身分の出身。執政官としてカティリナの陰謀を未然に摘発し、国父の尊称を得た。共和制の擁護者としてカエサルとしばしば対立したが、カエサルの没後はアントニウスと対立し、暗殺された。書簡、演説、著作などを多く残し、その文章はラテン散文の模範とされる。『友情について』『国家について』『法について』『義務について』など、多方面の著作がある。

[40] Harold Kelly（1929–2003） アメリカの社会心理学者。カリフォルニア大学ロサンジェルス校教授を長く務めた。帰属理論にかんして、共変原理、因果帰属の割引原理、割増原理などの説を唱えた。

[41] Honoré-Gabriel Riqueti, comte de Mirabeau（1749–1791） フランスの政治家。雄弁で知られるフランス革命時の指導者の一人。父は重農主義の経済学者。貴族でありながら、三部会に第三身分から選出され、国民議会の成立に重要な役割を果たすが、やがて立憲王政の立場に立って宮廷に接近し、秘密資金の提供をうける。

[42] Ernst Brandes（1758–1810） ドイツの法律家。ドイツの啓蒙時代に当時の有力な学生結社のメンバーとなってハノーファーで活動。著書に『女性について』『女性とその社交生活における育成についての考察』など。

[43] Bernard Faÿ（1893–1978） フランスの歴史家。初期近代における仏米関係やフリーメーソンの研究を専門とする。コレージュ・ド・フランスの教授だったが、第二次世界大戦中に親独のヴィシー政権に協力し、戦後はスイスに亡命。

第三章

[1] Jacques Abbadie（1654–1727） スイス生まれのプロテスタント聖職者・著作家。フランス、ドイツ、オランダ、

イングランド、アイルランドなど各地で聖職を務めた。宗教にかんする著作を多く残す。著書『自己自身を知る方法』は、ジャンセニスムの道徳論にかかわる独自の道徳論を記述したもの。

[2] Richard Hooker（1554-1600）イギリスの神学者。英国国教会の神学思想の確立に大きく貢献した神学者の一人。著書『教会政治論』は、教会の適切な統治をテーマとし、ローマカトリックとピューリタンの中道をよしとしたもの。

[3] Jacques Esprit（1611-1678）フランスの文人・モラリスト。サブレ夫人のサロンに出入りし、ロングヴィル公爵夫人、ラ・ロシュフーコーに仕える。のちに高級官僚となり、アカデミー・フランセーズの会員に選出される。著書『人間の美徳の誤り』は、ラ・ロシュフーコーやサブレ夫人とともに練り上げた格言集。

[4] 欠性（privativ）とは、「～がない」「～でない」というかたちでの欠落的否定をさす。ドイツ語では、接頭辞の a-、in-、un- や接尾辞の -los などが欠性辞と呼ばれ、欠性を意味する。

[5] Hans-Jürgen Fuchs（1941-2010）現代ドイツの思想史家。著書『疎外とナルシシズム』において、フランスの自己愛の観念やその前史としての自己関係の歴史について、ゼマンティクの観点から分析した。

[6] 黄金時代とは、スペインの歴史において、十五世紀末から十七世紀にかけての美術、音楽、文学の隆盛期をさす。中世にイスラム教徒の支配下にあったイベリア半島をキリスト教徒が再征服するレコンキスタの終焉から、西仏戦争後のピレネー条約締結後の時代までを含む。フランス古典期とは、フランスの歴史において、文学の古典主義の隆盛期をさす。太陽王ルイ十四世の治世、絶対王政の最盛期とほぼ重なる。

[7] Henri François d'Aguesseau（1668-1751）フランスの貴族出身の大法官。ジャン・ドマ（Jean Domat）のもとで法学を学び、若くしてパリ高等法院の国王代理に任命される。その後、法務総監をへて大法官となり、宮廷と議会の調停に尽力した。

[8] André-François Boureau-Deslandes（1690-1757）フランスの哲学者。百科全書派の先駆者にあたる。文学、経済学、歴史など幅広い分野について、数多くの著作を残した。本書では『少しも退屈しない方法』が取り上げられている。

[9] Jacques Parrain Des Coustures（Coutures）（1645–1702） フランスの作家・翻訳家。聖書の注釈や翻訳、ルクレチウスの翻訳などを行い、名声を博した。著書に『普遍道徳』など。

[10] 新旧論争とは、十七世紀後半のフランスで起こった、文芸の創作にかんする古代人と近代人の優劣を争点とする論争。古典主義が古典古代の文芸作品を絶対的な模範とみなしたのに対して、科学の発展、批判的精神の高揚、進歩の観念の浸透などによって、古代人の権威が疑問視されるようになり、近代的な作品の価値が称揚されるようになる。この趨勢を背景として、当代を代表する論者たちが古代派と近代派にわかれて論争を繰り広げた。

[11] Étienne-Gabriel Morelly（1717–1778） フランス啓蒙主義時代の哲学者。その生涯が謎に包まれた「忘れられた哲学者」である。著書『自然の法典』は、私有財産を諸悪の根源とみなす社会主義的な色彩の強いもの。同書はディドロの著作ではないかと推測されたこともあった。

[12] Étienne Bonnot de Condillac（1714–1780） フランス啓蒙主義時代の哲学者。哲学者ガブリエル・ボノ・ド・マブリは兄。聖職者でありながら、ディドロやルソーなどの思想家たちと親交を深め、感覚論の体系化に努めた。著書は『人間認識起源論』や『感覚論』など。

[13] Pierre d'Ortigue de Vaumorière（1610–1693） フランスの文人。社交における会話術や男女関係について論じた著書『会話において気に入られる方法』は、かつてリシュリューかベレガルドの作とみなされていたが、現在ではヴォーモリエール作とされる。

[14] Pierre Coste（1668–1748） フランスの出版者・翻訳家。ロックの主要著作を仏訳した。また彼が出版したモンテーニュの『エセー』は、現存する唯一の十八世紀版とされる。

[15] Friedrich Gabriel Resewitz（1729–1806） ドイツの聖職者・教育学者。ドイツ啓蒙主義と神学的合理主義の代表的論者。『健全な分別を用い公共に益する仕事をするための市民の教育』などの著書を発表し、教育改革に尽力した。

[16] Claude Adrien Helvétius（1715–1771） フランスの哲学者・文学者。総徴税請負人として裕福な生活を享受し、文学や芸術をよくたしなんだ。当時としては革新的な思想の持ち主で、夫人のサロンも同様に革新的な雰囲気をもっていた。著書『人間論』は、主著『精神論』の補遺にあたり、無神論的、功利主義的、平等主義的な人間観を展開し

た。

［17］Georges Gusdorf（1912-2000） フランスの哲学者。パリの高等師範学校やソルボンヌ大学で学び、第二次大戦後はストラスブール大学に在籍。著書は『言葉』『神話と形而上学』『人間の科学と人文科学』など。

［18］Samuel von Pufendorf（1632-1694） ドイツの自然法哲学者・歴史家。匿名の著書『ドイツ国の状態について』において、神聖ローマ帝国はドイツに流血と混乱をもたらす怪物であると非難した。ホッブズやグロチウスの自然法思想の影響を受けて、世俗的自然法や統一的国際法の思想を展開した。ホッブズとは異なり、闘争的ではなく平和的な自然状態を措定したが、平和と安全を守るために社会契約によって国家が形成されると考えた。

［19］Justus Lipsius（1547-1606） オランダ生まれの文献学者・ユマニスト。『節操について』をはじめとして、古代ストア派思想の復興を企図した著書を発表して多くの思想家に影響を与え、新ストア派の形成をもたらした。また『政治論』など、初期近代国家を基礎づける国家論を展開した。

［20］Armand Jean du Plessis, cardinal et duc de Richelleu（1585-1642） フランスの聖職者・政治家。ルイ十三世の宰相を務めて権勢をふるい、中央集権体制の確立と王権の強化によって、絶対王政の基礎を築いた。宗教的には、プロテスタント抑圧の立場をとった。文化政策としては、アカデミー・フランセーズの創設が特筆される。

［21］Etienne Thuau 現代フランスの歴史家。著書『リシュリュー時代の国家理性と政治思想』で、十七世紀フランスの絶対主義国家発展期における中心的イデオロギーとなった国家理性の概念を中心に、当時の政治思想の展開を分析した。

［22］Wilhelm von Humboldt（1767-1835） ドイツの言語学者・政治家。ベルリンのフンボルト大学の創設者。弟のアレクサンダーは博物学者・政治家。またゲーテやシラーとも親交があったことで知られる。言語学に大きな貢献をするとともに、教育の理論と実践についても、プロシアの教育制度を設計するなど、近代教育制度の基礎を築いた。

［23］Christian August Crusius（1715-1775） ドイツの哲学者・神学者。哲学者としては、『必然的理性真理の見取図』や『人間的認識の確実性と信頼性への道』などの著書で、十八世紀前半のヴォルフ哲学を批判して有名になった。後半生は神学に転じ、正統な聖書解釈を重んじる一派を形成した。

［24］ Johann Georg Sulzer（1720–1779） スイスの哲学者・数学者。主著『芸術の一般理論』は、フランスの百科全書のように美学の基礎概念や個別問題を網羅した辞典で、その範囲は文学、造形芸術、建築、舞踏、音楽、演劇にまで及び、十八世紀後半のドイツ美学の代表作となった。

［25］ Anthony Levi（1929–2004） イギリスの歴史家。聖職をへて歴史家となる。初期の『フランスのモラリスト』から晩年の『フランス文学案内』や『ルネサンスと宗教改革』にいたるまで、フランスの初期近代を専門とする研究を数多く残した。

［26］ Bernard de Mandeville（1670–1733） オランダ生まれのイギリスの思想家。主著『蜂の寓話——私悪すなわち公益』において、一般に悪徳と考えられる個人の利己的な利益追求が社会の公共の利益につながるという逆説的な主張を展開し、後世の近代経済学の思想に大きな影響を与えた。

［27］ 学校概念（Schulbegriff）とは、カントが哲学を区分するために提唱した考え方で、世界概念（Weltbegriff）と対になっている。学校概念は、任意の何らかの目的のための技能にかかわり、世界概念は、誰もが必然的に関心をもたざるをえないものにかかわる。哲学の学校概念とは、思弁的知識を求める技能の理論であり、哲学の世界概念とは、人間理性の究極目的を示す完全な知恵の理論である。

第四章

［1］ 見かけの現在（specious present）とは、心理学や哲学で提唱され、アメリカの心理学者ウィリアム・ジェームズが確立した概念で、現在感覚とは過去を含む幅のある短時間であるという考え方。

［2］ 代理学習（vicarious learning）とは、心理学者アルバート・バンデュラに帰せられる概念で、自己自身の直接的な経験ではなく、他者の行為の観察、記憶にもとづいて行為のモデルを構成し、それを実践するような学習形態をいう。観察学習（observational learning）、社会的学習（social learning）、モデリング（modelling）などともいう。

［3］ John Donne（1572–1631） イギリスの詩人・作家。後年は英国国教会の司祭も務めた。当代の形而上詩人の代表格とされ、大きく異なるものを対比させる形而上学的奇想としてのメタファーを駆使して、恋愛詩、宗教詩を多く残

した。

［4］Thomas Smith（1513–1577）　イギリスの学者・外交官。学者としてはケンブリッジ大学で教鞭をとり、外交官としてはエリザベス女王の時代にフランス大使となった。著書『イギリス共和国』は、イギリスにおける混合的な政治体制の必要性・必然性を説いたもの。

［5］継続的創造説（creatio continua）とは、神による世界の創造は全歴史をとおして継続しており、そのかぎりにおいて世界は完成しておらず、未来に開かれているという考え方。伝統的には、神は無時間的で不変的であるから、創造は世界の始まりに一回だけ起こったと考えられてきた。

［6］Pierre Carlet de Chamblain de Marivaux（1688–1763）　フランスの劇作家。十八世紀フランスを代表する劇作家の一人であり、恋愛をテーマとする喜劇を多く残した。代表作は『愛と偶然の戯れ』。

［7］Luc de Clapiers, marquis de Vauvenargues（1715–1747）　フランスのモラリスト・作家。道徳哲学や文芸批評にかんする著作があり、代表作は『人間精神認識論序説』『省察と箴言』。

［8］Wolf Lepenies（1941–）　ドイツの社会学者。ベルリン自由大学、フランスの人間科学研究所、アメリカのプリンストン高等研究所をへて、ベルリン高等研究所に在籍し、現在は同研究所名誉教授。近代における科学や知識のあり方の転換についての研究が多く、著書に『自然誌の終焉』『十八世紀の文人科学者たち』『理性の夢』などがある。

［9］古代ギリシアの哲学者エレアのゼノン（Ζήνων ὁ Ἐλεάτης; BC 490–BC 430）が唱えたパラドックス。有名なのは、アキレスと亀（アキレスは、少し先にスタートした亀に追いつくことができない）、飛んでいる矢は止まっている、といった運動と時間にかんするパラドックス。

第五章

［1］François de Salignac de la Mothe-Fénelon（1651–1715）　通称フランソワ・フェヌロン（François Fénelon）。フランスのカトリック神学者・著作家。聖職者として将来を嘱望されながら、ギュイヨン夫人らとともに神秘主義的なキエティスム（静寂主義）の擁護者となり、ローマ教皇から異端として断罪された。また著書『テレマックの冒険』で

は、当時の専制政治を批判したとして国王の逆鱗に触れた。その一方で『アカデミーへの手紙』によって、当時の新旧論争の収束に寄与した。

原注

［1］イナクトメント（enactment）とは、アメリカの組織論者カール・E・ワイクの用語。ワイクは、イナクトメント、選択、保存からなる進化論的な組織化のモデルを提示した。イナクトメントは、組織（メンバー）が環境に働きかけることによって、能動的に環境を構成していく過程をさす。

［2］Reinhart Koselleck（1923–2006）ドイツの歴史家。とくに歴史理論や概念史・言語史を専門とし、W・コンツェやO・ブルンナーとともに『歴史的基礎概念』辞典を編纂した。またビーレフェルト大学の創設にも関与し、大学創設から退官までビーレフェルト大学歴史学部に在籍した。ルーマンのゼマンティク研究に大きな影響を与えている。

［3］Arthur Child（1913–1982）アメリカの哲学者。シカゴ大学をへてカリフォルニア大学デーヴィス校に在籍。初期の知識社会学の業績によって広く知られ、その後哲学の幅広い分野にわたって多くの業績を残した。著書は『ホッブズ、ヴィーコ、デューイにおける作ることと知ること』『解釈――一般理論』など。

［4］Pierre Nicole（1625–1695）フランスの神学者・哲学者。ポール・ロワイヤル修道院を拠点に活動したジャンセニスト。アルノー（Antoine Arnault, 1612–1697）と共著の『ポール・ロワイヤル論理学』で有名。思想的には、デカルトとパスカルの影響が強い。本書では、とくに『道徳論』が取り上げられている。

［5］Joseph Glanvill（1636–1680）イギリスの哲学者・聖職者。スコラ哲学のドグマティズムを批判して、知識は科学的方法によって得られるべきであると主張した。その一方で無神論を批判して、魔術や幽霊の存在や霊魂の実在を科学的に実証しようと試みた。

［6］Nicolas Rémond des Cours（1639–1716）フランスの文人。裕福な家柄に生まれ、大きな図書館をもつ館に暮らし、そこは多くの文人たちの交流の場となった。著書に『優れた人にふさわしいふるまい』などがあり、アベラールとエロイーズの往復書簡の研究や翻訳も手がけた。

［7］包括家族（das ganze Haus）とは、ドイツの歴史家オットー・ブルンナーの用語で、十七、十八世紀の初期近代ヨーロッパにおける地方貴族ないし大農家をモデルとした家族構成の原理。当時の家族は、経済的、社会的、法的、政治的な団体であり、多くの社会的機能を包括した単位であり、家父長制的な家長をとおして、村落、都市、教会といった外部の社会団体と関係していた。

［8］ライフマンシップ（lifemanship）とは、生活で他人より優位に立つ術。イギリスのユーモリスト・著作家のスティーヴン・ポッターの造語。

［9］ギャラントリー（galanterie）とは、十七世紀の社交界における男性の女性に対する洗練されたふるまいの規則、具体的には慇懃さや礼儀正しさを意味する。中世の騎士恋愛以来の男性のふるまいの規則が洗練されると同時に、内面的には騎士恋愛の真摯さや誠実さが薄れて、一種の洗練された恋愛ゲームの手段ともなっていったために、「趣味的恋愛」とも訳される。

［10］Charles Sorel（1597–1674）　フランスの小説家。スペインのピカレスク小説の影響を受けて現実を風刺的に描く滑稽物語をはじめ、多岐にわたる文筆活動を行った。『フランション滑稽物語』は青年貴族フランションを主人公とする風刺小説で、彼の経歴を軸にして、現世の虚栄と腐敗を活写し、さらに大胆な哲学と宗教批判を展開した。

［11］Marie-Geneviève-Charlotte Thiroux d'Arconville（1720–1805）　フランスの女流文人・科学者。サロン生活には加わらなかったが、ヴォルテールなど当時の知識人と交流があった。道徳論、歴史、科学、小説、さらには翻訳など、多様な分野で著作を残した。

［12］Veit Ludwig von Seckendorf（1626–1692）　ドイツの政治家・学者。高貴の家系に生まれる。重商主義の一派である官房学派の代表者。ザクセン地方で政治家として活動し、晩年には新設のハレ大学の学長となったが、直後に没した。

［13］Christian Weise（1642–1708）　ドイツの作家。いくつかの宮廷仕えをへてギムナジウムの教師に転じ、ツィッタウのギムナジウムの校長を務める。作家としては、当時の社会的、政治的状況を批判しつつ、絶対主義国家の政治への市民層の参加について啓蒙的な教訓を示す政治小説のスタイルを確立した。

[14] ドイツのバロック時代（十七世紀～十八世紀初頭）における下級小説の一種。バロック後期に盛んになり、勃興しつつあった市民層の政治参加について、教訓的、啓蒙的な内容をもつ。

[15] オノレ・デュルフェ（Honoré d'Urfé; 1567–1625）による十七世紀のバロック期の牧人小説の代表作。デュルフェの生前に三巻が刊行されたが（一六〇七～一六一九年）未完に終わり、秘書のバロが残された草稿にもとづいて補い、全五巻が完結した（一六二七年）。五世紀のフォレ地方（中部フランス）を舞台に、森に隠棲する高貴な羊飼いセラドンとアストレの愛とそれを阻む数々の障害が、長短五〇に及ぶ挿話を絡めて描かれている。

[16] Claude Buffier（1661–1737） フランスの哲学者・歴史家・イエズス会士。人間の知識の根本原理について、デカルトと同じく自己の存在から出発しつつも、アプリオリな方法ではなくコモンセンスを基礎にし、人間はコモンセンスによって、自分と異なる存在について、各自の知覚の内的感情とは異なる共通で同一の判断ができるようになると考えた。

[17] フィロゾフ（philosophe）とは、オネットムにかわる十八世紀フランスの知識人像を示す概念。理性を信奉し、事実の観察や経験にもとづく合理的判断の能力を有し、社交的であるのみならず、理性によって社会の偏見や迷妄を打破しようとする。具体的には、とくに当時の進歩的な著作家集団であるヴォルテールや百科全書派とその同調者の集団をさす。

[18] Robert Arnauld d'Andilly（1589–1674） フランスの政治家。財政問題に詳しく、国家顧問を務めた。また名文家としてフランスの十七世紀古典主義に属する。熱心なカトリック信者で、ジャンセニズムの歴史のなかで重要な役割を演じ、晩年はポール・ロワイヤル修道院に隠居した。

[19] Hans Ulrich Gumbrecht（1948–） ドイツ生まれの文学理論家。ドイツの大学をへて、アメリカのスタンフォード大学で比較文学の講座の教授を務める。中世から近代初期のヨーロッパ文学、メディア史などが専門。

[20] Leon H. Mayhew（1935–2000） アメリカの社会学者。ハーバード大学で学位を取得し、ミシガン大学、カリフォルニア大学バークレー校、同デーヴィス校に在籍。パーソンズの論文集を編纂したほか、著書に『法と平等な機会』『新しい公衆』などがある。

［21］ Jon Elster（1940–） ノルウェー生まれの社会科学者・哲学者。ソルボンヌ大学でマルクス研究により学位を取得後、オスロ大学、シカゴ大学をへて、コロンビア大学に在籍。合理的選択理論の代表的論者の一人で、それを基礎にした社会科学についての哲学的著作も多い。

［22］ Jean François Senault（1599/1604–1672） ベルギー生まれの聖職者・哲学者。フランス各地で聖職を務めた。思想的にはアウグスチヌスと新ストア派の道徳論を総合しようとした。著書『情念の効用』は、二部にわたって情念一般と個別の情念をそれぞれ論じたもの。

［23］ Abbé de Mably（Gabriel Bonnot de Mably）（1709–1785） フランスの哲学者・政治家。哲学者エティエンヌ・ボノ・ド・コンディヤックは弟。歴史を題材にした政治にかんする著作が多く、アンシャン・レジームに批判的な共和主義的思想を展開した。著書『立法論または法の諸原則』は、平等な社会を実現するための立法の原則について論じたもの。

［24］ Sebastian Castellio（1515–1563） フランス・スイスのプロテスタント神学者・人文主義者。初期にはカルヴァンと懇意で、コレージュ・ド・ジュネーヴの学長となり、古典の博識で名声を得るが、宗教的寛容を主張してカルヴァンおよびその支持者と対立し、ジュネーヴを追われてバーゼルで晩年を過ごした。

［25］ Marin Mersenne（1588–1648） フランスの聖職者・神学者。哲学、数学、物理学、音響学などを幅広く研究し、当時のヨーロッパの学者と広く交流し、パリ科学アカデミーの前身となる科学者や哲学者のサークルを主宰した。近代的な科学や哲学の発展に大きく貢献した。

［26］ Johann Gottfried Herder（1744–1803） ドイツの哲学者・文学者。著書『現代ドイツ文学断章』では歴史主義的な文芸評論を展開し、『言語起源論』では言語神授説を否定して人間中心的な言語哲学を唱えた。さらにそのような立場からカント哲学の批判を試みた。ドイツのシュトルム・ウント・ドランク運動、古典主義文学、ロマン主義に大きな影響を与えた。

［27］ August Ludwig von Schlözer（1735–1809） ドイツの歴史家。とくにロシア史研究の基礎を築いた。著書『世界史』は、膨大な世界史の情報から何を選択するかという基準を示し、歴史教育の指針を提供した。

[28] Joseph Terence Montgomery Needham（1900–1995） イギリスの科学史家。生化学者として出発し、のちに中国科学史に転じた。大著『中国の科学と文明』において、中国における科学技術が古代において西洋に先行していた事実を明らかにし、西洋における非西洋文明観を大きく転換させた。王立協会、ブリティッシュ・アカデミーの会員となり、晩年には名誉勲位も授与された。

[29] Franz von Sales（1567–1622） カトリック教会の聖人でジュネーヴの司教。宗教改革の時代に、カルヴァン派の本拠地だったジュネーヴのカトリック司教となり、フランスのアヌシーを拠点に大きな働きをした。作家・ジャーナリストの守護聖人でもある。

[30] Charlotte Gouffier de Roannez（1633–1683） パスカルの友人であるロアネス公の妹であり、パスカルがロアネス嬢に宛てた書簡が残っている。一説には、パスカルは当時十六歳のロアネス嬢に恋をし、それが一つのきっかけとなって、『愛の情念について』という小品を書いたとされる。

[31] Αναξαγορας（500–428 B.C.） 古代ギリシアの自然哲学者。あらゆるものは無限に小さく、無限に多い微小な存在を含んでいると考え、それを万物の種子と呼んだ。種子の完全な混合状態だった宇宙は、知性の働きによって、部分の混合比率による諸事物の区別が生み出されると考えた。

[32] Abbé Jean Baptiste Claude Joannet（1716–1789） フランスの文人・聖職者。パリで無信仰者や世俗主義者と戦う宗教雑誌を発行し、ルイ十五世の妃マリー・レクチンスカの寵愛を得る。

[33] William Chillingworth（1602–1644） イギリスの神学者・聖職者。オックスフォードのアングリカン穏健派の一人で、英国国教会にあらゆるセクトを統合することをめざした広教主義の立場をとった。

[34] Robert Boyle（1627–1691） イギリスの自然哲学者・科学者。ボイルの法則（気体の温度が一定のとき、その体積は圧力に反比例する）の発見で知られる。著書『懐疑的化学者』は、それ以前の元素説を批判して独自の粒子哲学を展開し、近代化学の基礎を築いた。

[35] Andreas Alciatus/Andrea Alciato（1492–1550） イタリアの法学者。豊かな学識に裏打ちされたローマ法の解釈によって、法学者として名声を博す。その一方で、歴史や文学の分野でも著書を残し、とくにエンブレム（紋章）を集

めた『エンブレマタ』は、当時数多く出版されたエンブレム本の嚆矢となった。
〔36〕 Franciscus Duarenus（1509–1559） フランスの法学者。中世法学に対して、ローマ法の正確なテキストの解釈を追求する法人文主義の代表者の一人。
〔37〕 Jacques Cujas（1520–1590） フランスの法学者。中世法学に対して、ローマ法の正確なテキストの解釈を追求する法人文主義の代表者の一人。

訳者あとがき

本書は Niklas Luhmann, *Gesellschaftsstruktur und Semantik: Studien zur Wissenssoziologie der modernen Gesellschaft*, Bd. 1, Frankfurt am Main: Suhrkamp 1980 の全訳である。

著者のニクラス・ルーマンは、社会学の世界ではあらためて紹介を要しないほど著名な二〇世紀後半のドイツの社会学者であり、その独自の社会システム論は、ドイツのみならず欧米や日本でもよく知られ、初期の著作から晩年の著作まで、日本語の翻訳もすでに数多く出されている。そのなかで、これまで日本語訳が手つかずだったのが、本書の原著を含むゼマンティク論の四巻のシリーズである。

ゼマンティク論のシリーズは、まず一九八〇年に第一巻、一九八一年に第二巻が連続して刊行されている。本書の論述のなかでもたびたび述べられているように、この二冊は内容的に見て、いわば二巻本としてひとまとまりに発表された。また同時期の一九八二年に刊行された『情熱としての愛』(*Liebe als Passion*)でも、愛のゼマンティクをめぐる研究が重要な要素となっており、ルーマンが一九七〇年代から進めてきたゼマンティク研究の成果が、一気に開花したかたちになっている。さらにその後、一九八九年に第三巻、一九九五年に第四巻が刊行され、ゼマンティク論をめぐるルーマンの研究関心は晩年まで続いている。

本書の題名にある「ゼマンティク（Semantik）」という言葉は、ルーマン研究者のあいだではドイツ語のカタカナ翻訳でそこそこ通用しているものの、一般の読者にはいささか違和感があるだろう。訳者自身、本書の前に翻訳した『社会の科学』（法政大学出版局、二〇〇九年）では、「意味論」という訳語をあてたが、「意味論」にするのか「ゼマンティク」のままでいくのか、ずいぶんと悩んだ。本書のなかでルーマン自身が述べているように（一〇—一一頁、二九六頁注一三）、本書で用いられているゼマンティクは、言語学や記号論における統語論、意味論、語用論という研究領域の三分類のなかの意味論として、記号とその指示対象の関係についての研究を指しているわけではない。それと無関係ではないものの、むしろ「歴史的‐政治的ゼマンティク」という思想史、概念史の領域に連なる研究を指している。本書では、その点を考慮して、あえて「ゼマンティク」というカタカナ表記にした。

本書におけるゼマンティク研究は、ドイツの思想史研究の趨勢と密接に連関している。それは、オットー・ブルンナー、ヴェルナー・コンツェ、ラインハルト・コゼレックが編集した『歴史的基礎概念』辞典（Otto Brunner/Werner Conze/Reinhart Koselleck（Hrsg.）, *Geschichtliche Grundbegriffe: Historisches Lexikon zur politish-sozialen Sprache in Deutschland*, 8 Bde., Stuttgart: Klett-Cotta 1972–1997）に象徴される研究である。この辞典は、副題にもあるように、ドイツにおける政治的‐社会的に重要な概念の歴史を考察した大項目の辞典であり、ギリシア語、ラテン語の語源をたどりながら、とくにフランス革命、産業革命を挟んだ十八世紀後半から十九世紀前半の時期、すなわち初期近代から近現代への転換期、移行期（コゼレックの言葉を借りれば「鞍点期（Sattelzeit）」）における概念の変化に焦点を合わせた諸論考が収められている。

なかでもコゼレックは、ルーマンと同じくビーレフェルト大学創設時からの教授陣の一人であり、ドイツの学際研究をリードしてきたビーレフェルト大学における同僚、研究仲間として、本来の専門領域を超えた研究交流があったことは想像に難くない（コゼレックについては本書四〇八頁訳注四も参照）。じっさいコゼレックも、本書とほぼ同時期の一九七九年に刊行されたゼマンティク論である『過ぎ去った過去』（Reinhart Koselleck, *Vergangene Zukunft: Zur Semantik geschichtlicher Zeiten*, Frankfurt am Main: Suhrkamp 1979）において、ルーマンの研究に言及している。

本書におけるルーマンの諸論考においても、とくに第一章で明確に提示されているように、焦点となるのは初期近代から近現代への転換期、移行期である（ただし本書では、コゼレックのいう鞍点期よりやや前の「移行期のゼマンティク」に重点がおかれている）。しかしルーマンの研究は、コゼレックらの思想史研究のたんなる社会学版というわけではない。両者は、ヨーロッパ近代の成立期における社会構造の転換と連動した思想史、あるいは概念史の変遷を考察する点では、基本的な問題意識を共有しているが、社会構造の転換を捉える理論枠組みが大きく異なっている。ルーマンの研究は、彼自身の社会システム論の枠組みに基づいており、とりわけ社会構造の転換にかんしては、階層分化から機能分化への転換を最も重要な要因とみなしている。第二章以下の個別テーマについての論考は、すべてこの構造転換の枠組みのなかで行われている。

ところで、ルーマンの理論的著作を読むと、概念規定にかんしてしばしば厄介な記述に出会う。一般に、理論構築における概念規定は、理論家が任意に行ってよいと考えられているが、社会の内部における社会の自己観察、自己記述としての社会学という立場に立つルーマンは、自己観察、自己記述の道具としての概念が、当該社会の歴史的なゼマンティクの伝統（思想史）のなかで形成されてきた点を重視し、つねに概念の歴史性に言及しながら概念規定を行っている。端的に言えば、社会の自己観察、自己記述の道具としての社会学的概念は、歴史性を反省することによって、その由来、意義、限界などを確定しつつ、記述のなかに組み込んでいかなければならない。社会の記述は、社会のなかでの社会の記述という意味で自己言及的であるのみならず、歴史のなかでの歴史の記述という意味でも自己言及的でなければならない。本書の諸論考は、ルーマンがそれほどまでに複雑な理論の記述様式を採用するにいたった、思想史的な背景を明らかにしてくれるだろう。

本書の第一章では、社会構造とゼマンティクの転換を分析するための理論枠組みが提示される。第二章では、相互行為と全体社会が分化していく過程が、とくに上流階層の相互行為様式とゼマンティクに焦点を当てて記述される。『情熱としての愛』との関連性が非常に強い。第三章では、人間学の展開がとりあげられて、人間、主観、個人といった近代的な概念への移行過程が記述される。第四章では、時間論がとりあげられて、複雑性の時間化というルーマン固有の概念の由来が、思想史的背景から説明される。そして第五章では、第二巻に続く短い理論的な中間考察として、自己言及と二項図式化について論じられる。これらの論考における概念の歴史的変遷の分析を参照しつつ、社会システム論の理論的記述を読み込むことによって、ルーマンの社会理論の構想の全体像が、よりよく理解されるだろう。

本書の翻訳は、訳者の仕事の都合で、完成までずいぶんと時間がかかってしまった。大学運営の業務に追われる現在の訳者の境遇では、とても短期間に第二巻以降を単独で訳出する余裕がないと判断し、馬場靖雄氏を中心とするルーマン研究のグループに、バトンを引き継いでいただくことにした。記して感謝したい。また、『社会の科学』に続いて本書の編集を担当していただいた、法政大学出版局の奥田のぞみ氏にも、心より感謝申し上げる。

二〇一一年八月

徳安　彰

法政大学出版局

宗教論〈現代社会における宗教の可能性〉　土方昭・土方透訳　一八〇〇円

近代の観察　馬場靖雄訳　二八〇〇円

社会の法　馬場靖雄・上村隆広・江口厚仁訳　1・四四〇〇円　2・四六〇〇円

社会の芸術　馬場靖雄訳　七八〇〇円

社会の社会　馬場・赤堀・菅原・高橋訳　1・2　各九〇〇〇円

社会の科学　徳安彰訳　1・2　各四八〇〇円

社会構造とゼマンティク　徳安彰訳　1　四八〇〇円
馬場・高橋ほか訳　2・3　続刊

価格は税別

著　者

ニクラス・ルーマン（Niklas Luhmann）

1927年ドイツのリューネブルクに生まれる．1968–1993年ビーレフェルト大学社会学部教授．70年代初頭にはハーバーマスとの論争により名を高め，80年代以降「オートポイエーシス」概念を軸とし，ドイツ・ロマン派の知的遺産やポスト構造主義なども視野に収めつつ新たな社会システム理論の構築を試みる．90年前後よりこの理論を用いて現代社会を形成する諸機能システムの分析を試み，その対象は経済，法，政治，宗教，科学，芸術，教育，社会運動，家族などにまで及んだ．1998年没．『宗教論』『近代の観察』『社会の法１・２』『社会の芸術』『社会の社会１・２』『社会の科学１・２』（以上，法政大学出版局），『社会システム理論　上・下』（恒星社厚生閣），『信頼』（勁草書房）など邦訳多数．

訳　者

徳安　彰（とくやす　あきら）

1956年佐賀県に生まれる．東京大学大学院社会学研究科博士課程単位取得退学．法政大学社会学部教授．社会システム論専攻．著書：『理論社会学の可能性——客観主義から主観主義まで』（共著，新曜社），『社会変動と社会学　講座社会変動１』（共著，ミネルヴァ書房）他．訳書：ウルリッヒ／プロプスト編『自己組織化とマネジメント』（東海大学出版会），エリアス『社会学とは何か』（法政大学出版局），ルーマン『福祉国家における政治理論』（勁草書房），ルーマン『社会の科学１・２』（法政大学出版局）他．

《叢書・ウニベルシタス　961》
社会構造とゼマンティク 1

2011年 9 月15日　　初版第 1 刷発行

ニクラス・ルーマン
徳安 彰 訳
発行所　財団法人　法政大学出版局
〒102-0073 東京都千代田区九段北3-2-7
電話03(5214)5540／振替00160-6-95814
印刷：三和印刷　製本：ベル製本

Printed in Japan

ISBN 978-4-588-00961-7

事項索引

＊原著に付された索引項目をそのまま翻訳し，五十音順に配列した．
＊原著の「頁以下」（ff.）がどの範囲に及ぶかは，訳者の判断による．
＊「373(n82)」は「373頁原注(82)」を意味する．
＊「→」は，参照すべき関連項目を示す．
＊索引項目の語形が異なっていたり，当該箇所に直接出てこなかったりする場合がある．

ア　行

アイデンティティ　Identität　163–164, 167–168, 179, 188　→人格，関係を見よ
アプリオリ化　Apriorisierung　50, 210, 289, 290
安全　Sicherheit　265
安定／変動　Stabilität/Wechsel　217
安定化，進化的　Stabilisierung, evolutionäre　35, 36–38, 44–45, 205
移行期のゼマンティク　Überleitungssemantik　156, 159, 174, 249–250
維持　conservatio　→自己維持を見よ
意志と理性　Wille und Vernunft　199
依存，のゼマンティク　Abhängigkeit, Semantik der　48, 310(n17)
一般化　Generalisierung　150, 235, 275
イデオロギー化　Ideologisierung　50, 155, 264
イデオロギー概念　Ideologiebegriff　4
イデオロギー批判　Ideologiekritik　3
意味　Sinn　9, 58, 229–230
因果帰属　Kausalattribution　138
因果性　Kausalität　→思想の因果性を見よ
印刷術　Buchdruck　202–203
生まれ，高貴な　Geburt, hohe　85–87
運動　Bewegung　270–274
永遠　Ewigkeit, aeternitas　242
エチケット　Etikette　88–89
オネットム　honnête homme　92, 93–94, 104, 129, 284
恩寵　Gnade　162

カ　行

階層　Schichtung　→階層分化を見よ

――批判　-, Kritik der　3, 25, 309（n12）　→上流階層を見よ
階層化　Stratifikation　→分化を見よ
概念史　Begriffsgeschichte　→思想史を見よ
快楽　plaisir　254-257　→気に入るを見よ
快楽／苦痛　Lust/Schmerz　254
会話　Konversation　93, 110-111, 128　→コミュニケーションを見よ
科学　Wissenschaft　112-113, 186-187, 210, 213-214
革命　Revolution　203-204
賢さ，知恵　Weisheit, Wissen　42, 47-48, 49
加速　Beschleunigung　31, 160, 271
家族　Familie　149-150, 156, 276
家族，世帯　Haus, Haushalt　113-114, 310-311（n17）
価値概念　Wertbegriff　49
過程　Prozeß　230-231　→構造を見よ
貨幣　Geld　235-236, 276　→コミュニケーション・メディアを見よ
環境　Milieu　178, 189, 193
関係，の統一性　Relation, Einheit als　198-199
感情　Affekte　→情念を見よ
感情　Gefühl　259-260, 261　→情念，情熱恋愛を見よ
完成　Perfektion　267-268
完成可能性　Perfektibilität　194
奇形　Monstren　33, 189-190, 193
規則　Regeln　67, 93, 284-285
貴族　Adel　→上流階層，叙任を見よ
帰属　Zurechnung　160-163, 200　→因果帰属を見よ
　行為の――　- von Handeln　15, 137-138
　知識の――　- von Wissen　4, 7
基礎的ゼマンティク　Grundsemantik　28-34　→事物次元，時間次元，社会次元を見よ
気に入る（気に入られる）　Gefallen（plaire）　112, 113, 122, 131, 284-285
機能システムの自律性　Autonomie der Funktionssysteme　152-153
機能主義　Funktionalismus　1-3
帰納推論　Induktionsschluß　210
機能と作用　Funktion und Leistung　22
機能の潜在性　Latenz der Funktion　2, 57-64, 105, 213
基本価値　Grundwert　155
欺瞞　Täuschen　304
宮廷　Fürstenhof　69, 85, 89-93, 96-97, 107, 109

宮廷，宮廷社会　Hof, höfische Gesellschaft　→宮廷を見よ
宮廷人，完全な　Höfling, perfekter　87, 283
宮廷における出世　Karrieren am Hofe　91, 92-93, 107
教育　Erziehung　140, 145, 185, 192, 210
享受　Genuß　174, 197, 285
狂信　Fanatismus　132
拒絶　Neinsagen　124-126
キリスト教の礼節　civilité chrétienne　103-104
近代　Neuzeit　271
勤勉　Industriosität　185
偶発性　Kontingenz　26, 196
　二重の――　-, doppelte　32, 84, 218　→社会的再帰性を見よ
鎖の比喩　Ketten-Metapher　144
君主の顧問　Ratgeber des Fürsten　91-92
経済　Ökonomie　→家族，経済を見よ
経済　Wirtschaft　110, 114-115, 184, 210　→貨幣を見よ
継続的創造　creatio continua　249-251
軽薄　Frivolität　132
啓蒙　Aufklärung　2-8, 61-62
契約　Vertrag　218
決闘　Duell　88
原罪　Erbsünde　99-100, 103, 105, 161, 163, 166, 167, 171, 173-174
現在　Gegenwart　241, 243-251
倦怠　ennui　→退屈を見よ
限定性　Limitationalität　33
賢慮　prudentia　252-253
行為　Handlung　5-16, 228-230, 257-259
合意　Konsens　26
幸福　Glück　121-122, 129, 135, 145, 170, 177, 195-196, 265, 267
好奇心　Neugier, curiositas　185, 186
交際　commerce　79, 139-140
功績　Verdienst　86
構造／過程　Struktur/Prozeß　217-219
合理性　Rationalität　189
　社会的――　-, soziale　→相互行為を見よ
合理性連続体　Rationalitätskontinuum　5, 195, 212
心　Herz　165
子ども　Kind　178, 192

コミュニケーション　Kommunkation　107, 275
　階層内部での――　-, schichtinterne　72, 77, 89-90
コミュニケーション・メディア　Kommunikationsmedien　141, 175, 275-276
コンフリクト　Konflikt　124-125

サ　行

再帰性，社会的　Reflexivität, soziale　91, 122, 128-129, 159
錯覚　Illusion　186
作法　Höflichkeit　26
作用　Leistungen　22
死　Tod　→不死性を見よ
時間，時間次元　Zeit, Zeitdimension　15, 28-29, 31, 118, 146-147, 158, 171, 195-196, 217-219
　うつろいとしての――　- als Vergänglichkeit　244-245
　――の自己言及　-, Selbstreferenz von　247-248, 272
　――の歴史化　-, Historisierung der　266-268
　複雑性の次元としての――　- als Komplexitätsdimension　222
時間結合　Zeitbindung　263
時間の象徴としての循環　Kreis als Zeitsymbol　242
自己愛　Selbstliebe　83, 99-100, 128-131, 165-172, 194, 210-211, 286
自己維持　Selbsterhaltung　192, 205, 250
思考　Denken　282-283
自己決定　Selbstbestimmung　173, 176, 194
自己言及　Selbstreferenz　57, 64, 214-215, 226, 282-283
　機能システムにおける――　- in Funktionssystemen　153, 215
　人間学的――　-, anthropologische　83-84, 122, 140-141, 158-159, 162, 165-172, 172-176
自己認識　Selbsterkenntnis　99-103
資質／業績　Qualität/Leistung　84-87, 137
システム分化　Systemdifferenzierung　→分化を見よ
　――の形態　-, Form der　14, 16-17, 37, 239, 273
自制　Selblstbeherrschung　77, 83, 95
自然と道徳　Natur und Moral　193-194
自然法　Naturrecht　166
思想財の体系化　Systematisierung von Ideengut　41, 44, 203
思想史　Ideengeschichte　5-7, 10-12, 279-282
思想進化　Ideenevolution　9, 38, 39-47, 205-206
思想の因果性　Ideenkausalität　206-209

時点　Zeitpunkt　242, 243　→出来事を見よ
事物次元　Sachdimension　28, 31, 196
資本　Kapital　236
シミュレーション　Simulation　222, 369(n14)
市民　Bürger　145
社会学　Soziologie　53, 54
社会構造とゼマンティクの相関関係　Korrelation von Sozialstruktur und Semantik　7, 8, 56, 77, 212　→分出を見よ
社会次元　Sozialdimension　28, 31-32, 118, 146, 161-161, 229, 264
社会性　Sozialität　79, 108, 140, 193-194, 210-211　→再帰性を見よ
　地位上昇の条件としての——　- als Steigerungsbedingungen　131, 141
社会的合理性の制度化　Institutionalisierung sozialer Rationalität　141-143
社交　Geselligkeit　108, 116, 145-148　→会話，社会性を見よ
自由　Freiheit　23-24
宗教　Religion　78, 99-106, 108, 156, 175, 187, 240-241, 249
　帰属問題からの解放としての——　- als Entlastung von Zurechnungsproblemen　161
　——と階層　- und Schichtung　120
　——と政治　- und Politik　99, 108-110, 149, 169, 191
　——と道徳　- und Moral　117-118
　——と人間学　- und Anthropologie　169-172, 175, 177-178
修道院　Kloster　240
自由の承認，相互の　Freihetskonzessionen, wechselseitige　31
主観，超越論的　Subjekt, transzendentales　210, 215
浄／不浄　rein/unrein　→ヒエラルキーを見よ
条件づけ　Konditionierung　290-291
情熱恋愛　amour passion　183-184, 204-205, 276
情念　Passion　82, 121-122, 164, 166, 199, 252, 254, 255-256, 259-260, 261-262
情報　Information　274-275　→コミュニケーションを見よ
上流階層　Oberschicht　67-68, 69-74, 109, 122-123, 152　→階層分化を見よ
　——の批判　-, Kritik der　81-82　→階層批判を見よ
助言者　Berater　→君主の顧問を見よ
女性　Frauen　90-91
叙任　Nobilitierungen　74
所有　Besitz　256
進化　Evolution　14-15, 35-39, 201-202, 206-209, 269, 292
　部分システムの——　- von Teilsystemen　38
人格　Person　22-23, 65, 200, 285　→個人化を見よ
人格の個人化　Individualisierung der Person　23, 65, 97, 138, 147, 200

進歩　Fortschritt　248
真理　Wahrheit　1-2, 5, 187
衰退，うつろい　Verfall, Vergänglichkeit　244, 247-248
生活世界　Lebenswelt　298-299
政治　Politik　183　→宮廷を見よ
政治システム，の分出　Politisches System, Ausdifferenzierung des　73-74, 108-109, 151-152
誠実な／不誠実な　aufrichtig/unaufrichtig　283
正常化　Normalisierung　10
聖職者／平信徒　Kleriker/Laien　157
制度　institutio　44
正統化の危機　Legitimationskrise　3
接続可能性　Anschlußfähigkeit　290
説得性　Plausibilität　43, 159
ゼマンティク　Semantik　→基礎的ゼマンティクを見よ
「保存された」――　- »gepflegte«　9, 11, 40
歴史的－政治的――　-, historisch-politische　5
選択，選択圧力　Selektion, Selektionsdruck　10, 15-16, 28-29, 220
進化的――　-, evolutionäre　35, 42-43, 204
選択の――，選択性強化　- von Selektionen, Selektivitätsverstärkung　55, 59　→構造／過程を見よ
選択基準　Selektionskriterien　204
相互依存の遮断　Interdependenzunterbrechung　220
相互行為　Interaktion　70, 77-79
――機能システムに対する分化　-, Differenzierung gegen Funktionssysteme　108
――と全体社会　- und Gesellschaft　114, 139-140, 144
――と道徳　- und Moral　110, 117-124
――の合理性モデル　-, Rationalitätsmodell der　79, 117, 124, 142
相互行為の基準としての自然さ　Natürlichkeit als Interaktionsmaxime　87, 94
相互行為の対称性／非対称性　Symmetrie/Asymmetrie der Interaktion　111, 126-127, 133-134, 136-139, 154
相互作用　Wechselwirkung　146-147　→相互行為の対称性／非対称性を見よ
相互浸透　Interpenetration　223
人格間の――　-, interpersonale　→社交性，再帰性を見よ
相互性　Reziprozität　→相互行為の対称性／非対称性を見よ
創発　Emergenz　15
相補的役割，の分出　Komplementärrollen, Ausdifferenzierug von　153-154
組織　Organisation　141, 145, 149

尊敬，道徳的　Achtung, moralische　60-61

タ　行

退屈　Langeweile　116, 132, 146, 175-176
体験　Erleben　16
他我　alter ego　210-211
堕罪　Sündfall　→原罪，堕落を見よ
堕落　Korruption, corruptio　33, 168, 194, 244
地位，社会的　Status, sozialer　23, 33
知識社会学　Wissenssoziologie　4-5, 50-51, 52-56, 273, 292
知識人　Intellektuelle　53
知識の関係づけ　Relationierung des Wissens　4-5
中庸　Maßhalten, médiocrité　93-94, 96
超越性　Transzendenz　163
調和　Harmonie　196-197
沈黙　Schweigen　101
慎み　Bescheidenheit　→中庸を見よ
出来事　Ereignis　223-227, 243, 272
天地創造　Schöpfung　266　→継続的創造を見よ
動機への疑念　Motivverdacht　130, 178
道徳　Moral　205, 210, 291
　——と階層　- und Schichtung　77-78, 119-121
　——と自然　- und Natur　193-194
　——と宗教　- und Religion　117-118
　——と潜在性　- und Latenz　61
　——と相互行為　- und Interaktion　110, 117-124
　——の帰属原理　-, Zurechnungsprinzip der　138
　——の二項図式化　-, binäre Schematisierung der　168
ドグマ化　Dogmatisierung　44-45

ナ　行

内向発展　Involution　79-80, 84, 87-90, 95
成り上がり，階層システムにおける　Aufstieg, im Schichtungssystem　72-73, 85-87
二項図式化　binäre Schematisierung　51, 125, 166, 168, 194, 195, 282-288
二値性　Zweiwertigkeit　→二項図式化を見よ
入力／出力　Input/Output　22
人間　Mensch　→人間学を見よ
人間学，人類学　Anthropologie　80-83, 150, 158, 192, 366(n180)

自己言及的—— -, selbstreferentielle →自己言及を見よ
否定的—— -, negative 106, 124-125, 162, 167-168, 189-196, 203-204
人間の未決定性 Unbestimmtheit des Menschen 124, 125, 165, 192 →決定的否定を見よ
認識論，の自己言及 Erkenntnistheorie, Selbstreferenz der 51-52, 187, 210, 213-214

ハ 行

パラドックス Paradoxie 132, 144, 210
反省 Reflexion 22
非一貫性，認知的 Inkonsistenz, kognitive 41
ヒエラルキー Hierarchie 18, 68-70, 103, 109, 119 →階層分化を見よ
非強制性 Ungezwundenheit →相互行為の基準としての自然さを見よ
非対称性 Asymmetrie →相互行為の対称性／非対称性を見よ
否定，決定的 Negation, derminierende 180, 190-192, 203-204, 209
否定性 Negativität →人間学を見よ
批判 Kritik 203
暇 Muße 80-81, 110-112, 146
秘密結社 Geheimbünde 142-143
平等 Gleichheit 23-24, 66, 68, 71-72, 95-96, 154, 211
敏感さ Sensibilität 180, 184
不安 Unruhe 77, 82-83, 125, 141, 173, 174, 178, 179-180, 197, 211
不確定性の再特定化 Respezifikation von Unbestimmtheit 176, 187-188
複雑性 Komplexität 13-15, 219-220, 268-269, 279-282
——増大と制限 -, Steigerung und Restriktion 234
——の時間化 -, Temporlisierung von 221, 266-270
複雑性の実証 Komplexitätsbewährung 282, 292
福祉国家 Wohlfahrtsstaat 154
不死 Unsterblichkeit 170-171
不平等 Ungleichheit →平等を見よ
不変 constantia 262
フリーメーソン Freimaurer 142-143
不連続性 Diskontinuität →連続性を見よ
分化 Differenzierung →分出，システム分化を見よ
——一般化 - Generalisierung 150
階層—— -, stratifikatorische 17-19, 38-39, 54-74
過程としての—— - als Prozeß 156
環節—— -, segmentäre 17, 38
機能—— -, funktionale 19-26, 39, 149-150, 151-155, 239-240

文化　Kultur　8
分解－再合成能力　Auflöse- und Rekombinationsvermögen　25-31, 54, 186　→関係を見よ
分出　Ausdifferenzierung　12, 56　→分化を見よ
　全体社会システムの――　- des Gesellschaftssystems　17
平和　Frieden　99, 101, 129
ペダントリー　Pedanterie　87, 112
変異メカニズム　Variationsmechanismen　35, 40-42, 53-54, 202-205
変化　varietas　244-245
弁証法　Dialektik　50
包摂　Inklusion　23-24, 129, 154, 155-157, 158, 177, 193, 210

マ　行

身分，身分社会　Stand, Ständegesellschaft　23, 33, 65-66
未来　Zukunft　244
　開かれた――　-, offene　269
無化　Annihilation　192, 250, 359（n127）
明証性　Evidenz　43
名声　Ruhm　→名誉を見よ
名誉　Ehre　88
名誉　gloire　83, 94, 169, 258, 306-307（n75）
目的因　Finalursachen　281, 353-354（n90）
目的論　Teleologie　33
文字　Schrift　38-39, 41, 202
問題，問題設定　Probleme, Problemstellungen　41

ヤ　行

役割分化　Rollendifferenzierung　153-154
友人関係　Freundschaft　31-32, 132-136, 183
有用性　Nutzen　145
要素　Element　223
　――／関係　-／Relation　219-220
抑止　Repression　227
欲望　Begehrlichkeit　82, 173, 177, 211

ラ　行

利害（関心），利己心　Interesse, Eigeninteresse　77, 82, 83, 141, 261-264, 378-379（n75）

利潤　Profit　223
リスク　Risiko　264-265
　——と意志　-und Wille　199
理性，の党派性　Vernunft, Parteilichkeit der　2
理論　Theorie　211-212
隣人愛　caritas　103, 107, 129, 167
類概念　Gattungsbegriffe　33
類型化　Typisierung　10
礼儀　Takt　126
礼儀作法　Anstandsregeln　77
礼節　bienséance　97
歴史　Geschichte　195, 198, 206-207　→時間を見よ
歴史主義　Historismus　1-3　→歴史を見よ
連続　Sukzession　265
連続性／不連続性　Kontinuität/Diskontinuität　40, 151, 155-159, 198, 217-218, 247

人名索引

＊原著には人名索引は付されていない．訳者の責任で作成した．
＊主に本文・原注にカタカナ表記で登場する人名をあげた．
＊（n　）内の数字は原注の番号を示す．

ア　行

アウグスチヌス　Aurelius Augustinus　379(n80)
アシュビー　William Ross Ashby　66
アナクサゴラス　Αναξαγορας, Anaxagoras　379(n80)
アバディ　Jacques Abbadie　165, 167, 168, 170, 171, 176, 179, 187, 345(n28), 346(n38), 349(n58)
アリストテレス　Αριστοτέλης, Aristoteles　134, 271
アルキアトゥス　Andreas Alciatus　386(n133)
ヴァイゼ　Christian Weise　326(n130)
ヴィラウメ　Peter Villaume　2
ヴェーバー　Max Weber　228, 254, 363(n164)
ヴォーヴナルグ　Luc de Clapiers, marquis de Vauvenargues　251, 257, 259, 260, 261, 382(n108), 383(n111)
ヴォーモリエール　Pierre d'Ortigue de Vaumorière　183
ヴォルテール　Voltaire　113, 207
エスプリ　Jacques Esprit　167
エリアス　Norbert Elias　71, 77, 294(n7), 302(n53), 303(n60), 316(n58)
エルヴィシウス　Claude Adrien Helvétius　187
エルスター　Jon Elster　344(n22)

カ　行

カイエール　Jacques de Caillières　95, 107
カエサル　Gaius Julius Caesar　66
カスティリオーネ　Baldassare Castiglione　91, 92
カステリオ　Sebastian Castellio　356(n110)
カント　Immanuel Kant　49, 262, 289, 340(n238), 366(n178), 392(n20)
キケロ　Marcus Tullius Cicero　134, 252, 256, 337(n212), 379(n80, 81)
キュイアス　Jacques Cujas　386(n133)
ギュスドルフ　Georges Gusdorf　189, 190
グァッツォ　Stefano Guazzo　91
クール　Nicolas Rémond des Cours　308(n8), 319(n70)
クーン　Thomas Kuhn 45
グランヴィル　Joseph Glanvill 304(n64)
クルージウス　Christian August Crusius　196
クルタン　Antoine de Courtin　96, 322(n86)
グンブレヒト　Hans Ulrich Gumbrecht　339(n227)
ケリー　Harold Kelly　137, 339(n222)

コスト　Pierre Coste　184
コゼレック　Reinhart Koselleck　296(n16), 369(n19), 379(n79), 387(n139)
コンディヤック　Étienne Bonnot de Condillac　181, 361(n141)
コント　Isidore Auguste Marie François Xavier Comte　259

サ　行

サシ　Louis-Silvestre de Sacy　134
サレジオ　Franz von Sales　372(n43)
サン－テヴルモン　Charles de Marguetel de Saint-Denis, seigneur de Saint-Évremond　97
シェーラー　Max Scheler　303(n58)
ジャネ　Abbé Jean Baptiste Claude Joannet　383(n112)
シュッツ　Alfred Schütz　11, 370(n28)
シュライエルマッハー　Friedrich Daniel Ernst Schleiermacher　145, 148, 340(n237, 238)
シュレーツァー　August Ludwig von Schlözer　360(n133)
ショーペンハウアー　Arthur Schopenhauer　258
ジンメル　Georg Simmel　221, 303(n58), 340(n238)
スキュデリー　Madeleine de Scudéry　116
スミス　Adam Smith　115, 211, 330(n156)
スミス　Thomas Smith　246
ズルツァー　Johann Georg Sulzer　196, 267, 268, 388(n147)
ゼッケンドルフ　Veit Ludwig von Seckendorf　326(n126)
セノー　Jean François Senault　346(n38)
ゼノン　Ζηνων ο Ελεατης, Zenon　270
ソレル　Charles Sorel　316(n53), 356(n110)

タ　行

ダゲッソー　Henri François d'Aguesseau　174
ダルコンヴィル夫人　Marie-Geneviève-Charlotte Thiroux d'Arconville　320(n70)
ダン　John Donne　246, 375(n58), 383(n114)
ダンディリ　Robert Arnauld d'Andilly　337(n211)
チャイルド　Arthur Child　301(n44)
チリングワース　William Chillingworth　385（132)
デ・クチュール　Jacques Parrain Des Coustures　177
ディドロ　Denis Diderot　113, 351(n70)
ディルタイ　Wilhelm Christian Ludwig Dilthey　340(n238)
デカルト　René Descartes　172, 249
デッラ・カーサ　Giovanni della Casa　91
テュオー　Etienne Thuau　191
デュモン　Louis Dumont　123
デュルケム　Émile Durkheim　161, 218, 306(n71), 330(n153), 343(n15)
デランド　André-François Boureau-Deslandes　176
ドゥアレス　Franciscus Duarenus　386(n133)
ドマ　Jean Domat　105, 133
トマジウス　Christian Thomasius　24, 181, 182, 253, 326(n130), 338(n217), 354(n97), 355(n98)
トレルチ　Ernst Troeltsch　206

ナ 行

ニーダム Joseph Terence Montgomery Needham 372(n40)
ニーチェ Friedrich Wilhelm Nietzsche 259, 393(n21)
ニコル Pierre Nicole 78, 98, 101, 106, 107, 122, 128, 129, 258, 304(n64), 325(n119), 334(n187), 349(n54), 350(n65), 378(n75)
ネッケル Jacques Necker 2, 114, 329(151)

ハ 行

パーソンズ Talcott Parsons 7, 150, 154, 156, 157, 177, 193, 254, 294(n10), 339(n229), 370(n24)
ハーバーマス Jürgen Habermas 3
パスカル Blaise Pascal 78, 102, 189, 254, 302(n48), 305(n64), 310(n16), 349(n58), 351(n73), 373(n45), 385(n120)
バッキンガム George Villiers, Duke of Buckingham 93
バリ René Bary 85
バルザック Jean-Louis Guez de Balzac 70
ビュフィエ Claude Buffier 327(n135), 335(n191), 386(n135)
ヒューム David Hume 187
ファイ Bernard Faÿ 143
ファレ Nicolas Faret 86, 92
プーフェンドルフ Samuel von Pufendorf 189
フェヌロン François de Salignac de la Mothe-Fénelon 286
フォン・ゾンネンフェルス Joseph von Sonnenfels 144
フッカー Richard Hooker 166
フックス Hans-Jürgen Fuchs 168
フッサール Edmund Gustav Albrecht Husserl 298(n26), 370(n27), 388(n146)
ブランデス Ernst Brandes 140, 142
プリュケ François André Adrien Pluquet 115
フロイト Sigmund Freud 304(n64), 305(n67), 393(n21)
フンボルト Wilhelm von Humboldt 192
ヘーゲル Georg Wilhelm Friedrich Hegel 3, 211, 340(n238)
ベール Pierre Bayle 121
ベッセル Christian Georg von Bessel 95, 97
ヘルダー Johann Gottfried von Herder 243, 358(n123)
ボイル Robert Boyle 385(n132)
ボシュエ Jacques-Bénigne Bossuet 99
ホッブズ Thomas Hobbes 82, 106, 182, 183, 191, 204, 250, 252, 314(n38), 318(n63), 347(n42), 360(n130), 364(n166), 392(n15)

マ 行

マキャヴェリ Niccolò Machiavelli 106
マジャンディ Maurice Magendie 87
マブリ Abbé de Mably 179, 358(n122)
マリヴォー Pierre Carlet de Chamblain de Marivaux 251, 260
マルクス Karl Marx 3, 236, 393(n21)
マンデヴィル Bernard de Mandevile 210
マンハイム Karl Mannheim 4, 7, 53, 294(n5, 6), 304(n61)
ミード George Herbert Mead 218

ミラボー　Honoré-Gabriel Riqueti, comte de Mirabeau　140
ムスニエ　Roland Mousnier　66
メイヒュー　Leon H. Mayhew　339 (n229)
メルセンヌ　Marin Mersenne　356 (n110)
メレ　Chevalier de Méré　91, 93, 321 (n80), 328 (n143)
モア　Thomas More　82
モレリ　Étienne-Gabriel Morelly　181
モンクリフ　François-Augustin Paradis de Moncrif　112, 335 (n191)
モンテーニュ　Michel Eyquem de Montaigne　165, 189, 246, 247, 337 (n211), 358 (n122)

ラ　行

ラ・プラセット　Jean La Placette　128, 171
ラ・ブリュイエール　Jean de La Bruyère　104
ラ・ロシュフーコー　François de La Rochefoucauld　91, 115, 338 (n215), 351 (n72)
ライプニッツ　Gottfried Wilhelm Leibniz　196, 378 (n73)
リシュリュー　Armand-Jean du Plessis de Richelieu　93, 191, 359 (n129)
リプシウス　Justus Lipsius　190
ル・サージュ　Georges-Louis Le Sage　130, 254, 257, 259, 260, 267, 381 (n95)
ル・ロワ　Louis Le Roy　33, 246
ルイ14世　Louis XIV　122
ルカーチ　György Lukács　53
ルソー　Jean-Jacques Rousseau　170, 181, 190, 194, 195, 348 (n52), 361 (n140, 141), 389 (n155)
レヴィ　Anthony Levi　198
レーゼヴィッツ　Friedrich Gabriel Resewitz　185
レ枢機卿　Cardinal de Retz, Jean-François Paul de Gondi　83, 110, 324 (n104), 329 (n151)
レペニース　Wolf Lepenies　266
ロアネス嬢　Charlotte Gouffier de Roannez　373 (n45)
ロック　John Locke　180, 184, 207, 357 (n115), 366 (179), 385 (n132)
ロワゾー　Charles Loyseau　23, 362 (n154)